国家社会科学基金重点项目(17AGL026)
教育部首批新文科研究与改革实践项目(2021090003) 资助成果

企业自营及合作网络商城的
消费者偏好、选择机理及发展策略研究

闫 强 著

北京邮电大学出版社
www.buptpress.com

图书在版编目(CIP)数据

企业自营及合作网络商城的消费者偏好、选择机理及发展策略研究 / 闫强著. -- 北京：北京邮电大学出版社，2023.4

ISBN 978-7-5635-6822-2

Ⅰ.①企… Ⅱ.①闫… Ⅲ.①企业管理－网络营销－研究 Ⅳ.①F274-39

中国版本图书馆 CIP 数据核字(2022)第 236467 号

策划编辑：彭　楠　　**责任编辑**：刘春棠　　**责任校对**：张会良　　**封面设计**：七星博纳

出版发行：北京邮电大学出版社
社　　址：北京市海淀区西土城路 10 号
邮政编码：100876
发 行 部：电话：010-62282185　传真：010-62283578
E-mail：publish@bupt.edu.cn
经　　销：各地新华书店
印　　刷：北京虎彩文化传播有限公司
开　　本：787 mm×1 092 mm　1/16
印　　张：17.25
字　　数：450 千字
版　　次：2023 年 4 月第 1 版
印　　次：2023 年 4 月第 1 次印刷

ISBN 978-7-5635-6822-2　　定价：86.00 元

·如有印装质量问题，请与北京邮电大学出版社发行部联系·

前言

随着“互联网+”行动计划被列入政府工作报告，越来越多的企业开始与互联网融合。在此背景下，线上渠道被视为信息、产品和服务从企业转移至消费者的重要路径或通道，如第三方在线平台(Third-party Online Platform，TOP)和企业自营在线商城(Self-owned Online Mall，SOM)。TOP是由第三方建设的电子商务平台，如京东、亚马逊等；企业SOM是企业独立经营的数字店面，是企业传统线下商铺和渠道的线上版本，如海尔的“海尔商城(ehaier)”、中国移动的“网上营业厅”等。在实践中，如何在企业SOM及TOP之间做出选择或者协调好二者之间的关系，成为企业面临的一个重要课题。

本书的研究目标是：探究消费者对企业SOM及TOP的选择行为是否具有规律，规律是什么；什么因素会影响消费者对企业SOM及TOP的选择；如何解释消费者对企业SOM及TOP的选择过程；如何从消费者选择的视角为企业制订合理的企业SOM/TOP发展策略提供理论支撑。

本书作者在研究过程中深入开展调研，广泛收集数据，对上述问题进行了系统的思考和分析。在本书中，作者从企业和第三方在线平台独立提供服务和制订价格出发研究了供应链均衡问题，提出了双渠道供应链的价格服务竞争模型；通过探索性案例研究分析了消费者企业SOM/TOP选择的影响因素，并通过对各影响因素在两类线上渠道之间直接对比的方法，揭示了消费者企业SOM/TOP选择的心理过程。作者提出了平台声誉的概念，发现平台声誉对感知风险中的功能风险和财务风险有显著影响。本书构建了“信息线索-购物体验-选择意愿”的理论模型，概括了企业SOM和TOP中不同的信息线索特征，验证了异质性描述与价格性描述对消费者渠道选择意愿的影响以及对其他信息线索的调节作用。基于文本挖掘方法，作者指出了企业SOM和TOP中的在线评论在信息的完整性、相关性及客观性等方面的差异，验证了上述差异性与消费者渠道使用意愿间的理论关系。本书还验证了情境因素在消费者渠道选择中的重要影响，明确了渠道类型对信任和电子忠诚间关系的调节作用。

本书的研究工作有幸得到国家社会科学基金重点项目(17AGL026)、教育部首批新文科研究与改革实践项目(2021090003)的资助。研究工作历时近5年，先后有近20位师生参与。在此感谢张爱华教授、赵保国教授等在研究中给予的支持，感谢易兰丽、王伶俐、张琳、张乐、贾行行、陈业鹏、张笑妍、张毅、周思敏、骆艳红、翟锡豹、张舵、鲁诗阳、蒋琦、袁芳鹏、郑悦、吴双、麻璐瑶等同学在课题研究中的付出。

本书的研究内容聚焦于消费者的线上渠道选择行为，采用了调查研究、机器学习等多种不同的研究方法，希望能为相关领域的研究人员、业界运营管理人员提供些许参考。随着新兴科技的快速发展，不断有新的网络零售技术和商业模式涌现，由于各网络零售渠道的特殊性和差异性，本书的研究结论可能无法推广到所有新兴的网络营销渠道，并且一些研究结论可能存在偏颇之处，敬请各位读者批评指正。

目　录

第1章 绪　　论

1.1 研究背景

伴随着Internet在全球范围内的蓬勃发展，各国政府和企业均日益重视利用互联网推动经济形态不断演化升级。自从2015年我国提出“互联网＋”行动计划，鼓励经济社会各领域与互联网深度融合，越来越多的企业积极利用信息通信技术，做出主动改革，并不断创造出新的业务体系和商业模式。

在此背景下，各类线上渠道被视为信息、产品和服务从企业（供给方）转移至消费者（需求方）的重要路径或通道，如第三方在线平台（Third-party Online Platform，TOP）和企业自营在线商城（Self-owned Online Mall，SOM）。TOP是由第三方建设的电子商务平台，如淘宝、京东、亚马逊、各种在线旅行社（Online Travel Agency，OTA）等；企业SOM[①]是企业独立经营的数字商城，是企业传统线下商铺和渠道的线上版本，如海尔商城（ehaier）、中国移动的“网上营业厅”、adidas. com. cn、apple. com等。线上渠道的出现使得零售行业在过去10年中产生了巨大变化。伴随着这个趋势，第三方在线平台占据了主导地位。淘宝、京东、亚马逊、唯品会、携程等第三方在线平台发展迅速，各大第三方在线平台凭借各自优势占据着网络零售交易额的绝大部分（Liu et al.，2014；梁喜 等，2018）。例如，OTA可以帮助酒店在互联网上推广品牌，在一些经济型酒店的客房销售中贡献了近70％的份额。出于品牌及战略考虑，企业希望发展自营在线商城以树立企业品牌形象、提高企业信誉度、展示产品、推广品牌、传播企业文化、发布资讯及扩展销售渠道。在实际运营中，企业与互联网融合的具体形式有3种：第一，有的企业只借力第三方在线平台进行营销活动；第二，有的企业仅将自营在线商城作为“触网”的重要途径；第三，在如今消费升级的市场环境下，消费者的需求日趋个性化、多样化，企业间的竞争也更为激烈，越来越多的企业同时通过自营在线商城和第三方在线平台向消费者营销信息、产品和服务（贾行行，2020）。

1.2 问题提出

在实践中，如何协调好SOM和TOP之间的关系，成为企业和第三方在线平台面临的一个重要课题。第一，一方面，企业出于品牌及战略考虑，希望发展SOM；另一方面，企业又不得

① 为叙述简洁，下文将企业SOM简写为SOM。

不正视 TOP 在市场上的重要影响。在现实中，企业发展 SOM 与 TOP 的现状如何？是否存在问题？存在哪些问题？结合相关研究成果，对当前 SOM 及 TOP 的发展有什么建议？第二，鉴于企业通过 TOP 和 SOM 销售的产品是相同的，TOP 和企业间既彼此紧密合作，又彼此激烈竞争(Chang et al.，2019)。在这种情况下，如何做好 SOM/TOP 的定位并制订相应的发展策略对企业和 TOP 而言至关重要。第三，TOP 通常是人们线上购物的第一站(Lei et al.，2015)，然而，运营 SOM 对企业具有相当多的益处。因此，如何建立并成功运营 SOM，吸引消费者从 TOP 扩展到 SOM，是很多企业关注的问题。研究影响消费者线上渠道扩展行为的关键因素对于指导企业制订渠道扩展策略具有十分重要的意义。第四，现实中不同企业的 SOM 发展状况参差不齐。例如，中国移动 SOM 中的用户数量不及其在 TOP 中用户数量的 1/10，而华为手机 Mate 20 RS 在 SOM 中的销售量却超过了其在 TOP 中的销售量。因此，了解 SOM/TOP 在运营中发挥的实际作用，掌握用户选择 SOM 和 TOP 的行为规律，对企业和 TOP 的顾客关系管理策略具有重要的意义。第五，在顾客关系维系方面，电子商务企业比传统零售企业所面临的挑战更为巨大。对电子商务企业而言，由于消费者在不同线上渠道间进行转移的成本很低(仅需点击几下鼠标，就可进入另一家线上商铺)，因此消费者的电子忠诚很难维系。例如，超过一半的线上消费者在浏览某线上渠道两次后就会切换到其他的线上渠道(李琪 等，2014)。而忠诚的顾客会对企业的绩效带来巨大的影响，例如，有研究指出，对企业忠诚的顾客数如果增加 5%，企业的利润将会提高 25%～85%(Frederick et al.，1996)。所以，理解 SOM 和 TOP 情境中电子忠诚的形成机制十分重要，便于二者根据自身情况更好地配置资源，从而保持或提高消费者的电子忠诚度。

从研究脉络上看，以上实践问题可借鉴渠道研究的既有成果，包括营销渠道管理理论、双渠道供应链的价格服务决策研究以及消费者渠道扩展行为、渠道选择行为、渠道忠诚研究等。但是，通过对相关文献进行梳理，本书发现，前期研究的重点是线下渠道和线上渠道的关系，未对同为线上渠道的 SOM 及 TOP 之间的关系进行系统的研究。因此，针对前期研究的不足，本书以 SOM 和 TOP 为研究主体，对 SOM/TOP 发展中存在的问题、SOM/TOP 的定位以及消费者在 SOM/TOP 中的行为规律进行研究。

基于上述分析，本书将系统研究以下 5 个问题。

第一，SOM 与 TOP 的发展现状如何？是否存在问题？存在哪些问题？

第二，在 SOM 和 TOP 组成的双渠道供应链中，企业和 TOP 应如何制订价格服务决策，从而有效协调二者之间的关系？

第三，消费者线上双渠道扩展行为是否会受到社会主观规范、两类线上渠道技术属性、消费者个人特质等因素的影响？若会受到影响，其影响机理又是什么？

第四，影响线上消费者对 SOM/TOP 选择的因素有哪些？其影响机理又是什么？

第五，线上消费者对 SOM 和 TOP 的电子忠诚的形成机制是怎样的？二者是否存在差异？

1.3 研究设计

1.3.1 研究框架

我们将本书的研究内容分为 13 章。第 1 章介绍本书的研究背景。第 2 章对相关文献进行梳理。第 3～12 章是本书研究的核心部分。第 13 章归纳本书的研究结论及主要创新点，指出本书的研究存在的不足，并提出今后可进一步研究的方向。本书的研究框架如图 1-1 所示。

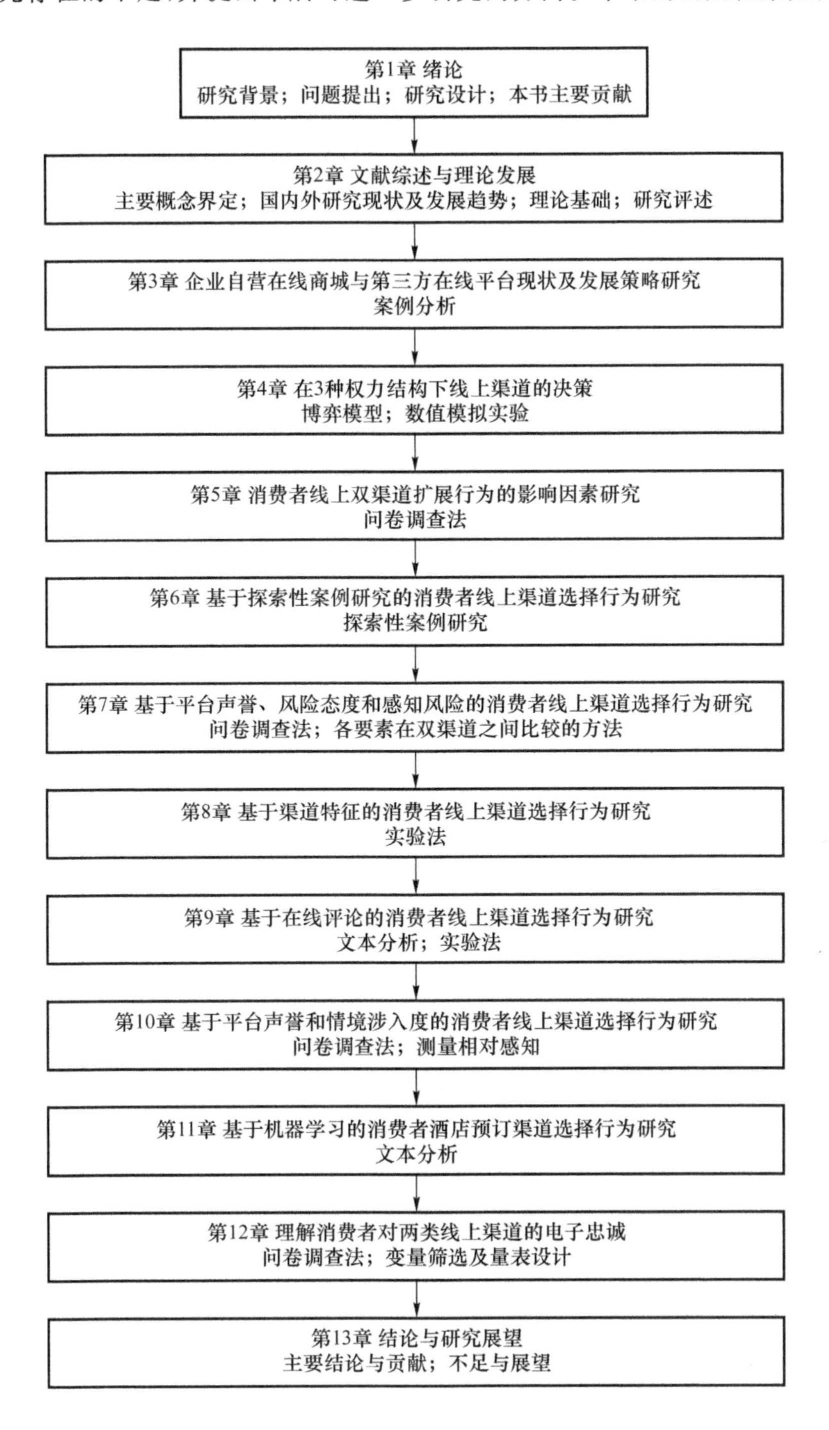

图 1-1　本书的研究框架

第1章为绪论。在“互联网+”背景下，SOM和TOP成为信息、产品和服务从企业(供给方)转移至消费者(需求方)的重要路径或通道，因此本书以SOM和TOP为研究主体。提出本书要研究的关键问题，介绍本书使用的研究方法、研究框架，并指出本书的创新之处。

第2章为文献综述与理论发展。对相关概念进行界定，对国内外研究现状、发展趋势以及相关理论进行综述，厘清本书所要研究内容的发展脉络，为本书的研究做好铺垫。

第3章为研究内容一：企业自营在线商城与第三方在线平台现状及发展策略研究。首先，分析SOM/TOP选择现状；其次，通过典型企业案例分析SOM/TOP的发展现状；最后，基于SOM/TOP发展现状中存在的共性问题，研究SOM/TOP的选择与发展策略。

第4章为研究内容二：在3种权力结构下线上渠道的决策。构建企业和第三方在线平台的双渠道价格服务竞争模型，在3种不同的权力结构(第三方在线平台作为领导者、企业作为领导者以及双方地位平等)下，研究企业和第三方在线平台的价格服务决策。

第5章为研究内容三：消费者线上双渠道扩展行为的影响因素研究。考察社会主观规范、个体特质以及技术属性对消费者线上双渠道扩展行为的影响，构建概念模型并对影响因素间的关系进行合理假设。通过问卷调查法收集数据，采用偏最小二乘(Partial Least Square, PLS)法验证假设模型。

第6章为研究内容四：基于探索性案例研究的消费者线上渠道选择行为研究。以“刺激-机体-反应”(Stimulus-Organism-Response, SOR)模型为理论基础，采用探索性案例研究方法，研究影响消费者SOM/TOP选择的因素及其机理，并基于效价理论区分SOM的相对优势和TOP的相对优势。

第7章为研究内容五：基于平台声誉、风险态度和感知风险的消费者线上渠道选择行为研究。侧重于感知风险角度，采用各个要素在两类线上渠道之间对比的方法，关注风险态度和平台声誉对消费者感知风险和渠道信任的影响以及不同的产品类型对消费者渠道选择行为的调节作用。使用调查问卷收集数据，使用SmartPLS 3.0进行统计分析，并使用结构方程建模方法验证假设。

第8章为研究内容六：基于渠道特征的消费者线上渠道选择行为研究。分析典型企业中SOM与TOP的现实框架，提炼总结线上销售过程中的外部渠道特征，构建“信息线索-购物体验-选择意愿”的理论模型，并根据模型提出相关假设。采用实验法以及实证分析法等对提出的模型和假设进行检验。

第9章为研究内容七：基于在线评论的消费者线上渠道选择行为研究。首先使用爬虫软件爬取SOM和TOP中消费者对目标产品的评论数据，使用文本分析方法研究两类线上渠道中消费者的关注点。基于两类线上渠道中消费者共同关注的主题提炼出第9章所要研究的自变量。在此基础上，构建信息搜索和产品购买两阶段消费者使用线上渠道意愿的理论模型，提出相研究假设。通过设计量表，使用分场景实验和问卷调查的方法获取实验数据，利用方差分析对研究模型和假设进行检验，研究结论为消费者在信息搜索和产品购买两阶段对SOM和TOP的选择提供了理论支撑。

第10章为研究内容八：基于平台声誉和情境涉入度的消费者线上渠道选择行为研究。以消费者对TOP和企业在TOP上建立的第三方合作在线商城的感知为参照点，测量消费者对企业自有平台和自营在线商城的相对感知。在区分平台声誉和自营在线商城/第三方合作在线商城声誉的基础上,研究平台声誉、自营在线商城/第三方合作在线商城声誉和情境涉入度对消费者在线商城选择的影响。利用问卷调查法收集数据,采用结构方程模型对研究假设进行检验。

第 11 章为研究内容九:基于机器学习的消费者酒店预订渠道选择行为研究。利用机器学习的方法对客观数据进行分析,从产品因素、消费者特征因素、渠道因素和情境因素等 4 个层面研究影响消费者酒店预订渠道选择的潜在因素。

第 12 章为研究内容十:理解消费者对两类线上渠道的电子忠诚。提出感知价值、信任和电子忠诚间的研究假设,以及线上渠道类型如何调节信任和电子忠诚间关系的研究假设。利用问卷调查法收集数据,采用结构方程模型对研究假设进行检验。

第 13 章为结论与研究展望。总结本书的主要研究结论;指出本书的理论贡献和实践意义;给出本书研究存在的局限、不足以及未来可进一步深入研究的方向。

1.3.2 研究方法

本书将规范性研究和实证性研究相结合,综合使用定量研究方法和定性研究方法研究所提出的问题。本书具体采用的研究方法有以下几种。

(1) 文献研究

文献研究广泛应用于各类学科的研究之中,是一种经典并且重要的研究方法。通过文献研究整理出国内外相关研究进展,厘清研究脉络,这些内容可为本书的研究提供理论基础。

(2) 案例研究

选取具有 SOM 及 TOP 双营销渠道的典型企业作为案例,基于典型产品多方位分析 SOM/TOP 的现状与差别,探究典型企业及所处行业 SOM/TOP 的发展问题和建设方向。

(3) 博弈论

博弈论常被用来研究发生相互作用的参与者之间的博弈行为,为参与者提供优化策略。供应链成员的利益彼此依赖,成员需考虑对手的行为以制订最合理的策略,实现利润最大化。其在分析供应链成员的定价、服务策略等方面具有独特的优势。本书从渠道成员同时进行价格和服务竞争的视角出发,应用博弈论方法分析企业和 TOP 之间的博弈过程,探究二者的定价和服务决策过程。

(4) 最优化理论与方法

最优化指在有约束或者无约束条件下求解最优方案,实现系统最优或者满意度最高。本书考虑了一个由 SOM 和 TOP 组成的双渠道供应链,利用最优化理论和方法,研究企业和第三方在线平台的价格与服务决策过程。

(5) 数值模拟

本书构建了由 SOM 和 TOP 组成的双渠道供应链模型,通过数值模拟的方法分析了 SOM 和 TOP 提供的服务对利润的具体影响。

(6) 文本分析

本书利用网络爬虫软件爬取 SOM 和 TOP 中的在线评论信息,基于文本分析方法,提取两类线上渠道中消费者的关注主题，在此基础上，比较 SOM 和 TOP 在评论内容上的区分度。

（7）实验法

实验法也被称为操纵法，指研究人员通过有效控制某些变量以探索两现象间因果关系的研究方法，在社会科学研究中被学者们广泛使用。通过对实验进行精心设计，研究人员付出较低的成本即可获得实验数据，进而验证实验假设。

（8）问卷调查法

问卷调查法在国内外社会调查中被广泛使用，指根据研究的需要，有针对性地设计规范和严谨的问卷，让被调查者按照要求填写问卷，从而获取所需数据的一种方法。本书中对变量进行测量的量表均改编自经典文献中的成熟量表。为保证量表的信度和效度，在使用问卷调查法的过程中，经过预调研、完善问卷以及问卷调查等过程收集数据。

1.3.3 研究思路

对于企业和 TOP 面临的 SOM/TOP 的协调这一共性问题，首先，研究内容一基于企业实际案例分析 SOM/TOP 的发展现状，试图找出其中存在的问题；其次，为解决企业及 TOP 在营销实践中遇到的上述问题，本书从供给方和需求方角度入手为企业和 TOP 的渠道发展策略提供理论参考。从供给方角度分析 SOM 和 TOP 的客观发展规律，研究结论初步为企业和 TOP 制订 SOM/TOP 发展策略提供理论支撑。在此基础上，从消费者感知角度分析消费者在 SOM/TOP 中的行为规律，研究结论进一步为企业和 TOP 制订具体的渠道发展策略提供依据。

研究内容二从供给方角度入手，基于博弈分析对企业和 TOP 的价格服务决策进行探究，旨在分析 SOM/TOP 的客观发展规律，该研究结论初步为企业和 TOP 制订渠道发展策略提供支撑。考虑到博弈论的数理模型忽略了供应链参与者自身具体的渠道发展策略信息，研究内容三至研究内容十从需求方角度入手，对消费者在 SOM/TOP 中的行为规律进行探究，旨在进一步分析企业和 TOP 的具体渠道发展策略。

研究内容三从消费者渠道扩展视角研究影响消费者线上双渠道扩展行为的因素及其作用机理。研究内容四至研究内容九则从消费者渠道选择视角研究影响消费者 SOM/TOP 选择的因素及其作用机理。研究内容四至研究内容九综合运用探索性案例研究法、文本分析法、问卷调查法及实验法等，发掘消费者对 SOM 及 TOP 的选择行为规律，明确影响消费者 SOM/TOP 选择的因素及其作用机理，进一步丰富消费者渠道选择的理论体系。具体而言，研究内容四采用探索性案例研究的方法；研究内容五采用问卷调查的实证研究方法；研究内容六采用实验法；研究内容七采用文本分析法和实验法两种方法；研究内容八采用问卷调查的实证研究方法；研究内容九采用文本分析的方法；研究内容十则从消费者渠道忠诚视角研究影响消费者对 SOM/TOP 的电子忠诚的因素及其作用机理。

本书的技术路线如图 1-2 所示。

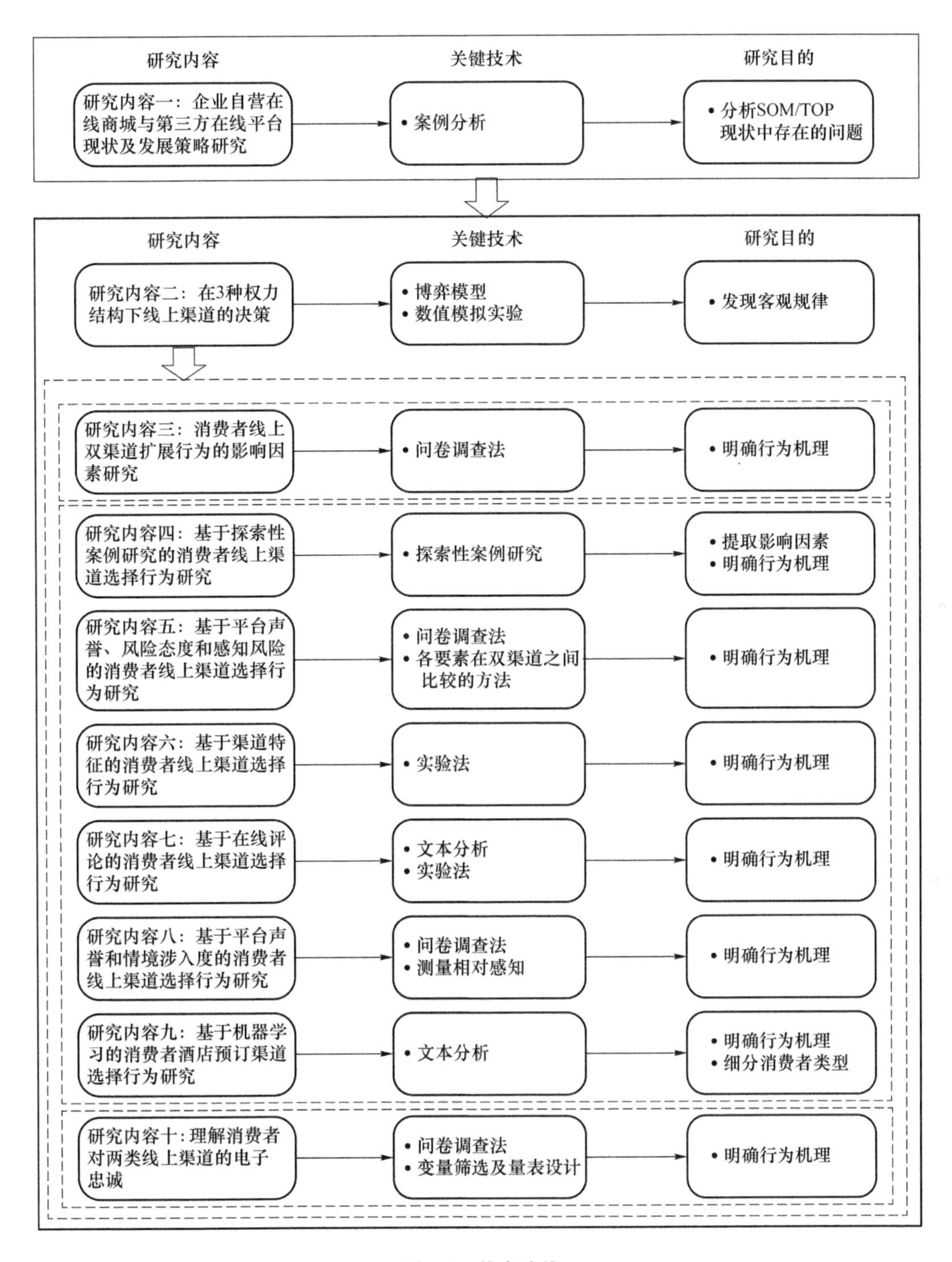

图 1-2 技术路线

1.4 本书主要贡献

本书的研究主要具有以下创新点。

第一，从企业和第三方在线平台独立提供服务和制订价格出发研究了供应链均衡问题，提出了双渠道供应链的价格服务竞争模型，回应了 Ali 等(2018)认为鲜有文献同时考虑价格服务竞争的问题，弥补了现有研究的不足，扩展了供应链价格服务决策方面的研究。

很多文献关注价格竞争问题(Park et al.，2003；Anderson et al.，2010；Zhang et al.，2012；Huang et al.，2013；Yang et al.，2014；Willart，2015；Roy et al.，2018)，或者关注构建对价格敏感的需求分析模型(Sana，2011；Sana，2012)。在处理服务竞争时，多数研究假定制造商竞相提供促进产品需求的服务(Zhao et al.，2013)。Ali 等(2018)认为少有文献同时考虑价格服务竞争问题。在此背景下，Ali 等(2018)以一个制造商和两个零售商组成的供应链为研究背景，探究了两个零售商间的价格服务竞争问题。本书在前期研究的基础上，从制造商和第三方在线平台同时进行价格服务竞争的客观实际出发，提出了一个双渠道供应链价格服务竞争的理论模型，对丰富双渠道供应链的决策研究具有一定的理论贡献。研究结果为企业和第三方在线平台运营线上渠道提供了借鉴。

第二，通过探索性案例研究更为全面地探究了消费者 SOM/TOP 选择的影响因素；通过各个影响要素在两类线上渠道之间直接对比的方法，更加深入地揭示了消费者 SOM/TOP 选择的心理过程。

以往关于渠道选择的研究往往只研究某一个或几个因素对消费者渠道选择的影响，本书通过探索性案例研究更为全面地探究了消费者 SOM/TOP 选择的影响因素。心理学家研究发现，人们往往通过比较的方法做出决策(Kahneman，1979)，然而以往文献往往通过消费者对单一渠道的使用意愿来研究消费者的渠道选择行为，并没有考虑消费者的比较行为，而本书通过各个影响要素在两类线上渠道之间直接对比的方法，更加深入地揭示了消费者 SOM/TOP 选择的心理过程。

第三，发现感知风险的 5 个维度中只有产品功能风险和社会风险对消费者的渠道信任产生了显著影响；提出平台声誉的概念，发现平台声誉仅对感知风险中的功能风险和财务风险有显著影响；信任对渠道选择的影响会受到产品类型的显著影响；采用各个影响要素在两类线上渠道之间强度的对比来描述消费者感知倾向。

首先，检验了原有变量在新情境下的适用性。为了更好地检验新情境下感知风险对消费者行为的解释力度，将感风险分为 5 个维度，研究发现在新情境下原有变量之间的关系发生了一些变化，感知风险的各个维度中只有产品功能风险和社会风险对消费者的渠道信任产生了显著影响，其他类型的风险对渠道信任的影响均不显著。其次，基于新的研究环境，提出了平台声誉的概念，通过购物渠道的整体信誉度来研究其对消费者感知风险和渠道选择行为的影响。研究发现，平台声誉只对感知风险中的功能风险和财务风险有显著影响。再次，以前关于线上线下渠道选择的研究结果认为信任对消费者线上渠道购买行为有显著的正向影响，而本书发现在线上双渠道环境下信任并不一定就会对消费者的渠道选择行为有显著的正向影响，信任对渠道选择的影响会受到产品类型的影响。最后，本书与以往的研究方法不同，以往关于线上线下渠道选择行为的研究实际上只研究了消费者的线上渠道使用意愿，并没有进行线上、线下渠道的比较，而本书通过各个影响要素在两类线上渠道之间强度的对比来描述消费者的感知倾向，更加清晰地刻画了消费者的渠道选择行为。

第四，从消费者信息觅食角度研究线上渠道的信息分布对消费者信息搜寻阶段渠道选择意愿的影响。

国内外研究者从消费者的购买意愿入手，发现以下因素会影响消费者的购买意愿：消费者态度、风险认知和价格认知。但是从消费者信息觅食角度来分析线上渠道的信息分布对消费者影响的研究尚存在局限。本书基于信息觅食等理论及相关概念，结合典型企业中 SOM 与 TOP 的现实情况，提炼总结线上销售过程中的外部渠道特征，发现了其与消费者渠道选择的相互联系。

第五，对企业自营在线商城和第三方在线平台中的评论信息进行了文本分析，发现两类线上渠道中的评论内容存在显著性差异。

前期研究对不同线上渠道中评论内容的差异进行了比较分析。例如：张洋和凌婉阳(2015)利用内容分析法分析了中关村在线、京东商城、豆瓣网、新浪微博 4 个在线平台中的 Surface 产品评论信息；魏奕星和邓朝华(2018)基于对应分析法对比研究了阿里健康大药房、1药网、健一网以及健客网等医药电商网站中的在线评论内容；Hou 等(2019)比较了携程网、途牛网以及同城网 3 个中国 OTA 网站的旅游者评论内容；吴双等(2019)对比了美团网和新浪微博上消费者对餐馆的评论信息。从本质上看，上述研究主体均属于第三方在线平台。本书则在企业自营在线商城和第三方在线平台背景下研究了两类线上渠道中评论内容的差异，从研究主体的角度看，本书的研究进一步丰富了相关研究内容。

第六，将在线评论质量和服务质量纳入同一研究模型中探究消费者对两类线上渠道的选择机理，发现了二者对消费者使用线上渠道搜索信息意愿的交互作用不显著，但对消费者使用线上渠道购买产品意愿的交互作用是显著的；验证了在信息搜索阶段和产品购买阶段消费者对信息的需求存在差异。

本书探讨了在线评论质量和服务质量对消费者在信息搜索和产品购买两阶段对企业自营在线商城和第三方在线平台选择意愿的影响。前期着眼于在线评论质量或服务质量对某一购物决策阶段消费者渠道使用意愿的影响的研究，缺乏同时考虑信息搜索和产品购买两阶段的研究。例如：庞璐和李君轶(2014)基于第三方点评网站研究了消费者在线评论对餐馆网页浏览量的影响，发现前者对后者有显著的作用；Jimenez 和 Mendoza(2013)经研究发现在线评论的质量对消费者的购买意愿有显著的影响。但这些研究并没有针对服务质量和在线评论质量相结合的情况探究两者的关系，也没有深入挖掘两者可能存在的交互作用的形式。本书则探究了在线评论质量和服务质量影响消费者搜索信息意愿和购买产品意愿的过程。本书不仅探究了两者对消费者两阶段使用渠道意愿的直接影响，还进一步扩展了现有研究，关注了在线评论质量和服务质量对消费者决策的交互作用。本书的研究发现了在线评论质量和服务质量间交互作用的具体模式，即服务质量对消费者购买产品意愿的促进作用在在线评论质量低的情况下更为明显。但是，在线评论质量和服务质量对消费者搜索信息意愿的交互作用不显著，本书借助于信息的双重编码理论解释了这个现象，认为同为文字型信息的在线评论信息和客服提供的信息不会通过双重编码系统有机地组织在一起，从而进一步丰富了信息的双重编码理论。此外，尽管有学者认为消费者关注的信息可能会因购物决策阶段的不同而发生变化(李宝库 等,2019)，但相关研究尚处于定性讨论层面，缺乏实证研究。本书的研究结论表明：信息搜索阶段和产品购买阶段消费者对信息的需求存在差异，即在信息搜索阶段消费者更看重搜索收益，希望寻求更多的信息；而在产品购买阶段消费者更看重成本，希望降低信息处理成本。因此，本书的研究进一步扩展了消费者购物决策理论。上述研究结论最终为在信息搜索和产品购买两阶段消费者对企业自营在线商城和第三方在线平台的选择提供了理论支撑。

第七，对平台声誉、企业自营在线商城声誉及第三方合作在线商城声誉进行了区分，并基于刻板印象理论研究了平台声誉对企业自营在线商城/第三方合作在线商城声誉的影响，拓展了刻板印象理论的应用范围。

先前研究并没有区分平台声誉和店铺声誉对消费者渠道选择的影响，本书对平台声誉和企业自营在线商城/第三方合作在线商城声誉进行了区分，并基于刻板印象理论研究了平台声誉对企业自营在线商城/第三方合作在线商城声誉的影响，解释了为什么消费者对企业自营在线商城和第三方合作在线商城的感知存在差异，拓展了刻板印象理论的应用范围。另外，先前已有学者研究了情境涉入度对在线购物意愿的影响，但鲜有学者研究情境涉入度对双在线渠道选择的直接影响，本书通过实证研究发现高情境涉入度的消费者倾向于选择企业自营在线商城。

第八，将消费者渠道选择研究中的情境因素引入酒店预订场景中，利用客观数据分析识别出了度假酒店的3种细分消费者类型及商务酒店的4种细分消费者类型。

从客观数据出发，运用多种机器学习的方法对消费者的真实消费记录数据进行探究，对各个影响因素的作用进行客观测度，为以往酒店预订消费者渠道选择研究形成了数据验证，提供了数据依据。基于利益细分的观点，运用基于多重对应分析（Multicorrespondence Analysis，MCA）的*K*-Means聚类算法对消费者进行了细分，识别出了度假酒店的3种细分消费者类型及商务酒店的4种细分消费者类型。

第九，从交易/关系视角出发将消费者电子忠诚与多渠道情境联系在一起，通过考虑SOM相对于TOP中影响消费者电子忠诚的认知/情感因素，本书建立并扩展了基于交易/关系视角的电子忠诚模型；发现了在TOP情境中感知功利价值对电子忠诚有显著的影响，而在SOM情境中感知功利价值对电子忠诚没有显著的影响；发现了线上渠道类型调节信任和电子忠诚间的关系，并借助于服务产出理论解释了这个发现。

前期对忠诚度研究的重点是传统渠道或者线上渠道中的忠诚度，也有少量文献关注了传统渠道和线上渠道间忠诚度形成机制的差异，例如，Hult等（2019）研究了消费者线上购物相对于线下购物时哪些因素会以不同的方式影响顾客忠诚度。而前期研究对同为线上渠道的SOM和TOP间忠诚度形成机制的差异则鲜有涉及。由于SOM和TOP同为线上渠道，消费者对SOM、TOP的感知差异与对线上、线下渠道的感知差异存在明显的不同。本书从交易/关系视角出发将消费者电子忠诚与多渠道情境联系在一起，通过考虑SOM相对于TOP中影响消费者电子忠诚的认知/情感因素，建立并扩展了基于交易/关系视角的电子忠诚模型。研究发现感知享乐价值对电子忠诚有显著的正向影响，支持了现有研究的观点（Chiu et al.，2014；Ozturk et al.，2016）。本书也发现，在TOP情境中感知功利价值对电子忠诚有显著的影响，而在SOM情境中感知功利价值对电子忠诚没有显著的影响。这表明SOM情境中的消费者是以品牌为导向的，他们在做出购买决策时不重视对SOM进行理性评估。此外，本书发现线上渠道类型调节信任和电子忠诚间的关系，即在TOP情境中，信任对电子忠诚有显著的影响，而在SOM情境中，信任对电子忠诚的影响变得不显著。本书借助于服务产出理论解释了这个发现。

本章小结

首先，介绍了本书的研究背景，指出了当前越来越多的企业同时将企业自营在线商城和第三方在线平台作为信息、产品和服务从企业（供给方）转移至消费者（需求方）的重要路径或通道。其次，分析了企业运营中面临的问题，提出了所要研究的问题，并介绍了研究方法和研究框架。最后，指出了本书的创新点。

第2章　文献综述与理论发展

2.1　主要概念界定

2.1.1　电子商务

电子商务利用计算机网络、远程通信等信息技术，实现了整个商务过程的电子化、数字化和网络化。通过电子商务，人们不再当面进行买卖交易，而是通过网络、完善的物流配送系统和方便安全的资金结算系统进行交易。根据交易对象的差别，电子商务一般可以分为以下3种模式：企业对企业电子商务（Business to Business，B2B）、企业对消费者电子商务（Business to Customer，B2C）和消费者对消费者电子商务（Customer to Customer，C2C）。本书所研究的电子商务模式主要是指B2C模式。

2.1.2　营销渠道

既往研究对渠道的定义包括组织结构说和过程路径说两种类型（翟锡豹，2019）。组织结构说以Louis W. Stern、Philip Kotler等学者为代表，其将渠道定义为一种团体或组织，实现或协助商品从商家向消费者所有权的转化（Kotler，1968）；而过程路径说的主要支持者为Edward W. Cundiff、Richard R. Still等，其将渠道定义为一种路径，即商品从商家向最终的消费者转移时，所有权直接或间接转移需要经过的路径。本书对渠道的定义参考过程路径说，即渠道是厂商将产品向最终消费者转移的过程和路径，是一个有机整体（李春兰，2008）。它既是消费者和厂商的接触点，也是厂商和消费者之间交流的媒介（Neslin et al.，2006；杨水清，2012）。简单来说，营销渠道就是承载商品和服务从生产者向消费者转移过程的具体通道或路径。

营销渠道的主要作用（丁伟，2015）如下。

（1）调研产品信息。传递、收集、研究企业所面临的竞争对手、市场状况、客户等营销环境的相关信息，为不同细分市场的客户提供便捷的营销服务，并根据调研信息不断改进产品。

（2）物流配送。组织产品的仓储和运输，保证产品正常交货。

（3）分散风险。在分销任务的实施中，营销渠道的各个环节都有助于生产企业承受供求变化、价格下跌等风险的变化。

（4）财务融资。渠道成员相互提供资金保障支持，通过赊销或预付款等方法，防止分销过程中的交易成本因各类因素而增加。

(5) 营销传播和品牌采用。企业通过营销渠道将产品相关信息传递给消费者,企业通过营销渠道与消费者进行充分沟通,以此提高消费者对于企业产品的关注度。同时,产品的品牌价值是经由营销渠道渗透到市场中的,消费者通过在营销渠道中的产品体验和反复购买,不断加深对企业和产品品牌的认识。

1. 多渠道

多渠道主要包括线下实体渠道、目录邮购渠道、线上互联网渠道等,由于21世纪初以来电子商务的持续火热,前期多渠道研究主要关注线下实体渠道和线上互联网渠道之间的对比。线下实体渠道历史最悠久,广为人们所接受,互联网渠道的出现对线下实体渠道带来了很大的冲击。线下实体渠道强调"面对面"的直接沟通,让消费者拥有真切的情感沟通和环境体验,在各类渠道之中有着不可替代性(吴锦峰 等,2016)。线上渠道因为随时随地的即时性,服务的个性化、高效率,信息的对称性,较好的人机交互等特点,吸引了众多的消费者(Jin,2012)。

多渠道零售通常是利用不同渠道的特有优势,针对具有不同偏好和需求的细分客户群体进行营销(Kannan et al.,2016;袁芳鹏,2019)。多渠道行为是指消费者通过一个以上的渠道获得相同或相似的产品或者服务的行为,多渠道零售的目的是让顾客在方便选择的同时接触到产品(Basak et al.,2017)。多渠道零售一般以各种渠道经营,不同的渠道有自己的物流体系,同时多渠道零售商需要在覆盖面和服务能力的增加与渠道之间的冲突中取得平衡(Zhang et al.,2018)。

2. 全渠道

Beck 和 Rygl(2015)从客户角度出发,认为全渠道零售是指客户可以触发所有互动,所有互动都由零售商控制并且所有渠道同时广泛传播。全渠道为客户提供跨所有零售模式的无缝购物体验(Bernon et al.,2016)。在全渠道下,所有的渠道都可以被用来服务所有的消费者,无论何时何地,消费者都能从任何渠道获得服务(Zhang et al.,2018)。全渠道行为被定义为使用物理和数字渠道,结合无缝购物体验的交付(Verhoef et al.,2015)。

从渠道角度而言,全渠道需协调各个渠道的碎片化服务流程和技术(Shen et al.,2018)。在消费者的任何购买阶段,所有各种并行渠道都将进行协同整合,为消费者创造统一的品牌体验和无缝、集成的跨渠道体验(Cummins et al.,2016; Lazaris et al.,2014)。

在运营模式方面,Bernon 等(2016)认为全渠道零售是一种同步的运营模式,在这种模式中,公司的所有渠道都是对齐的,并向客户呈现一个单一的面孔以及一种一致的经营方式。

从零售商角度而言,全渠道零售商为客户提供当前可用的所有渠道的访问权,并使他们能够触发渠道之间的全面交互,同时,零售商不仅必须接受所有的购买渠道,还必须接受所有的退货渠道(Xu et al.,2019)。具体购买渠道形式包括传统的实体渠道和在线渠道,以及最近的混合渠道,如在线购买-店内提货和店内购买-送货上门等(Verhoef et al.,2015)。

从分销角度而言,Ailawadi 和 Farris(2017)提出全渠道通常不仅包括供应商的产品到达消费者的分销渠道,还包括营销人员与消费者互动的各种沟通渠道。全渠道零售作为零售业的一种新兴趋势,其目标是在供销渠道之间协调流程和技术。

从特征角度而言,Shen 等(2018)认为渠道整合质量和感知流畅性是全渠道业务的主要特征。Hubner 等(2016)认为全渠道零售的特点是通过持续的信息交换、联合运营、物流和跨渠道的库存,实现订单履行过程的合并。Hure 等(2017)总结了全渠道业务的3个关键特征:一是多重互动而导致的复杂性,从而增加了购物行为的复杂性;二是注重品牌,全渠道购物体验的焦点是客户与品牌之间的关系，并强调渠道与品牌之间的相互作用（Verhoef et al.，2015；Melero et al.，2016）；三是一致性和无缝衔接的水平（Bell et al.，2014）。

从数字化应用角度而言，Park 和 Lee（2017）认为移动应用程序是零售商重点关注的接触点，移动商务在完善网络购物方案的基础上，开启了真正意义上的全渠道购物环境。Frazer 和 Stiehler（2014）认为全渠道将信息丰富的数字环境与物理环境相结合。目前全渠道消费者使用和零售商开发的触点数量正在同时增加（Kannan et al.，2016；Ailawadi et al.，2017）。因此，通过使用多个触点，消费者表现出更加复杂的购物行为（Fulgoni，2014）。

3. 企业自营在线商城与第三方在线平台

网络营销是指通过计算机网络技术等信息技术，以互联网为核心平台，以网络用户为中心，以市场需求和认知为导向，利用各种网络应用手段实现企业营销目的一系列行为，是进入21世纪以来最具代表性的一种低成本、高效率的全新商业形式。网络营销的重点是把网络服务提供商、网络营销渠道及消费者等关联方互相联系起来，网络营销的效果与这些关联方关系的处理是密切相关的。

网络营销渠道是指消费者在互联网环境下利用计算机或者其他电子设备等获得产品和服务信息、对目标市场进行浏览、最终通过交互式电子方式完成购买交易的途径。Rayport 和 Sviokla（1995）首次提出电子虚拟市场中电子渠道的概念，消费者通过电子渠道可以低成本、便捷地获取产品或服务信息；Allen 和 Fjermestad（2001）提出因特网将对营销渠道产生巨大的影响。本书中所讨论的 SOM 及 TOP 营销渠道同为企业网络营销渠道。图2-1为网络营销渠道概念简图。

图2-1 网络营销渠道概念简图

SOM 是企业独立经营的数字店面，是企业传统线下商铺的线上版本，被企业设计用于向线上消费者营销产品与服务，这类数字店面的例子包括 ibm. com/on-zh、vmall. com、adidas. com. cn 和 apple. com 等。企业自己申请域名、自购服务器或者租用他人的服务器搭建 SOM，企业自己负责 SOM 的维护和日常运营，在 SOM 上企业拥有充分的自主权，不受他人的限制。SOM 有销售产品、提供产品技术服务、企业公关等功能。SOM 负责执行整个销售交易过程，从企业接收订单、邮寄产品到处理退换货。SOM 渠道能够使企业的基本信息、经营理念、经营商品及其信息与促销活动通过网站个性化地展现在互联网用户面前。通过 SOM，企业可以实时地更新在线的产品信息，让用户能够更快速地了解企业的即时性信息（新品、折扣等），有利于企业在互联网上开发新市场。

TOP 指由第三方建设的电子商务网站，TOP 的例子包括京东、亚马逊等。企业也可通过 TOP 渠道向消费者营销产品。此时，企业无须申请域名，也不负责整个网站的维护，只需及时更新产品的广告、价格、促销等信息即可，但是企业要受第三方平台的营销制约，例如，要缴纳一定的网店租金，自主权受到制约。

在某些方面，SOM 和 TOP 存在本质上的不同。

第一，两者在经营模式上存在不同。SOM 是企业自主运营的电子商务网站，用于营销企业自有品牌的产品和服务（王正方，2015），而 TOP 已成为众多品牌展示并营销产品的场所。TOP 通过大量的产品信息、价格比较机制、折扣促销、产品评论等吸引了大量的消费者

(Chang et al.,2019)。

第二,SOM 和 TOP 在定位上存在不同。企业不仅通过 SOM 销售产品和服务,而且通过 SOM 创建信息丰富型网站向消费者传播品牌信息,进行品牌建设(Barreda et al.,2016),如宣传企业文化、公示企业社会责任、塑造和发展企业的形象。而 TOP 作为专业的交易型电子商务平台致力于商品交易的实现(Hong et al.,2011)。

第三,消费者对 SOM 和 TOP 的感知风险和信任期望存在差异。TOP 往往伴随着更大的风险和不确定性(Hong,2015;Hong et al.,2011)。而且,Hong(2015)发现,消费者对线上商家的信任期望是消费者在 SOM 和 TOP 间选择的一个重要的决定性因素,对商家高度信任的消费者更喜欢 SOM 而不是 TOP。

2.1.3 营销渠道管理

1. 营销渠道管理的定义

营销渠道管理是指通过计划、组织、领导和控制等手段,对营销渠道中所有关联方的工作活动进行协调和整合,从而有效、高效地完成企业既定营销任务(庄贵军,2012)。企业只有通过营销渠道管理,建立起适应自身营销战略的营销渠道系统,并通过管理活动不断激发营销渠道中的关联方充分发挥各自的功能,才能产生强大的营销能力。

2. 营销渠道选择

企业对于营销渠道的选择是一项系统且复杂的工程,需要建立在对相关营销渠道科学分析与评估的基础之上。企业只有选择适合自身的营销渠道,才能提高企业营销效率及产品的销售额,发挥营销渠道的既定作用,实现企业营销渠道的战略目标。影响企业营销渠道选择的主要因素(刘振强,2010;杨立钒,2010)如表 2-1 所示。

表 2-1 企业营销渠道选择影响因素

市场因素	包括市场区域、市场规模、市场密度、市场行为等
产品因素	包括体积、重量、型号数量、单价、标准化、技术性和非技术性、崭新度、易腐性等
企业因素	包括企业规模、企业经济实力、企业管理能力、企业目标与策略等
中间商因素	包括可得性、成本、所提供的服务等
环境因素	包括社会文化、经济、技术、法律环境、竞争等

本书中所涉及的营销渠道选择是指企业对于 SOM/TOP 营销渠道的选择,此外,影响 SOM/TOP 选择的中间商因素是指企业依托的第三方在线平台所产生的一系列影响因素。

3. 营销渠道冲突

传统渠道理论中的营销渠道冲突是指渠道成员意识到其他渠道成员正在从事会损害、威胁其利益,或者以牺牲其利益为代价获取稀缺资源的活动,从而引发他们之间的争执、敌对和报复的行为(赵忠德,2014)。营销渠道冲突产生的原因主要表现在角色错位、观点差异、目标差异、期望差异、决策权分歧、沟通障碍、资源稀缺等方面(中国营销总监职业培训教材编委会,2004)。然而,随着互联网信息技术和电子商务的不断发展,企业所面临的网络营销渠道冲突问题日益凸显,企业在运营网络营销渠道的过程中,必然会遇到一些依据传统渠道理论难以解决的网络营销渠道冲突问题,这些现实情况也给学者们研究网络营销渠道冲突管理赋予了实践意义。目前,企业多渠道研究领域中有关网络营销渠道冲突的研究还有待进一步扩充和深入,例如,网络营销渠道之间冲突的形式及影响、网络营销渠道冲突协调及解决策略都值得进一步研究。本书所涉及的营销渠道冲突就是指 SOM 与 TOP 网络营销渠道之间的渠道冲突。

4. 营销渠道整合

Ganesh(2004)将多渠道整合定义为涉及不同的渠道的,包括信息查询、购买和物流等过程的一体化系统。渠道整合指企业协调、设计和部署渠道的程度,实现为企业创造协同效应,为顾客提供无缝购物体验的目的(Zhang et al. ,2018;Cao et al. ,2015)。渠道整合的实施是改善不同渠道之间互动与合作的过程(Zhang et al. ,2018)。渠道整合质量是指为客户提供跨不同渠道的无缝统一服务体验的能力(Shen et al. ,2018)。Saghiri 等(2017)认为,渠道整合是实现全渠道业务成功的关键因素之一。

渠道整合有两种类型:整合线下商店的线上访问或知识;整合线上商店的线下访问或知识。渠道整合是协调如零售、媒体、网站和实体店等多种互动形式而使用的方式(Zhang et al. ,2018)。

5. 网络多渠道复合营销

网络多渠道复合营销是指企业通过选择及建设多种网络营销渠道(如 SOM 及 TOP 营销渠道),与目标客户进行更为广泛的交流和商务往来,在提高自身知名度的同时,实现产品销售额的增加和利润的提高(董泉伟,2014)。

网络多渠道复合营销相比于网络单渠道营销具有如下优势。

(1) 多元化的网络营销渠道有助于企业分摊经营风险。

(2) 多元化的网络营销渠道有助于企业提高其市场覆盖率及知名度。

(3) 多元化的网络营销渠道增加了企业与消费者之间的沟通途径,有助于企业更好地了解消费者的需求,满足消费者的各类差异化需求。

2.1.4　消费者多渠道行为

消费者多渠道行为是指消费者通过多种渠道获取相似或相同的服务或商品的行为,它是消费者基于产品或服务的各种属性,对各个渠道进行评估,然后理性选择,确保感知收益大于感知成本,从而满足特定的消费需求的主观评价和决策过程(Neslin et al. ,2006;Rangaswamy et al. ,2005;Zhang et al. ,2010a)。多渠道消费行为是一个动态过程,消费者在初始阶段要接受或采纳新渠道,这称为渠道扩展行为(杨水清,2012),即消费者在选择新的渠道 2 后,会同时继续使用渠道 1,也就是渠道 1+2。同时,消费者在购物流程中的不同阶段可能会选择使用不同的渠道。例如,搜索产品详情介绍选择渠道 1,而购买选择渠道 2,或在多个渠道查询产品详情介绍,购买时选择其中的一个。以往研究多关注线上、线下两类渠道间的多渠道消费行为,包括线上渠道信息查询+线下渠道购买、线下渠道信息查询+线上渠道购买、线上渠道信息查询+线上渠道购买、线下渠道信息查询+线下渠道购买、(线上渠道+线下渠道)信息查询+线上渠道购买、(线上渠道+线下渠道)信息查询+线下渠道购买。

Chiu(2011)将多渠道环境下的顾客购买行为划分为 4 种类型,依据是消费者从查询到购买阶段是否发生商家转移和渠道转移两个维度,如表 2-2 所示。

表 2-2　多渠道顾客行为矩阵

<table>
<tr><th colspan="2" rowspan="2"></th><th colspan="2">从信息查询过程到购买过程，顾客是否在同一渠道内完成？</th></tr>
<tr><th>是</th><th>否</th></tr>
<tr><td rowspan="2">从信息查询到购买过程，顾客是否与同一企业交流？</td><td>否</td><td>渠道内转移
顾客先在 1 企业的线上渠道完成产品信息查询过程，然后在 2 企业的线上渠道完成购买过程</td><td>跨渠道搭便车
顾客先在 1 企业的线上渠道完成信息查询过程，然后在 2 企业的线下渠道完成购买过程</td></tr>
<tr><td>是</td><td>渠道内保留
顾客在同一企业（1 企业）的线上渠道完成信息查询和购买过程</td><td>跨渠道保留
顾客先在 1 企业的线上渠道完成信息查询过程，然后在 1 企业的线下渠道完成购买过程</td></tr>
</table>

目前线上、线下两类渠道间的多渠道消费行为已经十分普遍，而对线上两类渠道的研究则鲜有人涉及，本书关注线上两类渠道：TOP 和 SOM，从整体和联系的角度，探讨影响消费者线上双渠道行为的因素，从而弥补学术界在线上双渠道消费行为内部机理研究的缺失，为以后的研究提供启示，同时为企业和产业的线上双渠道营销战略提供指导建议。

2.2　国内外研究现状及发展趋势

从整体上看，国内外关于渠道行为的研究主要分为两个领域：一个是研究渠道成员的行为，如营销渠道管理、供应链定价、服务以及权力结构等方面；另一个则是研究消费者的行为，如消费者的渠道扩展、渠道选择、渠道忠诚等方面。在当前电子商务迅猛发展的环境下，本节对国内外的渠道行为研究进行阐述和总结。

2.2.1　渠道成员的行为

1. 营销渠道管理

渠道在企业营销活动中起着承上启下的作用，学者们对营销渠道管理进行了广泛的研究。汪旭晖和张其林（2013）以苏宁公司为例，研究多渠道零售商线上线下影响协同，构建了渠道融合、渠道分离、渠道并行、渠道协同等多种类的营销一体化策略方向。张艳（2010）、钟文富（2011）、唐小平（2010）、李瑞和郭娟（2014）提出了我国经济型酒店存在着对第三方分销渠道依赖性强、对自建网络营销渠道重视程度不够、传统营销思维固化等问题，同时可采纳加强自建网络营销渠道的营销功能、构建会员平台等对策来解决相关问题。刘辉（2008）、代琳（2010）提出了我国服装企业网络营销渠道存在着网站形式单一、渠道冲突等问题，并建议服装企业从网络营销渠道方案的选择、渠道的整合和协调等方面采取有效措施来进行管理，以保证网络营销渠道的畅通。周靓玺（2010）通过实证研究，验证了出版企业管理者的个人基本特征和背景、出版社的基本特征都会在不同程度上影响出版社管理者对于选择中介网络分销渠道的决策。赵礼寿（2011）分析了出版企业图书营销网络渠道冲突的现状，指出出版企业可以通过多重图书营销网络渠道区隔策略、多重图书营销网络渠道整合策略来解决渠道冲突问题。李宝玲

(2014)则提出出版企业营销渠道的基本类型主要包括网络直接渠道、网络间接渠道与混合模式,数字时代出版企业营销渠道选择的影响因素主要有企业实力、出版物特性、读者定位及市场因素等。周建存和刘益(2013)建立了出版企业网络营销渠道评估体系,并提出网络渠道有多种,渠道管理人员或企业决策者可以从库存能力、资金实力、促销能力、诚信度、服务能力5个方面对网络渠道进行综合评估。杨立钒(2010)通过探究行业因素、市场因素、企业内部因素、营销战略因素对企业网络营销渠道的影响,得出市场行业外部因素是影响企业营销选择的最重要原因。Ailawadi 和 Farris(2017)对多渠道和全渠道分销管理进行了研究,该研究总结了渠道分布宽度、分布深度、管理目标分布式性能指标等相关度量指标和标准,以此帮助零售商衡量不同渠道的贡献,提高自营网络渠道的营收。李建杰(2018)分析验证了网络口碑、用户评论、互动性、便利性等对酒店网络预订渠道的重要影响,为评价酒店网络营销渠道提供了参考。

Nierop 等(2011)研究线上信息网站对消费者在线下商店购买行为的影响。研究结果显示,使用线上信息网站的消费者线下购物发生率降低,线下实体商店消费金额下降。研究结果证实了多渠道对公司发展的积极影响,并提出浏览在线信息网站减少了消费者线下商店访问次数以及减少了消费者在实体店中的冲动购买行为。Pauwels 和 Neslin(2015)研究了公司在现有互联网渠道下增加实体店对收入的影响。该研究使用多元基线方法来评估增加实体店对客户获取、订单频率、退换货等收入指标的影响。研究结果显示,实体店的引入对互联网渠道影响较小,订单的大小与回报以及交易规模没有变化,同时可用性效应的产生增加了消费者跨渠道购买的频率,通过增加实体店渠道增加了总收入。该研究同样证实了促销媒体广告等活动对新增渠道以及所有渠道都有重要贡献。Polo 和 Sese(2016)研究提出使用营销活动将用户迁移到成本相对较低的渠道进行沟通交互可有效提高渠道效率。

Fornari 等(2016)以多渠道零售下渠道间的迁移和协同效应为主题开展了研究。作者提取了3家新店和实际零售的信息,应用 logit 等估算技术得出结果:对于单个客户,增加实体渠道会在短期内减少在线渠道购买的可能性,但长远而言会增加在线渠道购买。该研究证明从单渠道到多渠道零售组合会增长企业生命周期且两个渠道从前期的迁移变为后期的协同,由此可提高总体经营规模。Cao 和 Li(2018)从创新扩散的视角对零售商跨渠道整合进行了研究。该研究提出一个包含技术组织和环境因素的凝聚理论模型,基于美国零售业的实证研究发现,零售商的信息技术能力和自有品牌供应能力推动企业的跨渠道整合;企业多元化程度适中的企业比企业多元化程度高或低的企业更容易实现跨渠道整合。研究结果还揭示了企业内部财务资源与产业集中度对跨渠道整合的交互作用,即在产业集中度较低的情况下,企业的财务资源似乎不那么重要,但在产业集中度较高的情况下,企业的财务资源可能会影响零售商的跨渠道整合;而公司的留存收益与企业对渠道整合的决定无关。

消费者在另一个渠道购物之前利用一个渠道进行产品评估,或者在商店进行产品研究但实际购买是在线进行的,这些都被称为展厅现象(Verhoef et al.,2007;Li et al.,2017;Rapp et al.,2015)。Basak 等(2017)研究了展厅现象下的多渠道零售相关内容。研究结果证明了传统零售商受到展厅的负面影响,但影响程度因其市场潜力而异,具有良好市场潜力的传统零售商受展厅现象的影响相对较小。该研究还发现网络零售商受到高展厅率的负面影响。Ailawadi和 Farris(2017)提出在移动设备的帮助下,零售商应致力于使自己的实体商店成为自身网络渠道的展厅,并非第三方平台网络渠道的展厅。Bell 等(2018)研究了全渠道下增加展厅带来的需求和运营效益。该研究证实了引入展厅(客户可以查看和试用产品的物理位置)

可以提高需求和运营效益。研究结果表明,展厅整体需求增加,在线渠道需求也增加,引入展厅可以通过吸引平均服务成本较高的客户而对其他渠道经营产生溢出效应。引入展厅可以为公司带来有效的客户分类效益和渠道品牌知名度的提高,并且通过集中的库存管理降低运营成本。Li 等(2018)研究发现,展厅在跨渠道整合中有积极的作用,这种体验可以降低零售商的不确定性对消费者的影响,并且促使消费者从整合的渠道获得更多的信息,从而降低消费者对全渠道不确定性的相应感知。

2. 供应链定价、服务以及权力结构相关研究

很多研究者和实证研究发现,价格是影响消费者购买决策的主要因素,也是关键的竞争指标(Dumrongsiri et al.,2008)。定价是零售商和制造商吸引顾客的重要竞争工具(Jena et al.,2019)。为此,大量文献对供应链参与者的价格决策进行了研究。在线下环境中,学者们主要关注零售商的价格策略相关问题。当零售商面对确定性需求或随机需求时,Dai 等(2005)考虑了多家彼此竞争零售商的定价策略,得出了最优零售价格的存在性和唯一性条件,并分析了最优价格对成本和制造商能力等参数的敏感性。Sinha 和 Sarmah(2010)分析了两级供应链分销系统中两个供应商通过同一市场中的一个共同零售商销售竞争性产品的情况,发现一种产品的需求不仅取决于它自己的价格,而且还取决于另一种产品的价格。该研究表明,在一定条件下,价格竞争通过价格调整的动态过程达到 Nash-Bertrand 均衡。Yang 等(2014)分析了两个竞争的零售商从一个共同的供应商购买易腐产品并销售到共同市场的情境,基于弹性需求模型,得到了每个零售商的最优订单量、最优销售价格以及最大利润。研究结果表明,随着价格弹性系数和/或价格竞争强度的增加,每个零售商的最优零售价格随之降低,而最优订单量增加。Seyedhosseini(2019)提出了由一个垄断制造商和两个双寡头零售商组成的两级竞争供应链的社会价格敏感需求函数,供应链中制造商投资企业社会责任建设,零售商在价格上彼此竞争。研究结果表明,制造商的企业社会责任努力能有效地降低消费者的价格敏感性。

互联网和电子商务使得制造商能够直接与消费者接触,并使大多数供应链的结构从单渠道转变为双渠道。很多学者研究了传统渠道和直销渠道组成的双渠道供应链中的价格策略。Cattani 等(2006)研究发现,执行统一定价只有在网络渠道不够便利或者成本高时才利于降低渠道冲突。因此,双渠道供应链相关文献主要关注差别定价。Chiang 等(2003)发现增加互联网渠道后,零售商被迫降低零售价格以刺激传统渠道的需求。即使在互联网渠道上没有产生销售,制造商的利润也会提高。该研究还表明,引入互联网渠道来提高渠道效率对制造商和零售商来说是值得的。Park 和 Keh(2003)发现引入直销渠道会降低市场价格并且扩大市场销量。另外,Netessine 和 Rudi(2006)探讨了线上渠道与传统渠道间的冲突、定价、库存等问题。Liu 和 Zhang(2006)认为个性化定价对于传统零售商来说是一种有效的策略,可以阻止制造商直接向消费者销售产品。

在充满活力和竞争的环境下,产品制造商必须采取比单纯降低价格更复杂的策略进行竞争,例如,服务在影响消费者购买产品的决策中变得更为重要(Lu et al.,2011a)。在汽车行业中,汽车贷款、保险和维修服务等金融服务在为客户选择品牌方面发挥着重要作用。在快餐业中,一些快餐连锁店为了吸引顾客,在菜单上加上美味的三明治或高级面包(Xiao et al.,2008)。有关服务的早期研究出现在经济学文献中,如 Spence(1975)的研究和 Dixit(1979)的研究。在市场营销文献中,Jeuland 和 Shugan(1983)将质量和服务等非价格变量纳入其模型,将利润函数视为服务量的线性函数。Perry 和 Porter(1990)关注了一种对零售商具有正外部性效应的服务。Goffin(1999)定义服务是制造商为了帮助顾客从购买中获得最大价值而采取的任何行动。在线下环境中,学者们认为服务因素会影响需求,并且认为服务很重要。Tsay和Agrawal(2000)研究了一个分销系统,其中一个制造商向两个独立的零售商提供一种相同的产品。研究结果表明,需求是确定的,并且取决于零售价格和零售服务。Lu等(2011a)强调了当终端消费者对零售价格和制造商服务都敏感时,在两个彼此竞争的制造商和其共同的零售商组成的供应链中制造商提供服务的重要性。

伴随着互联网的发展以及电子商务的出现,制造商开始增加直销渠道。与此同时,由传统渠道和直销渠道组成的双渠道供应链中的服务问题也逐渐被学者们关注。Yao和Liu(2005)认为传统渠道中的零售商可以通过增加一些增值服务来与电子零售渠道竞争。而Dumrongsiri等(2008)研究发现零售商服务质量的提高可以增加制造商的利润,更高的客户服务敏感度可以使双方受益。Yan和Pei(2009)表示,改进后的零售服务可以有效地提高整个供应链和供应链参与者的绩效。Dan等(2012)评估了零售服务和顾客零售渠道忠诚度对制造商和零售商定价行为的影响,发现零售服务对双方的定价策略都有很大的影响。

在多渠道购物环境中,消费者的购物行为日趋复杂,线下获得产品体验服务而线上购买产品的现象日益普遍,消费者搭便车行为应运而生。学者们对消费者跨渠道搭便车的问题进行了深入研究。搭便车行为指消费者在购物过程中享受某渠道提供的服务,而却选择通过其他渠道购买产品,不同渠道的异质性被认为是产生搭便车行为的主要原因(Shin,2007)。Telser(1960)最早关注了出现在零售商之间的搭便车行为,其研究发现搭便车行为会抑制零售商为消费者提供服务的积极性。Chiu等(2011)考虑了如下免费搭便车方式:先在网上商店搜索产品信息,然后在线下商店购买产品,其通过问卷调查法探索了消费者转换行为的前置因素。实证结果表明,当消费者感知到更多的双渠道自我效能时,他们会参与更多的搭便车行为。增加渠道内锁定能有效降低消费者跨渠道搭便车的意愿。Xing和Liu(2012)研究了由一个制造商和两个零售商组成的供应链的销售协调问题,在线零售商可以免费利用传统零售商的销售努力。他们发现免费搭便车降低了传统零售商的销售努力水平。在此基础上,他们设计了具有价格匹配和选择性补偿回扣的合同,以协调销售努力,提高供应链效率。Dan等(2014)通过比较单渠道供应链和双渠道供应链中的最优服务水平,研究双向搭便车和服务竞争对成员决策的影响。研究结果表明,当增加新渠道时,零售商总是会提高服务水平以与制造商竞争,而制造商则需要考虑其与零售商的关系,从而决定是否提高或降低其服务水平。

Pu等(2017)研究了由一个制造商和一个线下零售商组成的双渠道供应链中免费搭便车对销售努力的影响。研究结果表明,在确定性需求下,分散决策中线下零售商的销售努力水平以及供应链的利润比集中决策中的要低,且均随搭便车消费者数量的增加而降低。另外,该研究提出并分析了一个成本共担契约协调分散的双渠道供应链,以实现对双方有利的结果。杨浩雄等(2017)将消费者对服务的敏感度作为制造商分担零售商服务成本的衡量指标,建立了双渠道服务合作模型,研究了集中和分散两种决策模式下供应链的价格和服务均衡问题。制造商分担零售商的销售努力成本,即制造商有偿搭便车时,Zhou等(2018)研究了当双渠道分别使用差别定价和无差别定价时,搭便车对两个渠道成员的定价以及服务策略和利润的影响。研究结果表明:①在两种定价方案下,服务成本分担契约能有效地激励零售商在存在搭便车行为时提高服务水平;②如果搭便车的程度不是很高,制造商将分担更大比例的服务成本,零售商在差别定价情境中比在无差别定价情境中提供更高的服务水平;③在差别定价情境中,服务成本分担合同可以避免两个渠道之间的价格竞争;④无差别定价方案比差别定价方案对零售商更有利,但对制造商和整个供应链却是相反的。

从供应链成员提供服务的角度来看,以上文献关注了渠道成员中的一方提供服务时供应链的决策问题。还有文献从渠道成员双方同时提供服务的角度研究供应链的决策问题。Chen 等(2008)假设顾客对线上渠道的配送时间有着不同的忍耐程度,所有顾客对传统渠道供货可靠性的反应是一样的,在两个渠道服务竞争情形下研究制造商和零售商的最优决策。孙燕红等(2011)认为线上渠道和线下零售渠道带给消费者的服务体验是不同的,基于此,构建了一个考虑消费者渠道偏好的双渠道服务竞争模型,研究了制造商的渠道选择策略问题以及增加线上渠道带给消费者和传统单渠道供应链的影响。研究结果表明,制造商是否使用双渠道策略取决于双渠道供应链策略能否扩大市场需求,而且,增加线上渠道后,服务歧视现象有可能会降低市场需求。

此外,本书的研究与关于供应链成员权力结构的文献相关。供应链成员间的权力结构呈现多样化特征。在实际的市场环境中,存在 3 种权力结构,即零售商占主导的 Stackelberg 博弈、制造商占主导的 Stackelberg 博弈以及 Nash 博弈(Choi,1996)。有些学者研究了单一权力结构下供应链的决策问题。例如,Lau 等(2008)假定占主导地位的零售商从制造商那里购买书报产品,产品单位生产成本为 k,且零售需求是零售价格 p 的函数。他们研究了在制造商占主导地位情境中被广泛使用的几种契约,发现这些契约的性能在他们的研究情境中发生了变化,例如,回购和收入共享契约在很大程度上是无效的。基于对直销渠道越来越多地被用于定制产品的销售和零售商发挥主导作用的观察,Xiao 等(2014)开发了零售商占主导的 Stackelberg 定价模型来研究制造商的渠道结构策略。为避免渠道冲突,研究依据观察结果假定零售渠道销售标准产品,直销渠道销售定制产品。分析结果表明,如果零售渠道中的预定价格够低,直销渠道的增加会提高零售渠道的批发价格和零售价格。制造商使用双渠道的动机随着单位生产成本的增加而降低,而随着品种的边际成本、零售商的边际销售成本、顾客的匹配成本而增加。在由一个制造商和两个零售商组成的供应链中,制造商通过两个零售渠道销售产品,两个零售商彼此竞争。Ali 等(2018)利用制造商占主导的 Stackelberg 博弈方法研究了潜在市场需求扰动对价格和服务水平的影响,研究结果表明价格和服务水平决策受到需求扰动的显著影响。

供应链成员权力结构对于发展成员之间的良好关系以及提高渠道绩效具有重要作用。因此,很多学者对多样化权力结构下的问题进行了研究。例如,Chio(1991)研究了两个制造商和一个零售商之间在 3 种不同权力结构下的非合作博弈,即两个 Stackelberg 博弈和一个 Nash 博弈。研究结果表明:当需求函数为线性函数时,在 Nash 博弈下一个制造商偏爱只与一个零售商合作,而一个零售商则有动机与多个制造商建立交易关系;所有渠道成员和消费者都会获益;随着制造成本的降低,零售商会比制造商获得更多的利润;当两个制造商的产品差异化程度降低时,渠道成员的价格和利润都会增加。而当需求函数为非线性时,在 3 种渠道结构下,两个制造商分别与不同零售商合作比与同一零售商合作会给所有渠道成员带来更高的利润;产品差异程度变大时,当两个制造商与同一个零售商合作时,制造商的利润会下降,而当两个制造商与不同的零售商合作时,制造商的利润会提高。Zhao 等(2012)运用博弈论的方法,分析了模糊供应链中可替代产品的定价问题。两个彼此间竞争的制造商生产可替代产品,由一个共同的零售商销售给消费者。主要结论有:①在两个 Stackelberg 博弈情境中,系统的期望利润是相等的;②对于零售商而言,在零售商主导的博弈情境中,获得的预期利润最高,其次是纳什均衡博弈情境,而在制造商占主导的博弈情境中,获得的预期利润最低;③两种产品在零售商占主导的博弈情境中最优批发价格均达到最低值;④在分散决策中,供应链中处于领导地位的成员具有获得更高期望利润的优势。针对一个制造商和一个零售商组成的闭环供应链,李新然等(2018)分别构建零售商占主导地位的Stackelberg博弈、制造商占主导地位的Stackelberg博弈、零售商和制造商地位相等的Nash均衡博弈3种模式下的供应链决策模型,对比分析了3种权力结构下消费者搭便车行为对供应链决策和利润的影响。研究结果表明,各权力结构下制造商直销渠道的直销价格和市场需求随搭便车系数的增大而增加。

2.2.2 消费者的行为

1. 消费者渠道扩展行为研究

网络零售的蓬勃发展促使消费者的多渠道行为成为管理信息系统领域的研究热点。多数研究者从感知角度研究服务质量(Montoyaweiss et al.,2003)、消费者信任(Gefen et al.,2003)以及相对优势(Choudhury et al.,2008)等因素对消费者电子商务渠道采纳行为的影响。同时,从信息搜索特征(Kuruzovich et al.,2008)、消费者特征(Lian et al.,2008)等客观因素角度研究消费者电子商务渠道扩展行为,也是本领域重要的研究方向。这些研究对线上双渠道扩展行为影响因素的研究具有很大的启发意义。

产品可大致分为体验类产品和搜索类产品(Kushwaha et al.,2013)。体验类产品是缺乏客观信息,需要顾客亲自体验感受才能评价其品质的一类产品;而搜索类产品是指客观的、可获得的,顾客可以在购买前对其有一定认知的一类产品。对于搜索类产品来说,消费者更看重渠道的方便性和高效性,在这方面线上渠道更有优势;对于体验类产品来说,购物风险性和成本因素是消费者着重考虑的,因而顾客会更倾向于选择实体渠道进行购买。Yurova等(2017)研究了销售行为对全渠道消费者购买意愿的影响。研究结果显示,全渠道下的消费者会在与销售人员交流之前掌握产品相关知识,非交互和交互自适应销售行为都会影响消费者的购买意愿。

Wu和Ho(2014)的研究表明,年龄较大的人在创新特质方面显著低于年轻人,新鲜事物更易于被年轻人接受,因而年轻人采纳新技术或新产品的意愿会更强烈。Martins等(2014)的实证研究显示,由于价格的承受能力存在差异,收入水平一般的群体在价格偏好和风险偏好上同高收入水平群体具有显著差异,因而风险偏好受到价格承受能力的直接影响。Gupta等(2004)通过对收集到的337份样本的回顾分析,研究了消费者由使用实体商店向电子商店转移的行为,发现电子商店和实体商店的感知风险差异、评估努力差异、送货时间差异以及价格搜索意愿的差异对消费者使用电子商店的意愿有显著影响。Juanedaayensa等(2016)通过研究消费者在购物过程中对新技术的接受程度和使用意愿,识别影响全渠道消费者行为的因素。研究结果表明,在全渠道环境下,消费者的购买意愿和态度受到个人创新能力、努力期望和绩效期望的影响,其中个人创新能力影响最大。研究结果还表明,习惯因素并不影响消费者的全渠道购买意愿,这与允许客户同时使用多个渠道的零售商较少相关。Rodrgueztorrico等(2017)分析了全渠道决策过程中,消费者个人特征对渠道设备使用的影响。对284名真实的在线设备和移动设备购物者的调查显示,冲动的购物者更倾向于使用移动设备,而对触摸有高需求的人则更倾向于使用在线设备。该研究还探讨了使用在线设备与移动设备进行全渠道处理时的行为模式。在移动设备全渠道行为下,相比于非冲动型个体,冲动型个体参与较多。同时,移动设备可以平息消费者对信息的迫切需求以及容易让消费者购买高冲动感的产品。在线设备全渠道行为体现为,较长时间仔细思考的消费者可能去实体店检查评估产品后,再通过计算机购买。

Verhagen 和 Van Dolen(2009)的研究发现，消费者对实体和电商渠道的感知对其通过电商渠道购物的意愿有直接影响。对于消费者而言，对线下实体渠道的选择会首先考虑渠道本身的周边设施、交通状况、地理位置、商品陈列、人流量、店内装修、服务体验等因素(王国顺等，2013)。而由于线上渠道自身的不确定性，可能带来的金融风险如个人隐私泄露的风险、支付风险等，会显著影响消费者对线上渠道的选择与使用意愿(谢毅，2012)。Shankar 等(2003)在其关于酒店行业电子服务和实体服务的研究中发现，消费者使用酒店实体服务和使用其电子服务在满意度方面基本一样，然而在忠诚度上，使用实体服务的消费者比使用电子服务的消费者要低。

由于互联网技术以及移动互联网技术的先进性，商家可以利用互联网渠道推出自有的电商平台，并通过此平台为用户提供实体渠道所无法开展的优惠活动。Grewal 等(2010)实证研究验证了商家的价格与促销战略对自身多渠道绩效的影响。

此外，Tang 等(2016)指出安全性、价格、传统互联网不便性、转移成本等是消费者渠道转移行为的重要影响因素。Chou 等(2016)研究了消费者多渠道下渠道内切换以及跨渠道搭便车购物行为的影响因素。该研究运用基于推拉系泊(Push-Pull-Mooring，PPM)框架的迁移决策模型，提出了将感知风险、转换障碍和吸引力作为 3 个驱动因素，将顾客转换的约束因素以及搭便车意图考虑在内的概念框架，并运用结构方程模型和模糊集定性比较分析了 530 名受访者的调查数据。研究结果显示，网络商店的感知风险和转换障碍对消费者跨渠道搭便车意愿有显著的直接影响。企业的感知风险、来自企业的切换障碍、竞争对手的吸引力对消费者渠道内切换意愿有显著影响。关于渠道迁移的研究主要针对线下和线上两种渠道而言(杨水清，2012；Yang et al.，2013；王崇 等，2016)，少量研究分析了消费者在桌面互联网渠道和移动互联网渠道之间的迁移行为(Tang et al.，2016)。

汤定娜等(2018)在其多渠道整合质量对线上购买意愿的影响研究中，验证了多渠道整合质量同线上购买意愿的正向相关关系，而多渠道整合质量包括网点感知服务质量、服务构造透明度等方面。Lee 等(2019)研究了渠道整合质量对全渠道零售消费者参与的影响。该研究基于社会交换理论构建了一个全渠道零售背景下的顾客参与研究模型，并采用结构方程模型对两家新兴全渠道零售商的消费者进行了研究。研究结果表明，渠道整合质量 (包括渠道服务选择的广度、渠道服务配置的透明度、内容一致性、流程一致性)会正向影响消费者参与，进而形成更高水平的回购意愿和积极的口碑。同时，研究结果也表明，渠道整合质量对客户参与的影响因高介入和低介入产品而异。在高介入产品的情况下，与渠道服务配置相比，集成交互对客户参与的影响更大；在低介入产品的情况下，与集成交互相比，渠道服务配置对客户参与的影响更大。因此，建议高介入产品的全渠道零售商保持跨渠道的内容和流程的一致性，以避免任何潜在的使客户混淆的可能；建议低介入产品的全渠道零售商为顾客提供灵活的渠道选择，让消费者在个人喜欢、方便的渠道进行选购。

2. 消费者渠道选择行为研究

部分学者主要从感知价值、感知成本和感知风险等角度对消费者渠道选择行为进行了研究。Carlson 等(2015)将感知价值分为服务绩效价值、情感价值、货币价值、品牌整合价值和便利性价值。感知价值与渠道购买意愿具有显著关系(王崇 等，2011；姜参 等，2013；Wu et al.，2016；王崇 等，2016)；感知成本和感知风险对消费者的线上渠道选择具有消极作用，感知风险影响信任并进而影响消费者在线渠道的选择(王崇 等，2012；叶乃沂 等，2014；王崇 等，

2016)。Hong(2015)研究发现,线上线下渠道选择情境中的影响因素并不完全适用于线上多平台情境,社会风险和心理风险对消费者线上多平台选择行为并没有显著的影响。

基于文献分析,国内外学者主要从消费者的特征因素、产品因素、渠道因素、社会因素以及情境因素等角度进行了研究。基于消费者的特征因素,Schoenbachle和Gordon(2002)将电子商务环境下的消费者渠道选择类型划分为多渠道购买者、单一渠道购买者和非购买者,并指出消费者的渠道选择主要由消费者的感知风险、历史渠道经历、购买动机、商品类别和网站设计共同决定,但对于这些因素是否确实对消费者的渠道选择行为造成影响未进行实际验证(张舵,2020)。Black等(2002)通过对消费者进行分组,将其划分为非互联网用户、使用互联网但未使用过互联网金融服务的用户和有互联网金融服务使用经验的用户3种类型,对影响互联网金融服务消费者渠道选择行为的因素进行了探究,提出了一个消费者的金融服务渠道选择模型,并指出消费者在金融服务场景下的渠道选择主要与消费者的特征因素、产品因素、组织因素和渠道因素有关。Rezaei(2015)将消费者分为6种决策风格,并验证了消费者的决策风格对渠道选择的影响。

Nicolson等(2002)在其研究中将产品分为功能型与享乐型,考察这两个产品种类对渠道选择的影响。产品价格、产品购买量、产品风险等因素也是研究者关注的影响消费者渠道选择行为的重要因素(Grewal et al.,2010)。Shen等(2016)、Yurova等(2017)验证了搜索品与体验品、实用品与享乐品等不同产品类型对消费者网络营销渠道选择的影响。

Hsu和Tsou(2012)利用刺激-机体-反应模型(SOR模型)解释了电子商务网站的外在特性对消费者的情绪及消费决策的影响。Trampe等(2013)研究了商家的渠道策略对消费者渠道选择行为的影响。Lim等(2016)、Che等(2016)验证了营销渠道本身的易用性、时效性及丰富性等因素也会影响消费者的渠道选择。

在社会因素方面,社会主观规范是理性行为理论提出的影响用户新技术、新服务采纳行为的一个重要变量,主要是指将周边的亲朋好友作为参照群体,对自身主观意愿的影响作用(王国才 等,2009)。Penz和Hogg(2011)在其消费者矛盾心理对渠道选择行为影响的研究中,验证了社会主观规范对消费者渠道选择行为的显著影响。Gehrt和Yan(2004)在其研究中,除传统的消费者特征和零售商属性外,增加了对情境因素的考量,如时间可用性(大量时间或时间压力)、购买任务(购买动机,赠送他人或自己使用)及产品类别(衣服或书)。经过实证研究,发现情境因素对消费者的渠道偏好有显著影响。

Sullivan和Thomas(2004)对消费者的跨渠道迁移行为进行了研究,并指出产品因素、渠道因素和消费者特征是影响消费者渠道迁移行为的重要驱动因素,其中产品因素主要包括产品类型和价格,渠道因素主要包括渠道质量,消费者特征则主要指消费者所处的生命周期阶段、性别和年龄。Venkatesan等(2007)基于社会交换理论,对渠道采纳时长的影响因素进行了研究,并发现消费者的渠道采纳时长与渠道相关因素、购买行为相关因素、频率相关因素和消费者的异质性有关。Ansari等(2008)对消费者的渠道迁移行为进行了研究,并指出消费者的渠道选择主要与消费者特征(年龄、收入与经验)、零售商属性(沟通、规模)及渠道因素(渠道类型)有关。

关于消费者对线上线下商店的选择,Penz和Hogg(2011)发现情境因素、社会因素和产品因素对于线上线下情境中消费者的购物决策产生了不同的影响。在他们建立的消费者行为模型中,情境因素主要指线上线下商店的物理属性(包括信息率、复杂度、新颖性和信息密度),社会因素主要指社会规范的影响、信息的影响、人际的影响和决策制订,产品因素主要包括社会风险、金融风险、绩效风险、产品需求和产品享乐价值。杨水清(2012)综合考虑了产品因素、渠道因素与消费者特征因素，基于两阶段消费者决策模型和任务-技术匹配理论，对消费者的渠道扩展与选择行为进行了研究，发现任务特征和渠道因素显著正向影响任务-渠道匹配，任务-渠道匹配对消费者的渠道偏好有着显著的正向影响，且感知使用价值和感知享乐价值对消费者的渠道偏好也有着显著的正向影响。Park 和 Lee(2017)从消费者社会人口信息、消费者行为、企业传播策略等方面分析了消费者的渠道选择行为。实证研究结果表明，年龄、性别对渠道选择行为有显著影响，年轻的消费者更喜欢互联网和移动渠道。短信、App 推送等通信策略对于对消费者渠道选择影响显著。

3. 消费者渠道忠诚度研究

电子忠诚被定义为消费者“重新访问网站的意愿”(Corstjens et al.,2000)，然而忠诚行为也可能与消费者的再次购买有关(Oliver,1999)。因此，本书将电子忠诚定义为消费者对线上渠道的感知忠诚度，指未来再次访问特定线上渠道或再次从特定线上渠道购买产品的意愿。电子忠诚是顾客忠诚在以技术为媒介的线上消费体验中的延伸和扩展(Reichheld et al.,2000)，然而，电子忠诚又不同于顾客忠诚。顾客忠诚代表顾客对特定企业或产品的态度和偏好，而电子忠诚指消费者对特定线上渠道的重访态度或者重访行为(Anderson et al.,2003)。随着互联网和电子商务的快速发展，电子忠诚受到了越来越多研究人员的关注。现有文献表明，与忠诚度相关的研究有两个分支：关系视角和交易视角(Fang et al.,2016)。关系视角主要关注情感因素，并将信任视为预测忠诚度的核心因素(Shin et al.,2013)。交易视角通常关注认知因素，并将感知价值作为忠诚度的关键决定因素(Hsu et al.,2015)。

前期研究重点是传统渠道或者线上渠道中的忠诚度，探讨的是影响忠诚度的因素及作用机理。在线下购物环境中，El-Adly 和 Eid(2016)将阿联酋的购物中心作为研究背景，使用结构方程模型探究了购物环境、顾客感知价值、顾客满意度以及顾客忠诚间的关系。该研究的主要结果表明，顾客感知价值会显著正向影响顾客对购物中心的忠诚度，顾客感知价值和顾客满意度对购物环境和顾客忠诚间的关系具有中介作用，顾客满意度对顾客感知价值和顾客忠诚间的关系起到中介作用。Kamran-Disfani 等(2017)认为顾客忠诚包括态度忠诚和行为忠诚两个维度，他们以两种不同类型的商店为研究背景探究了顾客满意度和忠诚度间的关系。研究发现，顾客满意度和信任对行为忠诚不会产生直接的影响，而是通过态度忠诚发挥作用。对于小型超市，信任对满意度和态度忠诚之间的关系具有部分中介作用；而对于大型超市，信任对态度忠诚没有显著的影响。

线上环境中也存在顾客忠诚，称其为电子忠诚。相较于传统企业，电子商务企业更难赢得顾客的忠诚。为此，许多学者在不同情境中对消费者电子忠诚的影响因素及其作用机理进行了探讨。Srinivasan 等(2002)在线上 B2C 情境中，使用深度访谈的方法确定了定制、接触互动、关心、社区、便利、培养、选择、网站特征等 8 个影响电子忠诚的因素，他们发现除便利外，其他因素均会显著影响电子忠诚。Anderson 和 Srinivasan(2003)在电子商务背景下研究了满意度对忠诚度的影响。研究结果表明，尽管电子满意度会对电子忠诚度产生影响，但该关系受到消费者个体因素和企业层面因素的调节作用。在消费者个体因素中，便利性动机和购买规模显著增强了电子满意度对电子忠诚的影响，而惯性则抑制了电子满意度对电子忠诚的影响。在企业层面的因素中，信任和感知价值都会显著增强电子满意度对电子忠诚的影响。李弘和戚虹(2007)采用多元回归的方法分析了顾客满意、转换成本、顾客信任对电子忠诚的影响，发现顾客满意、转换成本以及顾客信任均会显著影响电子忠诚。Cristobal 等(2007)在线上购物背景中使用结构方程模型研究了感知质量(网站设计、客户服务、保证、订单管理)和满意度与电子忠诚的关系,发现感知质量会显著影响满意度,并且满意度对电子忠诚有显著的正向影响。上述研究结论对产品购买者和信息搜索者而言,没有显著差异。

同样以线上购物为研究背景,Kim 等(2009b)指出电子忠诚受到电子满意度、电子信任以及电子零售质量的影响,并且他们认为电子零售质量由履行/可靠性、网站设计、安全/隐私和响应性等 4 个维度构成。研究发现,电子满意度和电子信任均会对电子忠诚产生显著的正向影响。电子信任对电子满意度有显著的正向影响。电子零售质量的 4 个维度对电子满意度和电子信任有不同的影响。Christodoulides 和 Michaelidou(2010)在电子零售背景下探究了线上购物动机(便利性、多样性寻求、社交)、电子满意度对电子忠诚的影响。研究发现,便利性、多样性寻求以及社交显著影响电子满意度,电子满意度对电子忠诚产生显著影响,社交是会对电子忠诚产生直接影响的唯一购物动机。李光明等(2015)从消费者感知价值视角,探究了购物网站的生动性和交互性(双向沟通、可控性、同步性)对电子忠诚的影响机制。利用结构方程模型实证分析发现,交互性仅会显著影响功利价值,生动性会显著影响功利价值和享乐价值,而且功利价值比享乐价值对电子忠诚产生的影响更大。在线上酒店预订环境下,Bilgihan 和 Bujisic(2015)将实用性和享乐性网站特征、顾客承诺、信任以及电子忠诚间的关系理论化,并利用结构方程模型对研究假设进行了检验。研究结果表明,信任是电子忠诚的重要前因。情感性承诺对电子忠诚有直接、显著的影响。同时,该研究强调了通过网站的享乐和功利特征来建立忠诚的重要性。Bilgihan(2016)建立并检验了一个全面的研究模型以解释 Y 世代如何形成对酒店预订网站的忠诚。研究发现,对 Y 世代消费者而言,信任是电子忠诚最重要的前因;品牌资产也是电子忠诚度的一个关键前置因素;积极的在线体验(流体验)也会对电子忠诚产生显著的影响。通过综述相关文献,López-Miguens 和 Vázquez(2017)认为顾客的电子满意度、电子信任、转换障碍以及感知的网站质量是影响顾客对网上银行电子忠诚度的主要因素,并利用结构方程模型对假设进行了检验。结果表明,电子满意度、电子信任和转换障碍会对电子忠诚产生直接影响;电子满意度对电子信任和电子忠诚间的关系具有中介作用;电子满意度和电子信任对网站质量和电子忠诚间的关系具有中介作用。

另外,也有少量文献关注了线下渠道和线上渠道忠诚度形成机制的差异。例如,Hult 等(2019)以美国顾客满意指数模型为理论框架,研究了相对于线下购物,线上购物中的哪些因素会以不同的方式影响消费者的满意度以及忠诚度。研究结果表明,相对于线上购物,线下购物中购物体验的整体质量和客户期望对顾客满意度的影响更大;另外,相对于线下购物,线上购物中感知价值对顾客满意度的影响更大,顾客满意度对顾客忠诚的影响也更大。

2.3 理论基础

2.3.1 计划行为理论

理性行为理论和计划行为理论认为在一定程度上,可以从个体的行为意愿合理地推理个体的行为,而个体对行为的主观准则和态度则决定了个体的行为意愿(Ajzen,1991)。个体准备进行某一特定行为的程度用行为意愿来衡量,而个体对进行某一目标行为所拥有的积极或消极的情绪则用态度来评价,它是由对此行为可能的结果的主观判断及对这种结果影响作用的主观评估来决定的。主观规范或准则指的是个体认为对其有重要作用的其他人愿意让该个体使用新技术或系统的程度。以上因素共同作用,促使个体形成行为意愿(倾向),最后使个体进行某种行为。同时,每个个体自身特征不同,行为态度和主观规范对行为意愿的影响也会发生变化。所以,本书从社会影响(或主观规范信念)、个体特征和技术属性(或行为信念)的整体视角对消费者线上双渠道扩展行为的影响因素进行研究。计划行为理论模型如图 2-2 所示。

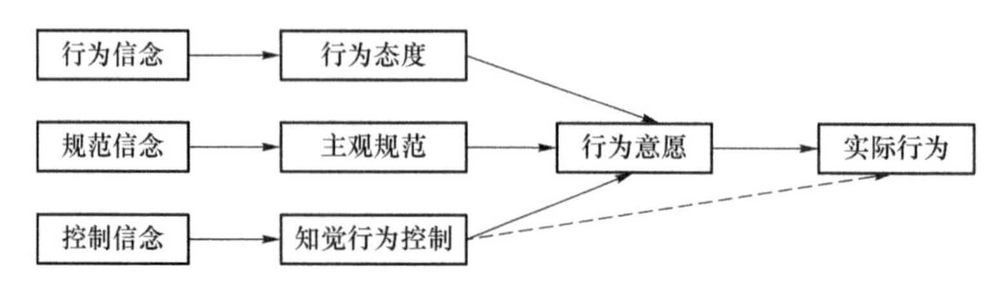

图 2-2 计划行为理论模型

2.3.2 效价理论

效价理论是一种消费者决策理论,指消费者一般会根据自身理性认知,从正、负效用两个维度形成决策。其中,感知正效用和感知负效用是消费者进行决策的两个主要的依据。Peter 和 Tarpey(1975)在其研究中,用感知风险度量感知负效用,用感知收益度量感知正效用,并比较了 3 个消费者决策模型,结果表明相比于另外两个模型,期望净效用最大化模型更为合理。效价理论最早在心理学和经济学研究中被广泛应用,因为同时考虑了负效用与正效用两方面的影响,效价理论在消费者网上购物行为研究中具有很好的解释力。Kim 等(2008)在网络零售情境中应用了效价理论,取得了很好的效果。为了线上双渠道特征评价的全面性和合理性,本书依据线上双渠道的特殊场景合理拓展了效价理论。效价理论模型如图 2-3 所示。

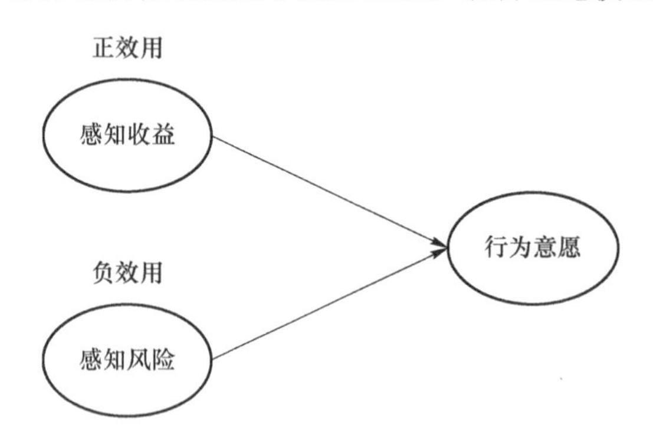

图 2-3 效价理论模型

2.3.3 创新扩散理论

创新扩散理论(Innovation Diffusion Theory,IDT)是一种研究创新如何在社会系统中传播的理论,该理论提出创新扩散特征要素主要包括感知相对优势、感知自我形象、成本、感知兼容性、复杂性、可测试性以及可观测性等,其中,众多学者认为最重要的因素是感知相对优势和感知兼容性(Hameed et al.,2014)。感知相对优势是指比起以往的行为或想法,能够让创新的潜在获得者感知到提供更多效益或者好处(Hameed et al.,2014)。因而在这种情况下,这种创新就会被潜在获得者选择。感知兼容性是指创新技术与以往技术相比,被视为同质性的程度。当该创新能够匹配潜在获得者的使用方式、习惯等特征时,潜在获得者会更乐于选择。感知自我形象是指当创新潜在获得者选择创新时,这项创新能够带给该潜在获得者个人形象的提升。创新获取过程中所要付出的时间、金钱、资源等则用成本来度量;复杂性是指技术创新能否易于被人们接受、理解和采纳,即该创新技术的复杂程度;可测试性是指此项技术创新能否在有限的范围内,为潜在获得者提供尝试性机会;可观测性是指是否可以明显地衡量该创新带来的效果(Hameed et al.,2014)。

1. 国外创新扩散理论研究

Bradford 和 Florin(2003)结合创新扩散理论、信息系统成功理论构建了企业资源规划(Enterprise Resource Planning,ERP)模型,研究结果表明,公司的较高层级管理人员对 ERP 系统的满意度受到对该系统的理解的正向影响,并受到对此系统的感知复杂程度的负向影响。Gumussoy 和 Calisir(2009)结合计划行为理论、创新扩散理论及技术采纳模型研究公司采纳电子拍卖的过程,其调查研究对象是来自 39 个不同区域的共计 160 名销售人员,结果发现 67%的销售人员对该电子拍卖系统的采纳意愿受到感知有效性、主观规范以及感知行为控制的影响,其中感知有效性的影响最为显著。Agarwal 和 Prasad(1998)将个体创新引入技术采纳模型,构建了个体创新变量来度量用户对体验新服务或新产品的意愿程度,其实证研究验证了个体创新对个体信息处理和形成过程的调节作用。Yi 等(2006)在一项消费者电子购物行为的研究中,验证了个体创新对电子购物意愿的显著正向影响。Tung 等(2008)依据创新扩散理论和技术采纳模型,并引入感知成本、感知信任两个研究变量,构建了一个全新的技术采纳研究模型,研究表明,采纳行为受到感知信任、感知易用性、感知有用性、感知兼容性等因素的正向影响,而感知成本则对采纳行为存在负向影响。Lian 和 Lin(2008)在其实证研究中,也验证了创新对消费者电子渠道采纳意愿的正向显著影响。Dorner(2009)以创新扩散理论为研究理论框架,对新西兰公共部门的资料保存数据进行了分析,验证了保存资料技术的先进性对技术采纳的显著影响。Hsu 等(2007)引入创新扩散理论,研究了多媒体信息服务采纳行为的影响因素,研究结果显示,互联网消息服务相比于传统的消息服务,可以提供更多的交流形式,同时,大部分人都意识到移动互联网技术在未来对改善人们生活水平所起的作用,但绝大多数的人并不确定是否能够接受该作用,用户对移动互联网的采纳行为受到相对优势、兼容性等因素的正向显著影响,而这些因素对人们采纳行为的影响程度又受到转移过程中不同阶段的影响。

2. 国内创新扩散理论研究

陈传红和李雪燕(2018)基于共享单车服务系统,从社会影响理论、创新扩散理论的角度,构建了市民共享单车使用意愿影响因素模型,研究结果表明,个人创新性正向显著影响感知租还易用性和感知方便出行性。罗唯(2018)在创新扩散理论视角下,研究了个人云计算采纳的影响因素,研究结果表明,相对优势、创新特质、主观规范等因素显著影响个人云存储用户采纳行为。祝建华和何舟(2002)基于互联网用户的网络使用时间分布,对香港、北京、广州 3 座城市中的 Internet 技术扩散过程进行了推理,并实证研究用户对互联网的使用行为是否受到个体特征、家庭特征等的影响,研究结果显示,各地区互联网技术的扩散过程存在很大程度上的相似之处,都会受到社会媒体、经济发展水平等因素的影响。邓朝华等(2008)结合技术任务匹配理论和创新扩散理论,构建了企业移动服务采纳行为的影响因素模型,研究结果显示,企业对移动服务的采纳行为受到感知兼容性、感知相对优势、可试用性、复杂性等4个结构变量的显著影响。冯缨和徐占东(2011)依据创新扩散理论,构建了我国中小企业采纳实施电子商务的影响因素模型,研究表明,中小企业实施电子商务受地区环境优越性、同行竞争压力、领导支持、习俗潮流压力、合作伙伴竞争压力、感知易用性及投资规模等的影响较大。

2.3.4 刺激-机体-反应模型

刺激-机体-反应模型(SOR 模型)最初是在经典理论刺激-反应理论的基础上发展而来的。最初刺激-反应理论将个人的行为解释为人对外部刺激的反应(Zheng et al.,2015),然而这个模型过度简化影响人们行为的要素,忽略了消费者的内心状态,遭到了学者们的质疑(Zhang et al.,2016)。Woodworth(1929)考虑到消费者的内心状态,将机体的概念纳入刺激-反应理论中,提出了刺激-机体-反应模型。刺激-机体-反应模型将环境线索作为外部刺激,认为外部因素可以影响个人认知和情绪,而这些认知和情绪又会驱使个人做出反应(Woodworth,1929;Mehrabian et al.,1974)。外部刺激涉及环境因素的不同方面,可分为社会要素、设计要素和环境要素(Herrando et al.,2018)。机体用于指感知、感觉和思维练习的内部状态(Luqman et al.,2017)。这些状态导致特定的行为反应:消费者的接近或回避行为(Ettis,2017)。

许多学者应用刺激-机体-反应模型研究了消费者的行为。Donovan(1994)将其应用于零售环境,证明了愉悦和被唤醒的情感因素的影响是认知因素的补充。对于企业而言,商店环境引起的情绪反应会影响消费者在商店中花费的时间和金钱。Zhang 等(2014)基于刺激-机体-反应模型研究了社交商务的技术特征对消费者虚拟体验和参与意图的影响。Zhang 和 Benyoucef(2016)运用刺激-机体-反应模型成功地将关于消费者社交商务行为的研究进行了整合。在电子商务情境下,刺激一般指网站设计、店铺布局、促销等因素(Gao et al.,2014;Yan et al.,2016a),机体一般指个体的感知、情绪和心理活动等(Gao et al.,2014;Yan et al.,2016b),反应主要指个体的信任、口碑采纳和购买行为等(Yan et al.,2016b)。刺激-机体-反应模型很好地解释了消费者的在线购物行为,在电子商务领域得到了广泛应用。基于刺激-机体-反应模型,Eroglu 等(2001)研究了在线零售,证明了在线商店的氛围线索可以通过情感和认知状态的干预效应,在接近/回避行为方面影响在线零售购物的结果。Gao 和 Bai(2014)研究了网站氛围对消费者店铺访问和购买行为的影响。Yan 等(2016a)运用刺激-机体-反应模型很好地解释了消费者在大型在线促销活动时的计划外消费行为。众多学者的研究表明,刺激-机体-反应模型可以很好地解释消费者的在线行为(Parboteeah et al.,2009;Park et al.,2014;Ettis,2017)。

2.3.5 刻板印象理论

刻板印象(Stereotype)是由人们对某一群体相对固定的观念或期望所构成的认知结构及特定的社会认知图式,它可以简化人们的认知活动,使人们根据固有的印象快速地认识群体中的个体(Macrae et al.,1994)。但是,当消费者掌握的信息不充分时会倾向于根据既有的认知图式对特定对象进行推理,这容易使人们在认识事物过程中过度简化和概括化,看不到群体内部之间的异质性(Mccauley,1995)。先前学者主要用刻板印象来解释有关职业、种族、性别等社会群体的刻板印象对人们认知行为的影响,但研究发现刻板印象也可以很好地解释人与事物之间的关系(陈增祥 等,2017),例如,对品牌和产品的刻板印象会显著影响消费者的认知行为。消费者在购物活动中逐渐形成了对各个购物平台的整体印象(Tuch et al.,2012),这种整体印象也会潜移默化地影响消费者对平台上店铺的认识。

2.3.6 信号理论

信号理论是20世纪70年代美国经济学家Spence提出的理论,起初用于解释劳动力市场上,雇主通过受教育水平的高低来判断劳动者能力高低的现象(Spence,1973)。此后信号理论又被应用到市场营销领域,用来解释消费者如何利用有限的信息来判断产品质量的好坏(Kirmani et al.,2000),在传统的线下环境中,声誉(Chu et al.,1994)、品牌(Erdem et al.,1998)、价格(Dawar et al.,1994)、商店环境(Baker,1994)常被用作反映产品质量的信号。后来Watson等(2000)发现线下环境与电子商务环境有很强的并行性,因此相关学者将信号理论应用在电子商务领域,检验了传统信号(如保证、声誉、广告费用)对线上零售商的信任和感知风险的影响(Biswas et al.,2004;Aiken et al.,2006;Yen,2006),结果表明这些信号在线上营销环境中具有很好的解释力度(Biswas et al.,2004)。除传统信号以外,研究还表明网站质量(Wells et al.,2011)也是向消费者传达产品质量的有效信号。本书把平台声誉作为渠道中反映店铺产品质量的信号,进而研究平台声誉对消费者SOM/TOP选择的影响。

2.3.7 信息觅食理论

觅食理论(Foraging Theory)最早是由生态学家和人类学家提出的,用来模仿动物在捕食过程中的某些行为倾向,在不同的时期,捕食过程中有许多有趣的现象,如不同的栖息地选择(同一动物在不同的环境中选择不同的食物,而动物种群对捕食策略有着重要影响)。在觅食和饮食广度、时间分配和斑块选择、群体形成和定居等领域,谋求生存的觅食者和寻求信息的学者之间存在着特殊的相似之处(Sandstrom,1994)。

在长期进化过程中,生物对环境的适应能力提高,与其根据自身特点和环境选择了最优的觅食策略分不开。通过检索引擎,积极检索信息的网络用户的行为与食物寻找非常相似。使用者必须在时间、金钱、精力和必要的信息之间做调整,以达到最佳的平衡。因此,他们的这种收集信息的行为也可以看作信息觅食。在信息发现和融合的过程中,需要根据所处的信息环境及时调整信息收集策略,实现信息收益的最大化。

信息觅食理论已经在很多方面得到了应用,Drias等(2019)在科学引文中使用了3种信息收集策略实现快速到达相关网页的目标;Savolainen等(2018)认为信息觅食理论重点在于探索性浏览的特征上。查找互联网信息最重要的两个途径是浏览和搜索关键词,它们有着互补的优势,但是还没有足够的能力来实现复杂的信息目标(Olston et al.,2003)。当用户遇到许多相关的结果时,用户往往只阅读少量的内容,这并不是因为其他信息不相关,而是因为这些信息与之前的信息有重复,所以后者的内容价值会被用户降低(杨阳 等,2009)。一般来说,人们拒绝模棱两可的选择;相反,人们会考虑预期的结果、结果的波动性和他们的需求,以便做出最有可能满足此需求的决策(Rode et al.,1999)。

基于本书的研究背景,线上购物界面同样满足信息觅食的环境,页面中的文字或图片向消费者展示了有关于商品和企业最明确的信息线索,传递了与商品价值最为相关的信息特征,从而降低了搜索成本,提高了选择的满意度。

2.3.8 消费者购物决策模型

在消费者行为的相关研究中，Engel 等（1968）认为消费者的购物决策指消费者对于产品、品牌或服务的属性进行理性评估并选择、购买能满足某一特定需要的产品的过程。Karimi 等（2018）则进一步指出消费者的购物决策是消费者为满足自身需要，产生购物动机，购物动机会刺激消费者不断地搜索信息，比较评估多种可供选择的购买方案，逐渐缩减购买方案集并形成购买方案，以及评价商品、推荐商品、再次购买等一系列的购后行为。

消费者购物决策由多个阶段构成，学者们对不同情境下的消费者购物决策过程进行了不同的划分。例如，De Bruyn 和 Lilien（2008）将病毒式营销情境中消费者的决策过程分为认知、兴趣和最终决定 3 个阶段。Pescher 等（2014）将病毒式传播情境中接受者的推荐行为分为阅读、产生兴趣、决定推荐 3 个阶段。在探究网站个性化对消费者信息处理与决策的影响时，Tam 和 Ho（2006）认为消费者的购物决策过程包括关注、认知处理、决策以及评估 4 个阶段。Engel、Kollat 和 Blackwell 在 1968 年提出了 EBK 模型并将其用于分析消费者的行为。为了更有效地解释消费者的行为，Engel、Blackwell 和 Miniard 在 EBK 模型的基础上提出了 EBM 模型，认为消费者的决策过程包括需求认知、信息搜索、方案评估、购买决策以及购后评估 5 个阶段，该模型也被广泛用于线上消费者购物决策过程的研究。信息搜索阶段和产品购买阶段通常被认为是消费者购物决策过程中的两个关键阶段（Van et al.，2005）。消费者的信息搜索行为指的是消费者主动搜索信息的过程，体现了消费者制订购物决策过程中信息搜索的意愿和对信息来源的依赖程度（Blodgett et al.，1991）。消费者的这种依赖性对于企业而言非常重要，在某种程度上，消费者的信息搜索行为之所以受到企业的重视，就是因为企业想在消费者决策的第一步便能有效地影响消费者。Stigler（1961）认为搜索是一个带有约束的最优化问题，消费者在信息搜索时会试图最大化收益而最小化所付出的成本。

EBK 模型指出，影响消费者决策过程的因素包括个人、社会和情境因素，这些因素的影响在 5 个决策阶段中始终存在（Engel et al.，1968）。个人因素包括（消费者）动机、价值观、生活方式和性格，社会因素包括文化、相关群体以及家庭，情境因素则主要包括消费者的经济收入状况等。菲利普·科特勒（Philip Kotler）于 1965 年提出了消费者行为选择模型。该模型说明了消费者购买决策形成的全过程，主要强调消费者决策不仅受到营销的影响，还受到外部因素的影响，指出在决策制订过程中包含着不透明的心理过程。Kotler（1965）指出，消费者决策在收到输入信号之后，会受到许多因素的影响，并通过一系列复杂的心理过程，最终导致明确的购买决策。输入信号主要包括产品价格、质量、可用性、服务、风格以及形象等，渠道变量涉及广告媒体、销售人员、熟人、家庭和个人观察等。消费者进一步通过一系列的心理过程，形成对产品的感知、态度、信念等，最终作出对购买的一系列决策，包括对产品、品牌、经销商、数量和购买频次等的选择。特别地，为了探究消费者可能的心理过程，菲利普·科特勒对 5 种不同的行为模型——马歇尔模型（Marshallian Model）、巴甫洛夫学习模型（The Pavlovian Learning Model）、弗洛伊德精神分析模型（The Freudian Psychoanalytic Model）、韦布伦社会心理学模型（The Veblenian Social-psychological Model）和霍布斯组织因素模型（The Hobbesian Organizational-factors Model）进行了讨论：马歇尔模型强调经济因素（产品价格和消费者收入）是消费者决策心理过程考虑的主要因素，且消费者会在每次购买前重新计算购买行为的效用；巴甫洛夫学习模型认为消费者的行为在很大程度上是习惯性的，特定条件的组合会引发同样的行为，这是因为过去的学习是有回报的；弗洛伊德精神分析模型指出消费者的购买决策会受到消费者内在动机和幻想的影响；韦布伦社会心理学模型强调人的行为方式在很大程度上会受到过去和现在社会群体的影响；霍布斯组织因素模型则试图协调个人利益和组织利益。综合这几种模型的观点，消费者决策中的心理过程也有迹可循(Kotler,1965)，可以认为消费者的心理过程会受到经济因素、历史行为、内在动机、周围群体和组织因素的影响。

研究人员基于信息搜索和产品购买两阶段研究消费者的购物决策过程(Crompton et al.,1993;Kuruzovich et al.,2008)。Kuruzovich 等(2008)以在线购物决策为研究对象，将消费者决策模型划分为信息搜索和决策购买两大阶段，并指出在消费者的信息搜索过程中，主要对两种类型的信息予以关注，即价格相关信息及产品相关信息。Hahn 和 Kim(2009)指出由于信任传递机制，消费者对线下商店的信任将转化为线上商店中的信息搜索意图，进而产生在线上商店购买的意图。该过程涉及信息搜索和购买决策两大阶段。Pavlou 和 Fygenson(2006)在计划行为理论的基础上，从信息获取和产品购买两个阶段建立了消费者电子商务采纳模型，并证明在预测消费者的电子商务采纳决策行为时，信任和技术采纳变量(包括感知有用性和感知易用性)是至关重要的。Hahn 和 Kim(2009)用结构方程实证研究的方法证明了消费者的产品购买意愿显著影响信息搜索意图，且两者之间呈正相关关系。Hu 和 Yang(2019)基于信息搜索和产品购买的两阶段决策模型，比较了酒店评论和价格在两个阶段对消费者决策的不同影响，并指出消费者在最终预订时会采用补偿性策略。

在消费者渠道选择决策过程中，在信息搜索阶段，SOM 渠道可以使消费者直接与供应商沟通，获得一手的信息资料，信息真实性较强，因此消费者产生的信任感也较强。而 TOP 渠道信息综合性更强，信息罗列全面，在使消费者备选方案增多的同时，降低了消费者的搜索成本。因此，在不同渠道中，消费者在信息搜索过程中所感受到的方便程度、趣味程度和努力程度也不同(王兴琼 等,2008)。而在消费者决策购买阶段，消费者对所收集到的信息进行综合考虑，分别计算不同渠道可选方案带来的消费者效用，从而做出最终的渠道选择。

2.3.9　社会交换理论

社会交换指对交换方来说偶然的或有益的行为(Blau,1964)。社会交换理论对社会交换行为进行了广泛的解释(Cropanzano et al.,2005)。社会交换理论认为由于期望得到某种回报或所谓的互惠，交换伙伴相互交换资源(Emerson,1976)，即“交换是一个相互让渡价值、相互交换价值的过程”(Ap,1992)。在社会互动中，个体为维系关系利益需要对获得的价值进行回报。也就是说，通过执行有益于对方的行为维系正效能关系。这是一种“互惠需要”，正是这种需要驱动了社会交换行为的发生(Blau,1964)。从互动中获得的价值和好处直接推动个体形成对关系相对方的认同、依恋和关系维系意愿(Gouldner,1960)，是未来合作的必要条件(Molm,1994)。社会交换理论认为随着时间的推移，关系会演变为信任、忠诚(Cropanzano et al.,2005)。社会交换理论为本书的研究提供了重要的理论依据，在电子商务中消费者在线上渠道消费后获得价值(功利价值和享乐价值)，推动消费者对线上渠道的认同(信任)，驱使消费者通过口碑推荐、再次访问、再次购买等有益行为(电子忠诚)对线上渠道进行互惠回报。

在激发和维持社会交换关系的过程中，信任被很多经济学、心理学研究者用来探讨社会交换关系中的个体、群体或组织之间的行为。根据社会交换理论，信任是通过交换伙伴之间的社会互动产生的(Blau,1964)。许多有关信任的理论都是以社会交换理论为基础的，认为信任的产生是通过两个实体之间重复的利益交换形成的(Jones et al.,1998)。交换是人类行为的基础，随着时间的推移，交换双方通过定期履行义务和扩大交流而产生信任(Blau et al.,1988)。

另外，反复成功的交换会产生积极的情感和情绪，减少不确定性(Lawler,2001)，进而带来信任水平的提高。

信任与忠诚间的关系可以用互惠原则来解释。互惠原则表明，当交换双方之间存在信任时，买方对卖方感知可信度的增加会降低风险和不确定性感知，从而使买方能够对卖方未来的行为做出有信心的预测。因此，会对继续使用卖方的服务或产品做出承诺。也就是说，信任使买方和卖方间形成交易关系成为可能，正向影响忠诚(Morgan et al.,1994)。

2.3.10 服务产出理论

在零售术语中，通常将消费者的收获称为服务产出(Bucklin et al.,1996)。营销渠道文献中的服务产出理论认为，客户对购物渠道的选择不仅仅基于产品属性及价格，客户在选择购物渠道时，会在这些因素和服务产出之间进行权衡(Coughlan et al.,2006)。也就是说，不同购物渠道代表不同的服务产出组合(Coughlan et al.,2006)，消费者对渠道服务产出的感知会因地(渠道)而异，消费者会基于自身效用函数计算渠道的混合收益，进而做出渠道选择决策。信任是一个重要的渠道服务产出变量，消费者对信任的感知重要性也会因地(渠道)发生变化(Liu et al.,2014;Hong,2015;Kamran-Disfani et al.,2017)。据此，借助于服务产出理论，本书假定渠道类型(SOM 与 TOP)作为调节变量会影响信任和电子忠诚间的关系。

2.3.11 任务-渠道匹配理论

任务-渠道匹配(Task-Channel Fit,TCF)理论是对任务-技术匹配(Task-Technology Fit,TTF)理论的补充和发展。任务-技术匹配理论最早由 Goodhue 于 1995 年提出，主要强调当信息技术的能力与用户必须执行的任务相匹配时，信息技术将更有可能对个人效用评估产生正向影响。该理论可用于在用户层面测试一项新兴技术被采用后对个人绩效产生的影响，以及个人对该信息技术的主观效用评估。Goodhue(1995)指出，技术特征包括完整的通用信息系统、工作站渗透率、协助比率及协助的分散度，任务特征包含任务的多样性和难度、管理者和其他组织单位之间的相互依赖性及用户执行的任务。而任务-技术匹配指任务技术匹配的程度，主要取决于在既定任务需求和用户能力的条件下相关特征的重要性。访谈分析和实证研究的结果表明:在任务特征中，常规任务比例越大，用户的效用感知就会越高;在技术特征中，通用系统中数据完整性越高、工作站渗透率和协助比率越高，用户的效用感知也会越高。

随着信息技术在各个行业的渗透，银行业电子渠道的重要性与日俱增。Hoehle 和 Huff(2009)基于 TTF 理论提出了任务-渠道匹配理论。该理论指出，任务-渠道匹配度通过渠道使用的预期结果、渠道使用的效果间接影响用户使用渠道的意图，且社会规范也会直接作用于用户的渠道使用意图。这些变量与用户渠道使用意图之间的作用会受到用户年龄、性别和经验等中间变量的调节。除此之外，有利条件也会对用户渠道的使用意图产生直接影响。考察任务和渠道的匹配性主要从任务复杂性、任务花费平均时间长短、渠道的易用性、渠道的安全性和渠道的数据表征等维度进行。

对于酒店预订，消费者的预订任务复杂度、消费者预订任务花费的时间水平、渠道的特征可能对消费者的渠道使用意图产生影响。因此，本书沿用任务-渠道匹配理论，从消费者特征因素、产品因素、渠道因素和情境因素等多种维度综合考虑，探究消费者酒店预订渠道选择的影响因素。

2.4 研究评述

第一,本章对企业营销渠道管理相关文献进行了梳理,发现国内外学术界对于企业多渠道的相关研究主要关注重点是线下与线上营销渠道之间的关系,而对同为线上营销渠道的SOM及TOP之间关系的研究较少。为此,本书将分析SOM/TOP选择现状,通过典型企业案例分析SOM/TOM发展现状,进而研究SOM/TOP选择及渠道建设策略。

第二,本章对供应链成员的定价和服务策略以及成员间的权力结构进行了文献综述。通过梳理供应链成员的定价服务决策相关文献,我们发现前期研究的重点是线下渠道和线上渠道的关系,着重讨论了供应链成员间的价格竞争、服务竞争、搭便车行为以及服务合作等情境中的供应链决策问题,鲜有文献同时考虑价格和服务竞争问题。本书将以由SOM和TOP构成的双渠道供应链为研究背景,从供应链成员双方进行价格和服务竞争的角度,研究不同权力结构下供应链的服务价格决策。

第三,本章对消费者渠道扩展行为进行了文献综述,发现既往研究针对线上、线下各类渠道的研究已经很丰富,但前期研究对消费者由单一线上渠道向双线上渠道扩展行为的影响因素及作用机理鲜有涉及。为此,本书将对消费者线上双渠道扩展行为的影响因素进行合理假设和建模,研究消费者SOM/TOP渠道扩展的动态过程。

第四,本章对消费者渠道选择行为进行了文献综述,发现中外学者对消费者渠道选择问题给予了很多的关注,试图找到影响消费者做出渠道选择决策的因素。这些已有成果很好地解释了多渠道情景下消费者的渠道选择行为。相关研究主要聚焦于消费者线上/线下渠道的选择行为,少数学者研究了消费者在线多渠道选择过程,但是关于消费者对SOM和TOP选择行为的研究尚不多见。为此,本书将采用探索性案例研究方法,并通过深度访谈的方法收集相关数据,尽可能全面地探究消费者SOM/TOP选择的影响因素及机理。

第五,从研究角度来看,目前的研究主要集中在感知风险、感知价值、体验、各主体特性、满意、忠诚、信任等方面,对于平台声誉影响商家声誉进而影响消费者渠道选择的研究却几乎没有。从研究方法上来看,先前的研究往往只是通过研究消费者对单一渠道的使用意愿或购买意愿来间接研究消费者的线上线下渠道选择行为,并没有涉及各影响要素在线上线下渠道之间的直接对比。为此,本书将采用各影响要素在两类线上渠道之间直接对比的方法,研究两类线上渠道的平台声誉水平、风险水平和可信度水平对消费者信任偏好和渠道选择偏好的影响。

第六,国内外研究者从消费者的购买意愿入手,发现以下因素会影响消费者的购买意愿:消费者的态度、风险认知和价格认知。但是从消费者信息觅食角度分析线上渠道信息分布对消费者渠道选择影响的研究尚存在局限。为此,本书将从信息线索的角度观察SOM与TOP的外部渠道特征,构建"信息线索-购物体验-选择意愿"的理论模型,研究SOM与TOP的信息线索特点对消费者渠道选择造成的影响。

第七,本章对在线评论和服务质量相关文献进行了梳理,发现在线评论质量和服务质量均会对信息搜索和产品购买两阶段消费者的渠道选择意愿产生影响。但鲜有文献合并在线评论质量和服务质量以理解消费者两阶段购物决策的形成。因此,本书将结合在线评论质量和服务质量以探讨两者对消费者在信息搜索和产品购买两阶段对SOM和TOP选择意愿的影响,重点关注两者的交互作用。

第八，目前的研究重点主要聚焦于线上/线下情境中的消费者渠道选择行为，少数学者研究了消费者的线上多平台选择行为。企业自营在线商城和第三方合作在线商城是企业在不同线上渠道建立的商城，隶属于相同的利益主体，与先前研究情境有所不同。本书将以消费者对第三方在线平台和第三方合作在线商城的感知为参照点，测量消费者对企业自有平台和企业自营在线商城的相对感知，在区分平台声誉和企业自营在线商城/第三方合作在线商城声誉的基础上，研究平台声誉、企业自营在线商城/第三方合作在线商城声誉和情境涉入度对消费者渠道选择的影响。

第九，本章还对忠诚度相关文献进行了梳理，发现与忠诚度相关的研究有两个分支：关系视角和交易视角。同时，前期研究重点是传统渠道或者线上渠道中的忠诚度，也有少量文献关注传统渠道和线上渠道间忠诚度形成机制的差异，而对同为线上渠道的 SOM 和 TOP 间忠诚度形成机制的差异则鲜有涉及。由于 SOM 和 TOP 同为线上渠道，消费者对 SOM、TOP 的感知差异与对线上、线下渠道的感知差异存在明显的不同。为此，本书将基于社会交换理论和服务产出理论，从交易/关系视角出发将消费者电子忠诚与多渠道情境联系在一起，探究消费者对 SOM 和 TOP 电子忠诚的形成机理及其差异。

本章小结

2.1 节对相关概念进行了界定。2.2 节对与本书相关的研究工作进行了梳理。2.3 节介绍了本书相关研究工作的相关理论基础。2.4 节对前期研究工作进行了评述，在此基础上提出本书将要研究的内容。

第3章　企业自营在线商城与第三方在线平台现状及发展策略研究

伴随着电子商务的迅猛发展，众多企业建立了自营在线商城；与此同时，受第三方在线平台的影响，众多企业也选择与第三方在线平台合作开展营销活动。本章将通过对 SOM/TOP 选择现状、典型企业案例的分析，试图分析出 SOM/TOP 现状中存在的问题。本章的研究结论可为 SOM/TOP 选择及渠道建设策略提供支撑。

3.1　问题提出

在互联网被普遍使用的良好势头下，众多企业纷纷开设自营在线商城。各类第三方在线平台也飞速发展，淘宝、京东等第三方在线平台已成为网民购物的重要渠道，携程、去哪儿网等第三方在线平台成为网民选购住宿旅游产品的重要平台。因此，各大行业企业在保留传统营销渠道的基础上，积极开拓网络营销渠道，同时通过 SOM 和 TOP 扩展网络销售市场。例如：小米建立自营在线商城“小米商城”，也开设天猫官方旗舰店等第三方合作网络商城；锦江之星连锁酒店通过官网销售，也通过携程等第三方在线平台进行销售。

国内外学术界关于企业多渠道的研究重点是线下与网络营销渠道之间的关系，对同为网络营销渠道的 SOM 及 TOP 之间的关系及 SOM/TOP 发展策略问题鲜有涉及。同时，从我国企业网络营销渠道管理领域来看，多个行业中企业的网络营销渠道管理都存在着一些共性问题，这也是本书的关注点所在。

本章旨在通过对 SOM/TOP 选择与发展现状的分析，研究电子商务背景下企业对 SOM/TOP 的选择与发展策略，以期丰富企业多渠道研究，同时为企业的营销渠道管理实践提供相关启示。本章旨在回答以下问题：①在现实中，SOM/TOP 选择与发展现状如何？是否存在问题？存在哪些问题？②结合相关研究成果，对当前企业线上渠道的发展有什么建议？

3.2　企业的 SOM/TOP 选择及发展现状

本节将首先探究 SOM/TOP 选择现状，再选取典型企业进行案例分析，以探究 SOM/TOP 发展现状。

3.2.1 SOM/TOP 选择现状

1. 主要行业中 SOM/TOP 选择现状

服装、个人护理、食品饮料及 3C 产品 4 类产品一直在电商销量排名中名列前茅。我们选择淘宝、天猫以及京东作为上述行业 TOP 建设平台，并对 4 类行业共 200 家企业进行了 SOM 与 TOP 选择现状调查。调查过程为手动选取并搜索整理 200 家企业的 SOM 与 TOP 经营建设情况。调查结果分别如图 3-1～图 3-4 所示。

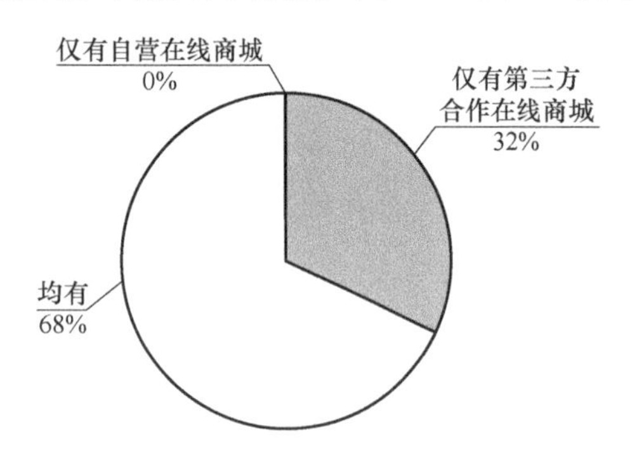

图 3-1　服装行业 SOM 与 TOP 选择现状

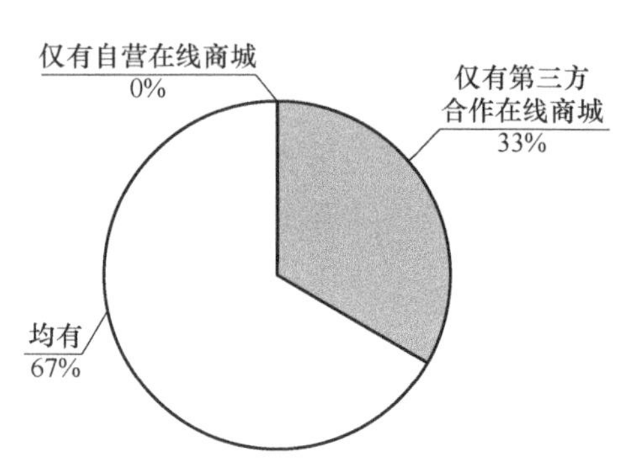

图 3-2　个人护理行业 SOM 与 TOP 选择现状

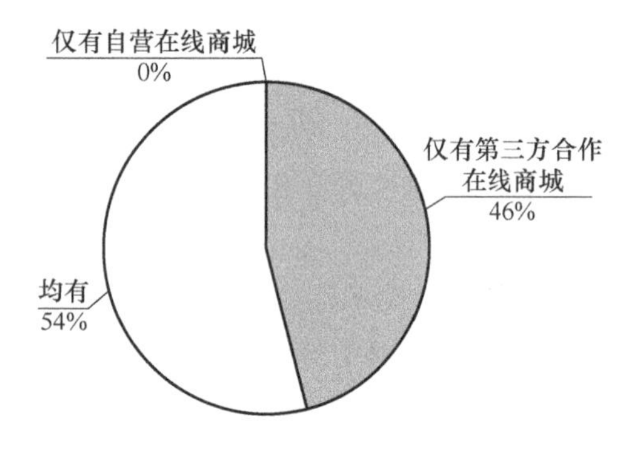

图 3-3　食品饮料行业 SOM 与 TOP 选择现状

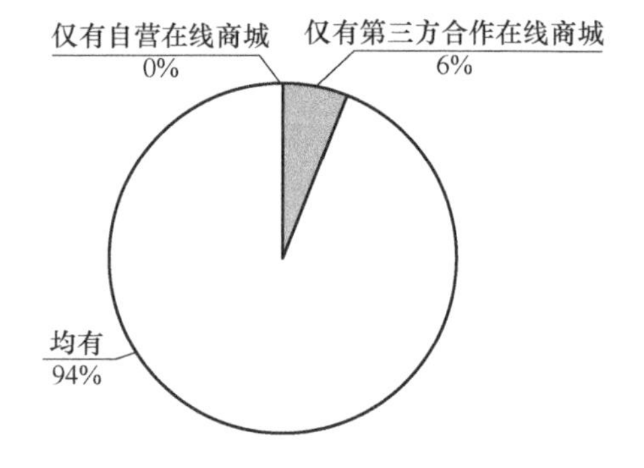

图 3-4　3C 产品行业 SOM 与 TOP 选择现状

调查的 200 家企业全部都开设了 TOP，服装、个人护理、食品饮料、3C 产品行业分别有 32%、33%、46%、6%的企业未开设 SOM。当前，网络营销渠道建设力度大，且第三方在线平台的规模化及影响力等因素是企业选择开设 TOP 的重要原因，TOP 已成为企业建设网络渠道的必然选择。而 SOM 的建设对企业自身的技术水平、经营维护、推广营销等有一定要求，仍将是一些企业未来建设的重点。通过行业间的对比发现，3C 产品行业 SOM 开设的比例最高，这与 3C 产品行业相对于其他行业拥有较强的信息网络产品属性有着一定的关系。

2. 旅游住宿行业 SOM/TOP 选择现状

随着互联网的普及以及人民群众文化娱乐需求的增加，旅游住宿行业已成为当下的热门领域。因此，本书选择酒店行业进行 SOM 与 TOP 现状调查。

我们选取品牌知名度较高的携程、去哪儿网、飞猪作为酒店行业企业 TOP 平台研究对象。同时，参考《中华人民共和国星级酒店评定标准》中的酒店星级划分方法，手动分类选取经济型连锁酒店、中端连锁酒店、高端星级酒店共 90 家企业进行 SOM 与 TOP 现状调查。调查结果如图 3-5 所示。

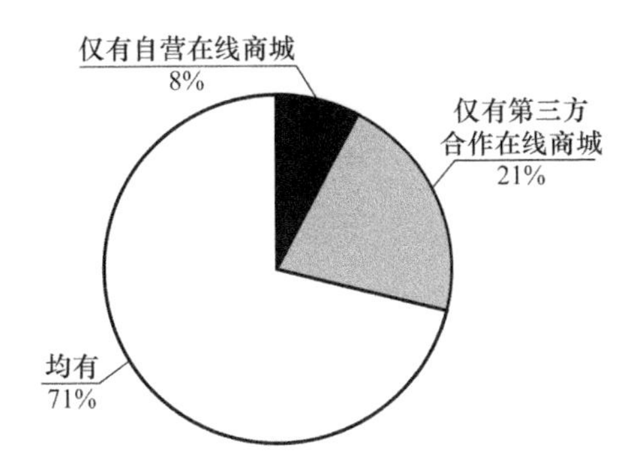

图 3-5　酒店行业 SOM 与 TOP 选择现状

在调查的 90 家企业中,71%的企业均建设了 SOM 与 TOP,21%的企业未开设 SOM 渠道,8%的企业未开设 TOP 渠道。

按照酒店规模和相关评级,将选择的 90 家企业按照经济型连锁酒店、中端连锁酒店、高端星级酒店划分,得到的结果如图 3-6～图 3-8 所示。

分析数据显示,经济型连锁酒店、中端连锁酒店、高端星级酒店发展建设 SOM 和 TOP 的现状存在一定差异。同时建设 SOM 与 TOP 的企业均占最大的比例,中端连锁酒店更是达到 91%。在经济型连锁酒店和中端连锁酒店中,所有酒店均建设了 TOP,而高端星级酒店中有 17%的酒店没有建设 TOP。

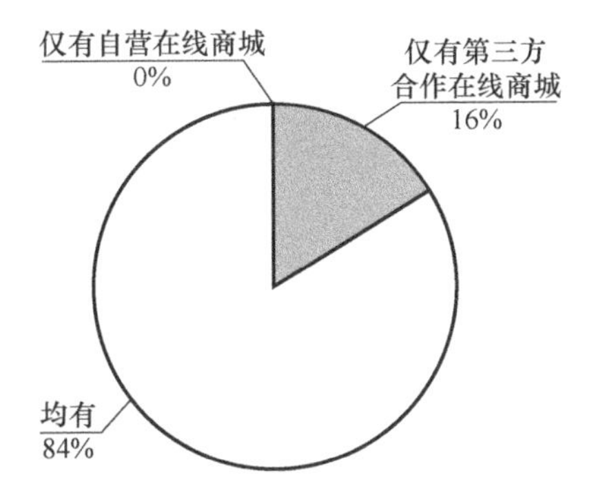

图 3-6　经济型连锁酒店 SOM 与 TOP 选择现状

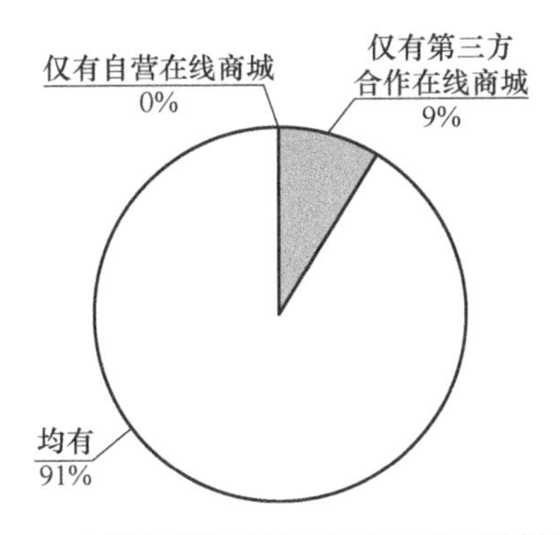

图 3-7　中端连锁酒店 SOM 与 TOP 选择现状

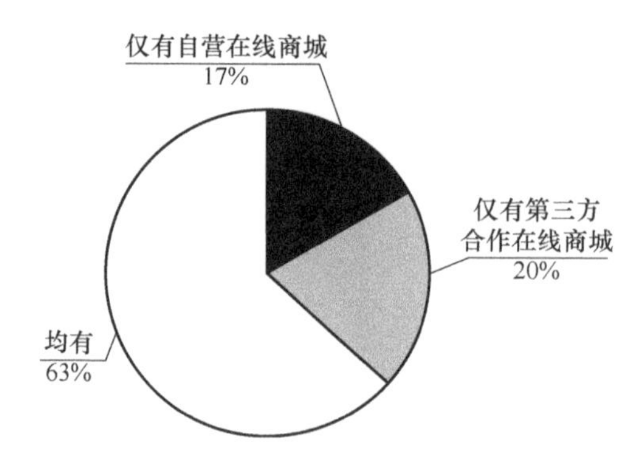

图 3-8　高端星级酒店 SOM 与 TOP 选择现状

数据结果显示，酒店的经营规模对于 SOM 建设与 TOP 建设情况有着显著的影响。相对于其他类型酒店，高端星级酒店对 TOP 依赖程度最低，建设比例为 83%。高端星级酒店会员体系较为完善，且品牌知名度高，人群细分定位准确，有利于 SOM 经营建设。而对于部分中端连锁及经济型连锁酒店，建设 SOM 投入成本过高，因此只选择了建设前期所需投入较小的 TOP。

3.2.2　SOM/TOP 发展现状案例分析

本节选择 3C 行业中的华为公司以及小米公司进行案例研究；同时选择锦江之星酒店作为酒店行业典型企业进行现状分析。

1. 华为公司 SOM/TOP 发展现状

以华为公司在第三方在线平台天猫商城中华为官方旗舰店销量前十名的手机、平板电脑或智能穿戴设备产品为统计对象，获取产品价格、销量、评论数、营销活动等相关产品数据，同时对华为公司 SOM（华为商城渠道）及 TOP（天猫商城渠道）营销渠道功能情况进行对比（数据截止到 2018 年 3 月 5 日）。表 3-1 为华为公司在第三方在线平台天猫商城中华为官方旗舰店销量前十名的手机、平板电脑或智能穿戴设备产品在 SOM、TOP 中的情况对比。

分析表 3-1 可以发现以下几点。

① 华为公司虽然同时选择了 SOM 及 TOP 营销渠道，但其 SOM 不提供产品销量数据查询功能。

② 华为公司 SOM 及 TOP 的产品在线评论数量都有一定的规模，虽然无法获取 SOM 中产品的确切销量，但是通过消费者在产品购买后所发表的在线评论的数量可知，其 SOM 中的产品销量亦具有相当规模。同时，在其 SOM 中 Mate 9 Pro 及 Mate 10 Pro 两种产品的在线评论数量都超过了 TOP。消费者可以通过在线评论来了解相关产品情况，而在线评论是影响消费者购物行为的重要因素之一。

③ 同款产品在 SOM、TOP 中相应的营销活动存在差异，但经过优惠后的消费者实际购买价格在 SOM 与 TOP 中相差不大。例如，华为 P10 在 SOM 中优惠后的价格为 3 188 元，在 TOP 中优惠后的价格为 3 088 元，但在 SOM 中会随手机赠送 10 000 mA・h 的移动电源。

表 3-1　天猫商城华为官方旗舰店销量前十的产品在 SOM、TOP 中的情况对比

产品名称	华为商城(SOM)	天猫华为旗舰店(TOP)	华为商城(SOM)	天猫华为旗舰店(TOP)	华为商城(SOM)	天猫华为旗舰店(TOP)	华为商城(SOM)	天猫华为旗舰店(TOP)	华为商城(SOM)	天猫华为旗舰店(TOP)
	价格/元	价格/元	营销活动	营销活动	最低到手价/元	最低到手价/元	销量/部	销量/部	在线评论数	在线评论数
华为畅享 7	899～999	899～999	赠超值配件好礼，领券立减 100 元	赠 60 元通信生活礼包，领券立减 100 元，再享 3 期免息	799～899	799～899	无此数据	311 679	11 265	95 683
华为畅享 7 Plus	1 299～1 499	1 299～1 499	享花呗 3 期免息	抢天猫券减 100 元，再享花呗 3 期免息	1 299～1 499	1 199～1 399	无此数据	223 196	15 881	82 247
华为 P10	3 488	3 488	领券立减 300 元，赠送 10 000 mA·h 移动电源，再享花呗 6 期免息	领券立减 200 元，下单再减 200 元，享花呗 6 期免息	3 188	3 088	无此数据	125 612	23 154	47 166
华为 Mate 10	3 899～4 499	3 899～4 499	赠送精美配件，享花呗 6 期免息	享花呗 6 期免息	3 899～4 499	3 899～4 499	无此数据	1 220 066	40 669	43 909
华为 Mate 10 Pro	4 899～5 399	4 899～5 399	赠送精美配件，享花呗 6 期免息	享花呗 6 期免息	4 899～5 399	4 899～5 399	无此数据	80 712	42 913	28 585

续表

产品名称	华为商城(SOM)	天猫华为旗舰店(TOP)	华为商城(SOM)	天猫华为旗舰店(TOP)	华为商城(SOM)	天猫华为旗舰店(TOP)	华为商城(SOM)	天猫华为旗舰店(TOP)	华为商城(SOM)	天猫华为旗舰店(TOP)
	价格/元	价格/元	营销活动	营销活动	最低到手价/元	最低到手价/元	销量/部	销量/部	在线评论数	在线评论数
华为 M3 平板电脑	1 888～2 488	1 888～2 488	部分机型直降 200 元，赠送配件礼包	部分机型直降 200 元	1 888～2 488	1 888～2 488	无此数据	70 087	15 713	29 973
华为 Mate 9 Pro	4 399～4 899	4 399～4 899	领券立减 600 元，再享花呗 6 期免息	下单立减 600 元，送透明壳，再享花呗 6 期免息	3 799～4299	3 799～4 299	无此数据	69 246	37 814	25 927
华为 Nova 2s	2 699～3 399	2 699～3 399	购机赠配件大礼包	享花呗 3 期免息	2 699～3 399	2 699～3 399	无此数据	49 550	5 532	16 180
华为 B3 智能运动健康计步手环	999～1 199	999～1 199	无	无	999～1 199	999～1 199	无此数据	46 013	11 769	16 231
华为运动手环	298～388	298～388	无	无	298～388	298～388	无此数据	43 162	7 082	14 751

表 3-2 对华为公司 SOM 及 TOP 的营销渠道功能进行了对比。

表 3-2　华为公司 SOM、TOP 营销渠道功能对比

功能	华为商城(SOM)	天猫商城(TOP)
营销活动	购买部分商品可领取优惠券;部分商品支持分期免息	赠送天猫积分;购买部分商品可领取优惠券;部分商品支持分期免息
支付方式	支付宝、微信、华为 Pay、网银、蚂蚁花呗	支付宝、快捷支付、网银、蚂蚁花呗、货到付款
在线评论	可进行图片评论;可以给在线评论点赞;有精确的评论数量;无法追评;有产品好评率,无商品打分	可进行图片评论;无法给在线评论点赞;有精确的评论数量;可以追评;无产品好评率,有商品打分
在线评论回复	有	有
店铺动态评分	无消费者在线评分	有消费者在线评分:商品与描述相符度、商家服务态度、商家发货速度等
在线客服	有在线客服中心	有阿里旺旺客服
送货服务	满 48 元包邮(顺丰、EMS)	满 99 元包邮(顺丰、EMS)
网址	https://www.vmall.com/	https://huaweistore.tmall.com/

① 在 SOM 及 TOP 中都有较丰富的营销活动,虽然营销活动存在差异,但经过优惠后的消费者实际购买价格在 SOM 与 TOP 中相差不大,消费者可根据自身所偏好的营销活动选择在 SOM 或 TOP 营销渠道进行产品购买。

② SOM 及 TOP 均支持多种在线支付方式,对于需要使用特定支付方式的消费者,可以通过支持该种支付方式的营销渠道进行产品购买。

③ SOM 及 TOP 均提供消费者对已购商品进行图片评论的功能,均可查询产品精确评论数量,但消费者在 SOM 中无法对已购产品进行追评。

④ 消费者在 SOM 购物后无法对整个购物流程进行评分,TOP 支持消费者从商品与描述相符度、商家服务态度、商家发货速度 3 个方面对整个购物流程进行评分。

⑤ SOM 及 TOP 在线客服功能均非常完善,SOM 自身具备功能完善的客户服务中心,在 TOP 中企业则借助于 TOP 提供的专业在线客服系统(阿里旺旺)为消费者提供售前、售后及投诉等客户服务。

⑥ SOM 免邮门槛较低,SOM 及 TOP 均支持顺丰、EMS 快递服务。

表 3-3 为入驻天猫商城销售 3C 产品的计算机、通信数码产品及配件行业内企业应缴纳的入驻费用及年费折扣优惠门槛。

表 3-3　3C 产品企业天猫商城入驻费用及年费折扣优惠门槛

天猫经营大类	一级类目	软件服务费费率	软件服务费年费/万元	享受 50%年费折扣优惠对应的年销售额/万元	享受 100%年费折扣优惠对应的年销售额/万元
3C	手机	0.02	3	36	120
	数码相机/单反相机/摄像机	0.02	3	36	120
	MP3/MP4/iPod/录音笔	0.02	3	36	120
	计算机硬件/显示器/计算机周边	0.02	3	36	120
	笔记本计算机	0.02	3	36	120
	智能设备	0.02	3	36	120
	品牌台式机/品牌一体机/服务器	0.02	3	36	120

此外，通过百度搜索引擎对表 3-1 所列产品以“产品名称”或“产品名称＋购买”方式进行检索，检索结果中提供该种产品销售的 SOM 及 TOP 均在搜索结果页首页且排名较为靠前。

2. 小米公司 SOM/TOP 发展现状

小米是国产手机中的著名品牌，对小米的 9 款手机手动进行信息梳理（各项统计数据截至 2019 年 4 月 15 日）并绘制成表 3-4。

表 3-4 显示了小米的 9 款手机在 SOM 渠道（小米自营在线商城）和 TOP 渠道（天猫旗舰店）的版本、价格、折扣与营销、销量、满意度、在线评论数、评论回复等情况。比较结果显示，小米手机产品的销售价格、优惠折扣在 SOM 与 TOP 中没有明显差别。但在不同的在线商城中，手机产品版本、营销套餐、评论数量都有所差别。在产品版本方面，小米自营在线商城中的版本种类丰富程度优于天猫旗舰店，例如，小米自营在线商城中小米 9、红米 7、小米 8 青春版、小米 6X 等手机产品版本、颜色均比天猫旗舰店内丰富，且用户可选择套餐方式更多。同时，小米自营在线商城中各种加购套餐较天猫旗舰店更为丰富，且小米自营在线商城会员可享受更多预定抢购优先等体验。在评论数量上，例如小米 8 在天猫旗舰店中的在线评论数明显多于小米自营在线商城，而小米 9 在自营在线商城中的在线评论数量明显多于天猫旗舰店，两个商城无法从在线评论数量上明显判断出销量规模差别。

表 3-4　小米手机统计情况

评价内容	版本		价格/元				折扣与营销		销量		满意度		在线评论数		评论回复	
产品	SOM	TOP	SOM	优惠后	TOP	优惠后	SOM	TOP	SOM	TOP	SOM	TOP	SOM	TOP	SOM	TOP
小米 9	6 GB+128 GB(3 种颜色)、8 GB+128 GB(3 种颜色)、8 GB+256 GB(1 种颜色)	6 GB+128 GB(2 种颜色)、8 GB+128 GB(3 种颜色)、8 GB+256 GB(1 种颜色)	2 999/3 299/3 699	无变化	2 999/3 299/3 699	无变化	预约抢购，加 10 元得保护壳	预约抢购，赠送积分以及 80 元天猫权益礼包	无	月销 5 万部以上(88 838人气)	33 751 人购买后满意，满意度为 95.9%	4.7	35 194	11 669	有	有
红米 Note 7 Pro	6 GB+128 GB(3 种颜色)	6 GB+128 GB(3 种颜色)	1 599	无变化	1 599	无变化	预约抢购	预约抢购，赠送积分以及 80 元天猫权益礼包	无	月销 3.5 万部以上(54 645 人气)	15 662 人购买后满意，满意度为 93.9%	4.7	16 680	7 558	有	有
小米 8	6 GB+128 GB 移动 4G+(2 种颜色)、6 GB+128 GB 全网通(4 种颜色)、8 GB+128 GB(1 种颜色)	6 GB+128 GB 全网通(2 种指纹版)、6 GB+128 GB 全网通(4 种颜色)、8 GB+128 GB(3 种颜色)	2 499/2 599/2 899	2 299/2 399/2 699	2 499/2 599/2 899	2 499/2 599/2 699	小米 8 专属 200 元优惠券；赠米粉卡，最高含 100 元话费	8 GB+128 GB版本 200 元商品券以及满减/相关积分以及权益	无	月销 2 831 部(974 828 人气)	46 563 人购买后满意，满意度为 91.6%	4.8	50 834	168 926	有	有
红米 Note 7	3 GB+32 GB(2 种颜色)、4 GB+64 GB(3 种颜色)、6 GB+64 GB(3 种颜色)	3 GB+32 GB(2 种颜色)、4 GB+64 GB(3 种颜色)、6 GB+64 GB(3 种颜色)	999/1 199/1 399	无变化	999/1 199/1 399	无变化	10 元加购配件	10 元购超值配件，积分以及权益	无	月销 8 万部以上(405 607 人气)	93 266 人购买后满意，满意度为 95.4%	4.8	97 764	86 783	有	有
红米 7	2 GB+16 GB(2 种颜色)、3 GB+32 GB(3 种颜色)、4 GB+64 GB(3 种颜色)	3 GB+32 GB(3 种颜色)、4 GB+64 GB(3 种颜色)	699/799/999	无变化	799/999	无变化	小米积分	赠送积分以及权益礼包	无	月销 3 万部以上(29 552 人气)	2 657 人购买后满意，满意度为 93.9%	4.8	2 830	5 920	有	有

续表

评价内容	版本		价格/元				折扣与营销		销量		满意度		在线评论数		评论回复	
产品	SOM	TOP	SOM	优惠后	TOP	优惠后	SOM	TOP	SOM	TOP	SOM	TOP	SOM	TOP	SOM	TOP
小米 Mix 3	6 GB+128 GB(1 种颜色)、8 GB+128 GB(2 种颜色)、8 GB+256 GB(1 种颜色)、故宫特别版	6 GB+128 GB(1 种颜色)、8 GB+128 GB(2 种颜色)、8 GB+256 GB(1 种颜色)	3 299/3 599/3 999/4 999	3 099/3 399/3 799/4 999	3 299/3 599/3 999	3 099/3 399/3 799	预订故宫特别版，200 元优惠券，米粉卡日租卡	全版本 200 元商品卷，相关积分以及权益	无	月销 857 部(154 656 人气)	18 817 人购买后满意，满意度为 94%	4.8	20 010	16 113	有	有
小米 8 青春版	4 GB+128 GB 移动 4G+、6 GB+64 GB 全网通、6 GB+128 GB 全网通	6 GB+64 GB 全网通	1 299/1 499/1 799	1 099/1 299/1 599	1 499	1 299	200 元优惠券，赠米粉卡:最高含 100 元话费	200 元商品券，相关积分以及权益	无	月销 8 500部以上(324 985 人气)	27 051 人购买后满意，满意度为 94.5%	4.8	28 656	58 436	有	有
小米 6X	4 GB+64 GB(樱花粉)、6 GB+64 GB 移动 4G+(3 种颜色)、6 GB+64 GB(曜石黑颜色+4 种颜色)、6 GB+128 GB(3 种颜色)	6 GB+64 GB(2 种颜色)、6 GB+64 GB(曜石黑颜色)、6 GB+128 GB(3 种颜色)	1 199/1 249/1 299/1 549	无变化	1 299/1 399/1 549	无变化	加购耳机、音乐套餐，赠米粉卡，最高含 100 元话费	赠送 10 元话费，小米超级流量卡，相关积分以及权益	无	月销 4 581 部(492 897 人气)	63 370 人购买后满意，满意度为 92.8%	4.8	68 287	117 170	有	有
小米 Mix 2S	6 GB+128 GB 移动 4G+(黑色)、6 GB+128 GB(黑、白色)、8 GB+256 GB(黑、白色)、8 GB+256 GB(翡翠色)	6 GB+128 GB(黑、白色)、8 GB+256 GB(黑、白色)	2 499/2 699/2 999/3 599	无变化	2 699/2 999	无变化	翡翠色/256 GB 赠无线充电器；赠米粉卡，最高含 100 元话费	赠送无线充电器，相关积分以及权益	无	月销 106 部(267 586 人气)	18 671 人购买后满意，满意度为 92.5%	4.8	20 185	25 624	有	有

表 3-5 为小米 SOM 和 TOP 总体情况的对比。

表 3-5　小米 SOM 和 TOP 总体情况的对比

	小米自营在线商城(SOM)	小米天猫旗舰店(TOP)
营销活动	预约抢购/礼物码/F 码通道	预约抢购
支付方式	微信、支付宝、小米卡、各种银行卡、蚂蚁花呗、小米分期	支付宝、各种银行卡、蚂蚁花呗、花呗分期
在线评论	有	有
店铺关注数	无数据	2 253 万
在线评论回复	有	有
店铺动态评分	无	4.8(描述、服务、物流)
产品评分	有	有
在线客服	有	有
送货服务	小米配送/快递满 150 元免邮	普通配送/快递满 150 元免邮
后续服务	预约维修服务/7 天无理由退货/15 天免费换货/520 余家售后网点	7 天无理由退货/15 天免费换货

表 3-5 显示，小米自营在线商城与小米天猫旗舰店在营销购买活动、店铺功能、配送方面差别不明显。但在渠道设计方面，相比于天猫旗舰店，小米自营在线商城的品牌宣传、产品性能介绍更详细，且购物支付方式更多样灵活。

基于上述分析可以看出，小米 SOM 与 TOP 发展情况无明显差别，但小米 SOM 在产品服务以及渠道设计方面优于 TOP。相比于当前众多企业 TOP 和 SOM 发展严重不平衡的情况，小米在渠道建设上有明显优势。首先，小米采用产品差别化与服务差别化吸引消费者。在小米自营在线商城中，产品型号更齐全，套餐种类更丰富。同时，小米建立稳定的会员体系，为会员提供专享服务。其次，在当前全渠道建设需求不断提升的情况下，小米开设多家线下小米体验店以及小米专卖店，既扩展了销售渠道，又通过加强与消费者交互的服务体验吸引消费者在自营渠道购买产品。这样有效地进行了渠道间整合，并通过增强消费者体验的服务方式减弱当前展厅现象对整体经营的影响，提高了品牌知名度和消费者满意度。

3. 锦江之星公司 SOM/TOP 发展现状

锦江之星作为中国较早的一批本地经济型连锁酒店，发展至今规模稳定，店面遍布全国各地，数量规模位居全国前列，因此选取锦江之星作为酒店行业典型企业进行现状分析具有一定的代表性。同时，由于锦江之星全国店面数量巨大，我们选取“北京锦江之星酒店”作为关键词进行搜索并进行案例分析。

选取锦江之星(北京清华东门酒店)与锦江之星(北京南站酒店)，分别对比其 SOM 与 TOP 的相关信息(数据统计截至 2019 年 4 月 15 日)，结果如表 3-6 和表 3-7 所示。

表 3-6　锦江之星(北京清华东门酒店)SOM 和 TOP 的相关信息

	锦江之星官网(SOM)	携程渠道(TOP)
在线评论数	1 145	1 062
差评数	48	123
分数	4.3/5	4.4/5(89%用户推荐)

续 表

	锦江之星官网(SOM)	携程渠道(TOP)
酒店展示图片数	11	28
评论图片数	无	28
评论回复数	有	有
价格(以5月30日入住,5月31日退房为例,提前1个月15天预订)	商务A:322元 商务B:294元 标准A:322元	商务A:322元 商务B:294元 标准A:322元 标准B:284元
价格(以4月15日入住,4月16日退房为例,提前1天预订)	商务A:341元 商务B:294元 标准A:341元	商务A:289~341元 商务B:286~294元 标准A:289~341元 标准B:284元
营销折扣	会员卡	团购优惠价(多间长住), 套餐优惠价(加景点门票), 不同时期的营销优惠价格
浏览量	无显示	不同时段同时浏览客人数

表3-7 锦江之星(北京南站酒店)SOM和TOP的相关信息

	锦江之星官网(SOM)	携程渠道(TOP)
在线评论数	290	2 142
差评数	20	236
分数	4.7/5	4.2/5(89%用户推荐)
酒店展示图片数	12	41
评论图片数	无	103
评论回复数	有	有
价格(以5月30日入住,5月31日退房为例,提前1个月15天预定)	商务B:313元 商务C:284元 标准A:379元 标准B:341元	商务A:379元 商务B:258~313元 商务C:234~284元 标准A:330~379元 标准B:278~341元
价格(以4月24日入住,4月25日退房为例,提前10天预订)	商务B:279~313元 商务C:259~284元 标准A:339~379元 标准B:309~341元	商务A:379元 商务B:248~313元 商务C:233~284元 标准A:318~379元 标准B:290~341元
营销折扣	会员卡、限时踏青特惠	团购优惠价(多间长住), 套餐优惠价(加景点门票), 会员卡优惠,限时优惠促销
浏览量	无显示	不同时段同时浏览客人数

由表3-6和表3-7可以看出，同一酒店在SOM与TOP的产品经营、价格、销售等情况都有明显的差别。

在价格方面，各个商城在不同预订时间，产品价格均有所不同。相较于SOM，TOP中营销活动更多，优惠力度更明显，产品价格更低。

在经营销售方面，在线评论数量可以在一定程度上体现产品销量情况，TOP中的在线评论数远超SOM中的在线评论数，评论内容更为丰富。同时，在商城设计方面，锦江之星官网商城不能提供图片在线评论，且展示产品图片较少，在一定程度上影响了评论内容的丰富程度以及用户的浏览参考意愿。

表3-8为锦江之星SOM和TOP总体情况的对比。

表3-8　锦江之星SOM和TOP总体情况的对比

	锦江之星官网(SOM)	携程渠道(TOP)
选取关键词“北京”后搜索到的酒店数量	52	41
首页排序	默认排序	欢迎度排序
评分	对服务、设施、卫生、位置4个方面进行评价	对位置、设施、服务、卫生4个方面进行评价
好评率/推荐率	无	有
评论图片	无	有
营销活动	会员俱乐部，积分商城，限时满减	折扣优惠，不定期特价房，满减，会员价
评论回复	无	所有评论都有相关回复
支付方式	门店现付/线上支付全部：微信或者支付宝	微信、储蓄卡、信用卡、支付宝、第三方百度支付以及银联支付、网银
在线客服	无	有

由表3-8可以看出，同一酒店的SOM与TOP在界面设计、营销活动、服务等方面都有较明显的差别。

在商城网站设计经营上，相较于TOP，在SOM中酒店房间图片数量较少，酒店内部照片展示存在不足，且在SOM中不能进行图片评论，渠道功能开发建设不足。但SOM在品牌、形象传播塑造方面设计更优。同时，在商城内搜索酒店关键词时，SOM不会提供直接预订界面，而TOP会提供直接预订界面。

在营销活动方面，携程等第三方在线平台折扣优惠频率高、力度大，而自营在线商城侧重于本酒店会员体系经营，针对会员的优惠力度更为显著。

在服务方面，自营在线商城缺少在线客服，并且评论功能不完善，对用户便捷性体验有一定负面影响。

综合上述对比分析可知，锦江之星酒店SOM发展建设不足，在渠道建设功能、营销推广等方面都存在进一步的发展空间。从在线评论规模等指标上看，多数用户选择TOP进行预订，企业发展对第三方在线平台依赖程度较高。另外，价格是影响用户渠道选择的重要影响因素，因此SOM在完善稳定会员体系与会员优惠服务的同时，应尽量实现渠道间价格的统一，或者采用其他附加营销套餐等方式吸引消费者选择自营在线商城渠道。

3.2.3 SOM/TOP 发展中存在的问题

由以上案例研究可见，华为公司 SOM 及 TOP 在支付方式、在线评论功能、在线客服功能、送货服务等外在特性及渠道功能方面均较完善。另外，虽然无法获取华为公司 SOM 中产品的确切销量，但是通过消费者在产品购买后所发表的在线评论数量可知，其 SOM 中的产品销量亦具有相当规模，同时，SOM 中部分产品的在线评论数量已经超过了 TOP 中相应产品的在线评论数量。

小米公司 SOM 建设成熟。小米公司 SOM 与 TOP 商品价格较为一致，且小米通过 SOM 实施会员优先抢购等营销措施积累了较大规模的用户，小米 SOM 中的在线评论数量等与 TOP 差别较小。相比于 TOP，小米 SOM 销售的产品型号、颜色等更多、更全，用户可选择的型号与颜色更丰富。通过上述差别化竞争，小米通过 SOM 引流稳定，与 TOP 拥有较为相同体量的经营规模。

相比之下，锦江之星 SOM 的渠道建设、产品价格等存在一定不足，整体规模明显小于 TOP。SOM 建设与发展已成为酒店企业值得关注的问题。

综上，可以发现，部分行业中 SOM 及 TOP 均发展得较为成熟，是企业不可或缺的营销渠道；而有些行业中企业虽然同时选择了 SOM 及 TOP，但 SOM 还有较大的改善空间。企业在 SOM/TOP 现阶段发展中存在以下共性问题。

1. 企业网络营销策略缺失

随着国内经济及电子商务市场这些年的快速发展，互联网自然成为消费者获取产品信息及进行产品购买的有效途径，而部分企业依然缺乏网络营销思维，仍秉持、延续着传统的营销理念，对于网络营销的概念及模式缺乏足够的关注与投入。

网络营销是一项系统的营销活动，需要进行整体规划，而实际上很多企业并没有形成系统的网络营销策略，尤其是企业对其 SOM 营销渠道疏于管理与规划，无法与 TOP 网络营销进行有机整合，更没有将 SOM 网络营销纳入企业的整体营销战略之中，使得 SOM 的营销活动既没有重点，又把握不好时间点，错过最佳的营销时机。除此之外，很多消费者是通过互联网搜索引擎进行关键字检索后，单击搜索引擎显示的网址进入企业产品购买界面，而 SOM 在搜索结果中的排名往往较为靠后，甚至有些 SOM 在搜索结果中没有显示，使消费者浏览 SOM 的方便程度大大降低，造成 SOM 营销效果较差。

2. 企业对 TOP 营销渠道依赖性强

企业通过 TOP 进行营销在提高销售量方面更有优势，由于 TOP 具有页面功能更完善、影响受众面更广等优势，更容易引起消费者的注意，增强消费者的购买欲望。SOM 则更多的是起到企业自身的宣传和服务功能，以及对于企业自身形象、产品详细信息等的展示功能，而在产品销售、引起消费者购买意愿等方面的影响不如 TOP。第三方在线平台的营销活动较多，企业通过参与所在的第三方在线平台的营销活动更有利于增加企业产品的销售量，同时这类营销活动也相应地做了一些广告和宣传，在提高企业知名度的同时，节省了在广告营销宣传方面的成本。SOM 则不具备此种优势，因此也使得 SOM 对消费者的吸引力不如 TOP。

由于构建及发展 SOM 需要投入较多的资源及消耗大量的时间成本，鉴于企业自身规模与实力的不同，很多企业均选择避开自建 SOM 营销渠道的方式，转而依托实力较强的第三方在线平台（如京东商城、天猫商城等）来适度弥补自身网络营销渠道的不足。这种以 TOP 为主导的网络营销渠道策略使得第三方在线平台逐渐掌握了客户资源,成为市场的主导者。

3. SOM 营销渠道存在较多问题

虽然一些企业建立了 SOM 营销渠道,并利用 SOM 进行企业及品牌宣传、发布产品信息、进行网上销售,但 SOM 营销渠道依然存在着较多问题。

(1) SOM 网站设计缺乏吸引力

SOM 网站的网页易读性不高,网页设计叠床架屋,布局设置不够合理,产品信息内容不突出、较为单一,浏览一条信息需要打开层层页面,有效路径差,个别栏目甚至是无效链接、伪服务;网页漫游指示不清晰,消费者在网页中无法快速定位自己需要的产品信息;网页加载速度慢;网页内容更新不及时,导致网站信息陈旧。从总体上看,SOM 网站的形式和内容都不够丰富,网页设计不够合理,导致其对消费者的吸引力不足,背离了 SOM 网站建设的初衷。

(2) SOM 网站功能定位过于单一

企业只是通过 SOM 网站宣传企业、展示产品,对产品也只是提供其静态链接,SOM 营销渠道销售功能弱化;SOM 网站在线评论、在线客服、支持的支付方式等营销渠道功能方面不完善,导致网站服务对象不明确,服务内容缺失,无法引起消费者的购买兴趣。

(3) 相关人员配备不齐

对企业来说,建设了 SOM 营销渠道就应物尽其用,简单的品牌宣传和网上销售并不是 SOM 营销渠道功能的全部。企业的重视程度不够及对 SOM 的错位理解造成了 SOM 营销渠道在网络营销方面的专职营销人员及技术维护人员的缺失与不足,而这也直接导致了 SOM 营销渠道无法有规划、系统性、持续性地进行有效维护及开展相关营销推广工作。

3.3 企业的 SOM/TOP 选择及发展策略

3.3.1 企业对 SOM/TOP 的评估

1. SOM 和 TOP 的优缺点

企业选择 SOM 营销渠道,意味着企业需要对 SOM 所涉及的网络、数据库等软硬件平台及设备进行投资、建设及维护,同时还需要配备相关营销及运维人员;选择 TOP 营销渠道,虽然无须配备相关 IT 技术人员,但企业与第三方在线平台合作建设并发展 TOP 需要遵守第三方在线平台的相关规则,一些中小企业在与第三方在线平台的营销合作中处于劣势地位,难以实现自身的营销计划。由此看来,SOM 及 TOP 对于企业而言都是优缺点并存的。具体来说,企业选择 SOM 的优势如下。

① 可以降低企业用于 TOP 的佣金支出及合作让利,提高利润空间。

② 通过 SOM,企业可以更好地展示其品牌、形象以及产品,该方式经济高效,节省营销费用。

③ 能为消费者提供多元化和个性化的定制服务。

④ 增强企业对 SOM 中内容和结构的控制,产品相关信息可以及时发布,便于更新。

当然,选择 SOM 也有不足,具体如下。

① 企业建设、维护 SOM 的成本投入较大。

② 对于还未建立起品牌效应的中小企业，需要大力宣传以提高其SOM知名度，耗费额外成本。

同样，企业选择TOP也是优缺点并存的，优势如下。

① 无须配备相关IT技术人员，只需维护TOP中的商品信息即可。

② 能保证TOP中的商品有足够的访问量，销售机会增加。

③ 可以参加第三方在线平台开展的营销活动，企业可节省自身的营销成本。

不足如下。

① 发布信息格式化，难以体现企业的个性化。

② 第三方在线平台信息荷载量大，一些中小规模的企业在第三方在线平台的整体营销策略中处于劣势地位，难以实现自身的营销计划。

2. 企业对SOM/TOP的评估指标

企业在选择SOM/TOP营销渠道前，对SOM/TOP营销渠道进行综合评估是必不可少的。根据由周建存和刘益(2013)提出的出版企业网络营销渠道评估方法，我们从影响企业营销渠道选择的企业因素、产品因素、市场因素、中间商因素及环境因素5个因素入手，结合SOM/TOP的优缺点，提出企业可以从SOM/TOP营销渠道的库存能力、渠道费用、营销能力、诚信度、服务能力5个重要维度对可供选择的SOM/TOP营销渠道进行综合评估。

(1) 库存能力

企业产品的整个销售过程离不开产品库存仓储的支持。自主拥有仓库存储能力的网络营销渠道对成本的控制能力将大大增强，因此SOM/TOP营销渠道的库存能力是影响SOM/TOP选择的重要因素。企业SOM营销渠道的库存能力主要在于企业自身是否有空间或场所进行库存仓储，而企业所依托的规模较大的TOP一般具有成熟且较大的独立仓储来完成对产品分类、调配、流通等任务。

(2) 渠道费用

渠道费用是指企业建设及运营SOM/TOP营销渠道需要投入的相关费用。企业选择SOM营销渠道所需要投入的成本较大，与SOM相关的网络、数据库等日常运维费用较高，对于还未建立起品牌效应的中小企业，需要大力宣传以提高其SOM知名度，耗费额外渠道费用，但选择SOM营销渠道可以更好地展示企业品牌、形象及产品，方式经济高效，节省营销费用；选择TOP营销渠道则无须配备相关IT技术人员，但需企业缴纳第三方在线平台佣金。

(3) 营销能力

营销能力是指SOM/TOP营销渠道对于产品的宣传及销售能力。企业通过SOM营销渠道能为消费者提供多元化和个性化的定制服务，同时，TOP信息荷载量大，一些中小企业在所依托的第三方在线平台的整体营销策略中处于劣势地位，难以实现自身的营销计划；企业在参与第三方在线平台开展的营销活动时能保证产品有足够的访问量，销售机会增大。

(4) 诚信度

诚信度是指SOM/TOP营销渠道让消费者在进行网络购物时感受到的诚实守信的程度。消费者进行网络购物的整个过程是在虚拟的网络平台上进行的，对产品质量不能做出直接且客观的评估，因此需要企业通过SOM/TOP营销渠道对所售产品的型号、做工用料、配件、包装、成交量、售后服务、增值服务、用户在线评论等信息进行详细、真实的描述，而SOM/TOP营销渠道中信息的可信度取决于SOM/TOP营销渠道的诚信度。对依托实力较强、知名度较高的第三方在线平台的企业来说，其TOP营销渠道诚信度较高。而对还未建立起品牌效应的中小企业来说，则需要大力宣传以提高其SOM知名度及诚信度，吸引消费者。

(5) 服务能力

服务能力是指SOM/TOP营销渠道能够提供满足消费者各类需求的相关服务的能力。SOM/TOP营销渠道的功能丰富度、网页设计、人机交互方式等均影响其服务能力。相比于传统的消费方式，消费者在进行网络购物时可以拥有更多的选择自由和选择空间，消费者中心地位的体现更加突出，因此能够满足消费者在购物过程中的各类需求，从而提升消费者的购物体验，对SOM/TOP营销渠道来说是十分必要的。

对SOM/TOP营销渠道的评估是一项系统、复杂的工作，但由于评估的维度，如SOM/TOP营销渠道的库存能力、渠道费用、营销能力、诚信度、服务能力是相对稳定的，因此可以从这5个维度入手，对企业可选择的SOM/TOP营销渠道做出评估。同时，企业在评估并选择SOM/TOP营销渠道的过程中，必须针对企业现状及面临的具体问题经过深入的实践和认真分析，才能做出最终选择。

3.3.2 SOM/TOP发展策略探究

在电子商务高速发展的背景下，众多企业都对自身的营销渠道发展策略进行了优化及调整，企业也越来越重视SOM/TOP营销渠道的建设与管理。但是，SOM/TOP营销渠道的发展并非一蹴而就的，企业想要通过SOM/TOP营销渠道的运营管理来扩大市场规模及占有率，就要全面掌握SOM/TOP营销渠道的基本特征，分析SOM/TOP营销渠道的运营现状，对症下药，有针对性地制订SOM/TOP发展策略。

1. SOM建设策略

SOM存在的“重建设，轻管理”的问题在一定程度上降低了SOM营销渠道的影响力、传播力和美誉度。在媒介融合及电子商务快速发展的大趋势下，SOM的建设应适应时代及行业的发展，最大限度地满足消费者的需求。在SOM的发展过程中，最重要的是整合相关资源，进一步明确SOM的功能及定位，根据市场形势的发展，使SOM营销渠道成为企业宣传、销售、创新、服务与互动的综合性平台。企业应审时度势，从内容、功能、服务及宣传推广等方面加强SOM建设，让SOM营销渠道成为企业重要的利润来源渠道之一，物尽其用。SOM建设的主要原则如下。

(1) 营销功能突出

企业要提升其SOM营销渠道的销售功能，首先要改变SOM网站是用来介绍企业的工具和展示企业及品牌形象的窗口等传统认识；其次要充分发掘SOM网站网络营销的综合功能，将网络营销与优化企业业务流程和客户关系管理等相结合；最后要设置专门的SOM网站维护人员和营销人员，不断完善SOM网页，及时更新SOM的产品信息、促销信息，优化网页关键词的设置，以提高网站在搜索引擎上的排名。SOM网页上除了企业产品信息模块外，还需要增加会员管理模块、在线客服模块、在线评论模块等其他信息模块，把SOM打造成企业独立的、有特色的网络营销渠道。

(2) 网页设计合理

一个好的网页设计应该是结构合理、层次分明的，网页设计可以让消费者快速、方便地获取产品相关信息，并给他们留下对于产品的良好印象，最终促使消费者进行购买。首先，SOM网页设计应体现产品的定位与特色，塑造个性化、别具一格的网页来提高消费者对于网站的关注度。其次，企业在规划 SOM 网站的内容时，网页的层级及文图布局要合理清晰，同时，应合理设置网页中的关键词以提高网站在搜索引擎上的排名。再次，要重视网页细节内容，提升消费者购的物体验；可以通过粉丝论坛、有奖调查等互动方式加强与消费者的线上交流，培养消费者对企业的好感度和忠诚度。最后，网站内容要及时更新，及时上线最新的产品及广告信息，同时清除无效或时效性差的信息。

(3) 在线客服系统完善

在线客服是消费者与企业进行直接沟通与交流的窗口。一方面，消费者可以通过在线客服系统更加详细地了解自己心仪的产品，了解企业对于产品所能提供的相关服务，由此来获得更多的购买决策支撑；另一方面，企业可以通过在线客服系统及时发现和解决消费者在产品购买和使用中所遇到的问题，了解消费者的购物倾向与消费习惯，为企业售后服务及产品营销策略的制订提供基础。由此可见，在线客服系统是企业客户关系管理中的重要一环，但从现实情况来看，专业、完善的在线客服系统作为企业 SOM 营销渠道客户服务体系中的一个重要部分，并没有得到企业足够的重视。很多企业认为专业的在线客服系统会增加其 SOM 运营成本，并不认为其能为企业创造更多的客户价值。企业对于在线客服系统的不重视降低了消费者在 SOM 购物过程中的用户体验，影响了消费者的购买决策，造成了企业潜在客户的流失。

(4) 推广手段有效

对 SOM 营销渠道进行有效、高效的推广，有助于快速提高 SOM 营销渠道的知名度，为加强 SOM 的营销功能奠定基础。企业在 SOM 的推广过程中，首先，要认清对 SOM 营销渠道进行推广的重要意义，将 SOM 的推广与宣传纳入企业整体营销策略及规划之中。其次，企业应根据自身的人力、资金等状况选择合适的 SOM 推广形式，推广的形式应尽量多样化、丰富化。例如，可以通过购买优质的友情链接的方式，还可以使用搜索引擎竞价排名广告等搜索引擎营销手段，引导消费者关注和浏览 SOM 网站。最后，企业还可以通过官方微博或微信公众号推送一些 SOM 中产品的优惠信息或产品体验类的高质量软文，以提高消费者对于 SOM 营销渠道的关注度，增加用户的黏性。

针对以上几个 SOM 建设原则，SOM 的优化重点应该放在网页设计、购物流程设计、会员平台构建、在线客服系统构建及搜索引擎营销 5 个主要方面(周靓玺，2010；赵礼寿，2011)，具体优化策略如下。

(1) 网页设计

SOM 网站的网页设计应遵循简洁、扁平化原则，注重对网页内容质量的把控，着力于产品宣传信息，而不是追求华丽的动态效果或者繁杂的装饰元素。具体可从页面易读性、页面漫游指示、页面加载速度 3 个方面进行优化。

① 页面易读性强。页面的易读性是指 SOM 网页的版式及布局符合消费者的阅读习惯，让浏览页面的消费者感觉到舒适。增强 SOM 网页易读性的措施有多种，例如：可以将页面设置成标准版页面和宽屏版页面供消费者切换；网页内容主次分明，为保证浏览者迅速关注中心内容，可以通过色彩、大小、形状等方面的对比来突出主体内容；页面风格布局一致，产品和文本内容按规则排放，网页中的图标从大到小、颜色从浅到深、线框从细到粗等，都应有条理、有秩序；在同一页面中的颜色、形状、图标、图片、文字等元素需要达到平衡对称的效果，否则就会降低浏览者的阅读体验；网页中词语及句型的使用要恰当得体，避免文字或语法错误，保证消费者的阅读体验，以免使消费者产生企业不严谨的印象。

② 页面漫游指示清晰。消费者在浏览 SOM 网页时应能够快速定位自己所需要的产品信

息，网页应给予消费者明确的方向指示。例如：设计一个详细清晰的导航目录，引导消费者查找产品相关信息；根据人们的阅读习惯，在页面左边或上方，从左至右或自上而下地放置导航条，方便消费者发现及使用；在每个网页的底部设置一个简单的主页导航，方便消费者浏览每个页面之后轻松地返回主页面。

③ 页面加载速度快。页面的加载速度极大地影响着消费者对于网页的浏览意愿。消费者在浏览网页的过程中，想以最快的速度打开、加载网页，如果由于网页设计原因而长时间不能打开一个网页，消费者很可能会失去耐心并将网页关闭。提高网页加载速度的办法有很多，例如：尽可能少地使用 Flash 动画或特殊效果，尽可能少地使用音乐文件或其他多媒体文件；将相关代码整合到基本的 CSS 或 JavaScript 文档中，并将 HTML、CSS 和 JavaScript 缩小；使用小图片进行产品展示，当消费者想了解更多的产品细节时，可自行点击查看产品大图等。

(2) 购物流程设计

SOM 网站购物流程的设计应该遵循消费者的购物习惯，引导消费者在网站上完成整个购物流程。消费者购物的一般流程包括会员注册、进入购物区、下订单、支付及在线评论。

① 会员注册。在进行购物之前，消费者需要注册成为 SOM 会员，会员注册的过程一般是免费的。消费者注册成为 SOM 会员后，可以查询自己的消费明细，可以享受会员相关的各类营销活动；企业可以掌握消费者较为详细的个人资料，从而可以根据消费者的用户画像及个人消费偏好，为消费者提供个性化推荐，实现精准营销。

② 进入购物区。购物区是消费者进行产品选购的区域，是 SOM 实现营销功能的核心区域。企业的 SOM 应对消费者购物区进行精心的设计，产品信息的分类及排列都应该符合消费者的心理需求和浏览习惯，让消费者感觉舒适。同时，应细化、完善企业产品和服务的介绍信息，突出产品优势，增加消费者对产品及企业的好感度。

③ 下订单。消费者在完成了对于产品的选择后，订单系统需将消费者待支付的产品形成订单。消费者通过订单系统填写收货人姓名、地址、联系电话等个人信息，选择送货方式并提交订单，随后系统再将生成的订单号及快递单号发送至消费者的手机，方便消费者跟踪查询。SOM 还应向消费者提供不同的送货方式，如 EMS、品牌快递等。

④ 支付。SOM 应为有不同支付习惯及喜好的消费者提供丰富的支付方式选择。同时，SOM 为了提高消费者在进行网络购物时的安全感，可以推荐消费者优先使用品牌知名度高、口碑较好的支付方式，或者是向消费者提供货到付款的方式。

⑤ 在线评论。消费者在收到产品或使用产品一段时间后，可以对已购产品进行在线评论，消费者的在线评论对 SOM 来说至关重要。Godes 和 Mayzlin(2005)指出在线评论数量反映了产品的受欢迎度，评论数量越多表明产品得到越多的关注，再加上消费者从众心理的作用，最终导致更多购买行为的发生。对企业而言，在线评论以其低成本、高覆盖面成为企业宣传的重要途径，高质量的在线评论不仅能够提高企业的知名度和美誉度，更重要的是作为一种软性广告可为企业带来直接销售收入。尤其是对主营高涉入产品的企业来说，使用过企业产品的消费者所发表的在线评论对其他消费者来说可信度更高、更客观，值得其他消费者相信。

(3) 会员平台构建

SOM 营销渠道通过会员管理板块的设立，不仅可以为企业的主要消费者构建一个全方位的服务平台，更重要的是可以为会员与企业之间提供无障碍的沟通渠道，极大地提高企业会员享有相关权利的便捷性，提高企业服务的快捷性。消费者通过会员模块可以很方便地注册成为企业会员，而 SOM 则可以将用户注册的信息如姓名、生日、性别、手机、邮箱等全部纳入会员数据库进行集中管理。企业可以根据用户画像为消费者提供个性化的增值服务。另外，还可以统计消费者的消费记录，分析其消费习惯，当消费者再次浏览 SOM 网站时，为其提供个性化产品推荐，实现精准营销。

(4) 在线客服系统构建

在线客服系统作为 SOM 网站的重要组成部分，其服务质量会在一定程度上影响消费者在 SOM 的购买意愿。同时，通过在线客服这个服务窗口，企业可以更好地了解消费者的购买需求，消费者也可以更好地了解企业的产品及服务。构建 SOM 在线客服体系，首先，应保证其功能正常运行，服务内容可达，并与企业所宣传的服务信息保持一致，同时，在线客服系统要保证其交互界面友好，便于消费者操作。其次，SOM 要尽力提高在线客服服务质量，准确、快速地响应消费者的请求，了解消费者的购物诉求，关注消费者的情感需求，主动帮助消费者解决遇到的各类问题。

(5) 搜索引擎营销

SOM 营销渠道未能发挥预期作用的主要原因之一是 SOM 网站欠缺必要且有效的推广，而搜索引擎营销是当今电子商务市场比较盛行的一种网络推广方式。

搜索引擎营销的关键就是要把握好关键字。搜索引擎提供商的服务器会定时访问所有网站，抓取所访问网站中的关键字信息，整理后提供给搜索引擎用户进行相关信息查询。由此可知，SOM 网站建设时应该对网站进行关键字优化，将企业及产品相关的关键字添加至 SOM 网站，提高相关信息的曝光率。

与通过关键字优化获取搜索引擎自然排名的方式相比，搜索引擎竞价排名为 SOM 带来的搜索结果排名提升和宣传效果则具有更高的可预知性和稳定性。同时，按点击量付费的形式也更易于被企业所接受。搜索引擎竞价排名广告营销模式最大的特色在于对搜索引擎营销效果的追踪。企业可以在搜索引擎后台对关键字效果进行持续追踪并及时做出调整，以实现搜索引擎竞价排名广告营销的最大绩效。

2. TOP 建设策略

由于企业与第三方在线平台合作需要遵守第三方在线平台的相关规则，因此企业 TOP 建设策略的重点在于选择合适的第三方在线平台进行合作。企业在选择第三方在线平台时，应从第三方在线平台的性价比、知名度和美誉度、特色 3 个方面来进行综合考虑(代琳，2010)。

(1) 性价比

性价比主要是指企业所能享受的第三方在线平台提供的网络营销服务费用与服务水平之比。其中，第三方在线平台通常会收取的费用如下。

① 在第三方在线平台上建立营销渠道的费用。

② 维护营销渠道正常运行并获取相应信息的费用。

③ 企业给第三方在线平台的价格折扣、促销支持费用等，此类费用在不同的第三方在线平台上差别较大。

企业在选择第三方在线平台时，不仅要考虑平台费用，还要考察第三方在线平台所能提供的服务质量、服务内容、服务水平等是否符合自己的预期。例如，如果第三方在线平台在开展促销宣传活动、提高企业知名度以及售后服务等方面都能提供较高水平的服务，那么即使收费较高也是合理的。因此，第三方在线平台所能提供给企业的服务是否具有较高的性价比，是企业所应考虑的主要问题。

(2) 知名度和美誉度

随着网络技术与电子商务的高速发展,第三方在线平台大量涌现。在虚拟的网络购物环境中,第三方在线平台的知名度和美誉度高就意味着其具有良好的信誉,其提供的产品和服务的质量就能够得到保证,因此也能够吸引更多消费者前来消费。对选择与第三方在线平台合作建设TOP营销渠道的众多企业来说,既需要第三方在线平台能保证营销渠道的点击率,又需要依托第三方在线平台开展安全的网上交易。因此,企业只有选择知名度和美誉度高的第三方在线平台,才能吸引更多的潜在消费者,保障消费者在网购商品时的安全,才有机会受到消费者青睐并建立品牌信誉,最终才能实现高额的利润,使企业得到更长远的发展。

(3) 特色

众多第三方在线平台在建设、发展过程中由于受到各方面的影响会表现出经营特色、消费导向及发展方向等方面的不同,而企业在选择第三方在线平台合作建设TOP时,应根据企业目标客户群的消费需求等特点选择与之相符的第三方在线平台进行合作,这样才能真正发挥企业所依托的第三方在线平台的优势,使企业实现良好的经济效益。

3. SOM/TOP渠道冲突解决及协调策略

企业借助于TOP营销渠道、依托第三方在线平台强大的互联网技术及营销能力聚集了一大批忠实的会员。凭借这些会员资源,TOP营销渠道为企业弥补了因自身SOM营销功能弱导致的不足,帮助企业提高了销售额,但是企业原有的营销策略对SOM重要性的忽视导致SOM营销渠道的发展止步不前。因此,企业只能紧抱第三方在线平台,导致尾大不掉,第三方在线平台在与企业的合作中越来越强势,企业所依托的第三方在线平台的佣金、平台使用费用等让企业成本飙升,甚至存在某些行业内企业付给第三方在线平台的佣金比利润还多的现象,如经济型酒店行业(唐小平,2010)。由此,SOM与TOP营销渠道之间便产生了渠道冲突。

此外,与企业合作的多家第三方在线平台之间的价格战通常由企业买单。为了抢夺更多的市场份额,第三方在线平台之间经常发生价格战,这些营销活动的成本大多由企业承担,而未来第三方在线平台之间的竞争还会加剧,企业利润被第三方在线平台进一步蚕食,SOM与TOP二者之间的矛盾将长期存在,这会对企业的发展产生不利影响。

当SOM和TOP营销渠道出现冲突时,要分析原因,平衡利弊,对症下药,提出解决方案,应从发展的角度来解决企业存在的SOM/TOP营销渠道的冲突。企业在SOM/TOP营销渠道管理实践中,可以采取以下策略来对存在的SOM/TOP营销渠道冲突进行协调。

(1) SOM+TOP渐进模式策略

SOM+TOP渐进模式是指企业借助于第三方在线平台进行渠道运营的同时,逐渐建立、完善企业独立的SOM营销渠道。首先,借助于第三方在线平台可以快速提高企业的产品访问量,企业产品销售机会增多;其次,第三方在线平台的关键优势在于其操作易用性强、功能服务全面,有助于企业提高对消费者的吸引力及客户的忠诚度。因此,在企业资金实力不强的时候,企业可以充分发挥TOP营销渠道的优势。

在借助于第三方在线平台的基础上,当企业资金实力得到一定提升后,企业就可以建立并逐渐发展SOM营销渠道,通过SOM营销渠道,加强与消费者的交流,随时了解消费者的需求,同时运用网络技术展示企业产品信息,从而使消费者拥有一个较好的在线体验。随着企业网络覆盖度、联动性的提高和SOM客源的积累,企业可以逐步进行品牌建设,进一步提高产品销量。

对于已经同时选择了 SOM 及 TOP 的企业，首先，应适度完善 SOM 的各项功能，从而加强对企业品牌的宣传，实现与消费者的及时互动，以便收集市场信息、满足消费者的需求。同时，SOM 可以开展打折促销活动来吸引消费者。其次，应充分利用 TOP。由于企业对于 SOM 的定位与 TOP 不同，企业在进行产品营销的同时，较少有精力对 SOM 进行精细的营销渠道耕耘，因此企业可以通过 TOP 拥有的大市场覆盖率来获得更高的产品销售量。同时，也可将 SOM 作为 TOP 的一个模块，便于企业与市场直接进行信息互动、了解市场信息，以利于 SOM 网站的成长。最后，企业应依托自身的 SOM 营销渠道，提高 SOM 营销渠道的管理能力，加强对企业产品和服务的销售控制，唯有如此，SOM 才能在与 TOP 营销渠道的冲突中站稳脚跟。企业应防范第三方在线平台对企业带来的负面影响，从这个角度出发，企业要不断加强 SOM 营销渠道的建设和发展，这才是企业进行网络营销的关键所在。

(2) 差异化营销策略

消费者在网络购物时不仅注重产品价值，而且注重购物体验，同时，不同的个体对于购物价值的偏好是不尽相同的，企业应根据这一点在 SOM 和 TOP 开展差异化营销以增加产品销售额。例如，企业可以针对 SOM 和 TOP 中相同的产品开展不同的营销活动，消费者可以根据对不同营销活动的喜好，选择在特定营销渠道进行购买。同时，对于企业考虑优先发展的营销渠道来说，企业可在该渠道开展低免邮门槛等营销活动，引导消费者到此渠道购买。

(3) 产品差异化策略

产品差异化策略是指企业通过在 SOM 和 TOP 营销渠道销售不同种类的产品或服务来减少 SOM 和 TOP 营销渠道之间的渠道冲突。产品差异化策略的实施使得 SOM 与 TOP 营销渠道中所销售的产品或服务并不完全相同。对于特定的产品，消费者仅可从特定的营销渠道进行购买，从而避免了消费者进行价格、特性、品牌等方面的比较。例如，李宁公司的 SOM 主要以正价新品的推荐和限量商品(包括明星签名的商品)的销售为主，这些商品瞄准的是少数消费者，而其 TOP 则会进行部分库存商品的销售，向消费者提供具有高性价比的产品(赵礼寿，2011)。另外，企业还可以进行品牌分流，实现多品牌组合，并将多品牌在 SOM 和 TOP 中进行差异化销售。

(4) 相同产品统一定价策略

企业在建设 SOM 及 TOP 营销渠道时应采用相同产品统一定价的方式，这样就减少了 SOM 与 TOP 两种营销渠道之间的冲突。例如，BONO 服装在开展网络营销渠道建设的初期，其 SOM 营销渠道的多款男装价格与其在阿里巴巴、中国服装网等第三方在线平台营销渠道中的价格相同，这就避免了因不同网络营销渠道中的产品相同、价格却不相同而给网络消费市场带来的混乱，从而使消费者感到企业产品定价规范，提高其对企业的满意度(刘辉，2008；代琳，2010)。

4. SOM 和 TOP 内部整合

SOM 和 TOP 营销渠道的内部整合要实现企业预先设置的 SOM 和 TOP 营销渠道目标及战略。企业若要实现 SOM 和 TOP 营销渠道的内部整合，必须对其 SOM 和 TOP 营销渠道的供应链进行整体优化，将 SOM 与 TOP 的优缺点进行互补，最终将 SOM 及 TOP 的信息网、金融网、物流网、客户服务网等系统有机地整合成一个整体。通过 SOM 和 TOP 网络营销渠道把企业的信息发布、产品销售、在线支付、物流配送、在线客服、会员管理及意见反馈等有机地结合起来，力求以最短的供应链、最快的反应链、最低的成本使 SOM 和 TOP 协同运作、协同发展。将 SOM 与 TOP 进行整合营销才是解决 SOM 和 TOP 渠道冲突的优良对策和根本所在。

5. SOM 与 TOP 整体建设

从 SOM 与 TOP 整体角度考虑,企业应在品牌与营销、客户管理、渠道设计、技术投入方面加强建设。

品牌与营销是企业重要的宣传推广方式。研究表明,社会传播对消费者网络渠道的选择行为影响明显(Priporas et al.,2017)。因此,企业应加大 SOM 与 TOP 建设中的口碑营销。在网络商城建设时注重品牌设计宣传,提升消费者对品牌的认知和依赖。

在客户管理方面,应加强 SOM 与 TOP 分销管理。企业应对 SOM 和 TOP 消费者持续进行追踪与调查,了解客户细分、客户根据什么功能在沿着什么路径购买以及客户评价。根据跟踪结果可针对性地进行 SOM 与 TOP 改进,了解具体分销情况并采取针对性的分销管理。

在渠道设计方面,SOM 与 TOP 在部分功能设计上应进一步完善。在 SOM 方面,企业应使评论区功能完善,商城导航等模块简单、清晰、明显,产品介绍信息丰富,图片展示清晰。在 TOP 方面,应加强品牌宣传,优化产品分类,为客户提供便捷的操作体验。在整体渠道设计上,应不断引入媒体属性功能,除了基本的用户评论外增加讨论专区等模块,将消费者的经验分享与产品介绍进一步结合,以提升用户体验和满意度。

在技术投入方面,引入最新技术提升 SOM 与 TOP 的功能。例如:引入智能技术,使用数字助理机器人等追踪产品信息;增加便捷功能按钮等设计,提高交易便捷性和产品信息丰富性;利用人工智能等技术分析消费者的情况,进行个性化推荐;加强安全隐私保护技术投入,保护消费者的隐私,保障交易环境安全。

6. 渠道内切换

SOM 与 TOP 同为企业网络渠道,但 SOM 相较于 TOP 无佣金等成本,尤其在一些行业(如酒店行业)重度依赖 TOP 且 TOP 经营成本过高的情况下,采取一定策略吸引消费者向 SOM 渠道转换有利于企业营收发展。

首先,对于浏览或使用 SOM 的消费者,通过提高转换成本等门槛防止消费者切换到其他渠道。企业对客户进行细分定位后,可以针对目标客户、社交圈等制订不同的推广计划,促进品牌社区的发展,强化客户对品牌的认知和依赖,从而稳定消费者对 SOM 的选择。企业应利用消费者数据,识别和分析消费者习惯,在 SOM 上提供个性化或定制类的服务和套餐,建立完善的会员服务体系,以此来提高消费者的转移成本。

其次,加强 SOM 建设,吸引消费者在网络渠道选择时首选 SOM 以及从 TOP 切换到 SOM。企业可以通过分销管理衡量不同渠道的贡献,在消费者选择 SOM 进行购买时给予一定程度的优惠。同时,在移动设备的帮助下,零售商应致力于将自己的实体商店发展为 SOM 的展厅,而非 TOP 的展厅,因此,企业在线下渠道销售经营时,应引导消费者选择 SOM,采取线上线下优惠等策略进一步吸引消费者转移到 SOM。在 SOM 的设计上,企业应加强交互功能设计以及页面实用性、可操作、易用性方面的设计,丰富产品服务信息,增加分享交流等模块,降低消费者对 SOM 的感知风险,并提供智能便捷的操作流程,以此吸引消费者选择 SOM。

7. 全渠道建设

全渠道是企业建设的方向,因此整合 SOM 与 TOP 以及线下等渠道是全渠道发展的关键。

要应对全渠道发展趋势，首先，企业应在价格方面实现统一。在调查中发现，酒店行业的众多公司在TOP上的价格明显低于SOM的价格，严重影响全渠道消费者的体验。线下渠道与SOM和TOP应做到产品信息一致，价格公开透明。

其次，针对不同类型产品提供针对性的全渠道服务。对于高介入产品(如手机)，企业应保持跨渠道的内容和流程的一致性，保证消费者不会对产品服务产生潜在混淆。例如，产品营销信息同步、一致，对消费者的咨询提供专业一致的回复等。而对于低介入产品(如食品)，企业可以为顾客提供灵活的渠道选择，并将不同渠道内以及渠道之间的服务和配置告知消费者。同时，企业应保证渠道提供的服务符合该渠道的特征。

再次，在渠道质量上，企业应保证各个渠道质量一致，以此提高消费者的满意度。企业应保证各个渠道在消费者进行产品交易、支付、退换货等过程中易于使用且安全可靠，同时消费者可以自行无障碍地完成所有操作。这对企业IT建设能力、商品开发水平、公司战略等方面提出更高的要求。企业还应结合行业产品特征提供更多的一致性服务。

最后，SOM和TOP的渠道整合也是企业全渠道发展的重点。企业应对SOM和TOP的供应链进行整合优化，使SOM及TOP的信息网、金融网、物流网、客户服务网等系统有机地整合成一个整体。通过SOM与TOP把企业的产品信息、销售情况、在线支付、物流配送、反馈意见等有机地结合起来，从而实现全渠道的购物运营一致性，为消费者提供无缝化服务(蒋琦，2018)。

本章小结

本章通过对企业的SOM/TOP选择现状、典型企业案例进行分析，剖析了SOM/TOP发展中存在的问题，初步探讨了企业的SOM/TOP选择与发展策略。上述内容对于企业“触网”后的发展，具有一定的实际参考价值。

第4章 在3种权力结构下线上渠道的决策

第3章基于企业实际案例研究，分析调查了 SOM/TOP 发展中存在的问题，并初步提出了相关建议。为解决企业及第三方在线平台在渠道发展中遇到的问题并得出普适的结论，本章从供给方角度，利用博弈论的数理模型分析 SOM 和 TOP 的客观发展规律，研究结论将为企业和第三方在线平台制订 SOM/TOP 发展策略提供理论支撑。

渠道绩效是企业和第三方在线平台对 SOM 和 TOP 定位的基础，SOM 和 TOP 的定位反过来会影响企业和第三方在线平台的绩效。本章以 SOM 和 TOP 组成的双渠道供应链为研究背景，从企业和第三方在线平台同时进行价格和服务竞争的视角出发，研究渠道价格和服务对企业、第三方在线平台以及整个供应链系统利润的影响。研究结果为 SOM 和 TOP 的定位及发展提供了理论支撑，同时，为后续研究奠定了基础。

4.1 问题提出

企业自营在线商城和第三方在线平台彼此间存在着激烈的竞争，造成渠道冲突（Chang et al.，2019）。如何做好企业自营在线商城和第三方在线平台的定位以及管理协调好二者间的关系是企业和第三方在线平台运营管理中的重要问题。在激烈的竞争环境中，物流、渠道客户服务、免费的礼物等非价格因素起到越来越重要的作用。很多消费者都有过从 SOM 和 TOP 获得不同质量的服务的真实经历。另外，同样的产品在 SOM 和 TOP 上的售价也存在不同（Ye et al.，2018）。TOP 上的产品往往具有较低的价格（Hong，2015），Liu 等（2014）发现产品价格是影响线上酒店预订者选择 OTA 而不是酒店官网的最重要的因素。在这种实际购物体验的驱动下，本章的研究重点关注企业和第三方在线平台在产品价格和服务上的互动。产品价格和服务会极大地影响产品的市场需求，进而会影响公司绩效。因此，制订产品价格和提供促进需求的服务被认为是关键的战略和战术决策（Lu et al.，2011a）。

从研究脉络上看，前期的双渠道供应链研究关注线上渠道和线下渠道的结合，缺乏单独对线上渠道决策方面的研究（王滔 等，2017）。在现有研究中，很多文献关注价格竞争问题（Anderson et al.，2010；Yang et al.，2014；Willart，2015；Huang et al.，2013；Park et al.，2003；Roy et al.，2018；Zhang et al.，2012）。关于服务竞争，大部分研究假定制造商竞相提供促进产品需求的服务（Zhao et al.，2013）。然而，很少有文献同时研究价格和服务竞争问题（Ali et al.，2018）。为此，Ali 等（2018）研究了两个零售商间的价格和服务竞争问题（Ali et al.，2018），本章则研究零售商（第三方在线平台）和制造商（企业）间的价格和服务竞争问题，进一步扩展双渠道供应链的研究。

本章在3种权力结构（企业占主导地位、第三方在线平台占主导地位和双方地位平等）下，从价格和服务竞争视角研究供应链参与者的决策。本章的研究目的是回答以下问题：①第三方在线平台如何在同企业的这种既合作又竞争的关系中制订价格服务决策？②企业应如何制订价格服务决策，以保证在同第三方在线平台竞合有序进行的同时提高自身收益？

4.2 模型构建

4.2.1 问题描述

在实践中，一方面，企业会自主建设自营在线商城向消费者直销产品；另一方面，企业也会借助于第三方在线平台将产品转售给消费者。本章考虑由一个 SOM 渠道和一个 TOP 渠道组成的双渠道供应链。企业生产产品的单位成本为 c。企业通过 SOM 以直销价格 p_1 向线上消费者直销产品，并以批发价格 w 向第三方在线平台分销产品。第三方在线平台以零售价格 p_2 将产品转售给线上消费者。为防止第三方在线平台通过 SOM 渠道购买产品，假定 $p_1>w$。s_1 代表企业提供的服务质量，s_2 代表第三方在线平台提供的服务质量。消费者可以从 TOP 渠道或者从 SOM 渠道购买同一产品。本章研究在 3 种权力结构下的供应链均衡问题，这 3 种权力结构为企业占主导地位、第三方在线平台占主导地位以及双方地位平等。双渠道结构模型如图 4-1 所示。

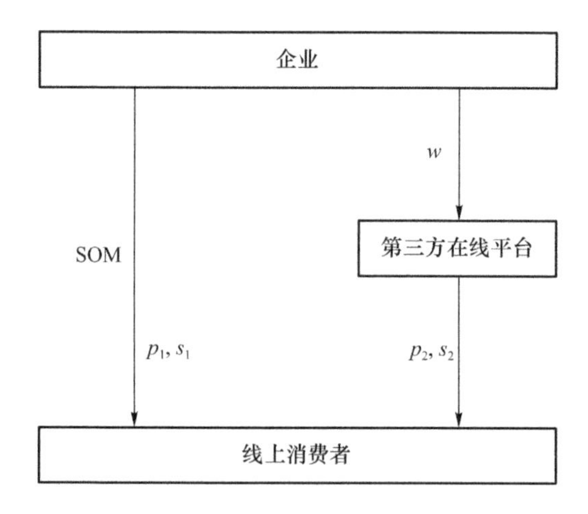

图 4-1　双渠道结构模型

相关假设：①企业和第三方在线平台都是风险中性和完全理性的；②批发价格由市场价格或长期合同价格决定，为外生变量；③供应链的参与者彼此知晓，不存在信息上的不对称现象；④根据 Ryan 等(2012)的研究，与 SOM 渠道相比，消费者更喜欢从 TOP 渠道购买产品。

4.2.2 需求模型和利润函数

在本章中，渠道价格和服务质量是两个影响市场需求的重要因素。借鉴 Yao 等(2008)的研究得到 SOM 渠道和 TOP 渠道的需求函数分别为

$$d_1=a_1-b_1p_1+b_2s_1+\beta_1(p_2-p_1)+\beta_2(s_1-s_2) \tag{4-1}$$

$$d_2=a_2-b_1p_2+b_2s_2+\beta_1(p_1-p_2)+\beta_2(s_2-s_1) \tag{4-2}$$

d_1 代表 SOM 渠道的消费者需求，d_2 代表 TOP 渠道的消费者需求。a_1 和 a_2 分别代表 SOM 渠道和 TOP 渠道的基本需求。a_1 和 a_2 间的差描述了企业和第三方在线平台接触顾客方面的相对优势，体现了市场规模的差异。在数学上，a_1 和 a_2 指两个线上渠道价格均为 0 且不提供附加服务时，企业和第三方在线平台的市场需求。依据假设，假定 $a_1 < a_2$。参数 b_1 代表市场需求对价格的弹性系数，b_2 代表消费者对服务的敏感性。b_1 和 b_2 测量渠道参与者的市场需求对价格和服务的响应程度。消费者对服务的敏感性反映了在购物决策中，消费者对服务质量的重视程度，即消费者对商家提供的服务质量重视程度越高，那么消费者的服务敏感性就越高。β_1 和 β_2 分别代表市场需求对价格水平差异和服务水平差异的转移系数，反映了两个销售渠道在价格和服务行为方面的竞争激烈程度。更确切地说，在其他参数保持不变的情况下，自营在线商城的产品价格每降低一个单位，将吸引$(b_1+\beta_1)$位消费者，其中，b_1 位消费者为因自营在线商城采用降价促销策略而新进入市场的消费者，β_1 位消费者是从第三方在线平台渠道转移过来的。较高的 β_1 值将进一步放大这种价格效应，因此，将使得价格竞争更为重要。β_2 对服务竞争也有相似的含义。消费者对某一渠道上的产品价格和服务的弹性需求系数大于消费者对竞争渠道上的产品价格和服务的转移系数，即自有价格和服务的影响比交叉价格和服务的影响更大。所以有 $b_1 > \beta_1 > 0$，$b_2 > \beta_2 > 0$，从而有 $b_1 b_2 - \beta_1 \beta_2 > 0$。

在实际中，常使用严格的凸函数 $c(s)$来描述与服务相关的成本，$c(s)$具有如下属性：$\frac{\partial c(s)}{\partial s} > 0$，$\frac{\partial c^2(s)}{\partial s} > 0$，已有文献中常采用的一种形式是 $c(s) = \frac{\eta s^2}{2}$（Yan et al.，2009）。其中，$\eta$ 为服务成本系数。服务成本系数越高表示渠道提升服务所需花费的成本越大。在本章中，企业和第三方在线平台的服务成本函数分别为 $c_1(s) = \frac{\eta_1 s^2}{2}$ 和 $c_2(s) = \frac{\eta_2 s^2}{2}$，$\eta_1$ 和 η_2 分别为企业和第三方在线平台的服务成本系数。

根据需求函数，可得两参与者的收益函数分别如下。

企业的收益：

$$\Pi_1 = (p_1 - c) d_1 + (w - c) d_2 - \frac{1}{2} \eta_1 s_1^2 \tag{4-3}$$

第三方在线平台的收益：

$$\Pi_2 = (p_2 - w) d_2 - \frac{1}{2} \eta_2 s_2^2 \tag{4-4}$$

供应链系统总收益：

$$\Pi = \Pi_1 + \Pi_2 = (p_1 - c) d_1 + (p_2 - c) d_2 - \frac{1}{2} \eta_1 s_1^2 - \frac{1}{2} \eta_2 s_2^2 \tag{4-5}$$

4.3　分析结果

在企业占主导地位的情形下，企业作为领导者，第三方在线平台作为跟随者，双方进行 Stackelberg 博弈。批发价格作为外生变量保持不变，Stackelberg 博弈的顺序为：首先，企业从自身收益最大的角度制订 SOM 渠道的最优价格 p_1^{MS*}；其次，第三方在线平台依据 p_1^{MS*}，选择 TOP 渠道的零售价格 p_2^{MS*}，使其收益最大，由此得命题 1。

命题 1　在企业占主导地位，批发价格外生的情况下，企业和第三方在线平台进行

Stackelberg 竞争，则双渠道供应链中的最优价格(p_1^{MS*}，p_2^{MS*})为

$$p_1^{MS*}=\frac{2b_1b_2+2b_1\beta_2+2b_2\beta_1+\beta_1\beta_2}{4b_1^2+8b_1\beta_1+2\beta_1^2}s_1-\frac{2b_1\beta_2-b_2\beta_1+\beta_1\beta_2}{4b_1^2+8b_1\beta_1+2\beta_1^2}s_2+\frac{2a_1b_1+2a_1\beta_1+a_2\beta_1+2b_1^2c+2\beta_1^2w+3b_1\beta_1c+2b_1\beta_1w}{4b_1^2+8b_1\beta_1+2\beta_1^2} \tag{4-6}$$

$$p_2^{MS*}=\left[\frac{\beta_2}{2b_1+2\beta_1}-\frac{\beta_1(2b_1b_2+2b_1\beta_2+2b_2\beta_1+\beta_1\beta_2)}{(2b_1+2\beta_1)(4b_1^2+8b_1\beta_1+2\beta_1^2)}\right]s_1+\left[\frac{b_2+\beta_2}{2b_1+2\beta_1}-\frac{\beta_1(2b_1\beta_2-b_2\beta_1+\beta_1\beta_2)}{(2b_1+2\beta_1)(4b_1^2+8b_1\beta_1+2\beta_1^2)}\right]s_2+\frac{a_2+b_1w+\beta_1w}{2b_1+2\beta_1}+\frac{\beta_1(2a_1b_1+2a_1\beta_1+a_2\beta_1+2b_1^2c+2\beta_1^2w+3b_1\beta_1c+2b_1\beta_1w)}{(2b_1+2\beta_1)(4b_1^2+8b_1\beta_1+2\beta_1^2)} \tag{4-7}$$

由上述最优价格决策可得两渠道参与者的均衡需求分别为

$$d_1^{MS*}=\left[\frac{b_2}{2}+\frac{\beta_2}{2}-\frac{\beta_1\beta_2}{4(b_1+\beta_1)}\right]s_1+\left[\frac{\beta_1(b_2+\beta_2)}{4(b_1+\beta_1)}-\frac{\beta_2}{2}\right]s_2+\frac{a_1}{2}-\frac{b_1c}{2}-\frac{\beta_1c}{4}+\frac{\beta_1(a_2+\beta_1c)}{4(b_1+\beta_1)} \tag{4-8}$$

$$d_2^{MS*}=-\frac{4b_1^2\beta_2-2b_2\beta_1^2+\beta_1^2\beta_2-2b_1b_2\beta_1+6b_1\beta_1\beta_2}{4(2b_1^2+4b_1\beta_1+\beta_1^2)}s_1+\frac{4b_1^2b_2+4b_1^2\beta_2+3b_2\beta_1^2+\beta_1^2\beta_2+8b_1b_2\beta_1+6b_1\beta_1\beta_2}{4(2b_1^2+4b_1\beta_1+\beta_1^2)}s_2+\frac{4a_2b_1^2+2a_1\beta_1^2+3a_2\beta_1^2-4b_1^3w+2a_1b_1\beta_1}{4(2b_1^2+4b_1\beta_1+\beta_1^2)}+\frac{8a_2b_1\beta_1+3b_1\beta_1^2c+2b_1^2\beta_1c-8b_1\beta_1^2w-12b_1^2\beta_1w}{4(2b_1^2+4b_1\beta_1+\beta_1^2)} \tag{4-9}$$

在第三方在线平台占主导地位的情形下，第三方在线平台作为领导者，企业作为跟随者，双方进行 Stackelberg 博弈。批发价格作为外生变量保持不变，Stackelberg 博弈的顺序为：首先，第三方在线平台从自身收益最大的角度制定 TOP 渠道的最优价格 p_2^{OS*}；其次，企业依据 p_2^{OS*}，选择 SOM 渠道的直销价格 p_1^{OS*}，使其收益最大，由此得命题 2。

命题 2　在第三方在线平台占主导地位，批发价格外生的情况下，企业和第三方在线平台进行 Stackelberg 竞争，则双渠道供应链中的最优价格(p_1^{OS*}，p_2^{OS*})为

$$p_1^{OS*}=\frac{4b_1^2b_2+4b_1^2\beta_2+3b_2\beta_1^2+\beta_1^2\beta_2+8b_1b_2\beta_1+6b_1\beta_1\beta_2}{4(2b_1^3+6b_1^2\beta_1+5b_1\beta_1^2+\beta_1^3)}s_1-\frac{4b_1^2\beta_2-2b_2\beta_1^2+\beta_1^2\beta_2-2b_1b_2\beta_1+6b_1\beta_1\beta_2}{4(2b_1^3+6b_1^2\beta_1+5b_1\beta_1^2+\beta_1^3)}s_2+\frac{(2a_1+2b_1c+3\beta_1w)(2b_1^2+4b_1\beta_1+\beta_1^2)}{4(b_1+\beta_1)(2b_1^2+4b_1\beta_1+\beta_1^2)}+\frac{\beta_1(a_1\beta_1+2a_2\beta_1+\beta_1^2w+b_1(2a_2+\beta_1c))}{4(b_1+\beta_1)(2b_1^2+4b_1\beta_1+\beta_1^2)} \tag{4-10}$$

$$p_2^{OS*}=-\frac{2b_1\beta_2-b_2\beta_1+\beta_1\beta_2}{2(2b_1^2+4b_1\beta_1+\beta_1^2)}s_1+\frac{2b_2\beta_1+\beta_1\beta_2+2b_1(b_2+\beta_2)}{2(2b_1^2+4b_1\beta_1+\beta_1^2)}s_2+\frac{a_1\beta_1+2a_2\beta_1+\beta_1^2w+b_1(2a_2+\beta_1c)}{2(2b_1^2+4b_1\beta_1+\beta_1^2)}+\frac{w}{2} \tag{4-11}$$

由上述最优价格决策可得两渠道参与者的均衡需求分别为

$$d_1^{\mathrm{OS}*}=\frac{4b_1^2b_2+4b_1^2\beta_2+3b_2\beta_1^2+\beta_1^2\beta_2+8b_1b_2\beta_1+6b_1\beta_1\beta_2}{4(2b_1^2+4b_1\beta_1+\beta_1^2)}s_1-\frac{4b_1^2\beta_2-2b_2\beta_1^2+\beta_1^2\beta_2-2b_1b_2\beta_1+6b_1\beta_1\beta_2}{4(2b_1^2+4b_1\beta_1+\beta_1^2)}s_2+\frac{4a_1b_1^2+3a_1\beta_1^2+2a_2\beta_1^2-4b_1^3c+8a_1b_1\beta_1}{4(2b_1^2+4b_1\beta_1+\beta_1^2)}+\frac{2a_2b_1\beta_1-b_1\beta_1^2c-8b_1^2\beta_1c-4b_1\beta_1^2w-2b_1^2\beta_1w}{4(2b_1^2+4b_1\beta_1+\beta_1^2)} \tag{4-12}$$

$$d_2^{\mathrm{OS}*}=\left[\frac{\beta_1(b_2+\beta_2)}{4(b_1+\beta_1)}-\frac{\beta_2}{2}\right]s_1+\left[\frac{b_2}{2}+\frac{\beta_2}{2}-\frac{\beta_1\beta_2}{4(b_1+\beta_1)}\right]s_2+\frac{a_2}{2}+\frac{\beta_1c}{4}-\frac{b_1w}{2}-\frac{\beta_1w}{2}+\frac{\beta_1(a_1-\beta_1c+2\beta_1w)}{4(b_1+\beta_1)} \tag{4-13}$$

在两参与者地位平等的情形下，两参与者即第三方在线平台和企业地位平等，双方进行 Nash 博弈，双方独立制订产品价格。在批发价格作为外生变量保持不变的情况下，Nash 博弈的顺序为：企业制订自营在线商城产品价格 $p_1^{\mathrm{N}*}$ 使其收益最大；在未知 $p_1^{\mathrm{N}*}$ 的情况下，第三方在线平台决定零售价格 $p_2^{\mathrm{N}*}$ 使其收益最大，由此得命题 3。

命题 3　在批发价格外生的情况下，企业和第三方在线平台进行 Nash 博弈，则双渠道供应链中的最优价格策略（$p_1^{\mathrm{N}*}$，$p_2^{\mathrm{N}*}$）为

$$p_1^{\mathrm{N}*}=\frac{2b_1b_2+2b_1\beta_2+2b_2\beta_1+\beta_1\beta_2}{4b_1^2+8b_1\beta_1+3\beta_1^2}s_1-\frac{2b_1\beta_2-b_2\beta_1+\beta_1\beta_2}{4b_1^2+8b_1\beta_1+3\beta_1^2}s_2+\frac{2a_1b_1+2a_1\beta_1+a_2\beta_1+2b_1^2c+3\beta_1^2w+2b_1\beta_1c+3b_1\beta_1w}{4b_1^2+8b_1\beta_1+3\beta_1^2} \tag{4-14}$$

$$p_2^{\mathrm{N}*}=-\frac{2b_1\beta_2-b_2\beta_1+\beta_1\beta_2}{4b_1^2+8b_1\beta_1+3\beta_1^2}s_1+\frac{2b_1b_2+2b_1\beta_2+2b_2\beta_1+\beta_1\beta_2}{4b_1^2+8b_1\beta_1+3\beta_1^2}s_2+\frac{2a_2b_1+a_1\beta_1+2a_2\beta_1+2b_1^2w+3\beta_1^2w+b_1\beta_1c+4b_1\beta_1w}{4b_1^2+8b_1\beta_1+3\beta_1^2} \tag{4-15}$$

由上述最优价格决策可得两渠道参与者的均衡需求分别为

$$d_1^{\mathrm{N}*}=\left[\frac{b_2}{2}+\frac{\beta_2}{2}+\frac{b_2\beta_1}{4(2b_1+\beta_1)}-\frac{\beta_1(2b_2+4\beta_2)}{8(2b_1+3\beta_1)}\right]s_1+\left[\frac{b_2\beta_1}{4(2b_1+\beta_1)}-\frac{\beta_2}{2}+\frac{\beta_1(2b_2+4\beta_2)}{8(2b_1+3\beta_1)}\right]s_2+\frac{a_1}{2}-\frac{b_1c}{2}-\frac{\beta_1w}{4}-\frac{\beta_1(2a_1-2a_2-3\beta_1c+3\beta_1w)}{8(2b_1+3\beta_1)}+\frac{\beta_1(2a_1+2a_2-\beta_1c+3\beta_1w)}{8(2b_1+\beta_1)} \tag{4-16}$$

$$d_2^{\mathrm{N}*}=-\frac{(b_1+\beta_1)(2b_1\beta_2-b_2\beta_1+\beta_1\beta_2)}{4b_1^2+8b_1\beta_1+3\beta_1^2}s_1+\frac{(b_1+\beta_1)(2b_1b_2+2b_1\beta_2+2b_2\beta_1+\beta_1\beta_2)}{4b_1^2+8b_1\beta_1+3\beta_1^2}s_2+\frac{(b_1+\beta_1)(2a_2b_1+a_1\beta_1+2a_2\beta_1-2b_1^2w+b_1\beta_1c-4b_1\beta_1w)}{4b_1^2+8b_1\beta_1+3\beta_1^2} \tag{4-17}$$

结论 1　企业自营在线商城的价格与自营在线商城的服务水平正相关，第三方在线平台的零售价格与第三方在线平台的服务水平正相关。

证明：由命题 1，在企业占主导地位的情况下，

$$\frac{\partial p_1^{\mathrm{MS}*}}{\partial s_1}=\frac{2b_1b_2+2b_1\beta_2+2b_2\beta_1+\beta_1\beta_2}{4b_1^2+8b_1\beta_1+2\beta_1^2}>0$$

$$\frac{\partial p_2^{MS*}}{\partial s_2}=\frac{b_2+\beta_2}{2b_1+2\beta_1}-\frac{\beta_1(2b_1\beta_2-b_2\beta_1+\beta_1\beta_2)}{(2b_1+2\beta_1)(4b_1^2+8b_1\beta_1+2\beta_1^2)}$$

$$=\frac{4b_1^2b_2+4b_1^2\beta_2+3b_2\beta_1^2+\beta_1^2\beta_2+8b_1b_2\beta_1+6b_1\beta_1\beta_2}{(2b_1+2\beta_1)(4b_1^2+8b_1\beta_1+2\beta_1^2)}>0$$

由命题 2,在第三方在线平台占主导地位的情况下,

$$\frac{\partial p_1^{OS*}}{\partial s_1}=\frac{4b_1^2b_2+4b_1^2\beta_2+3b_2\beta_1^2+\beta_1^2\beta_2+8b_1b_2\beta_1+6b_1\beta_1\beta_2}{4(2b_1^3+6b_1^2\beta_1+5b_1\beta_1^2+\beta_1^3)}>0$$

$$\frac{\partial p_2^{OS*}}{\partial s_2}=\frac{\beta_1(2b_2+\beta_2)+2b_1(b_2+\beta_2)}{2(2b_1^2+4b_1\beta_1+\beta_1^2)}>0$$

由命题 3,在双方地位平等的情况下,

$$\frac{\partial p_1^{N*}}{\partial s_1}=\frac{2b_1b_2+2b_1\beta_2+2b_2\beta_1+\beta_1\beta_2}{4b_1^2+8b_1\beta_1+3\beta_1^2}>0$$

$$\frac{\partial p_2^{N*}}{\partial s_2}=\frac{2b_1b_2+2b_1\beta_2+2b_2\beta_1+\beta_1\beta_2}{4b_1^2+8b_1\beta_1+3\beta_1^2}>0$$

结论 1 表明,在服务相互竞争的双渠道供应链中,好的服务会给渠道参与者带来较大的定价空间。渠道服务水平的提高导致供应链参与者成本的增加,渠道价格相应提高,最终是由消费者为享受的高服务质量买单。因此,并无消费者可以免费享受的服务,即使是两个渠道的服务处于竞争之中。企业和第三方在线平台在提高渠道服务水平的同时,需要权衡消费者心中对产品价格和服务质量的评估权重,二者要根据自身定位针对不同类型的消费者制订价格服务策略,因人制宜。

结论 2 第三方在线平台的零售价格随自营在线商城渠道服务水平的提高而降低。

证明:在企业占主导地位的情况下,

$$\frac{\partial p_2^{MS*}}{\partial s_1}=-\frac{\beta_2}{2b_1+2\beta_1}+\frac{\beta_1(2b_1b_2+2b_1\beta_2+2b_2\beta_1+\beta_1\beta_2)}{(2b_1+2\beta_1)(4b_1^2+8b_1\beta_1+2\beta_1^2)}$$

$$=\frac{2\beta_1(b_2\beta_1-3b_1\beta_2)+2b_1(b_2\beta_1-2b_1\beta_2)-\beta_1^2\beta_2}{(2b_1+2\beta_1)(4b_1^2+8b_1\beta_1+2\beta_1^2)}<0$$

在第三方在线平台占主导地位的情况下,

$$\frac{\partial p_2^{OS*}}{\partial s_1}=-\frac{2b_1\beta_2-\beta_1b_2+\beta_1\beta_2}{2(2b_1^2+4b_1\beta_1+\beta_1^2)}<0$$

在双方地位平等的情况下,

$$\frac{\partial p_2^{N*}}{\partial s_1}=\frac{2(b_2\beta_1-2b_1\beta_2-\beta_1\beta_2)}{2(2b_1+\beta_1)(2b_1+3\beta_1)}<0$$

结论 2 表明,随着自营在线商城服务水平的提高,自营在线商城在服务方面的优势更加明显,第三方在线平台在维持其服务水平不变的情况下,需采取降价促销策略来吸引消费者,维持其竞争地位。

结论 3 企业自营在线商城的需求与自营在线商城的服务水平正相关,第三方在线平台的需求与第三方在线平台的服务水平正相关。

证明:在企业占主导地位的情况下,

$$\frac{\partial d_1^{MS*}}{\partial s_1}=\frac{b_2}{2}+\frac{\beta_2}{2}-\frac{\beta_1\beta_2}{4(b_1+\beta_1)}>0$$

$$\frac{\partial d_2^{MS*}}{\partial s_2}=\frac{4b_1^2b_2+4b_1^2\beta_2+3b_2\beta_1^2+\beta_1^2\beta_2+8b_1b_2\beta_1+6b_1\beta_1\beta_2}{4(2b_1^2+4b_1\beta_1+\beta_1^2)}>0$$

在第三方在线平台占主导地位的情况下，

$$\frac{\partial d_1^{OS*}}{\partial s_1}=\frac{4b_1^2b_2+4b_1^2\beta_2+3b_2\beta_1^2+\beta_1^2\beta_2+8b_1b_2\beta_1+6b_1\beta_1\beta_2}{4(2b_1^2+4b_1\beta_1+\beta_1^2)}>0$$

$$\frac{\partial d_2^{OS*}}{\partial s_2}=\frac{b_2}{2}+\frac{\beta_2}{2}-\frac{\beta_1\beta_2}{4(b_1+\beta_1)}>0$$

在双方地位平等的情况下，

$$\begin{aligned}\frac{\partial d_1^{N*}}{\partial s_1}&=\frac{b_2}{2}+\frac{\beta_2}{2}+\frac{b_2\beta_1}{4(2b_1+\beta_1)}-\frac{\beta_1(2b_2+4\beta_2)}{8(2b_1+3\beta_1)}\\&=\frac{b_2}{2}+\frac{\beta_2}{2}-\frac{4\beta_1\beta_2}{8(2b_1+3\beta_1)}+\frac{b_2\beta_1}{4(2b_1+\beta_1)}-\frac{2b_2\beta_1}{8(2b_1+3\beta_1)}>0\end{aligned}$$

$$\frac{\partial d_2^{N*}}{\partial s_2}=\frac{(b_1+\beta_1)(2b_1b_2+2b_1\beta_2+2b_2\beta_1+\beta_1\beta_2)}{4b_1^2+8b_1\beta_1+3\beta_1^2}>0$$

结论 3 表明，渠道需求与服务水平相关，线上渠道参与者应重视服务对增加渠道需求的驱动作用。在线上渠道建设过程中，线上渠道参与者要注重提高服务水平，利用服务影响需求，增加自己渠道的市场覆盖率。

结论 4　自营在线商城的服务水平对直销价格的影响大于其对第三方在线平台零售价格的影响；第三方在线平台的服务水平对其自身价格的影响大于其对企业自营在线商城价格的影响。

证明：在企业占主导地位的情况下，

$$\frac{\partial(p_1^{MS*}-p_2^{MS*})}{\partial s_1}=\frac{(b_2+2\beta_2)b_1^2+\left(\frac{3}{2}b_2+3\beta_2\right)b_1\beta_1}{2b_1^3+6b_1^2\beta_1+5b_1\beta_1^2+\beta_1^3}+\frac{\left(\frac{1}{2}b_2+\frac{3}{4}\beta_2\right)\beta_1^2}{2b_1^3+6b_1^2\beta_1+5b_1\beta_1^2+\beta_1^3}>0$$

$$\frac{\partial(p_2^{MS*}-p_1^{MS*})}{\partial s_2}=\frac{(b_2+2\beta_2)b_1^2+\left(\frac{3}{2}b_2+3\beta_2\right)b_1\beta_1}{2b_1^3+6b_1^2\beta_1+5b_1\beta_1^2+\beta_1^3}+\frac{\left(\frac{1}{4}b_2+\frac{3}{4}\beta_2\right)\beta_1^2}{2b_1^3+6b_1^2\beta_1+5b_1\beta_1^2+\beta_1^3}>0$$

在第三方在线平台占主导地位的情况下，

$$\frac{\partial(p_1^{OS*}-p_2^{OS*})}{\partial s_1}=\frac{4(b_2+2\beta_2)b_1^2+2(3b_2+6\beta_2)b_1\beta_1+(b_2+3\beta_2)\beta_1^2}{4(2b_1^3+6b_1^2\beta_1+5b_1\beta_1^2+\beta_1^3)}>0$$

$$\frac{\partial(p_2^{OS*}-p_1^{OS*})}{\partial s_2}=\frac{4(b_2+2\beta_2)b_1^2+2(3b_2+6\beta_2)b_1\beta_1+(2b_2+3\beta_2)\beta_1^2}{4(2b_1^3+6b_1^2\beta_1+5b_1\beta_1^2+\beta_1^3)}>0$$

在双方地位平等的情况下，

$$\frac{\partial(p_1^{N*}-p_2^{N*})}{\partial s_1}=\frac{b_2+2\beta_2}{2b_1+3\beta_1}>0$$

$$\frac{\partial(p_2^{N*}-p_1^{N*})}{\partial s_2}=\frac{b_2+2\beta_2}{2b_1+3\beta_1}>0$$

结论 4 的管理启示是当消费者对企业自营在线商城的服务质量要求降低时，自营在线商城的价格亦将随之降低，此时第三方在线平台为与企业竞争，也将降低零售价格，但降价的幅度要比自营在线商城小。而当第三方在线平台渠道消费者对服务质量的要求降低后，渠道服务水平会随之降低，零售价格也会降低。企业此时若想采取降价策略，其降价的幅度要比第三方在线平台小。

结论 5　企业自营在线商城的价格与消费者对服务的敏感性正相关，第三方在线平台的零售价格与消费者对服务的敏感性正相关。

证明：在企业占主导地位的情况下，

$$\frac{\partial p_1^{\mathrm{MS}*}}{\partial b_2}=\frac{2b_1s_1+2\beta_1s_1+\beta_1s_2}{4b_1^2+8b_1\beta_1+2\beta_1^2}>0$$

$$\frac{\partial p_2^{\mathrm{MS}*}}{\partial b_2}=\frac{b_1s_2+\beta_1s_1+\beta_1s_2}{2(2b_1^2+4b_1\beta_1+\beta_1^2)}+\frac{s_2}{4(b_1+\beta_1)}>0$$

在第三方在线平台占主导地位的情况下，

$$\frac{\partial p_1^{\mathrm{OS}*}}{\partial b_2}=\frac{s_1}{2b_1+2\beta_1}+\frac{\beta_1(2b_1s_2+\beta_1s_1+2\beta_1s_2)}{4(b_1+\beta_1)(2b_1^2+4b_1\beta_1+\beta_1^2)}>0$$

$$\frac{\partial p_2^{\mathrm{OS}*}}{\partial b_2}=\frac{2b_1s_2+\beta_1s_1+2\beta_1s_2}{2(2b_1^2+4b_1\beta_1+\beta_1^2)}>0$$

在双方地位平等的情况下，

$$\frac{\partial p_1^{\mathrm{N}*}}{\partial b_2}=\frac{2b_1s_1+2\beta_1s_1+\beta_1s_2}{(2b_1+\beta_1)(2b_1+3\beta_1)}>0$$

$$\frac{\partial p_2^{\mathrm{N}*}}{\partial b_2}=\frac{2b_1s_1+2\beta_1s_1+\beta_1s_2}{(2b_1+\beta_1)(2b_1+3\beta_1)}>0$$

结论 5 表明，当消费者在 SOM 或者 TOP 购买商品时，消费者的服务敏感性越高，商品的直销价格或第三方在线平台的零售价格也越高。这是因为企业自建自营在线商城直销产品，使得第三方在线平台不再具有价格优势，为满足高服务需求消费者，继续保持其消费者市场，第三方在线平台必须提高服务能力，以赢得客户信任，而为了保证其利润，第三方在线平台的零售价格亦将随之提高。第三方在线平台渠道服务质量的提高也促使企业改善自营在线商城渠道服务质量，此时，企业亦面临成本压力，从而提高直销价格。

结论 6　企业自营在线商城的需求与消费者对服务的敏感性正相关，第三方在线平台的需求与消费者对服务的敏感性正相关。

证明：在企业占主导地位的情况下，

$$\frac{\partial d_1^{\mathrm{MS}*}}{\partial b_2}=\frac{s_1}{2}+\frac{\beta_1s_2}{4(b_1+\beta_1)}>0$$

$$\frac{\partial d_2^{\mathrm{MS}*}}{\partial b_2}=\frac{s_2}{2}+\frac{\beta_1(2b_1s_1+2\beta_1s_1+\beta_1s_2)}{4(2b_1^2+4b_1\beta_1+\beta_1^2)}>0$$

在第三方在线平台占主导地位的情况下，

$$\frac{\partial d_1^{\mathrm{OS}*}}{\partial b_2}=\frac{s_1}{2}+\frac{\beta_1(2b_1s_2+\beta_1s_1+2\beta_1s_2)}{4(2b_1^2+4b_1\beta_1+\beta_1^2)}>0$$

$$\frac{\partial d_2^{\mathrm{OS}*}}{\partial b_2}=\frac{s_2}{2}+\frac{\beta_1s_1}{4(b_1+\beta_1)}>0$$

在双方地位平等的情况下，

$$\frac{\partial d_1^{\mathrm{N}*}}{\partial b_2}=\frac{(b_1+\beta_1)(2b_1s_1+2\beta_1s_1+\beta_1s_2)}{(2b_1+\beta_1)(2b_1+3\beta_1)}>0$$

$$\frac{\partial d_2^{\mathrm{N}*}}{\partial b_2}=\frac{(b_1+\beta_1)(2b_1s_2+\beta_1s_1+2\beta_1s_2)}{(2b_1+\beta_1)(2b_1+3\beta_1)}>0$$

结论 6 表明，线上消费者对服务的偏好有助于网络市场经济的发展。企业和第三方在线平台应通过一系列的手段来影响线上消费者对服务的重视，如配送时提供多样选项、售后期限的选择以及提供运费险等。而当线上消费者对服务不敏感时，线上渠道参与者应通过广告、促销和其他手段提高产品在消费者心中的地位。

结论 7　批发价格 w 存在一个阈值 $w^{\mathrm{MN}*}$，如果 $w<w^{\mathrm{MN}*}$，则 $p_1^{\mathrm{N}*}<p_1^{\mathrm{MS}*}$，$p_2^{\mathrm{N}*}<p_2^{\mathrm{MS}*}$，

$p_1^{N*} < p_1^{OS*}$，$p_2^{N*} < p_2^{OS*}$；如果 $w > w^{MN*}$，则 $p_1^{N*} > p_1^{MS*}$，$p_2^{N*} > p_2^{MS*}$，$p_1^{OS*} > p_1^{MS*}$，$p_2^{OS*} > p_2^{MS*}$。其中，

$$w^{MN*} = \frac{2b_2\beta_1^2 + \beta_1^2\beta_2 + 2b_1b_2\beta_1 + 2b_1\beta_1\beta_2}{4b_1^3 + 12b_1^2\beta_1 + 8b_1\beta_1^2}s_1 - \frac{\beta_1^2\beta_2 - b_2\beta_1^2 + 2b_1\beta_1\beta_2}{4b_1^3 + 12b_1^2\beta_1 + 8b_1\beta_1^2}s_2 + \frac{2a_1\beta_1^2 + a_2\beta_1^2 + 4b_1^3c + 2a_1b_1\beta_1 + 5b_1\beta_1^2c + 10b_1^2\beta_1c}{4b_1^3 + 12b_1^2\beta_1 + 8b_1\beta_1^2}$$

证明：

$$p_1^{MS*} - p_1^{N*} = -\frac{4b_1\beta_1(b_1 + \beta_1)(b_1 + 2\beta_1)}{A_1A_2}w + \frac{B_1 + 3b_1\beta_1c}{A_1} + \frac{B_1 + 2b_1\beta_1c}{A_2} \tag{4-18}$$

$$p_1^{OS*} - p_1^{N*} = \frac{(a_1 + 2a_2 + b_1c + b_2s_1 + 2b_2s_2 - \beta_2s_1 + \beta_2s_2)\beta_1^4}{4A_3} + \frac{b_1(2a_2 + 2b_2s_2 - 2\beta_2s_1 + 2\beta_2s_2)\beta_1^3}{4A_3} - \frac{b_1^2\beta_1^3 + 2b_1\beta_1^4}{2A_3}w \tag{4-19}$$

$$p_1^{MS*} - p_1^{OS*} = -\frac{b_1^2\beta_1 + 2b_1\beta_1^2}{2A_4}w + \frac{\beta_1^2(a_1 + 3b_1c + b_2s_1 + \beta_2s_1 - \beta_2s_2) + 2b_1^2\beta_1c}{4A_4} \tag{4-20}$$

其中，

$$A_1 = 4b_1^2 + 8b_1\beta_1 + 2\beta_1^2$$

$$A_2 = 4b_1^2 + 8b_1\beta_1 + 3\beta_1^2$$

$$A_3 = 8b_1^5 + 40b_1^4\beta_1 + 74b_1^3\beta_1^2 + 62b_1^2\beta_1^3 + 23b_1\beta_1^4 + 3\beta_1^5$$

$$A_4 = 2b_1^3 + 6b_1^2\beta_1 + 5b_1\beta_1^2 + \beta_1^3$$

$$B_1 = 2a_1b_1 + 2a_1\beta_1 + a_2\beta_1 + 2b_1^2c + 2b_1b_2s_1 + 2b_1\beta_2s_1 + 2b_2\beta_1s_1 - 2b_1\beta_2s_2 + b_2\beta_1s_2 + \beta_1\beta_2s_1 - \beta_1\beta_2s_2$$

令式(4-18)～式(4-20)分别等于 0，可得

$$w^{MN*} = \frac{2b_2\beta_1^2 + \beta_1^2\beta_2 + 2b_1b_2\beta_1 + 2b_1\beta_1\beta_2}{4b_1^3 + 12b_1^2\beta_1 + 8b_1\beta_1^2}s_1 - \frac{\beta_1^2\beta_2 - b_2\beta_1^2 + 2b_1\beta_1\beta_2}{4b_1^3 + 12b_1^2\beta_1 + 8b_1\beta_1^2}s_2 + \frac{2a_1\beta_1^2 + a_2\beta_1^2 + 4b_1^3c + 2a_1b_1\beta_1 + 5b_1\beta_1^2c + 10b_1^2\beta_1c}{4b_1^3 + 12b_1^2\beta_1 + 8b_1\beta_1^2}$$

$$w^{ON*} = -\frac{2b_1\beta_2 - b_2\beta_1 + \beta_1\beta_2}{2b_1^2 + 4\beta_1b_1}s_1 + \frac{2b_1b_2 + 2b_1\beta_2 + 2b_2\beta_1 + \beta_1\beta_2}{2b_1^2 + 4\beta_1b_1}s_2 + \frac{2a_2b_1 + a_1\beta_1 + 2a_2\beta_1 + b_1\beta_1c}{2b_1^2 + 4\beta_1b_1}$$

$$w^{MO*} = \frac{b_2\beta_1 + \beta_1\beta_2}{2b_1^2 + 4\beta_1b_1}s_1 - \frac{\beta_1\beta_2}{2b_1^2 + 4\beta_1b_1}s_2 + \frac{2cb_1^2 + 3\beta_1cb_1 + a_1\beta_1}{2b_1^2 + 4\beta_1b_1}$$

因为

$$w^{ON*} - w^{MN*} = \frac{(2b_1 + \beta_1)(2b_1 + 3\beta_1)(a_2 - b_1c + b_2s_2 - \beta_2s_1 + \beta_2s_2)}{4b_1(b_1 + \beta_1)(b_1 + 2\beta_1)} > \frac{(2b_1 + \beta_1)(2b_1 + 3\beta_1)(a_2 - b_1p_2 + b_2s_2 - \beta_2s_1 + \beta_2s_2)}{4b_1(b_1 + \beta_1)(b_1 + 2\beta_1)} > 0$$

$$w^{MN*} - w^{MO*} = \frac{\beta_1^2(a_2 - b_1c + b_2s_2 - \beta_2s_1 + \beta_2s_2)}{4b_1(b_1^2 + 3b_1\beta_1 + 2\beta_1^2)} > \frac{\beta_1^2(a_2 - b_1p_2 + b_2s_2 - \beta_2s_1 + \beta_2s_2)}{4b_1(b_1^2 + 3b_1\beta_1 + 2\beta_1^2)} > 0$$

可得

$$w^{MO*} < w^{MN*} < w^{ON*}$$

易知，当 $w < w^{MO*}$ 时，$p_1^{N*} < p_1^{OS*} < p_1^{MS*}$；当 $w^{MO*} < w < w^{MN*}$ 时，$p_1^{N*} < p_1^{MS*} < p_1^{OS*}$；当 $w^{MN*} < w < w^{ON*}$ 时，$p_1^{MS*} < p_1^{N*} < p_1^{OS*}$；当 $w > w^{ON*}$ 时，$p_1^{MS*} < p_1^{OS*} < p_1^{N*}$。即当 $w < w^{MN*}$ 时，$p_1^{N*} < p_1^{MS*}$，$p_1^{N*} < p_1^{OS*}$；当 $w > w^{MN*}$ 时，$p_1^{N*} > p_1^{MS*}$，$p_1^{OS*} > p_1^{MS*}$。同理可判断第三方在线平台零售价格在不同权力结构下的相对大小关系，可得相似结果，即当 $w < w^{MN*}$ 时，$p_2^{N*} < p_2^{MS*}$，$p_2^{N*} < p_2^{OS*}$；当 $w > w^{MN*}$ 时，$p_2^{N*} > p_2^{MS*}$，$p_2^{OS*} > p_2^{MS*}$。因此，结论 7 得证。

结论 7 说明，当产品批发价格小于阈值 w^{MN*} 时，渠道参与者地位平等情况下的自营在线商城直销价格和第三方在线平台零售价格要小于渠道参与者地位不平等情况下相应的渠道价格；当产品批发价格大于阈值 w^{MN*} 时，企业占主导地位情况下的自营在线商城直销价格和第三方在线平台零售价格要小于其他情况下相应的渠道价格。因此，当产品批发价格较低时，企业和第三方在线平台地位平等情形下 SOM 渠道和 TOP 渠道的价格均小于企业占主导地位情形以及第三方在线平台占主导地位情形，利于保持双渠道的竞争优势；而当产品批发价格较高时，企业占主导地位的情形下 SOM 渠道和 TOP 渠道的价格均小于两参与者地位平等情形以及第三方在线平台占主导地位情形，如果第三方在线平台坚持提高自己的地位，则不得不以提高 SOM 渠道和 TOP 渠道的价格为代价，这不利于保持双渠道的竞争优势。

4.4 数值研究

因为供应链成员及系统的利润函数非常复杂，我们不得不使用数值研究的方法分析在 3 种权力结构下供应链成员提供相同服务和差异服务时服务如何影响利润。

将式(4-6)和式(4-7)分别代入式(4-3)～式(4-5)，可得企业占主导地位情形下成员和系统的利润。将式(4-10)和式(4-11)分别代入式(4-3)～式(4-5)，可得第三方在线平台占主导地位情形下成员和系统的利润。将式(4-14)和式(4-15)分别代入式(4-3)～式(4-5)，可得 Nash 博弈下成员和系统的利润。由于利润函数表达式篇幅较大，我们在此不具体表示出来。当企业和第三方在线平台提供相同的服务时，有 $s_1 = s_2$，可得到相关利润函数。接下来，我们使用 MATLAB 10.0 对 3 种权力结构下服务对系统和成员利润的影响进行数值分析，其中 $a_1 = 200$，$a_2 = 250$，$b_1 = 5$，$b_2 = 3$，$\beta_1 = 2$，$\beta_2 = 1$，$\eta_1 = 7$，$\eta_2 = 3$，$c = 4$，$w = 8$。我们首先分析在企业占主导地位情形下服务对成员及系统利润的影响，结果如表 4-1 和表 4-2 以及图 4-2 和图 4-3 所示。

表 4-1 企业占主导地位情形下相同服务时的利润

$s_1 = s_2$	Π_1^{MS*}	Π_2^{MS*}	Π	$s_1 = s_2$	Π_1^{MS*}	Π_2^{MS*}	Π
2.2	2 342.6	2 095	4 437.6	23.5	1 995.2	2 769.4	4 764.6
5.0	2 455.6	2 238.5	4 694.1	26.9	1 682.5	2 788.1	4 470.6
8.1	2 524.6	2 378.1	4 902.7	29.2	1 430.9	2 786.8	4 217.7
11.6	2 531.8	2 511.2	5 043	32.3	1 040.5	2 767.4	3 807.8
14.7	2 475.6	2 607.4	5 083*	34.2	772.103 0	2 745.4	3 517.5
17.0	2 395.8	2 665.6	5 061.4	35.7	544.603 4	2 722.6	3 267.2
20.3	2 224.7	2 729.5	4 954.2	38.9	13.213 8	2 658.1	2 671.3

表 4-2　企业占主导地位情形下差异化服务时的利润

s_1	s_2	Π_1^{MS*}	Π_2^{MS*}	Π	s_1	s_2	Π_1^{MS*}	Π_2^{MS*}	Π
0.8	2.8	2 269.9	2 142.1	4 412.0	8.7	35.7	2 536.2	3 022.9	5 559.1
1.1	7.7	2 290.9	2 414.1	4 705.0	13.7	37.8	2 490.9	2 955.7	5 446.7
1.3	10.8	2 304.4	2 562.4	4 866.8	18.9	39.7	2 285.2	2 878.0	5 163.2
2.5	15.6	2 367.1	2 747.9	5 115.0	24.2	41.3	1 909.6	2 794.8	4 704.4
3.6	21.5	2 417.3	2 918.0	5 335.2	30.5	43.8	1 243.8	2 675.5	3 919.3
4.3	27.6	2 446.8	3 027.4	5 474.1	35.8	45.7	500.25	2 568.5	3 068.7
5.4	30.3	2 481.0	3 044.5	5 525.5	39.6	47.1	−136.37	2 485.3	2 348.9
6.5	32.5	2 507.2	3 045.6	5 552.8	43.3	48.0	−837.50	2 413.7	1 576.2
7.8	34.6	2 528.1	3 034.7	5 562.7*	47.8	49.1	−1 800.0	2 323.7	523.61

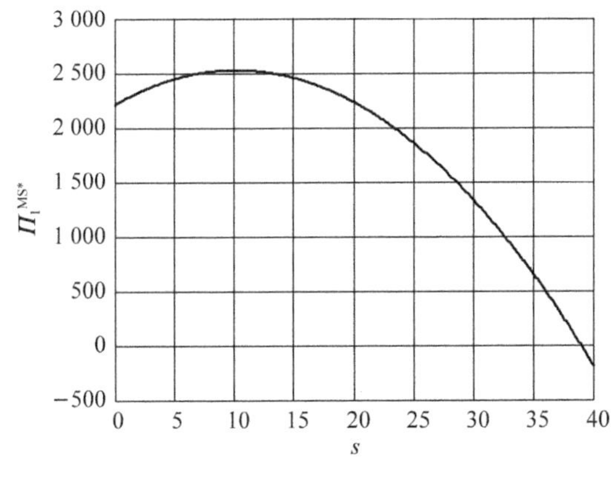

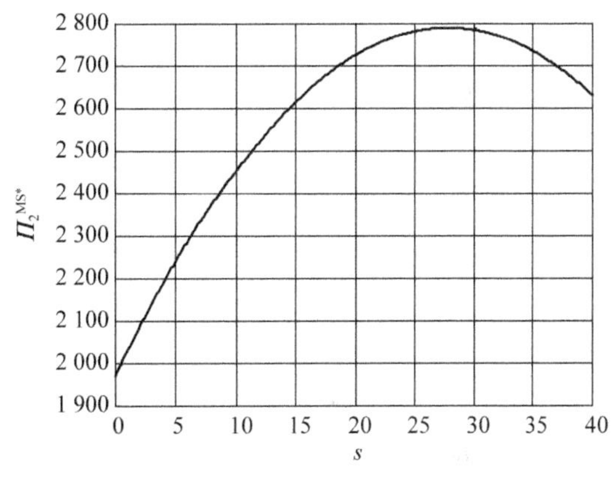

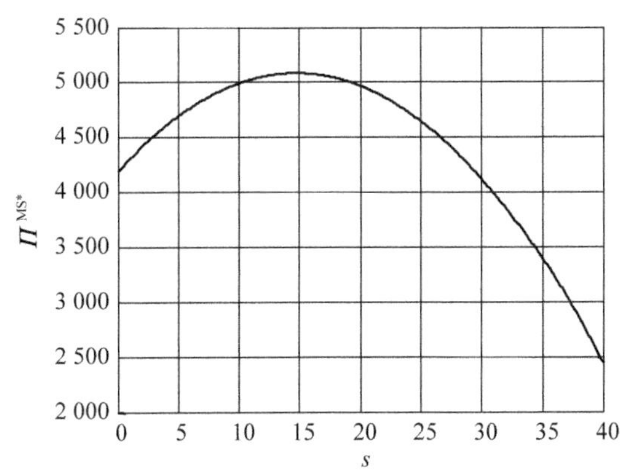

图 4-2　企业占主导地位情形下相同服务时的利润

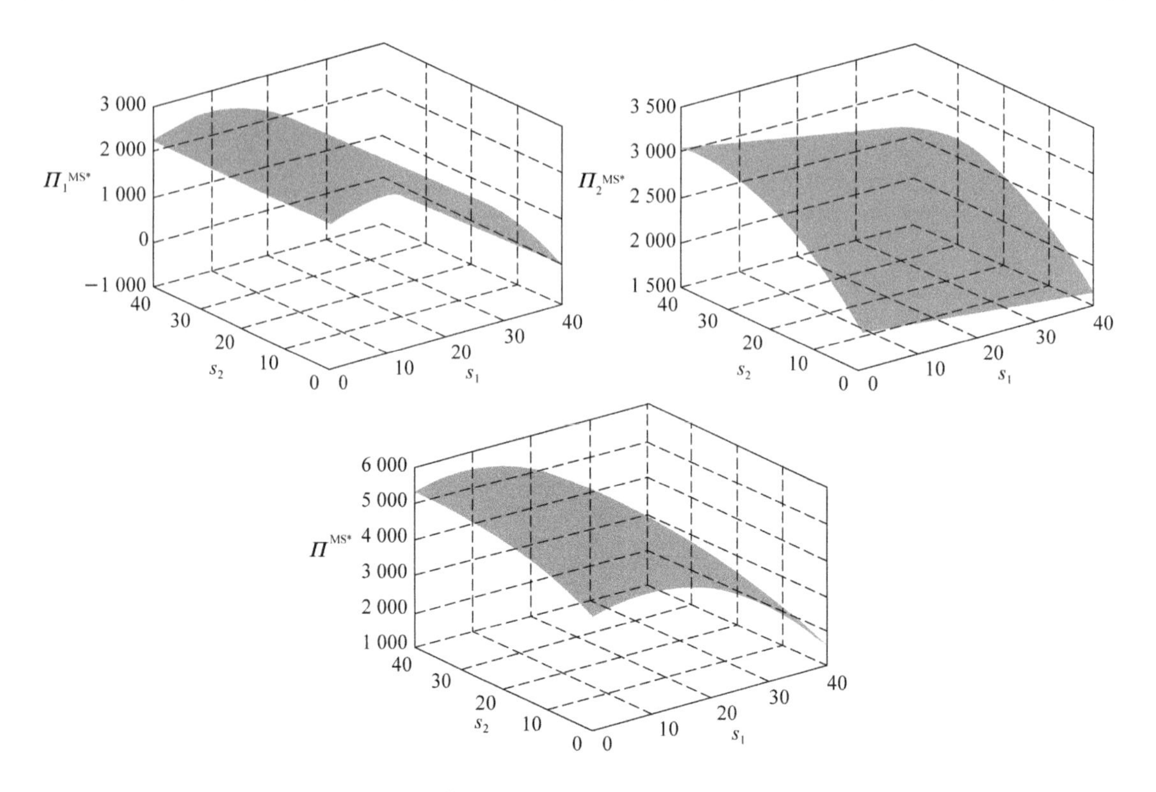

图 4-3　企业占主导地位情形下差异化服务时的利润

由表 4-1 和表 4-2 以及图 4-2 和图 4-3 可知，渠道参与者的利润随其自身服务水平的提高表现为先增大后减小。由表 4-1 可知，在供应链提供相同服务时，最优服务水平为 14.7。系统最优利润为 5 083，企业和第三方在线平台的利润分别为 2 475.6 和 2 607.4。由表 4-2 可知，供应链提供差异化服务时，企业和第三方在线平台的最优服务水平分别为 7.8 和 34.6。系统最优利润为 5 562.7，企业和第三方在线平台的利润分别为 2 528.1 和 3 034.6。第三方在线平台占主导地位和纳什博弈下也会有类似结果。因此，可以得出以下观察结果。

观察 1　渠道参与者的利润随其自身服务水平的提高表现为先增大后减小。

这表明线上渠道参与者应根据线上渠道建设的不同阶段制订针对性的服务策略，因时制宜。在线上渠道建设初期，线上渠道参与者要注重提高其自身服务水平，要利用服务影响需求，增加自己渠道的市场覆盖率和利润。而当渠道服务质量达到一定水平后，考虑到线上渠道服务成本增加的速度大于因渠道价格、渠道需求上升带来的渠道收入增加的速度，造成渠道参与者利润减少，此时渠道参与者需要将利润放在第一位，保证足够的利润空间。

观察 2　与相同服务相比，差异化服务能使系统利润达到最优，且差异化服务能同时提高成员利润。

观察 2 的管理启示是在 SOM 和 TOP 构成的双渠道供应链中，差异化服务能使供应链服务更有效。为实现供应链成员双赢的效果，企业与第三方在线平台应共享服务信息和需求预测信息。二者应基于各自的相对优势实行差异化服务策略。也就是说，企业引入自营在线商城实施在线市场扩展战略时，不应以渗透牺牲为代价，而应以实现有效的商业活动组合为目标。在这种情况下，企业将 SOM 定位于通常不会通过 TOP 购买产品的消费者，从而可以避免与第三方在线平台的潜在冲突。

4.5 结论与讨论

本章从价格和服务竞争的视角出发,探讨第三方在线平台和企业应怎样应对它们之间在顾客获取上的冲突,为两者如何独立制订价格服务决策提供了理论支撑。具体而言,本章的研究针对消费者在第三方在线平台和企业自营在线商城中购物体验的差异,构建供应链成员的价格服务竞争模型。在 3 种权力结构(企业占主导地位、第三方在线平台占主导地位和两参与者地位平等)下,本章对供应链成员的决策进行研究。结果表明,渠道服务水平和消费者对服务的敏感性正向影响渠道价格和需求。第三方在线平台的零售价格随自营在线商城渠道服务水平的提高而降低。自营在线商城的服务水平对直销价格的影响大于其对第三方在线平台零售价格的影响;第三方在线平台的服务水平对其自身价格的影响大于其对企业自营在线商城价格的影响。我们求出批发价格的一个阈值,当批发价格小于该阈值时,两参与者地位平等情形下 SOM 渠道和 TOP 渠道的价格均小于企业占主导地位情形以及第三方在线平台占主导地位情形;而当批发价格大于该阈值时,企业占主导地位情形下 SOM 渠道和 TOP 渠道的价格均小于两参与者地位平等情形以及第三方在线平台占主导地位情形。渠道参与者的利润均随其自身服务水平的提高表现为先增大后减小。与供应链提供相同服务相比,供应链提供差异化服务能改善成员以及系统整体利润(贾行行,2020)。

本章小结

本章以 SOM 和 TOP 为研究主体,从企业和第三方在线平台独立提供服务和制订价格出发提出了双渠道供应链的价格服务竞争模型,研究了供应链均衡问题。本章的研究结论初步为 SOM/TOP 的定位与发展提供了支撑,丰富了双渠道供应链研究,并为后续研究奠定了基础。

第5章　消费者线上双渠道扩展行为的影响因素研究

第4章从供给方的视角，采用博弈理论研究了企业和第三方在线平台的价格服务决策，发现两者实施差异化服务可优化供应链整体及其自身的利润。然而，这部分的研究也具有一定的局限性，例如，虽然得出企业和第三方在线平台应实施差异化的服务策略，但研究结论过于抽象，并没有具体给出企业和第三方在线平台应怎样实施服务举措，对如何建设两类线上渠道的实践指导并不是很明确。为此，本章将从消费者的视角实证研究企业和第三方在线平台在电子商务运营实践中的渠道建设举措。具体而言，本章从消费者线上双渠道扩展行为入手，研究影响消费者线上双渠道扩展行为的影响因素及其作用机理。

5.1　问题提出

第三方在线平台通常是人们线上购物的第一站(Lei et al.，2015)。因此，大部分企业一般会依托第三方在线平台(如天猫、京东等)开设网上店铺销售自家产品。然而，运营自营在线商城对企业具有相当多的益处：一方面，自营在线商城保证了其管理和运营规则完全由自己操控而不用受限于第三方在线平台；另一方面，容易积累具有较高黏性和忠诚度的用户群体，实现差异化、精准化营销。但是，企业建立自营在线商城需要投入较大的建设成本、宣传和运营成本，企业自营在线商城对普通消费者来说是一种新生事物和新的购物渠道。所以，如何建立并成功运营SOM，吸引消费者从TOP扩展到SOM，是很多企业关注的问题。

既往针对线上、线下各类渠道的研究已经很丰富，但前期研究对消费者由单一线上渠道向双线上渠道扩展行为的影响因素及作用机理鲜有涉及。在本章中，消费者由单一线上渠道向双线上渠道的扩展主要是指从只在TOP购买企业产品和服务扩展到同时在TOP和SOM或只在SOM购买企业产品和服务，例如，从原本只通过天猫商城购买华为手机产品，到开始在华为自营在线商城浏览产品信息，并进行购买。

本章以两类线上渠道作为研究对象，分析消费者对于两类线上渠道的感知，具体主要关注以下两个问题：①电子商务线上双渠道分别有什么特点？②消费者线上双渠道扩展行为是否会受到社会主观规范、两类线上渠道技术属性和消费者个体特征3方面因素的影响？

5.2　模型构建与研究假设

5.2.1　理论模型

1. 理论模型构建

依据理性行为理论和计划行为理论，我们主要从社会主观规范、理性行为态度和知觉行为控制 3 个方面来总结和提炼消费者线上双渠道扩展行为的影响因素。主观规范或准则指的是个体认为对其有重要作用的其他人愿意让该个体使用新技术或系统的程度，这一角度主要考察周围人群乃至整个社会环境对个体行为的作用。个体准备进行某一特定行为的程度用行为意向来衡量，而个体对进行某一目标行为所拥有的积极或消极的情绪则用态度来评价，它是由对此行为可能造成结果的主观判断及对这种结果影响作用的主观评估来决定的。而对于新兴技术或服务的个人主观感知就是对其不同客观技术属性的感知。技术属性是指描述新兴技术或服务的客观指标或特征，例如，在线上双渠道场景下，TOP 丰富性是描述 TOP 渠道产品种类和品牌丰富性的客观指标。对个人主观感知的衡量，我们结合效价理论，从正效用和负效用两方面进行。同时，每个个体自身特征不同，行为态度和主观规范对行为意向的影响也会发生变化，个体特征包括个人的知觉行为控制，即对于个人实现某项行为的能力的评估。

在技术属性方面，引入效价理论，分别考察正效用因素、负效用因素对线上双渠道扩展意愿的影响。基于既往文献，我们总结出正效用因素主要包括渠道协作性和相对优势，负效用因素主要包括 TOP 丰富性、感知风险、感知成本。在社会影响方面，我们主要考察社会主观规范对线上双渠道扩展意愿的影响。在个体特征方面，主要考察个体创新、品牌忠诚对线上双渠道扩展意愿的正面影响作用。同时，结合既有关于个体创新、创新扩散理论的研究，考虑到个体创新会影响消费者对感知风险、相对优势等因素的感知，因而我们也会考察个体创新对线上双渠道场景下感知风险、相对优势的影响。研究模型如图 5-1 所示。

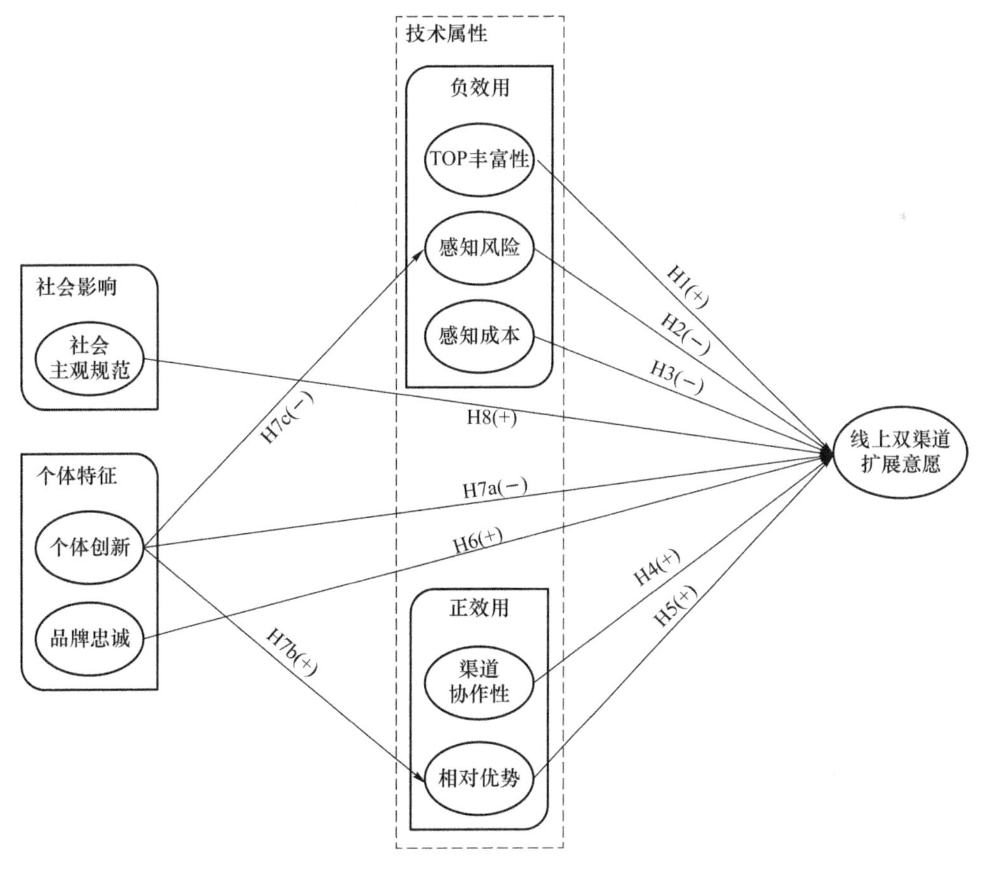

图 5-1　研究模型

2. 变量描述

根据国内外学者的相关研究，并结合本书的背景和特点，对上述研究模型中所涉及的变量做出如表 5-1 所示的界定与描述。

表 5-1 变量描述

变量	操作性定义	参考来源
社会主观规范	对个体的行为决策具有作用效果的其他个体或团队对于该个体是否进行某特定行为所产生的影响的作用程度	Venkatesh 和 Davis(2000)
个体创新	个体对某项新技术的采纳与使用意愿	Agarwal 和 Prasad(1998)
品牌忠诚	个体因为对某一品牌存在特殊偏好，在选购此类商品时，只认定此品牌，不会尝试其他品牌	王丹丹(2018)
TOP 丰富性	在 TOP 渠道产品种类和品牌众多，可以为消费者提供丰富的选择和“一站式”购买服务	本研究
感知风险	由于对新兴信息技术采纳的主动性与学习难度，个体面临的信息安全风险、经济损失风险等	Lee(2009)
感知成本	个体对新技术的采纳和使用会面临其可能带来的感知成本，不仅包括经济上的成本，还包括新技术学习的时间成本等	Luarn 和 Lin(2005)
渠道协作性	企业提供多渠道运行的整合系统，我们主要关注两类线上渠道的渠道透明性和渠道一致性	吴锦峰等(2014)
相对优势	新兴技术相比于原有技术所展现出的优点。例如，电子商务渠道相对于线下实体渠道而言，具有购买方便快捷、价格低廉、可选择范围广泛等优势	Kim 等(2010a)

5.2.2 研究假设

1. 技术属性

对于消费者感知负效用，原始的效价理论只考察感知风险这一个方面(Lee，2009)。感知风险用来度量使用企业自有电商渠道消费者感知到的风险和不确定性的程度，它对消费者技术采纳行为有十分重要的影响，但在线上双渠道场景下，还需要考虑感知成本因素。这些成本可分为经济成本与时间成本。在本书中，经济成本是指实际存在的交易费用，具体到两类线上渠道，涉及整个购物流程中除商品价格之外消费者所付出的花费，如物流配送费用、支付方式手续费等。时间成本是指学习使用企业自营在线商城渠道的时间以及企业自营在线商城渠道相比于第三方在线平台渠道效率低耽误的时间等。

同时，第三方在线平台渠道相比于企业自营在线商城渠道也有其天然的优势：产品种类和品牌众多，可以为消费者提供丰富的选择和“一站式”购买服务。这些优势阻碍消费者从第三方在线平台渠道向企业自营在线商城渠道扩展，即 TOP 丰富性、感知风险和感知成本均会负向影响消费者线上双渠道扩展意愿。基于此，提出以下假设。

H1 TOP 丰富性负向影响消费者线上双渠道扩展意愿。

H2 感知风险负向影响消费者线上双渠道扩展意愿。

H3　感知成本负向影响消费者线上双渠道扩展意愿。

原始的效价理论对感知正效用的衡量维度主要是感知收益，在线上双渠道情景下，渠道协作性所带来的正效用也是不可忽略的因素。近年来，国内外对多渠道整合的研究多关注实体渠道和线上渠道的整合，即“brick-and-cilck”模式。Ganesh(2004)将多渠道整合定义为“商家提供的整合系统，包含多种渠道共同运行”，涵盖了消费者从信息搜索、交易到运输的整个购物过程。吴锦峰等(2014)将多渠道整合质量分为 4 个方面，包括信息一致性、业务关联性、服务构造透明度、过程一致性等。林炳坤等(2016)从产品策略契合度、促销策略契合度来评估线上线下营销策略契合度，其实证结果表明，产品策略契合度对渠道协同绩效和顾客信任有积极的影响，而顾客信任也受到促销策略契合度的正向影响。在线上双渠道场景下，一般来说，两类线上渠道均能提供从售前到售中一直到售后的全流程服务，渠道协作性主要关注两类渠道的渠道一致性和渠道透明性。以往研究表明，多渠道整合质量显著影响消费者的线上购买意愿。在线上双渠道场景下，我们考察两类线上渠道之间的协作性，即渠道透明性和渠道一致性两方面因素。同时，企业自营在线商城渠道相比于第三方在线平台渠道，有诸如产品优先发布、价格优惠等相对优势，这些优势促使消费者选择在企业自营在线商城渠道购买。因而，自营在线商城渠道的相对优势会正向影响消费者向企业自营在线商城渠道扩展的意愿。基于以上分析，提出如下假设。

H4　渠道协作性正向影响消费者线上双渠道扩展意愿。

H5　相对优势正向影响消费者线上双渠道扩展意愿。

2. 个体特征

基于创新扩散理论，个体创新变量用来测量个体对某项新技术的采纳与使用意愿(Agarwal et al.,1998)。Yi 等(2006)在一项针对消费者购物行为的研究中发现，消费者网购意向受到个体创新的显著积极影响。因而，在线上双渠道场景下，企业自营在线商城渠道作为一种新型服务，能为消费者提供不同于传统电商渠道的购物体验，具有较高个体创新性的消费者会更愿意尝试企业自营在线商城渠道。同时，一般来说，对于某品牌具有较高忠诚度的消费者对该企业及其产品会有更高的认同感，也会乐于尝试该企业所提供的新产品、新服务，并积极地为该品牌企业的产品和服务买单。因而，我们认为具有较高品牌忠诚度的消费者通常会积极地通过企业自营在线商城渠道进行购买。基于此，提出如下假设。

H6　品牌忠诚正向影响消费者线上双渠道扩展意愿。

H7a　个体创新正向影响消费者线上双渠道扩展意愿。

有研究发现，当个体创新特质越高时，他们对新技术或服务的安全性会更加信任，对其中的风险感知会越低，此类人一般对风险具有特别的偏好(Ganesh,2004)。企业自营在线商城渠道作为一种新技术和新服务，会让消费者在对其采纳和使用时考虑其潜在风险。高个体创新特质的个体对风险的偏好则会削弱其对风险的感知。另外，具有高个体创新特质的个体对于新兴技术和服务充满了浓厚的兴趣，并敢于尝新，这不仅对感知风险有明显的削弱作用，还对其感知潜在收益有显著的增强作用。有学者进行的实证研究关注个体创新和感知相对优势之间的关系，结果表明个体创新对感知相对优势有显著的正向影响(Yi,2006)。由此，提出以下假设。

H7b　个体创新正向影响对企业自营在线商城渠道的感知相对优势。

H7c　个体创新负向影响对企业自营在线商城渠道的感知风险。

3. 社会主观规范

社会影响一直都是用户新兴技术或服务采纳行为相关研究的关键因素之一。不少研究发现，人们采纳新兴技术的意愿与行为受到社会影响因素的重要影响，尤其更容易受到周围环境和人群的影响。Karahanna 等(1999)认为社会影响主要有两个方面：①周围群体信息对个体认知的影响；②个体身份和形象自我认知产生的主观影响。基于此，Lu 等(2008)构建了社会主观规范这一变量，并在其实证研究中验证了社会主观规范对移动数据服务的初始使用意愿的显著影响。黄彦婷等(2013)基于社会影响理论研究员工知识共享意愿的影响因素，结果发现主观规范的 3 种机制是外界因素对知识共享意愿产生间接或直接影响的途径。由此，提出以下假设。

H8 社会主观规范正向影响消费者线上双渠道扩展意愿。

5.3 实证研究

5.3.1 研究设计

本节的研究采用问卷调查法。问卷共包括 3 个部分。第一部分为引导语，旨在向被调查者说明调查的背景、内容，对第三方在线平台渠道和自营在线商城渠道进行概念界定，承诺对调查结果进行严格保密。第二部分为变量测量项的调查。第三部分为参与调查人员的基本信息统计。其中第二部分是问卷的主体部分，研究模型内的 9 个测量指标，共 28 个测量题项，每个题项的回答均采用七点式李克特量表，即 1～7 分别代表从“完全不同意”到“完全同意”。

1. 问卷设计

本节进行的实证调查充分参考以往学者的研究，并结合线上双渠道研究场景进行完善。社会主观规范的测量题项参考 Venkatesh 和 Davis(2000)的研究，个体创新的测量题项参考 Agarwal 和 Prasad (1998)的研究，相对优势的测量题项参考 Kim 等(2010a)的研究，感知风险的测量题项参考 Lee(2009)的研究，感知成本的测量题项参考 Luarn 和 Lin(2005)的研究，TOP 丰富性的测量题项参考吴锦峰等(2014)的研究，渠道协作性的测量题项参考吴锦峰等(2014)的研究，品牌忠诚的测量题项参考王丹丹(2018)的研究，扩展意愿的测量题项参考杨水清等(2012)的研究，具体如下。

(1) 社会主观规范

社会主观规范即个体认为对其有重要作用的其他人愿意让该个体使用新技术或系统的程度，对个体的行为决策产生作用和影响。在线上双渠道研究背景下，本节借鉴 Venkatesh 和 Davis(2000)对社会主观规范的测量量表，结合线上双渠道场景，设计出 SN1、SN2、SN3、SN4 等 4 个测量题项，如表 5-2 所示。

表 5-2 社会主观规范测量题项

测量因素	编码	测量题项	参考来源
社会主观规范	SN1	那些对我行为有影响的人认为我应该使用自营在线商城	Venkatesh 和 Davis(2000)
	SN2	对我来说十分重要的人觉得我应该使用自营在线商城	
	SN3	使用自营在线商城让我感觉有面子	
	SN4	使用自营在线商城让我显得有身份	

(2) 个体创新

个体创新变量是 Agarwal 和 Prasad(1998)构建的,用来测量个体对某项新技术的采纳与使用意愿,一般来说,具有高个体创新特质的人对尝试新事物、采纳新思想的意愿会更强烈,面对高不确定性的能力更强,采纳和使用新技术会更积极。根据以上所述,并依据 Agarwal 和 Prasad(1998)对个体创新的测量量表,本节设计出 PI1、PI2、PI3、PI4 等 4 个测量题项,如表5-3所示。

表 5-3 个体创新测量题项

测量因素	编码	测量题项	参考来源
个体创新	PI1	我如果发现了一种新的产品或服务,将找机会去尝试一下	Agarwal 和 Prasad(1998)
	PI2	我愿意参与新产品或服务的试用	
	PI3	通常来说,我是亲朋好友里最早尝试使用新产品或服务的人	
	PI4	对试用新的产品或服务,我不会犹豫不决	

(3) 相对优势

管理信息系统领域的相对优势概念是指新兴技术相比于原有技术所展现出的优点。例如,电子商务渠道相比于线下实体渠道,具有购买方便快捷、价格低廉、可选择范围广泛等优点。在线上双渠道场景下,对消费者来说,企业自营在线商城渠道相比于第三方在线平台渠道具有价格低廉、正品保证、个性化服务等优势。本节根据 Kim 等(2010a)对相对优势的测量量表,设计出 RA1、RA2、RA3、RA4 等 4 个 SOM 渠道相对优势的测量题项,如表 5-4 所示。

表 5-4 相对优势测量题项

测量因素	编码	测量题项	参考来源
相对优势	RA1	相比于第三方在线平台,在自营在线商城买到的东西质量更有保障	Kim 等(2010a)
	RA2	相比于第三方在线平台,自营在线商城更经济实惠	
	RA3	相比于第三方在线平台,自营在线商城效率更高	
	RA4	相比于第三方在线平台,自营在线商城服务更好	

(4) 感知风险

技术采纳模型是信息技术采纳研究领域的经典理论和模型。随着新兴技术的发展,Kim 等(2010a)认为,在解释新信息技术方面,经典的技术采纳模型存在缺陷。因为传统信息技术的采纳多是被动使用行为,费用多由组织承担。而新信息技术的采纳在多数情况下需要用户主动自愿,并由用户负担使用过程中可能出现的风险和成本。因而,用户在采用新信息技术的同时,还必须考虑和承担新技术可能带来的费用和风险。本书依据 Lee(2009)对感知风险的度量量表,设计出 PR1、PR2、PR3 等 3 个测量 SOM 感知风险的测量题项,如表 5-5 所示。

表 5-5 感知风险测量题项

测量因素	编码	测量题项	参考来源
感知风险	PR1	当使用自营在线商城时,我很难确定是不是官方的	Lee(2009)
	PR2	当使用自营在线商城时,我担心我的账户会被别人盗用	
	PR3	当使用自营在线商城需要提供个人隐私信息时,我会感到不安全	

（5）感知成本

如上节分析，用户对新技术的采纳和使用会面临其可能带来的感知成本，包括经济上的成本，还包括学习新技术的时间成本等。在线上双渠道场景下，由于TOP渠道已十分成熟和规模化，整个交易过程中物流、支付方式手续费等费用较低，而SOM渠道由于产品的单一性，则可能面临更高的物流费用和支付方式手续费等，即更高的经济成本。本节依据Luarn和Lin（2005）对感知成本的度量量表，设计出PC1、PC2等两个测量SOM感知成本的测量题项，如表5-6所示。

表5-6　感知成本测量题项

测量因素	编码	测量题项	参考来源
感知成本	PC1	使用自营在线商城，我要增加不少花费，需要承担经济成本	Luarn和Lin（2005）
	PC2	使用自营在线商城，我要花时间学习如何使用，需要承担时间成本	

（6）TOP丰富性

TOP丰富性是指在TOP渠道产品种类和品牌众多，可以为消费者提供丰富的选择和“一站式”购买服务。TOP丰富性是在线上双渠道场景下特有的变量，本节结合专家访谈和前测，设计了TR1、TR2两个测量TOP丰富性的题项，如表5-7所示。

表5-7　TOP丰富性测量题项

测量因素	编码	测量题项	参考来源
TOP丰富性	TR1	相比于自营在线商城，第三方在线平台产品更丰富，方便我查询和比较	吴锦峰等（2014）
	TR2	相比于自营在线商城，第三方在线平台提供更多种类、品牌的产品，方便我一次购买多种产品	

（7）渠道协作性

Ganesh（2004）将多渠道整合定义为涉及不同的渠道，包括信息查询、购买和物流等过程的一体化系统。吴锦峰等（2014）将多渠道整合质量分为4个方面，包括信息一致性、业务关联性、服务构造透明度、过程一致性等。在线上双渠道场景下，一般来说，两类线上渠道均能提供从售前到售中一直到售后的全流程服务，渠道协作性主要关注两类渠道的渠道一致性和渠道透明性。本节依据吴锦峰等（2014）关于渠道整合质量的测量量表，开发出CI1、CI2、CI3、CI4等4个测量线上渠道协作性的题项，如表5-8所示。

表5-8　渠道协作性测量题项

测量因素	编码	测量题项	参考来源
渠道协作性	CI1	自营在线商城和第三方在线平台提供同样种类的产品	吴锦峰等（2014）
	CI2	自营在线商城和第三方在线平台的产品价格一致	
	CI3	自营在线商城和第三方在线平台的售后服务是一致的	
	CI4	自营在线商城和第三方在线平台的促销信息一致	

（8）品牌忠诚

品牌忠诚指顾客因为对某一品牌存在特殊偏好，在选购此类商品时，只认定此品牌，不会尝试其他品牌。在线上双渠道场景下，由于SOM在提供销售渠道的同时，还是企业形象展示和客户服务的平台，因而更容易获得高品牌忠诚度用户的青睐。本节依据王丹丹(2018)关于品牌忠诚的测量量表，开发出BL1、BL2、BL3等3个测量品牌忠诚的题项，如表5-9所示。

表5-9 品牌忠诚测量题项

测量因素	编码	测量题项	参考来源
品牌忠诚	BL1	对于相同的产品，我愿意出更高的价格，来购买这个品牌的产品	王丹丹(2018)
	BL2	我经常购买这个品牌的产品	
	BL3	我会向朋友推荐这个品牌	

(9) 线上双渠道扩展意愿

参考杨水清等(2012)对移动支付初始采纳意愿的测量量表，本节开发出IE1、IE2两个测量线上双渠道扩展意愿的题项，如表5-10所示。

表5-10 线上双渠道扩展意愿测量题项

测量因素	编码	测量题项	参考来源
扩展意愿	IE1	如果我有机会使用自营在线商城，我会使用它	杨水清等(2012)
	IE2	我已经使用过自营在线商城，我打算继续使用它	

2. 问卷的发放与回收

数据通过网上问卷调查的方式进行收集。利用专业问卷调查网站“问卷星”编辑问题并发布，然后将其分享至微信朋友圈、微信群、QQ群等进行广泛传播，设置随机抽取“2元红包”的活动，共设50个奖励红包，鼓励更多人参与调查。在调查问卷的首页，研究人员声明调查问卷中的线上双渠道是指某生产商家(如华为公司)的企业自营在线商城渠道(SOM，如“华为商城”)和第三方在线平台渠道(TOP，如“天猫华为官方旗舰店”)。共收集问卷283份，由于本节的主要目的为研究用户对线上双渠道的使用扩展行为，问卷收集完成后，对填写情况进行审核，剔除掉那些没有使用过企业自营在线商城的样本，共获得237份有效问卷，有效问卷回收率达到83.7%。

3. 数据分析方法

针对问卷调查收集到的消费者数据，采用如下的数据分析方法。

① 描述性统计法：对参与调查个体的人口统计特征进行统计、概况，包括性别、年龄、最高学历、每月网购次数、每月网购花费、职业等多项内容，运用简洁的统计指标衡量每组数据的集中性和波动性，保证样本数据的普遍性和代表性。

② 信度分析：问卷的稳定性和可靠性用信度来衡量，主要有3种指标：内部信度、重复信度和观察者之间的信度。通常，问卷调查实证研究多分析问卷的内部信度。

利用Cronbach's Alpha、平均抽取方差(AVE)以及组合效度(CR)等指标对数据的聚合效度进行验证。Cronbach's Alpha和CR满足标准，说明量表具有较好的信度。AVE大于标准值，表明量表具有良好的收敛效度。

③ 效度分析：主要进行量表的区分效度计算，方法是计算因子AVE值平方根，并与因子间相关关系矩阵进行比较。如果各因子与其他因子之间的相关系数都小于其AVE值平方根，则表明测量模型区分效度良好。

④ 假设检验:采用 PLS 法验证假设模型。PLS-SEM 模型是一种方差分析方法,根据 PLS 法,将多元回归和主成分分析技术相结合进行迭代估计。与其他的结构方程模型方法相比,PLS 法要求的样本量不大,而且数据无须满足正态分布。本节采用 PLS-Graph 3.0 软件进行模型构建和验证计算,并用自助法计算各路径系数的显著性。

5.3.2 样本特征统计

通过专业问卷调查网站“问卷星”发放和收集问卷,其中第三部分调查用户的个人统计特征,包括性别、年龄、最高学历、每月网购次数、每月网购花费、职业等信息。样本人口统计特征如表 5-11 所示。

表 5-11 样本人口统计特征

人口特征变量	类型	频数	百分比
性别	男	120	50.6%
	女	117	49.4%
年龄	18 岁以下	12	5.1%
	18～25 岁	103	43.4%
	26～30 岁	81	34.2%
	31～40 岁	17	7.2%
	41～50 岁	14	5.9%
	50 岁以上	10	4.2%
最高学历	高中/中专以下	23	9.7%
	大学本科	46	19.4%
	硕士及以上	168	70.9%
每月网购次数	几乎不网购	6	2.5%
	1～2 次	180	76.0%
	3～4 次	28	11.8%
	5 次及以上	23	9.7%
每月网购花费	500 元以下	45	19.0%
	500～1 000 元	126	53.1%
	1 001～3 000 元	36	15.2%
	3 000 元以上	30	12.7%
职业	学生	126	53.2%
	企业从业人员	53	22.4%
	政府机关、事业单位	25	10.5%
	自由职业	6	2.5%
	其他	27	11.4%

从性别角度来看,在所调查对象中,共有 120 名男性,占样本总数的 50.6%,有 117 名女性,占样本总数的 49.4%,男女比例较为接近。从被调查者的年龄分布来看,被调查者年龄大部分为 18～30 岁,共 184 名,占样本总数的 77.6%,由此可见,参与问卷调查的主体大多是

18～30岁的青年人，同时，这也是网络购物的主要人群。从最高学历来看，大部分人为本科、硕士及以上学历，其中，大学本科为46名，占比为19.4%，硕士及以上学历为168名，占比为70.9%。从职业分布来看，占比最大的为学生群体，共126名，占比为53.2%，企业从业人员为53名，占比为22.4%，政府机关及事业单位人员为25名，占比为10.5%。从每月网购次数来看，大部分的被调查者每月网购次数为1～2次，共180名，占比为75.9%；几乎不网购的被调查者只有6名，占比为2.5%。从每月网购花费来看，大部分的被调查者每月的网购花费为500～1 000元，共126名，占比为53.1%。从收集的问卷来看，样本的描述性统计特征表明样本具有较高代表性。

5.3.3　信度和效度检验

量表的内部一致性信度多用Cronbach's Alpha系数来判断，采用AVE和CR来评估量表的收敛效度。本节的信度分析结果如表5-12所示，所有变量的Cronbach's Alpha系数均大于临界值0.7，说明每个题项都与其各自变量相关，量表内部一致性信度较好。各构念的AVE都大于临界值0.5，且CR都大于临界值0.6，说明数据的收敛效度较高。

表5-12　信度与收敛效度分析

	AVE	CR	Cronbach's Alpha
社会主观规范	0.670 315	0.890 412	0.836 853
个体创新	0.541 887	0.809 961	0.713 857
品牌忠诚	0.797 865	0.922 043	0.872 943
TOP丰富性	0.822 945	0.902 871	0.785 003
感知风险	0.632 149	0.836 549	0.724 352
感知成本	0.532 388	0.658 195	0.775 977
渠道协作性	0.621 337	0.867 449	0.807 206
相对优势	0.681 731	0.895 283	0.843 863
扩展意愿	0.820 419	0.901 351	0.781 147

区分效度运用因子AVE值平方根和因子间相关关系矩阵的比较来衡量，如果各因子与其他因子之间的相关系数均小于自身的AVE值平方根，则问卷区分效度良好。表5-13显示，各因子与其他因子之间的相关系数均小于自身AVE值平方根（对角线上的黑体数字），说明本节量表的区分效度良好。

表5-13　因子AVE值平方根与因子间相关系数矩阵

	社会主观规范	个体创新	品牌忠诚	TOP丰富性	感知风险	感知成本	渠道协作性	相对优势	扩展意愿
社会主观规范	**0.819**								
个体创新	0.424	**0.736**							
品牌忠诚	0.737	0.173	**0.893**						
TOP丰富性	0.499	0.208	0.435	**0.907**					

续 表

	社会主观规范	个体创新	品牌忠诚	TOP丰富性	感知风险	感知成本	渠道协作性	相对优势	扩展意愿
感知风险	0.207	−0.082	0.216	0.302	**0.795**				
感知成本	0.204	0.113	0.119	0.267	0.179	**0.730**			
渠道协作性	0.545	0.391	0.255	0.352	0.036	0.104	**0.788**		
相对优势	0.607	0.287	0.579	0.511	0.069	−0.050	0.331	**0.826**	
扩展意愿	0.653	0.303	0.635	0.242	0.126	−0.137	0.445	0.562	**0.906**

5.3.4 结构方程建模与假设检验

1. 结构方程建模

依据研究模型，结构方程模型为

$$\begin{cases} \eta_1 = \gamma_{11}\xi_1 + \zeta_1 \\ \eta_2 = \gamma_{21}\xi_1 + \zeta_2 \\ \eta_3 = \gamma_{31}\xi_1 + \gamma_{32}\xi_2 + \gamma_{33}\xi_3 + \gamma_{34}\xi_4 + \gamma_{35}\xi_5 + \gamma_{36}\xi_6 + \beta_{31}\eta_1 + \beta_{32}\eta_2 + \zeta_3 \end{cases}$$

其中，ξ 表示外生变量，ξ_1 为个体创新，ξ_2 为社会主观规范，ξ_3 为品牌忠诚，ξ_4 为 TOP 丰富性，ξ_5 为感知成本，ξ_6 为渠道协作性；η 表示内生变量，η_1 为感知风险，η_2 为相对优势，η_3 为线上双渠道扩展意愿；内生变量和外生变量之间的路径系数用 γ 表示；内生变量与内生变量之间的路径系数用 β 表示；ζ 是内生变量的随机干扰项。

2. 假设检验分析

本节采用 PLS-Graph 3.0 计算路径系数，并用自助法对各个路径系数的显著性进行求解。结果表明，除了假设 H2、H3、H7a、H7c 外，其余假设均通过了验证，如表 5-14 所示。

从技术属性角度来看，两个正效用因素（渠道协作性、相对优势）对线上双渠道扩展意愿均有显著的正向影响，验证了假设 H4 和 H5；负效用因素（TOP 丰富性）对线上双渠道扩展意愿有显著的负向影响，验证了假设 H1。但负效用因素（感知风险和感知成本）对线上双渠道扩展意愿的负向影响没有得到验证，可能的原因是现在的消费者已经非常熟悉网络购物的流程和风险，而企业自营在线商城渠道同传统意义上的第三方在线平台渠道在购物流程、商品展示等方面类似，对消费者而言，基本没有学习新技术的时间和经济成本，当中潜藏的风险也比较容易识别和避免。因而，感知风险、感知成本对消费者线上双渠道扩展意愿的负向影响不够明显。

从个体特征角度来看，个体创新对线上双渠道扩展意愿的正向影响没有得到验证，但其对消费者相对优势的感知有比较显著的正向影响，验证了假设 H7b。这可能是因为两类线上渠道的技术原理和操作规范比较成熟和接近，对消费者而言，并没有很大的差异。因而，具有高个体创新特质的群体不会将企业自营在线商城渠道作为一项很有创新性的技术或服务，也就不会在线上双渠道扩展行为方面同其他人有很明显的不同。品牌忠诚对线上双渠道扩展意愿的正向影响十分显著，一般而言，高品牌忠诚度的用户更愿意使用企业提供的专属服务。

从社会影响方面来看，社会主观规范对线上双渠道扩展意愿有显著的正向影响，验证了假设 H8，这一研究结果同 Lu 等(2008)对移动数据服务采纳行为研究中的结论相似。

表 5-14　假设检验结果

假设	检验结果
H1　TOP丰富性负向影响消费者线上双渠道扩展意愿	支持
H2　感知风险负向影响消费者线上双渠道扩展意愿	不支持
H3　感知成本负向影响消费者线上双渠道扩展意愿	不支持
H4　渠道协作性正向影响消费者线上双渠道扩展意愿	支持
H5　相对优势正向影响消费者线上双渠道扩展意愿	支持
H6　品牌忠诚正向影响消费者线上双渠道扩展意愿	支持
H7a　个体创新正向影响消费者线上双渠道扩展意愿	不支持
H7b　个体创新正向影响对企业自营在线商城渠道的感知相对优势	支持
H7c　个体创新负向影响对企业自营在线商城渠道的感知风险	不支持
H8　社会主观规范正向影响消费者线上双渠道扩展意愿	支持

5.4　结论与讨论

本章以线上双渠道为研究背景，基于理性行为理论和效价理论，以及信息系统领域中多渠道采纳与扩展行为意愿影响因素相关的研究，构建了线上双渠道消费者扩展意愿模型，从技术属性、个体特征和社会影响的全面角度对消费者线上双渠道扩展意愿的影响因素进行了实证研究。研究结论如下。

① 从技术属性角度考虑，用户根据对企业自营在线商城渠道的正效用与负效用两方面的考虑形成线上双渠道扩展意愿。在正效用方面，相对优势和渠道协作性对消费者线上双渠道扩展意愿有正向影响；在负效用方面，第三方在线平台渠道丰富性对用户使用意愿有负向影响。对于相对优势对消费者线上双渠道扩展意愿的正向影响，可能的解释是企业自营在线商城渠道虽然同第三方在线平台一样，同属于电子商务线上渠道，但相比于第三方在线平台，其具有产品优先发布、价格低廉、个性化服务等优势，极大地提升了消费者的购物体验，促使消费者愿意采纳和使用此渠道。对于渠道协作性对消费者线上双渠道扩展意愿的正向影响，可能的解释是两类线上渠道的渠道透明性、渠道一致性为消费者提供了一体化的线上购物体验，让消费者在从信息搜集、商品咨询、商品购买一直到售后服务等消费的全流程感受到企业的一体化服务，消除了消费者由于两类渠道的差异而产生的疑虑，促使消费者乐于从熟悉的第三方在线平台扩展到企业自营在线商城渠道，此研究结果也验证了吴锦峰等(2014)关于多渠道整合质量促进消费者线上购买意愿的结论。对于第三方在线平台渠道丰富性对线上双渠道扩展意愿的负向影响，可能的解释是第三方在线平台渠道由于产品种类众多、品牌丰富、商家海量，给予消费者更多的消费选择，同时也给予消费者在一个平台购买全部需求产品的“一站式”体验，因而会阻碍消费者选择只有单一品牌、单一种类商品的企业自营在线商城渠道。本章扩展了效价理论的理论边界，并验证了效价理论在线上双渠道场景下的解释能力。但负效用因素(感知风险和感知成本)对线上双渠道扩展意愿的负向影响没有得到验证，可能的原因是现在的消费者已经非常熟悉网络购物的流程和风险，而企业自营在线商城渠道同传统意义上的第三方在线平台渠道在购物流程、商品展示等方面类似，对消费者而言，基本没有学习新技术的时间

和经济成本。因而，感知风险、感知成本对消费者线上双渠道扩展意愿的负向影响不够明显。

② 从个体特征角度考虑，个体创新对线上双渠道扩展意愿的正向影响没有得到验证。这可能是因为两类线上渠道的技术原理和操作规范比较成熟和接近，对消费者而言，并没有很大的差异。因而，具有高个体创新特质的群体不会将企业自营在线商城渠道作为一项很有创新性的技术或服务，也就不会在线上双渠道扩展行为方面同其他人有很明显的不同。不过，个体创新对相对优势感知的正向影响得到了验证，说明具有高个体创新特质的群体更容易发现新技术或服务的特点以及优势。另外，品牌忠诚对线上双渠道扩展意愿的显著正向影响得到了验证。

③ 从社会影响角度考虑，本章验证了在线上双渠道场景下，主观规范对新技术、新平台的采纳与使用意愿的正向影响，这一研究结果同 Lu 等(2008)对移动数据服务采纳行为研究中的结论相似。在线上双渠道场景下，消费者是否从第三方在线平台渠道进行扩展，采用企业自营在线商城渠道，受到社会主观规范以及周围人的显著影响。因此，翟锡豹(2019)进一步验证和扩展了社会影响对新技术、新平台采纳行为的作用。

本章小结

本章通过消费者线上双渠道扩展行为的影响因素研究，探索了影响消费者进行线上双渠道扩展行为的重要因素，为企业建设和运营两类线上渠道提供了建议。

第6章　基于探索性案例研究的消费者线上渠道选择行为研究

本章将采用探索性案例研究法，基于深度访谈，提取出消费者在 SOM 和 TOP 之间选择的影响因素，并基于刺激-机体-反应模型构建消费者 SOM/TOP 选择模型。研究结果将丰富消费者线上多渠道选择的研究，也为第三方在线平台和企业经营策略的制订提供参考。

6.1 问题提出

线上渠道的出现使得零售行业在过去十年中发生了巨大变化。在这个过程中，京东、亚马逊、唯品会、携程等第三方在线平台发展迅速，并占据了重要的市场地位。各大第三方在线平台凭借各自的优势占据着网络零售交易市场份额的绝大部分。鉴于第三方在线平台的影响力，众多企业纷纷与第三方在线平台合作。与此同时，出于品牌战略考虑，企业也希望发展自营在线商城。在这种情况下，就出现了企业同时使用 SOM 渠道与 TOP 渠道的现象。但在实践中，不同企业自营在线商城的发展状况参差不齐，不少企业面临着无力推动企业自营在线商城发展的窘境。所以，了解消费者对第三方在线平台和企业自营在线商城的选择机理具有重要的意义。

中外学者对消费者渠道选择问题给予了很多的关注，试图找到影响消费者作出渠道选择决策的因素。这些已有成果解释了多渠道情景下消费者的渠道选择行为。相关研究主要聚焦于消费者线上/线下渠道的选择行为（Yang et al.，2013；Verhoef et al.，2015；郭燕 等，2018），少数学者研究了消费者线上多渠道选择过程（Hong，2015），但是关于消费者对 SOM 和 TOP 选择行为的研究尚不多见。

本章的研究目的是通过探索性案例研究回答以下问题：什么因素会影响消费者对 SOM 及 TOP 的选择？如何解释消费者对 SOM 及 TOP 的选择过程？

6.2 研究设计

6.2.1 研究方法与样本选取

在 SOM/TOP 这一新情境下，哪些因素影响了消费者的渠道选择尚不明确，为了尽可能全面地探究消费者 SOM/TOP 选择的影响因素及其机理，本章采用了探索性案例研究方法，并通过深度访谈的方法收集相关数据。研究表明,对于线性主题的深度访谈研究,样本量在28～40较为适宜,这样可以保证研究的有效性和集中度(Gubrium et al.,2001)。因此,本章通过目的性抽样抽取了32名对SOM和TOP有深入了解的受访者。其中包括18名学生(9男/9女)和14名公司职员(7男/7女),年龄为20～40岁,平均年龄为26岁,符合当前网民的主体年龄分布。

6.2.2 访谈实施和资料整理

访谈以面对面或电话的方式进行,访谈者首先会询问受访者选择SOM或TOP的基本原因,并进一步追问该原因背后更深层次的原因,直至追问到平台或商家方面的因素,这样有助于厘清因果关系。我们每天访谈1～2个对象,每人每次访谈时间在半小时左右。每次访谈完毕我们会及时将访谈录音转换成文字,并进行整理,这样有助于根据访谈情况及时修正研究问题,并指导下一步的资料收集(Miles,2008)。我们以"A+数字"的方式对资料进行编号,并标明访谈时间和受访者的基本信息,最终整理了约5万字的访谈资料。

目前国内外普遍采用构建效度、内部效度、外部效度和信度来评估案例研究的严谨性(Yin,1994;原长弘 等,2012)。为了保证构建效度,通过访谈数据、文献资料和直接观察数据来构成数据的三角验证,并将整理后的访谈原稿交由受访者核实(Gibbert et al.,2008;原长弘 等,2012)。为了保证内部效度,基于访谈数据和刺激-机体-反应模型提出了理论模型,并与建立在理论文献分析基础上的模型进行对比,保证了模型和理论的契合(Gibbert et al.,2008;原长弘 等,2012)。为了保证外部效度,选择了具有典型性和代表性的受访者进行访谈(原长弘 等,2008)。为了保证信度,访谈资料由两名独立的人员进行编码,并对存在分歧的地方进行了充分讨论,同时明确指出了案例研究中的具体过程及结果,方便其他研究人员进行验证(Gibbert et al.,2008;原长弘 等,2012)。

6.3 访谈资料分析

采用Corbin和Strauss的程序化扎根理论方法,通过开放式编码、主轴编码以及选择性编码对原始资料进行分析,以因果脉络建立变量间的相互关系,以故事线联结所有变量,并最终形成理论(Corbin et al.,1998)。当整理到第29个样本时,基本不再有新的概念和关系产生,剩下的3个样本也没有出现新的概念和关系,因此基本认定理论模型是饱和的。

6.3.1 开放式编码

开放式编码是一个将收集的资料重新整合的过程,目的在于界定概念和发现范畴(吴毅 等,2016)。我们的两个独立的研究人员对访谈内容进行逐句编码,在编码过程中对资料中的现象进行不断比对,逐步对一些共性现象进行概念化和范畴化,并尽可能地使用原始词语。我们允许研究人员对一个句子有多重含义的编码(Lee el al.,2007),编码完成之后,对一些有异议的编码进行讨论,决定最终的开放式编码。经过多次整理分析,剔除出现频次低于2次及相互矛盾的初始概念,最终抽象出18个范畴,如表6-1所示。

表 6-1　范畴及典型语句示例

范畴	典型语句示例
产品功能风险	官网上肯定没有高仿品，但我担心第三方在线平台上的旗舰店和专卖店会有(A27)
	我怕第三方在线平台上合作商城的(产品)不耐用，官网上的更耐用(A13)
社会风险	当时我打算买部手机送给同事的孩子，在官网上买更有面子，虽然我感觉第三方在线平台上的合作商城也可信，但怕别人不信(A16)
	购物行为可以看出一个人的生活品位，在官网上买更能彰显一个人的品位(A14)
财务风险	在官网上买，遇到钓鱼网站会泄露账号和密码，怕账号里的钱被盗(A15)
	在第三方在线平台上的旗舰店或专卖店买东西不用担心支付上的风险(A19)
便利价值	相比于官网，在第三方在线平台上浏览产品信息和买东西更方便一些(A1)
	在官网上买，我需要搜索官网，注册账号，太麻烦了(A19)
信息价值	那些合作商城尤其是旗舰店评论信息更丰富，更能帮助我确定产品是否适合自己(A21)
	官网上评论信息较少，不利于我做出判断(A25)
经济价值	我买衣服更看重实惠，哪家便宜我就在哪家买(A5)
	网络环境下渠道切换很方便，很多时候我会为了省几块钱选择更便宜的店铺(A17)
产品质量	第三方在线平台上许多商家存在售假行为，媒体报道过，但没听说官网上有(A23)
	相比于第三方在线平台，肯定是官网上产品的质量更有保障一些(A24)
商家诚信	第三方在线平台上商家忽悠人的现象很多，如虚假宣传、刷单、刷好评等(A13)
	官网代表着企业的一种形象，企业比较注重自己的形象，相对信用更好一些(A13)
支付担保	官网虽然也支持支付宝和微信，但钱是即刻到账的，对官网来说它们只是一个支付工具，缺少相应的约束机制(A5)
	在天猫和京东上，当消费者确认收货时，平台才将钱打给卖家，更有保障(A22)
投诉惩戒	当合法权益受损时，可以向第三方平台客服投诉卖家(A15)
	与官网发生交易纠纷时更多地靠企业的自我约束(A20)
网址导航	一般浏览器都会给第三在线方平台提供网址导航，没看见有给官网导航的(A10)
	很少有浏览器会给官网导航，需要自己百度，但你一搜往往搜出好几个，如耐克官网(A21)
账号注册	大家一般都有淘宝或京东的账号，在上面买东西不需要再注册了(A11)
	在官网上买东西需要注册账号，关联第三方支付，比较烦琐(A10)
软件安装	大家手机上一般都安装了淘宝的 App，但很少安装官网的 App(A5)
	官网 App 利用率低，安装在手机上太占内存了，很少有人愿意安装(A10)
口碑丰富度	官网上的评论较少，评语也较短(A21)
	通常第三方在线平台上的评论更多，形式更丰富，有追评、视频评论等(A26)
优惠活动	一些企业为了吸引更多的流量到官网上来，会搞一些优惠活动(A17)
	天猫上会经常搞买赠活动(A21)
网购经验	经常在天猫上购物，对天猫比较熟悉(A1)
	我在官网上买过几次东西，但是在天猫旗舰店上的购物次数更多(A8)
产品涉入度	我在官网上买的苹果手机，因为它对我很重要(A14)
	我对衣服不在意，穿着舒服就行，多会选择在天猫上买(A5)
网购习惯	买运动服的时候我一般选择李宁官网，习惯了(A4)
	网购时我首先会想到从淘宝或京东上购买，没有从官网上买的意识(A15)

6.3.2 主轴编码

主轴编码就是对开放式编码中建立的概念和范畴进行进一步的提炼，找到各个范畴之间的潜在层次和逻辑关系，将各个独立的范畴连接在一起，并在此基础上提炼出能归类研究问题的主范畴(Corbin et al.，1998)。本章按照“因果条件—现象—情景—中介条件—行动—结果”的典型模式来发展范畴的性质和层面(郑称德 等，2011)。经过主轴式编码共确立了 8 个主范畴，如表 6-2 所示。

表 6-2 主轴式编码

主范畴	范畴	关系内涵
感知风险	产品功能风险	SOM 是企业建立的，产品质量更有保障，产品功能风险相对较低；受第三方在线平台声誉的影响，消费者对 TOP 的感知产品功能风险相对较高
	社会风险	SOM 声誉相对较好，社会认可度相对较高；受第三方在线平台商家群体声誉的影响，人们对 TOP 存在疑虑，社会认可度相对较低
	财务风险	SOM 的支付生态体系相对不健全，支付风险相对较高；由于第三方在线平台有着更加完善的支付生态体系，TOP 的支付风险相对较低
感知价值	信息价值	TOP 上提供的评论较多，更有利于消费者做出判断；通常 SOM 上的评论数量相对较少、形式单一，不利于消费者做出决策
	便利价值	由于所处平台的优势，在 TOP 上购物更加便利；SOM 的渠道便利性较差，购物成本相对较高
	经济价值	优惠活动可以让消费者花费更少的金钱获得更高的效用，但它取决于平台和店铺的临时决策，具有不确定性
渠道声誉	产品质量	SOM 上产品质量相对更有保障；第三方在线平台上商家众多，难以有效管理，存在假冒伪劣产品
	商家诚信	SOM 注重宣传企业形象和维系消费者关系，相对更加诚信；第三方在线平台上部分商家存在刷单、刷好评、虚假宣传等不诚信的现象
渠道服务	支付担保	通常第三方在线平台在消费者确认收货后才将钱款付给商家；SOM 虽也支持第三方支付软件，但钱款却是即刻到账的
	投诉惩戒	当合法权益受到损害时，消费者可以向第三方在线平台投诉商家；与 SOM 发生纠纷时则缺少相应的约束
渠道便利	网址导航	浏览器通常为第三方在线平台提供导航链接；很少有浏览器会给 SOM 提供导航链接
	账号注册	绝大多数网购的消费者是第三方在线平台的既有用户，无须再次注册账号；在多数情况下，消费者并不是某官网的既有用户，需要重新注册账号
	软件安装	多数消费者在手机上安装了第三方在线平台的 App；但很少有消费者会安装官网的 App
口碑丰富度	口碑丰富度	第三方在线平台的口碑数量更多，形式更丰富；SOM 的口碑数量较少，口碑形式也较为单一
渠道优惠	优惠活动	SOM 和第三方在线平台及平台上的合作在线商城给予消费者价格、赠品等方面的优惠
消费者特质	网购经验	消费者对 SOM 和 TOP 的使用经验
	产品涉入度	产品对消费者的重要性水平
	网购习惯	消费者对 SOM 和 TOP 的使用习惯

6.3.3 选择性编码

选择性编码就是对各个主范畴进行系统性分析，挖掘研究资料的故事主线，寻找一个可以将其他范畴联结的核心范畴，建立核心范畴和其他主范畴之间的系统性联系(Corbin et al.，1998)。由于本章的研究目的是探究消费者在 SOM 和 TOP 之间的选择机理，因此本章将“商城选择”作为核心范畴。根据刺激-机体-反应模型，本章将渠道声誉、渠道服务、渠道便利、口碑丰富度及渠道优惠作为外部刺激，将感知风险、感知价值作为消费者的认知状态，将商城选择作为消费者的行为反应，同时也考虑了消费者特质的调节作用。根据 Reynolds 的标准，无论受访者提及多少次，每个受访者只计算一次因果关系，我们提取了出现频次为 4 次及以上的因果关系(Reynolds，1988)，将各个范畴联结成完整的故事线，进而发展出本章研究内容的理论框架，如图 6-1 所示。

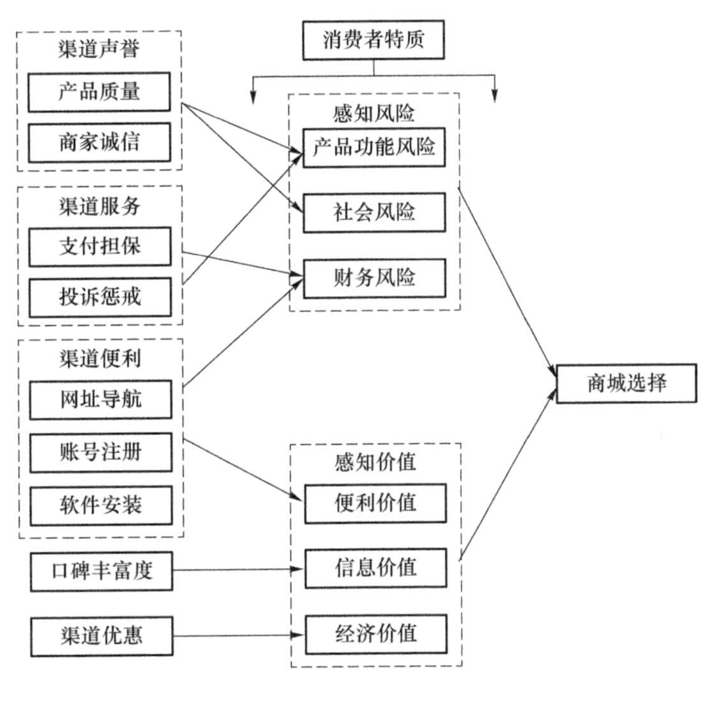

图 6-1 理论框架

6.4 结果分析

6.4.1 平台/店铺特质对消费者认知行为的影响

1. 渠道声誉与产品功能风险和社会风险

渠道声誉指的是企业自营在线商城和第三方在线平台上的商家群体整体上对消费者的真诚度和关注度。良好的声誉可以显著降低消费者的感知风险(Smith et al，1997)。由于在第三方在线平台上部分商家存在销售假冒伪劣商品、刷单等现象(汪旭晖 等，2017)，相对而言

SOM 上这种现象却很少,使得第三方在线平台上商家的整体声誉与 SOM 的整体声誉存在一定的差异。根据刻板印象理论,当人们掌握的知识不充分时,会倾向于根据对某一群体的固定印象来认识群体中的个体(Hilton et al.,1996)。消费者对第三方在线平台商家整体声誉的认识会影响消费者对 SOM 和 TOP 产品功能风险和社会风险高低的判断。

渠道声誉包括产品质量和商家诚信两个范畴。在访谈中有 66%的受访者指出渠道声誉的差异会影响他们对 SOM 和 TOP 产品功能风险的认识,受访者表示第三方在线平台上有时存在“出售假冒伪劣”“虚假宣传”“刷单”“返现刷好评”的现象,这使第三方在线平台上产品的整体质量和商家的整体诚信度要低于 SOM,进一步影响了受访者对 SOM 和 TOP 产品功能风险认识的差异。同时,有 34%的受访者指出渠道声誉的差异还影响了他们对 SOM 和 TOP 社会风险的认识,例如,受访者表示“从淘宝上买劳力士手表,即使是真的,也会成为别人的笑料”。

2. 渠道服务与产品功能风险和财务风险

渠道服务包括支付担保和投诉惩戒两个范畴。支付担保是指消费者在第三方在线平台上购买商品时,消费者确认收货后第三方在线平台才将货款付给卖家,这减少了消费者对钱财损失的担忧(李琪 等,2016)。在访谈中受访者表示,虽然 SOM 也支持支付宝和微信等付款方式,但钱是即刻到账的,“第三方支付软件对商家并没有约束作用”,而第三方在线平台的支付约束机制更完善,“损失钱的可能性更低”,相较之下 TOP 的财务风险更低。

投诉惩戒是指第三方在线平台根据其制订的规则处理交易中的问题以及用户投诉举报的一种服务机制(崔睿 等,2018),它在一定程度上减少了消费者对 TOP 产品功能风险和财务风险的担忧。在第三方在线平台上,当发生产品质量纠纷时,消费者可以向第三方在线平台投诉,第三方在线平台会处罚商家的违规行为,这会“抑制商家的售假行为”,并在一定程度上降低消费者对 TOP 的感知产品功能风险。同时当发生价格、支付和退款等方面的纠纷时,可以申请第三方在线平台介入,这降低了消费者对 TOP 的感知财务风险。而 SOM 则缺乏相应的第三方约束机制,更多的是靠“企业的自我约束”。

3. 渠道便利与财务风险和便利价值

渠道便利包括网址导航、账号注册和软件安装 3 个范畴。导航网站为消费者提供可信赖的网址,降低遭遇非法网站的可能性(周磊,2012),进而降低消费者的感知财务风险。通过对现实情况的观察及受访者的反映发现,一般主流的导航网站如 360 导航、hao123、猎豹浏览器、UC 浏览器等都会为第三方在线平台提供购物导航,但却很少有浏览器会给 SOM 导航。受访者表示当搜索 SOM 的网址时“往往会搜出好几个”,进入钓鱼网站购物会有损失钱财的风险,这无疑更增加了消费者对 SOM 财务风险的担忧。同时良好的网址导航条件还可以缩短消费者的搜索流程,提高消费者信息搜索和购物的便利性(周磊,2012)。受访者表示,“天猫、京东都有浏览器导航,打开浏览器单击即可,无须搜索,相比于官网,在旗舰店上浏览产品信息和买东西更方便一些。”

第三方在线平台有着广泛的用户群体,这给消费者继续使用第三方在线平台提供了便利。从账号注册情况来看,由于 SOM 提供的产品类型单一,用户数量较少,而淘宝等第三方在线平台产品种类繁多,拥有更为广泛的用户群体。受访者表示,“大家一般都有天猫或京东的账号,从上面买东西不需要再注册账号,然而很多情况下大家并没有官网的账号,需要注册,比较麻烦。"从软件安装来看,"大家手机上一般都安装了淘宝或京东的 App",但是"官网的 App 利用率低,安装在手机上太占内存,很少有人安装"。对大多数消费者来说,从 TOP 购物的便利性要高于 SOM。

4. 口碑丰富度与信息价值

口碑丰富度包括评论数量和评论形式多样性两个范畴。评论数量越多、评论形式越丰富,口碑的有用性价值就越高(Yan et al. ,2016b)。从评论数量上来看,"在多数情况下,旗舰店上的产品评论更多";从评论形式多样性来看,"旗舰店上追加评论很多,而官网上几乎没有"。这些评论就给消费者提供了更加充足的信息,有助于消费者更好地做出决策,进而对 TOP 口碑的感知有用性更高。例如,受访者表示,"旗舰店上的评论信息更丰富,更能帮助我确定产品是否适合自己",而"官网上的评论信息较少,不利于我做出判断。"

5. 渠道优惠与经济价值

渠道优惠包括价格优惠、赠品优惠等,其中赠品优惠本质上也是一种价格优惠。渠道的优惠活动会直接影响消费者的感知经济价值(李雪欣 等,2018)。感知经济价值产生于消费者对实际价格与以往价格或其他平台价格的比较,实际价格越低,消费者感知到的经济价值就会越高。在访谈中发现,优惠活动会显著影响受访者的感知经济价值,例如,受访者表示,在"双十一"促销期间,天猫和京东上的许多旗舰店和专卖店都会采取降价活动,让"消费者切实感受到了实惠"。

6.4.2　消费者认知行为对渠道选择的影响

1. 感知风险与渠道选择

感知风险包括产品功能风险、社会风险和财务风险 3 个范畴。感知风险是影响消费者信任的重要因素(Hong et al. ,2013),Deutsch(1973)指出如果积极结果的主观概率高于消极结果的主观概率,则人们会选择信任,反之就会不信任。从访谈结果来看,不同的感知风险对消费者店铺选择的影响是不同的。绝大部分受访者认为 TOP 的产品功能风险和社会风险高于 SOM,这增强了受访者对 SOM 的使用意愿。例如,在访谈中受访者表示担心 TOP 上的产品"不耐用",也有部分受访者担心别人会对自己在 TOP 上的购买行为持负面的观点和看法,表示虽然自己也相信旗舰店,但怕别人不相信。但 63%的受访者认为 SOM 的财务风险要高于 TOP,因为 SOM 的支付配套体系不完善,有"泄露账号和密码,损失钱财的风险",而第三方在线平台有完善的支付生态体系,"在第三方在线平台上购物不用担心支付上的风险",这增强了消费者对 TOP 的使用意愿。

2. 感知价值与渠道选择

感知价值包括便利价值、信息价值和经济价值 3 个范畴。

便利价值是影响消费者购物渠道选择的重要因素(Hsiao et al,2012;郭燕 等,2018),渠道便利性越高,消费者购物所花费的时间和精力就越少(王崇 等,2016;郭燕 等,2018)。第三方在线平台的便利性决定了 TOP 的使用成本比 SOM 要低,有 71%的受访者出于便利性的考虑,更愿意从旗舰店上购买产品,例如,受访者表示"从官网上买,我需要搜索官网,重新注册账号,太麻烦了"。

信息价值指的是产品评论能够提供给消费者有用信息的程度。信息价值越高，消费者越倾向于从该渠道上搜索信息（Yan et al.，2016b），同时，搜索行为对购买行为具有锁定效应，消费者在这一渠道搜索时，也会倾向于选择在这一渠道购买（郭燕 等，2018）。例如，受访者表示，“旗舰店上的评论信息更丰富，我一般会从上面搜，搜完就直接买了。”

经济价值会影响消费者的渠道选择行为（Breugelmans et al.，2016），在许多情况下消费者更愿意屈服于产品价格而不是产品质量（Sivakumar，2004）。在访谈中有72%的受访者指出更加实惠的价格是影响其选择SOM或TOP的重要因素，例如，受访者表示从SOM或TOP上购买的原因为“更便宜”“更实惠”等。

6.4.3 消费者特质的调节作用

消费者特质包括网购经验、产品涉入度和网购习惯3个范畴。研究表明，消费者特质会在消费者行为决策过程中起到调节作用（李海英 等，2011；马钦海 等，2012；Kwon et al.，2017）。

网购经验丰富的消费者会更多地通过专业化分析来做出判断，而网购经验较少的消费者则往往通过外部因素甚至是信息无关线索来做出判断（李海英 等，2011）。在访谈中发现，网购经验丰富的受访者受渠道声誉的影响较小，进而对SOM和TOP产品功能风险的感知差异也较小，他们认为SOM和TOP的“产品质量差不多”。而网购经验不足的受访者则往往会通过渠道声誉来做出判断，进而会更加倾向于认为TOP的产品功能风险高于SOM。

产品涉入度是指消费者感知到的产品的重要性水平（Zaichkowsky，1985）。产品涉入度高的消费者会更注重产品质量，例如，受访者表示“苹果手机对我来说比较重要，在官上买质量更有保障一些”。而产品涉入度低的消费者则会更加看重渠道的便利性和优惠活动，例如，受访者表示“我对衣服不在意，穿着舒服就行，多会选择在天猫上买，更方便”，也有受访者表示“哪个店铺便宜我就从哪个上买”。

习惯是指意识之外的自动行为或最小的心理努力（Aarts et al.，1998）。渠道使用习惯的形成会形成一种锁定机制，容易让人产生惰性，不愿意尝试新的渠道（Lu et al.，2011b）。消费者若形成了在TOP上购物的习惯，将会增强TOP的相对优势，例如，有受访者表示“网购时我首先会想到在淘宝或京东上购买，没有在官网上买的意识”；同样若消费者形成了对SOM的使用习惯，也将会增强SOM的相对优势，例如，有受访者表示自己会在SOM上购买衣服，原因是“习惯了”。

6.4.4 SOM和TOP的优势划分

为了使理论模型具有更强的指导性和可实施性，根据文本分析结果，对SOM和TOP的相对优势进行了划分。如图6-2所示，将渠道声誉（产品质量和商家诚信）、感知风险（产品功能风险和社会风险）划分为SOM的相对优势；将感知风险（财务风险）、渠道服务（支付担保、投诉惩戒）、渠道便利（网址导航、账号注册、软件安装）、口碑丰富度及感知价值划分为TOP的相对优势。由于渠道优惠取决于渠道或商城的临时营销决策，具有不确定性，而消费者特质并不能单纯地划分为店铺的优势或劣势，因此并没有对渠道优惠和消费者特质做出划分。

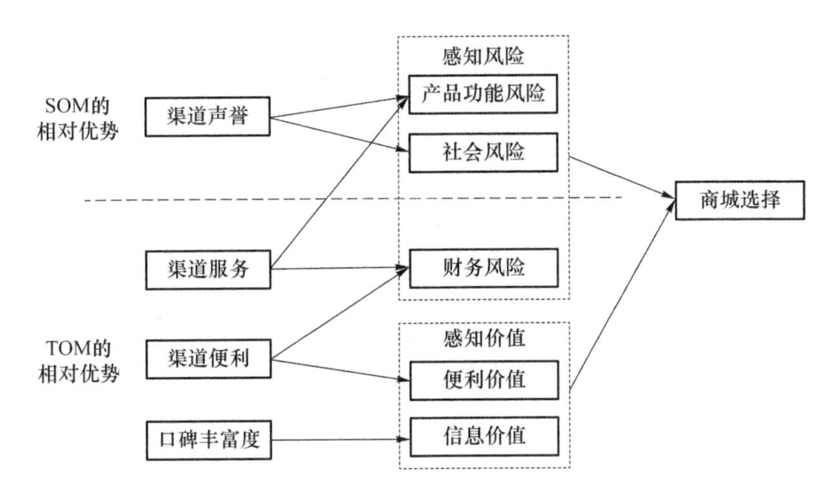

图 6-2　SOM 和 TOP 的相对优势

6.4.5　访谈结论与文献分析结论的对比分析

将建立在案例访谈数据分析基础上的模式与建立在理论文献分析基础上的模式进行对比，对比结果显示了实证和理论预测之间的契合程度，也证实了本章研究方法的内部效度。具体结果如表 6-3 所示。

表 6-3　访谈结论与文献分析结论的对比

因果关系	访谈结论	文献分析结论
渠道声誉（产品质量、商家诚信）→产品功能风险；渠道声誉（产品质量、商家诚信）→社会风险	SOM 的整体声誉高于第三方在线平台商家的整体声誉，进而使 TOP 的产品功能风险和社会风险高于 SOM	良好的声誉可以显著降低消费者的感知风险（Smith et al.，1997）；第三方在线平台的声誉与企业自营在线商城存在一定的差异（Hong，2015）
渠道服务（支付担保、投诉惩戒）→财务风险；投诉惩戒→产品功能风险	良好的渠道服务使 TOP 的财务风险低于 SOM，同时也降低了 TOP 的产品功能风险，但 TOP 的产品功能风险仍高于 SOM	良好的支付担保机制、投诉惩戒机制可以降低消费者的感知风险，增强消费者的购物意愿（崔睿 等，2018）
网址导航→财务风险；渠道便利（网址导航、账号注册、软件安装）→便利价值	许多浏览器为第三方在线平台提供网址导航，使 TOP 的财务风险低于 SOM，同时增强了 TOP 搜索和购物的便利性。第三方在线平台用户数量庞大，而单个 SOM 的用户数量太少，对绝大部分人来讲，在 TOP 上搜索和购物比 SOM 更便利	相对于引擎搜索，通过导航网站进入网站更为便利，同时链出关系即是对源站点信息的认同与推荐（周磊，2012）。渠道较低的使用成本会增加消费者的感知价值（王崇 等，2016）
口碑丰富度→信息价值	相比于 SOM，TOP 的口碑数量更多，形式更丰富，进而信息价值更高	电子商务网站的口碑数量越丰富，消费者对电子口碑的感知有用性就越高（Yan et al.，2016b）

续表

因果关系	访谈结论	文献分析结论
渠道优惠→经济价值	渠道或商城的优惠力度越大，消费者对渠道或商城的感知经济价值就越高，但优惠活动取决于商家的临时决策，具有不确定性	在许多情况下，消费者更愿意屈服于产品价格而不是产品质量(Sivakumar，2004)
产品功能风险→渠道选择；社会风险→渠道选择；财务风险→渠道选择	TOP的产品功能风险和社会风险高于SOM，这削弱了消费者对TOP的使用意愿；SOM的财务风险高于TOP，这削弱了消费者对SOM的使用意愿	感知风险会影响消费者的店铺选择行为(Hong et al.，2013；Hong，2015)
便利价值→渠道选择	与SOM相比，在TOP上购物更加便利，这会影响消费者的商城选择行为	渠道便利性越高，消费者的购物成本就越低(王崇 等，2016)，感知便利性是影响消费者搜索渠道和购物渠道选择的重要因素(Hsiao et al.，2012)
信息价值→渠道选择	消费者在搜索产品信息时倾向于选择第三方在线平台，在搜索完后多倾向于直接从第三方在线平台购买	同一渠道内的搜索行为对购买行为具有锁定效应，消费者在这一渠道搜索时，会倾向于在这一渠道购买(郭燕 等，2018)
经济价值→渠道选择	消费者对某一渠道或商城的感知经济价值越高，就越倾向于选择该渠道或商城	在许多情况下，消费者更愿意屈服于产品价格而不是产品质量(Sivakumar，2004)
网购经验的调节作用	网购经验对“渠道声誉→产品功能风险”具有调节作用	网购经验丰富的消费者会通过专业化分析做出判断，而网购经验较少的消费者往往通过外部因素甚至信息无关线索做出判断(李海英 等，2011)
产品涉入度的调节作用	产品涉入度对“产品功能风险→商城选择”和“感知价值(便利价值、经济价值)→商城选择”具有调节作用	产品涉入度高的消费者会付出更多的时间和精力来保证购物目标的实现，而产品涉入度低的消费者会更注重便利性和产品价格(Hong，2015)
网购习惯的调节作用	网购习惯对“SOM的相对优势”和“TOP的相对优势”具有调节作用	渠道使用习惯的形成会形成一种锁定机制，容易让人产生惰性，不愿意尝试新的渠道(Lu et al.，2011b)

6.5 结论与讨论

1. SOM的优势因素

渠道声誉包括产品质量和商家诚信两个范畴。由于第三方在线平台上有时存在售假、返现刷好评、刷单等现象(汪旭晖 等，2017)，而在SOM上这种现象相对较少，因此SOM的声誉要高于第三方在线平台上商家的整体声誉。这些因素影响了消费者对 SOM 和 TOP 产品功能风险和社会风险的认识，使多数消费者认为 SOM 的产品功能风险和社会风险低于 TOP，这会促使消费者选择 SOM。

2. TOP 的优势因素

渠道服务包括支付担保和投诉惩戒两个范畴。第三方在线平台有着完善的支付担保机制和投诉惩戒机制，使得消费者在 TOP 上购物时感知到的支付风险要低于 SOM，同时投诉惩戒机制对降低消费者对 TOP 的感知产品功能风险也有一定的积极作用，但是 TOP 的产品功能风险整体上仍高于 SOM。

渠道便利包括网址导航、账号注册和软件安装 3 个范畴。从网址导航来看，大部分导航网站都会为第三方在线平台提供网址导航，这一方面降低了消费者遭遇钓鱼网站的可能，并进一步降低了消费者对 TOP 的感知财务风险；另一方面也缩减了搜索和购物的流程，提高了 TOP 的便利性。从账号注册来看，绝大多数消费者都有第三方在线平台的账号，却不一定有某 SOM 的账号，消费者在 SOM 上购物需要重新注册账号。从软件安装来看，许多消费者在手机上安装了第三方在线平台的 App，但很少有消费者会安装某官网的 App，这种天然的平台优势会使消费者感觉在 TOP 上搜索和购物更便利。

口碑丰富度包括评论数量和评论形式多样性两个方面。在多数情况下，TOP 上的评论数量要高于 SOM，同时评论形式也更具多样性，以上两方面的优势进一步使 TOP 的信息价值高于 SOM。

3. 消费者特质的调节作用

在本章中，消费者特质包括网购经验、产品涉入度和网购习惯 3 个范畴。研究发现，网购经验、产品涉入度和网购习惯会在消费者行为决策过程中起到调节作用(马钦海 等，2012；Kwon et al.，2017)。网购经验丰富的消费者受渠道声誉的影响较小，而网购经验较少的消费者则更容易受渠道声誉的影响。产品涉入度较高的消费者会更加看重产品质量，而产品涉入度较低的受访者则更看重渠道或商城使用成本的高低以及优惠幅度。已经形成对某一平台或商城使用习惯的消费者往往会一如既往地使用该平台或商城，对其他平台或商城的优势条件反应较为迟钝。可见，消费者特质的变化会影响 SOM 和 TOP 的相对优势和相对劣势的变化，并最终影响消费者的 SOM/TOP 选择行为。

本章小结

本章采用探索性案例研究法，对受访者进行深度访谈，提取出消费者在 SOM 和 TOP 之间选择的影响因素，构建了消费者 SOM/TOP 选择模型。在此基础上，对 SOM 和 TOP 的相对优势进行了划分。研究结果丰富了消费者线上多渠道选择的研究，也为第三方在线平台和企业经营策略的制订提供了参考。

第7章　基于平台声誉、风险态度和感知风险的消费者线上渠道选择行为研究

本章采用各要素在两类线上渠道之间比较的方法，研究平台声誉、风险态度、感知风险、渠道信任和产品类型对消费者在企业自营在线商城和第三方在线平台之间选择行为的影响机理。

7.1　问题提出

学者们对消费者的渠道选择行为进行了广泛研究。从研究角度来看，目前的研究主要集中在感知风险（Hong，2015）、感知价值（Hsiao et al.，2012；Albert et al.，2014；Wu et al.，2016）、体验（Lazzarini et al.，2017）、主体特性（Pan et al.，2013；Seck et al.，2013；Wang et al.，2016b）、满意（Shankar et al.，2003；Wu et al.，2016）、忠诚（Lin，2012）、信任（Hoffmann et al.，2014；Riquelme et al.，2016；Oliveira et al.，2017）等方面，也有部分学者研究了商家声誉对消费者购买行为的影响（Pan et al.，2013），但是对于平台声誉影响商家声誉进而影响消费者渠道选择的研究却几乎没有。

声誉是影响消费者购物决策的重要因素，会显著影响消费者的在线购买决策。Park 和 Lee(2009)将信息来源的可信度作为网站声誉的测量指标，研究了其对口碑信息可信度的影响。还有学者研究了商家信誉对消费者购买行为（Wang et al.，2016a；Jolivet et al.，2016）、经营绩效和营销策略（Xu et al.，2017）的影响。整体来看，学者们对声誉的研究主要集中在某一个商家的声誉上，对于网站声誉的研究也主要侧重于某一个商家的网站或者网站的 UI 设计上。然而根据信号理论，销售渠道的整体声誉也是一种信号，也会影响渠道上单个卖家的声誉，鉴于此，本章计划研究平台声誉对消费者购物渠道选择的影响。

感知风险是影响消费者在线平台选择的关键因素之一。Bauer(1960)指出消费者的任何行为都会导致一些不确定的后果，进而会产生风险，Cunningham(1967)认为感知风险就产生于这些不确定性。学者们对传统线下零售环境下的感知风险的各个维度进行了划分（Taylor，1974），大多数学者在研究消费者线上线下渠道选择时也基本沿袭了前人对感知风险维度的分类。然而 SOM 和 TOP 环境与线上和线下渠道环境有明显的不同，消费者对 SOM、TOP 风险的感知也与线上和线下渠道明显不同，原有的感知风险的各个维度是否适用于解释消费者在 SOM 和 TOP 之间的选择行为呢？鉴于此，本章把感知风险划分为 5 个维度，并检验了哪些维度对消费者的选择行为有显著影响。

从研究方法上来看，先前关于线上、线下渠道和线上多渠道选择行为的研究往往只是通过研究消费者对单一渠道的使用意愿或购买意愿来间接研究消费者的线上、线下渠道选择行为

(Xiao et al.,2015;Riquelme et al.,2016),并没有涉及各影响要素在线上、线下渠道之间的直接对比。为了更好地描述和研究各个要素在消费者SOM和TOP选择中的影响,本章采用了各影响要素在两类线上渠道之间直接对比的方法,将消费者感知的平台声誉、感知风险、信任以及选择偏好在两类线上渠道之间进行直接比较,进而研究两类线上渠道的平台声誉水平、风险水平和可信度水平高低对消费者信任偏好和渠道选择偏好的影响。

7.2　变量解释

7.2.1　平台声誉

感知声誉是指消费者感知到的商家的真诚度和对消费者利益的关注度,商家声誉会显著影响消费者的购买意向。以往研究指出,在线交易存在信息不对称现象,卖家对产品质量的信息更加了解,这种不对称性会触发卖家的机会主义行为(Grabnerkrauter et al.,2003)。卖家和买家之间的信息不对称现象越严重,买家的感知风险也就越大(Verhagen et al.,2006)。根据信号理论可知,声誉实际上也是一种信号(Spence,1973),良好的信誉会向消费者传达这样一种信号——商家过去对自己的机会主义行为进行了克制(Smith et al.,1997)。因此,消费者会选择声誉较好的卖家来减少自己的不确定性,即感知风险(Shiu et al.,2014),同时有研究也发现网络商家的声誉会显著影响消费者的感知风险(Jarvenpaa et al.,1999)。

对在线商家而言,声誉的好坏也会影响自己的经营绩效和经营策略。声誉是供应商用来建立消费者信任的强大杠杆,可以克服人们对网络环境的负面看法(Mcknight et al.,2002),降低消费者的感知风险。与此同时,声誉也是一种有价值的资产,良好的声誉可以提高卖家的销售收入(Jarvenpaa et al.,1999),例如,Pan等(2013)通过实验的方法研究发现信誉较好的卖家可以通过向消费者收取附加费来提高收入,而信誉较差的卖家收取附加费只能得到相反的结果。Wang等(2016a)、Jolivet等(2016)认为,商家信誉影响消费者的购买行为,进而也会影响商家经营绩效,迫使在线商家根据声誉水平的高低制订不同的营销策略(Xu et al.,2017)。

7.2.2　风险态度

风险态度是消费者对于风险所持的主观看法,会受到年龄(Frino et al.,2015)、认知能力(Frederick,2005)、性别(Byrnes et al.,1999)以及个性(Cartwright,2015)等因素的影响。风险态度是影响消费者感知风险的重要因素(Wärneryd,1996),会影响个人的风险性行为(Nosić et al.,2010;Jochemczyk et al.,2017)。根据消费者的风险态度可以将消费者划分为风险规避型、风险型和风险中立型(王崇 等,2016),风险规避型消费者在网购时会尽可能地降低购物风险,而风险型消费者则希望获得最大效用,为此不惜冒一定的风险。因此,在电子商务环境下风险态度是影响消费者感知风险的一个重要因素。

7.2.3　感知风险

感知风险是消费者行为的关键影响因素之一。最初感知风险的定义是由Bauer在1960

年从心理学领域延伸出来的，Cunningham（1967）用两个要素来定义感知风险：个体对于出现不利后果主观感觉到的不确定性，以及如果事情发生，其结果的危害性。这一定义此后得到大量应用。在实体环境下学者们对感知风险的各个维度进行了讨论，Kaplan 等（1974）认为消费者的感知风险可以分为财务风险、产品表现风险、人身伤害风险、社会风险和心理风险等维度。而 Stone 和 Grønhaug（1993）在 Kaplan 等（1974）的基础上增加了时间风险，并对感知风险的各个维度进行了检验。

与实体环境相比，在线上环境下消费者不能直接接触商品，只能通过文字、图片和视频来确定产品是否符合自己的预期，这就增加了消费者的不确定性。卖家与买家之间存在着信息不对称性，而这种不对称性会激发卖家的机会主义行为。相关研究表明，电子商务比传统商业模式更容易产生不确定性和感知风险（Chiu et al.，2014）。互联网环境给消费者带来了新的感知风险，如隐私风险和时间风险（Featherman et al.，2003），Hong（2015）认为在互联网环境下，消费者在线上双渠道之间进行选择时的感知风险主要包括财务风险、产品功能风险、投递风险、心理风险、社会风险 5 个维度。

7.2.4 信任

信任是影响消费者购物意愿的重要因素，感知风险会降低消费者的信任，而信任也会降低消费者的感知风险，二者是相互依存的，没有了风险也就没有了信不信任的问题（赵冬梅 等，2010），目前学术界对于信任和感知风险之间关系的认识并不统一。

Kimh 和 Prabhakar（2004）认为感知风险和信任都同时影响消费者的购物意愿，它们实际上是一种平行的关系。而 Jarvenpaa 等（2000）则认为信任会直接影响消费者对于网站的态度，也可以通过感知风险影响消费者的购物意愿，即消费者信任某个网站会增强自己的购物意愿，与此同时信任的增加也会降低感知风险，进而增强购物意愿。

此外，有相当一部分学者认为感知风险影响信任。Williamson（1993）指出信任意味着决策者在预期结果对自己有利时，实际上也接受了潜在损失的风险。虽然人们可以在可承受的风险范围内选择信任另一个人，但是如果这个风险超出可承受的范围，那么人们就不会再选择信任（Hong，2015），也就是说感知风险是信任的前置变量，感知风险可能是人们决定信任另一个人的重要预测因素（Hong et al.，2013）。根据研究环境中的实际情况，本章采纳了第二种学术观点。

7.3 模型和假设

7.3.1 概念模型

本章探讨平台声誉、风险态度、感知风险的 5 个维度、渠道信任以及不同的产品类型对消费者对 SOM 和 TOP 两类线上渠道选择的影响。在电子商务环境中，产品信息的不对称性会增加消费者的不确定性，进而增加消费者的感知风险（Jarvenpaa et al.，1999），而平台声誉会影响渠道上商家的声誉进而会影响消费者的感知风险，最终会影响消费者的决策，有学者研究了商家声誉对消费者购买意愿的影响，但是鲜有学者研究平台声誉对消费者渠道选择的影响。

消费者的风险态度也是影响消费者感知风险的重要因素，风险规避型消费者感知到的风险比风险偏好型消费者要高。

先前学者研究消费者行为时多从整体上研究感知风险对消费者购物行为的影响，但是在SOM和TOP这种双线上渠道环境下，若是从整体上对感知风险进行研究，难以检验究竟是感知风险的哪几个方面起着重要作用，因此本章采纳了Hong(2015)的分类方法，将感知风险分为5个维度。本章探究了在感知风险的5个维度中究竟是哪几个维度对消费者的在线信任起着关键作用。最后本章还探究了产品类型这一重要因素对消费者在SOM和TOP之间选择的影响。

在此基础上，我们提出了验证模型，如图7-1所示。该模型考虑了以下关键构念：平台声誉、风险态度、感知风险的5个维度、渠道信任和渠道选择偏好。如图7-1所示，H1-1至H1-5考虑了平台声誉对消费者感知风险的影响；H2-1至H2-5考虑了风险态度对消费者感知风险的影响；H3-1至H3-5侧重于感知风险对消费者渠道信任的影响；H4考虑了渠道信任对消费者SOM和TOP选择意向的影响；H5主要考虑了产品类型对消费者渠道选择过程的调节作用。

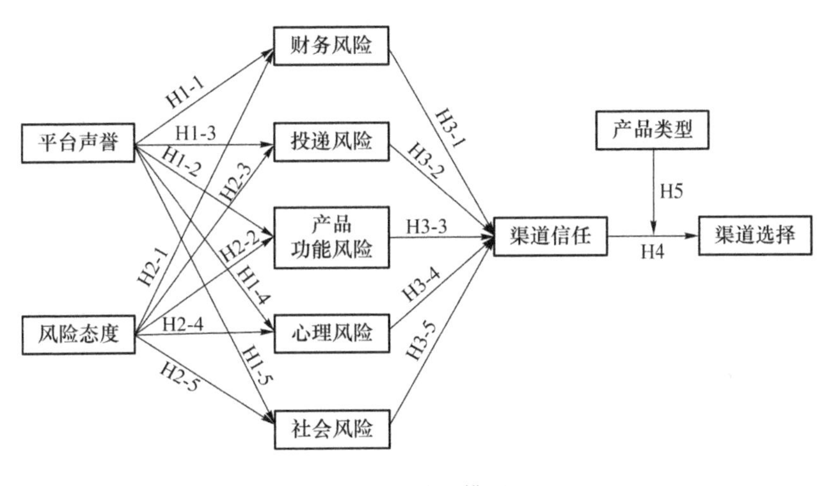

图7-1　验证模型

7.3.2　研究假设

1. 平台声誉对感知风险的影响

Spence(1973)根据信号理论指出声誉实际上是一种信号，声誉是对未来表现的预测，它可以通过成功地将卖家质量信号传达给消费者，从而克服信息无效率问题(Bertarelli,2015)。良好的信誉也表明了商家过去对自己机会主义行为的克制(Chiles et al.，1996;Smith et al.，1997)，因此消费者会倾向于对具有良好声誉的企业的产品质量、员工能力和服务水平做出较高的评价(Goldberg et al.,1990)，感知风险指个体对于不利后果是否出现所主观感知到的不确定性(Cunningham,1967)，而良好的声誉会减少消费者对商家的不确定性(Mcknight et al.,2002)，研究表明消费者会选择信誉较好的卖家来减少自己的不确定性(Shiu et al.，2014)。Jarvenpaa等(1999)研究发现网络商家的声誉会影响消费者的风险感知，良好的商家声誉可以降低消费者的感知风险。

采纳Hong(2015)的感知风险分类方法，将感知风险分为财务风险、产品功能风险、投递风险、心理风险、社会风险5种类型。先前学者的研究多基于纯线下环境、线上线下相结合的环境、线上渠道的使用行为，然而线上双渠道的选择环境实际上是对两类线上渠道的对比，感知风险的各个要素是否仍能够很好地解释消费者的渠道选择行为，在消费者对企业自营在线商城和第三方在线平台的选择中，需要进一步研究这些要素是否仍可以解释消费者的选择行为。在此基础上，提出以下假设。

H1 平台声誉与消费者的感知风险积极相关。

相同的推理方式同样适用于感知风险的5个维度。平台声誉会影响消费者感知到的财务风险、产品功能风险、投递风险、心理风险、社会风险，基于此，提出以下5个假设。

H1-1 平台声誉与消费者的感知财务风险积极相关。

H1-2 平台声誉与消费者的感知产品功能风险积极相关。

H1-3 平台声誉与消费者的感知投递风险积极相关。

H1-4 平台声誉与消费者的感知心理风险积极相关。

H1-5 平台声誉与消费者的感知社会风险积极相关。

2. 风险态度对感知风险的影响

风险态度是消费者对于风险所持的主观看法，由于每个消费者的偏好、职业、个人经历不同，消费者承受风险的能力也不相同。风险态度会影响人们的感知，也会影响人们的决策行为，如投资组合决策(Markowitz,1952)、工程竞标(Kim et al.,2011)、股票购买(Keller et al.,2006)等。

风险态度与消费者的感知风险有显著的相关关系(Cho et al.,2006)，Sharma等(2009)研究发现风险倾向会对消费者的感知风险产生积极影响，风险规避型消费者在购买产品时，以尽可能降低风险为原则获得产品的效用，而风险型消费者在购买产品时希望获得产品的最大效用，不惜冒一定的风险(Simon et al.,2000)。风险规避型消费者可能感知到的利益较小，感知到的风险成本较大，而风险型消费者则可能感知到的利益较大，感知到的风险成本较小(王崇等,2016)。鉴于此，提出以下假设。

H2 风险态度与消费者的感知风险积极相关。

相同的推理方式同样适用于感知风险的5个维度。风险态度会影响消费者感知到的财务风险、产品功能风险、投递风险、心理风险、社会风险，基于此，提出以下5个假设。

H2-1 风险态度与消费者的感知财务风险积极相关。

H2-2 风险态度与消费者的感知产品功能风险积极相关。

H2-3 风险态度与消费者的感知投递风险积极相关。

H2-4 风险态度与消费者的感知心理风险积极相关。

H2-5 风险态度与消费者的感知社会风险积极相关。

3. 感知风险对渠道信任的影响

在实体交易环境中，消费者在不确定的环境下进行交易时会搜集与交易有关的信息来提高对交易成功的自信(Bauer,1960)。电子商务在线上进行，并不涉及面对面的接触，消费者并不能像线下环境那样可以在购买之前检查商品，同时卖家比消费者了解更多的商品信息，包括商品质量、外观形状、颜色等，在这种情况下卖家有机会从事不利于消费者的机会主义行为(Pavlou et al.,2004)。这就增加了消费者的不确定性，进而增加了消费者的感知风险(Verhagen et al.,2006)，也就是说，在线上环境中，消费者的感知风险往往要高于线下环境。

Mayer等(1995)将信任定义为一方当事人基于信任而愿意受别人行为影响的意愿，信任另一方会作出信任者所看重的行为，而不管自己是否有能力监视或控制另一方的行为。信任与风险两者均基于消费者的感知(Hawes et al.，1989)，关系紧密且相互交织。然而目前学术界对于信任与感知风险之间关系的认识并不统一，部分学者认为信任影响感知风险(Pavlou，2003；Jarvenpaa et al.，2000)，而Deutsch(1973)认为，如果积极结果的主观概率高于消极结果的主观概率，则人们会选择信任另一个人，反过来说，如果预计风险超过预计利益的话，则不会相信另一个人。这个理论同样适用于电子商务。如果消费者将高水平的风险与在线交易相关联，那么消费者对在线商家的信任水平就会下降，而且自己掌控交易过程的欲望也会增强(Olivero et al.，2004)。Olivero和Lunt(2004)、Hong和Cha(2013)等人认为如果消费者感知风险水平较高的话，会降低对在线交易的信任度。同时Hong(2015)指出如果消费者感知到的风险高于预期的话，他们将不再信任该在线商家。在前人研究的基础上结合本章的研究背景，感知风险影响渠道信任更符合本章的研究背景，基于此，提出以下假设。

H3 感知风险与消费者的渠道信任积极相关。

相同的推理方式同样适用于感知风险的5个维度。消费者感知到的财务风险、投递风险、产品功能风险、心理风险、社会风险5种感知风险也会影响消费者的渠道信任。基于此，提出以下5个假设。

H3-1 感知财务风险与消费者的渠道信任积极相关。

H3-2 感知投递风险与消费者的渠道信任积极相关。

H3-3 感知产品功能风险与消费者的渠道信任积极相关。

H3-4 感知心理风险与消费者的渠道信任积极相关。

H3-5 感知社会风险与消费者的渠道信任积极相关。

4. 渠道信任对渠道选择的影响

关于信任，学者们从经济、社会制度、行为心理、组织管理角度进行了研究(Kim et al.，2008)。信任是指期望自己所信任的人不会做出对自己不利的机会主义行为。在网络环境中存在着消费者的漏洞会被卖家利用的各种风险，网络环境中的信任指消费者对自己的漏洞不会被利用的自信态度(Beldad et al.，2010)。Jarvenpaa等(1999)研究发现信任对消费者的在线购买意图有显著的正向影响，其他学者的研究结果也证明了这一点(Pavlou，2003；Oliveira et al.，2017)。Mcknight等(2002)指出建立消费者信任是网络供应商的战略要求，因为信任强烈影响消费者对陌生商家的购买意图。Hong(2015)指出消费者在电子市场和电子商家之间进行选择时，会选择可信度较高的商家。基于此，提出以下假设。

H4 渠道信任对消费者的渠道选择有积极作用。

5. 产品类型的调节作用

产品类型是影响消费者渠道选择的重要因素，Frasquet等(2015)研究了衣服和电子产品对消费者线上线下渠道选择的影响，研究结果发现对于服装，消费者更倾向于线下购买，并且产品类型会影响消费者搜索、购买及售后阶段渠道的使用。产品涉入度对消费者的认知和感知行为具有显著的影响(Dholakia et al.，2010；Laaksonnen，1994)，在这里产品涉入度指的是产品对自己的重要程度。根据消费者涉入度水平的高低，我们可以把产品分为高涉入度产品和低涉入度产品，对于高涉入度产品，消费者会选择可信度较高的商家来购买，而对于低涉入度产品，消费者则会因为其他的要素而影响其选择。既建立企业自营在线商城又在第三方在线平台上建立旗舰店的企业多为实力雄厚的大中型企业，其所卖的产品多为电子产品、电器、衣服之类，本章在预调查的基础上选取了苹果手机作为高涉入度产品，选取李宁 T 恤作为相对而言的低涉入度产品。在此基础上，提出以下假设。

H5 产品类型对消费者的渠道选择具有调节作用。

7.4 研究方法

本章设计的问卷形式为结构式问卷，主要分成以下 3 个部分。

第一部分主要是调查受测者对企业自营在线商城和天猫平台的认识，以此来衡量受测者对于两种不同的在线购物渠道感知风险的大小。此部分共 30 个问题，采用了七点式李克特量表来衡量，设定的分值最低为 1，最高为 7，分别对应的是完全不同意、不同意、比较不同意、一般、比较同意、同意、完全同意。

第二部分主要是调查受测者的渠道选择意向，问卷以两种涉入度不同的产品(苹果手机和李宁 T 恤)为例假设了两种不同的场景，在两种销售渠道价格相同的情况下，了解受测者对渠道的选择情况。此部分共 8 个问题，采用了七点式李克特量表来衡量，设定的分值最低为 1，最高为 7，分别对应的是完全不同意、不同意、比较不同意、一般、比较同意、同意、完全同意。

第三部分则是受测者的人口统计变量资料，包括性别、网购经验、每月网购次数以及每月网购花费等个人基本信息。该部分共 5 个问题，采用的是单项选择的形式。

为了保证问卷的有效性，选取了 20 名在校大学生以进行预调查，希望他们能够指出问卷中的不足之处，如是否存在问项语义不够清楚、有含义重复的问项等，并对问项描述进行了进一步修改，最终形成了正式的调查问卷。

本章通过线上和线下相结合的方式进行了问卷调查，调查的对象主要包括在校大学生和城市白领。由于在校大学生和城市白领都属于网购的主力军，所以本数据具有一定的代表性。

最后共收集了 259 份问卷，其中包括问卷星线上问卷 196 份以及线下问卷 63 份。对数据进行了严格地筛选，删除了 18 份答复不完整或者按规律作答的问卷，最后得到了 241 份有效问卷，有效问卷比率达到 93.1%。表 7-1 提供了受访者的基本情况。本章使用 SmartPLS 3.0 进行统计分析，并使用结构方程建模方法检验假设。

表 7-1 描述性统计分析

人口统计变量	类别	频数	百分比
性别	男	150	62.2%
	女	91	37.8%
网购经验	3 年及以下	47	2.9%
	4～6 年	136	73%
	6 年以上	58	24.1%
每月网购次数	1 次及以下	58	24.1%
	2～4 次	129	53.5%
	4 次以上	54	22.4%
每月网购花费	100 元以下	45	18.7%
	100～600 元	128	53.1%
	600 元以上	68	28.2%

7.5　数据分析及其结果

7.5.1　信度和效度分析

1. 测量模型的信度分析

通过 SmartPLS 3.0 对数据进行了线性分析，并使用 Cronbach's Alpha 系数测试测量项目的可信度。在社会科学中，如果 Cronbach's Alpha 大于等于 0.7(Nunnally et al.,1967)，则表示量表的信度较高。如表 7-2 所示，分析结果显示所有系数均超过 0.7，这表明所有变量的可靠性都较高。

表 7-2　信度和效度分析

潜变量	显变量	权重	载荷	CR	Cronbach's Alpha	AVE
风险态度(td)	td1	0.45	0.88	0.87	0.78	0.695 14
	td2	0.44	0.90			
	td3	0.30	0.71			
平台声誉(sy)	sy1	0.31	0.79	0.88	0.82	0.651 485
	sy2	0.33	0.84			
	sy3	0.26	0.79			
	sy4	0.33	0.81			
产品功能风险(gn)	gn1	0.26	0.85	0.94	0.92	0.798 687
	gn2	0.29	0.92			
	gn3	0.28	0.89			
	gn4	0.29	0.91			
财务风险(cw)	cw1	0.26	0.74	0.87	0.79	0.693 23
	cw2	0.38	0.86			
	cw3	0.54	0.90			
投递风险(ts)	ts1	0.48	0.89	0.91	0.80	0.834 416
	ts2	0.62	0.94			
心理风险(xl)	xl1	0.41	0.87	0.91	0.84	0.762 151
	xl2	0.41	0.91			
	xl3	0.33	0.83			
社会风险(sh)	sh1	0.37	0.93	0.93	0.88	0.810 743
	sh2	0.44	0.92			
	sh3	0.29	0.85			
渠道信任(xr)	xr1	0.30	0.88	0.93	0.90	0.764 719
	xr2	0.28	0.88			
	xr3	0.27	0.85			
	xr4	0.28	0.89			
渠道选择(qdxz)	LN	1.00	1.00	1.00	1.00	1

2. 测量模型的效度分析

有效性是指问题或经验指标是否真的是测量计划所要测量的东西。对此本章测试了两种效度:收敛效度和判别效度。

收敛效度是指测量同一潜变量的不同题项之间应该具有显著的相关性。如果对于每个构念和题项,因子载荷超过0.7,AVE超过0.5,CR超过0.7,CR(临界值)值超过1.96,则收敛效度是显著的。如表7-2所示,所有的构念和题项都满足给定的标准,表明其有较好的收敛效度。

判别效度是指测量不同潜变量的题项之间不具有显著的相关性。一般来说,如果所有量表的AVE值超过各潜变量相关系数的平方,则存在判别效度。如表7-3所示,最高相关系数为0.72,其平方为0.52,小于各个AVE的值,表明该量表具有足够的判别效度。

表7-3 AVE值

	cw	gn	sh	sy	td	ts	xl	xr
cw	1.00							
gn	0.28	1.00						
sh	0.52	0.18	1.00					
sy	0.30	0.72	0.17	1.00				
td	0.36	0.45	0.24	0.36	1.00			
ts	0.67	0.21	0.52	0.19	0.27	1.00		
xl	0.53	0.26	0.63	0.18	0.16	0.56	1.00	
xr	0.31	0.62	0.31	0.53	0.30	0.30	0.29	1.00

7.5.2 路径分析

1. 路径系数的分析

本章对研究模型的路径进行了假设检验。首先是平台声誉和感知风险各个维度之间关系的检验。如图7-2所示,平台声誉与财务风险和产品功能风险分别在0.05和0.001的水平上有显著的正相关关系,支持了假设H1-1、H1-2;而平台声誉与投递风险、心理风险以及社会风险的关系是不显著的,故假设H1-3、H1-4、H1-5并没有得到验证。

其次是风险态度和感知风险各个维度之间关系的检验。风险态度与财务风险、产品功能风险在0.001的水平上显著正相关,支持了假设H2-1和H2-2;风险态度与投递风险和社会风险在0.05的水平上是显著正相关的,支持了假设H2-3与H2-5;风险态度与心理风险的p值为0.1,大于0.05的阈值,故假设H2-4并没有得到验证。

再次是感知风险与信任之间关系的检验。从图7-2可知,产品功能风险与渠道信任之间在0.001的水平上是显著正相关的,假设H3-3得到验证;社会风险与渠道信任之间在0.05的水平上是显著正相关的,假设H3-5得到验证;然而财务风险、投递风险、心理风险与渠道信任之间的关系是不显著的,故假设H3-1、H3-2、H3-4并没有得到验证。

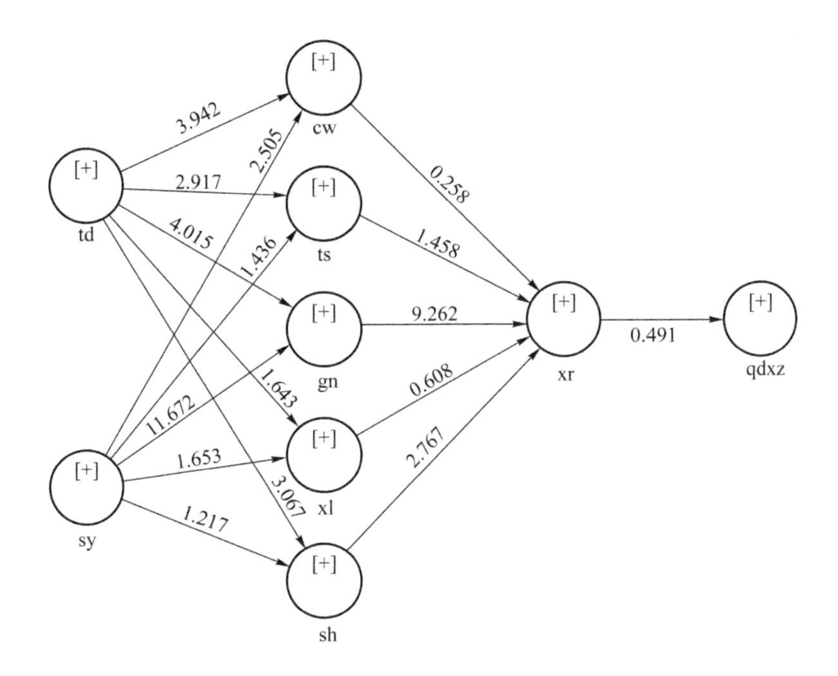

图 7-2　路径系数和假设检验

最后，渠道信任与渠道选择之间的关系是不显著的，假设 H4 没有得到验证。所有成立的假设如图 7-3 所示。

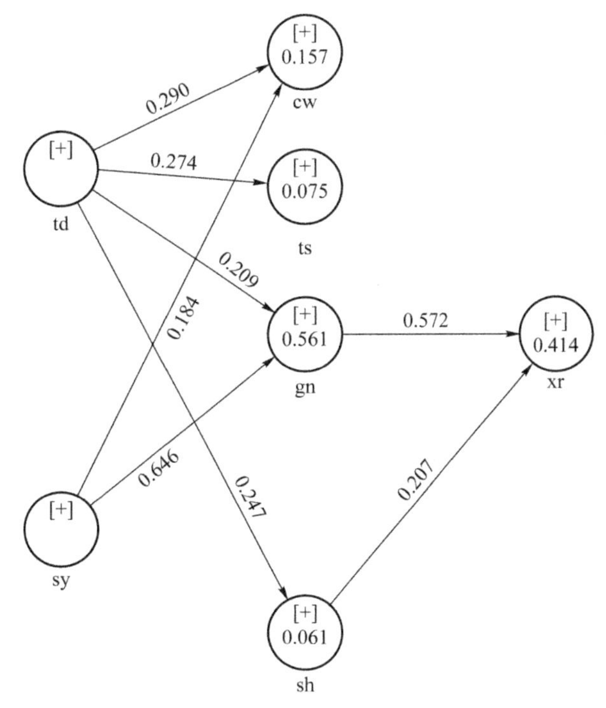

图 7-3　成立的假设

通过分析发现，影响消费者在两类渠道上选择的主要因素有风险态度、平台声誉、产品功能风险、社会风险和渠道信任等，在线上双渠道环境中，消费者渠道选择的主要影响因素路径如图 7-4 所示。

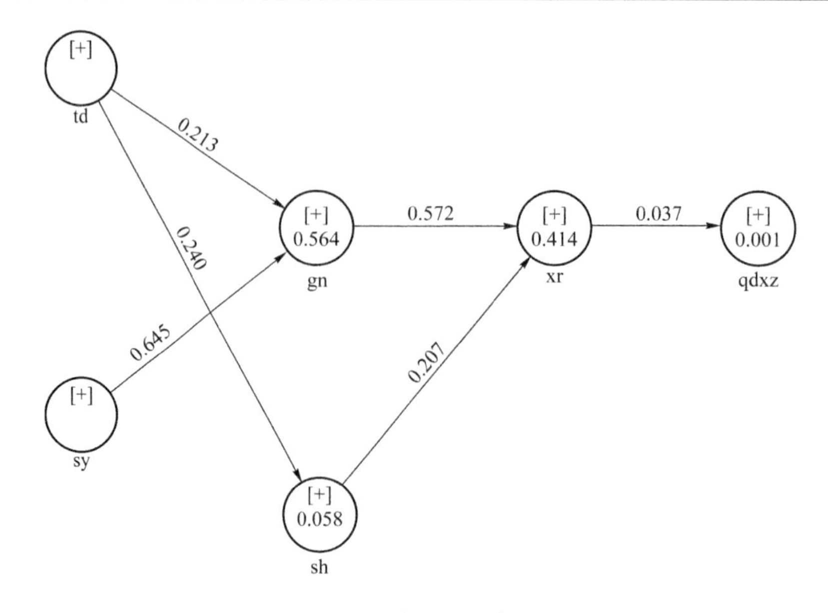

图 7-4 检验后的路径

2. 产品类型调节效应的检验

在对基本模型进行分析后，对产品类型对消费者渠道选择的作用进行了检验，把产品分为高涉入度产品和低涉入度产品，检验产品类型对消费者渠道信任和渠道选择之间关系的调节作用。由于同时拥有企业自营在线商城和第三方旗舰店的企业多为服装、家用电器、电子产品等类型的企业，故本章选取电子产品中的苹果手机作为高涉入度产品，将服装类产品李宁 T 恤作为低涉入度产品。显然产品类型为分类变量，根据 Cohen(2002)的观点，如果调节变量是类别的而自变量是连续的，则可以按照调节变量的取值对自变量进行分组回归，同时若回归系数是显著的，则说明调节效应是显著的。

采用 Smart PLS3.0 进行了分组回归，从表 7-4 中可以看出，苹果手机购买数据中 xr→qdxz 的路径系数是 0.47，在 0.001 的水平上显著；李宁 T 恤购买数据中 xr→qdxz 的路径系数是 −0.35，在 0.001 的水平上显著；两者系数的差异是 0.82，且差异在 0.001 的水平上显著。以上分析结果表明，产品类型对渠道信任和渠道选择之间关系的调节效应是显著的。

表 7-4 调节效应的分析

	系数(苹果手机)	p 值（苹果手机）	系数(李宁 T 恤)	p 值（李宁 T 恤）	系数差异	差异 p 值
cw→xr	0.01	0.92	0.07	0.53	0.06	0.71
gn→xr	0.53	0.00	0.61	0.00	0.08	0.51
sh→xr	0.23	0.01	0.13	0.20	0.10	0.42
sy→cw	0.24	0.03	0.17	0.18	0.07	0.66
sy→gn	0.58	0.00	0.69	0.00	0.11	0.30
sy→sh	0.10	0.33	0.06	0.54	0.04	0.77
sy→ts	0.11	0.31	0.10	0.35	0.01	0.97
sy→xl	0.09	0.38	0.15	0.20	0.06	0.72
td→cw	0.18	0.11	0.38	0.00	0.20	0.21

续 表

	系数(苹果手机)	p值(苹果手机)	系数(李宁T恤)	p值(李宁T恤)	系数差异	差异p值
td→gn	0.27	0.00	0.17	0.02	0.10	0.30
td→sh	0.26	0.01	0.21	0.02	0.05	0.68
td→ts	0.12	0.34	0.32	0.00	0.20	0.22
td→xl	0.14	0.25	0.15	0.13	0.01	0.96
ts→xr	0.18	0.08	0.03	0.78	0.15	0.28
xl→xr	−0.07	0.53	−0.01	0.91	0.06	0.73
xr→qdxz	0.47	0.00	−0.35	0.00	0.82	0.00

为了更深入地了解产品类型对消费者渠道选择的影响，在调节效应分析的基础之上，根据产品类型对数据进行分组，分别用苹果手机的数据和李宁T恤的数据对模型进行了分析，从表7-4我们可以知道苹果手机和李宁T恤数据分析中渠道信任和渠道选择之间的路径系数和显著性水平。从苹果手机数据的检验结果来看，渠道信任与渠道选择在0.001的水平上是显著的，呈显著的正相关关系；而从李宁T恤的数据分析结果来看，渠道信任与渠道选择之间的路径系数为负且是显著的。这就说明消费者在购买苹果手机时往往会选择SOM，而在购买李宁T恤时往往没有选择SOM，而是选择了TOP。

7.6　结论与讨论

本章研究了消费者在SOM和TOP之间的选择行为，主要侧重于感知风险角度，采用各个要素在两类线上渠道之间对比的方法，研究了风险态度和平台声誉对消费者感知风险和渠道信任的影响，并探究了不同的产品类型在消费者渠道选择中的调节作用。

7.6.1　主体模型的讨论

数据验证表明，在线上双渠道——SOM渠道和TOP渠道环境中，消费者对网购的风险态度积极影响财务风险、投递风险、产品功能风险、社会风险，说明消费者对风险越敏感就越会倾向于认为TOP比SOM的风险高。从图7-4我们可以看出风险态度与感知产品功能风险之间的路径系数是0.213，显著性水平为0.001，且风险态度与感知风险各个维度之间的路径系数在0.1到0.3之间，较为均匀。

验证结果表明，平台声誉只对感知功能风险和财务风险有显著的影响，且从图7-4我们可以看出平台声誉与功能风险之间在0.001的显著性水平下路径系数为0.645，比风险态度对感知产品功能风险的影响更强烈，远高于风险态度与感知产品功能风险之间的路径系数0.213，这说明平台声誉是影响消费者感知风险的重要因素，且平台声誉主要影响了消费者的感知功能风险。

对于感知风险与渠道信任之间的关系，经验证发现感知风险中产品功能风险和社会风险对消费者渠道信任的影响是显著的，其他类型的风险与渠道信任之间的关系不显著。这与Hong(2015)研究消费者在韩国电子市场和电子商家选择时的结论基本一致，不同之处是在Hong(2015)的研究中社会风险与渠道信任之间的关系是不显著的，这可能与我国特有的文化环境有关，有些人购买产品会注重“高”“大”“上”，这会驱使消费者在产品购买时更加关注社会风险。研究结果表明，产品功能风险是影响消费者对SOM和TOP信任的重要因素，消费者感知到的产品功能风险和社会风险越高，就越会倾向于信任SOM而不是TOP。

渠道信任与渠道选择之间的关系并不显著，也就是说对某一渠道的信任偏好并不一定会导致消费者最终选择这一渠道，究其原因可能是产品类型的调节作用以及其他因素的影响等，这也是今后的研究需要进一步加强的地方。

7.6.2 调节效应的讨论

分别以购买苹果手机和购买李宁T恤的数据检验了产品类型对渠道信任和渠道选择之间关系的调节效应，分析结果表明产品类型对渠道信任和渠道选择之间的调节效应是显著的。

问卷采用了七点式李克特量表来测量消费者对两个渠道的对比和选择行为，当分值为4时意味着消费者在两个渠道上的选择意愿是相同的，小于4意味着消费者倾向于选择TOP，大于4意味着消费者倾向于选择SOM。对两组数据进行了进一步分析，从图7-5可以看出，李宁T恤数组的分值主要集中在2、3、4上，经计算平均值为3，说明大部分消费者在购买李宁T恤时倾向于选择TOP。苹果手机数组的分值主要集中在6、7上，经计算平均值为5.7，说明大部分消费者在购买苹果手机时倾向于选择SOM。

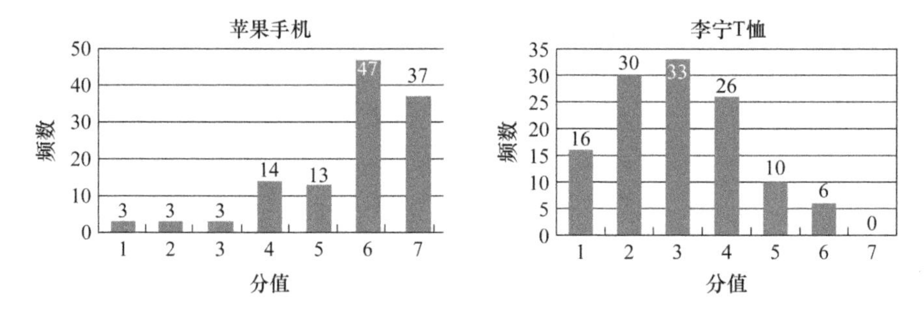

图7-5 苹果手机和李宁T恤的渠道选择情况

通过结构模型路径系数的分析可以进一步验证上述结论。针对苹果手机的调查数据显示，渠道信任与渠道选择之间的路径系数为0.47，且在0.001的水平上是显著的，说明消费者在购买苹果手机时倾向于选择SOM；针对李宁T恤的调查数据显示，渠道信任与渠道选择之间的路径系数是−0.35，且在0.01的水平上是显著的，说明消费者在购买李宁T恤时倾向于选择TOP。

两个截然相反的结果并不能表明渠道信任对渠道选择有正向影响，而是产品类型发挥了调节作用。苹果手机属于高涉入度产品，渠道信任对渠道选择产生了决定性的影响，而李宁T恤属于低涉入度产品，这时候消费者会倾向于选择更加便捷的渠道或者感知价值更高的渠道，对渠道的信任在这种情况下不再是消费者渠道选择的决定性因素。

本章小结

本章采用各影响要素在SOM和TOP之间比较的方法，研究了消费者对SOM/TOP的选择行为。采用线上、线下相结合的方式收集问卷，使用结构方程建模方法验证假设，研究结论具有一定的理论意义和实践意义。

第8章　基于渠道特征的消费者线上渠道选择行为研究

本章基于信息觅食理论将SOM与TOP的信息分布方式加以抽象概括，结合刺激-机体-反应模型分析消费者在购买前的信息筛选阶段的心理变化，解释SOM与TOP的信息线索特点对消费者渠道选择造成的影响。

8.1　问题提出

SOM与TOP帮助企业在一定程度上拓宽了商品信息的传递范围。实际上企业在运营过程中，两类线上销售渠道有很大不同，例如，在服装鞋帽、计算机、通信数码产品等行业内，TOP营销渠道在网页建设、物流或者售后等方面发展较为成熟，而SOM的发展还存在一些问题（蒋琦，2018）。SOM与TOP渠道的功能性与目标性都存在着很大的差异，需要做出改进的方式也不尽相同。消费者感受到的最直接的刺激来源于线上渠道的外部特征，消费者在理性决策的购买需求识别、商品信息收集、商品选择评估、购买决策行为与购买结束评价5个阶段中都会受到外在特征的影响（科特勒 等，2009）。有研究显示，网站的导航、商品信息页面中的外部特征在这5个阶段都对消费者的选择行为有显著的影响（Cortinas et al.，2019）。在大量浏览观察TOP与SOM后，发现了两类渠道在信息线索的设计上存在很大不同，即主页图片格局设计和商品图片展示包含的信息存在差异。企业的自营在线商城是一家企业的线上名片，可以体现企业的价值观，主页往往选择大而清晰的图片进行商品或者当季活动的宣传；在搜索后的商品展示图中，主图往往力图展示商品的外观细节，无复杂的标签与宣传语。与之相比较，企业在第三方在线平台上的目的更为单纯，为了销售商品，把主界面划分成更多的小区域，以展示标签化的商品为目的，减少了输出信息值少的大图片；在搜索后的商品展示图中，可以看到更多的功能特点或节日促销的装饰，商品的外观等物理性质不是第一位的宣传目标。

在实际生活中，浏览商品界面进而不断筛选出符合条件的商品对消费者来说非常重要，如何提高信息的可辨识性，提高商品页面的点击转换率，是消费者与商家共同需要解决的实际问题。而目前从消费者信息觅食角度来分析线上商城的信息分布与消费者渠道选择行为关系的研究尚较为缺乏。

本章致力于研究以下问题：①SOM/TOP的渠道特征有哪些？②SOM/TOP的渠道特征是否存在差异？若存在，有哪些差异？

8.2 相关文献回顾

8.2.1 线上购物行为

一般认为,一个完整的购买决策包括5个阶段:问题认知、信息搜索、方案评估、购买决策和购后行为。蔡立媛等(2016)认为,消费者在购买产品时,需要在互联网上找到大批有用的信息,就像在干草中找针一样,很多信息毫无价值。这些没有价值的信息会降低消费者的搜索效率,增加搜索成本,造成信息障碍、信息冗余、有效信息削减等很多问题。

在信息系统领域,认知相关的体验与情感相关的体验构成了用户体验。用户体验又分为功能体验、技术体验与美学体验(王晓艳 等,2006)。当消费者浏览搜索商品时,往往会发现页面中存在大量的相似商品。渠道在第一时间呈现的商品信息能否帮助消费者快速有效地识别心仪的产品,从而改善用户对比选择体验,也是渠道选择的影响因素之一。

与此同时,在浏览、搜索、购买的体验过程中,信息对消费者造成的刺激往往也会影响感知偏好(焦婧 等,2014),较高的感知偏好意味着消费者获取、分析、处理产品信息的效率更高,因而消费者的购物体验会更佳。

先前的研究表明,消费者在考虑不同的任务时会有不同的行为(Hong et al.,2004)。在网络环境中,当用户访问网站时,他们对刺激的关注会根据他们的目标而有所不同,而这又取决于他们处于购买过程的哪个阶段(Rowley,2000)。Leuthold等(2011)展示了消费者的网页导航策略如何根据任务的复杂性而变化。因此,企业可能需要调整其网页设计以匹配不同的消费者任务。

网页中的信息对消费者的选择意愿有着重要的影响,信息内容的有用性和说服力或者信息来源都会对决策产生影响。很多研究表明,用户生成信息的可信度要远远高于企业产生的信息。那么除了用户评论、商家口碑等影响因素,网页中的文字图片是如何传递出有效信息进而影响消费者选择值得思考,SOM与TOP的信息传递方式对购买体验有何影响是本章关注的重点。

8.2.2 信息线索

在信息觅食理论中,信息线索意味着发现和使用一些词语传递有特殊意义的信息,例如,全球网络上的链接可以被认为是最常见的信息线索之一,并且网站上的链接经常带有说明词或图像,它们对应链接的相关内容。在很多情况下,用户想要的信息间接体现在页面中,如消费者对某种商品的个性化需求。在传统的互联网时代,消费者可以根据自己的需求来搜索信息,他们拥有的信息越多,越有助于排除不确定性,信息的透明度有助于消费者做出最佳选择(蔡立媛 等,2016)。

Huizingh(2000)把网站刺激分成了不同的层次。在第一级,刺激被分成两组:设计特征和内容特征。在第二级,内容特征包括商业信息、产品信息、交易信息和其他内容,如商业网站上不太直接相关的娱乐元素。通过查看对比50多家各类行业企业SOM与TOP的外在特征,发现其在界面风格、人机交互、商品展示、促销内容、功能集成度等外在特征方面都存在着较为明显的差异，这可能是与 SOM 与 TOP 在设立之初的目标和所处的环境相关的。

有研究发现网站上的照片可以引起用户的注意和兴趣，甚至能鼓励用户采取行动。徐芳和孙建军(2015)在主题导航数据集性能优化研究中发现，图片信息能够吸引用户的注意力、引导用户信息寻求行为或提供有用信息。在电子商务网站上，面对有指向喜好的消费者，如何捕获他们的注意力是提高信息觅食效率的关键，也是提高产品的识别度与认可度的关键。

信息觅食理论可以用来解释信息对用户的影响，例如，技术交流者如何学习搜索方法，Gattis(2002)结合信息觅食理论和战略规划理论研究了人们使用的搜索策略，以及他们在特定情况下进行搜索时所做的决策类型。在购买商品前的搜索与浏览阶段同样也是信息觅食的过程，消费者在寻找合适的产品时，往往在网络环境中寻找有效信息，并对信息的传播做出准确的评估，评估检索信息的时间、精力与信息的价值，以便最大限度地提高信息的有效性(王媛媛 等，2015)，达到购物前商品筛选的最终目标。本章尝试将信息觅食理论与网购过程中的信息环境相结合，解释 SOM 与 TOP 两种线上渠道的外在特征给消费者渠道选择带来的影响。图片和文字是最普遍的视觉信息，而将其作为影响消费者网络渠道选择意愿的研究尚少，本章将其作为区分 SOM 与 TOP 两渠道的因素，尝试解释两类网络渠道对消费者吸引力存在差异的原因。

8.3　理论模型构建与研究假设

在网购过程中，刺激-机体-反应模型与信息觅食理论密切相关，信息线索吸引消费者的注意力，并产生刺激，接下来使消费者产生一定的内部反应，形成购物体验，综合其他因素的感知，最终产生行为，也就是选择意愿。本章结合信息觅食理论与刺激-机体-反应模型，从信息线索的角度观察 SOM 与 TOP 的外部渠道特征，同时将信息线索作为本章实验的操控变量，构建了“信息线索-购物体验-选择意愿”的理论模型，并根据模型提出相关假设。

8.3.1　理论模型构建

刺激-机体-反应模型认为，个体的行为是以其内部态度即意识为中介、受意识支配的，个体主动地、有选择地获取外界刺激并进行评价、加工，进而引发相应的情绪或行为。信息线索是消费者感知到的刺激的一部分，这种信息线索的感知带来了消费者的内部感知，消费者进而结合自身的特征等因素做出最终选择。

在移动互联网时代，消费者可以很方便地对 SOM 及 TOP 中的内容进行比较，SOM 及 TOP 在界面风格、人机交互、商品展示、促销内容、功能集成度等外在特性方面存在的差异构成了消费者在 SOM/TOP 选择过程中的不同“刺激”信息，在线渠道提供的信息对消费者的渠道选择具有重要的影响(Pookulangara et al.，2011)。研究过程中重点考虑消费者的浏览选择过程，故将信息线索分为与购买任务相关的信息线索以及与购买任务不相关的信息线索两大类，其中前者包括异质性描述与价格性描述两大类。异质性描述是除商品名称外商家对商品的性能、使用环境以及可达到效果的描述；价格性描述是商家为了促进销售而列出的优惠券、降价标志等内容。与购买任务不相关的信息线索包括图片背景、图片大小、文字字体、花边等，这类信息起到了放大或缩小信息线索的作用。以上信息线索整体作用时会使用户的搜索体验极大不同。

在本章中，购物体验从感知诊断与感知价值两方面衡量。感知诊断是用户在选购商品时网站帮助其进行评估和筛选相关产品的有效程度。感知价值是用户对商品的某些属性、性能以及使用效果的感知与评价(Flint et al.,2002)。人类行为由意志决定，感知价值与选择意愿之间存在正向影响关系(白长虹 等,2001)。购物体验作为刺激-机体-反应模型的机体部分，解释了选择意愿行为产生的内在机制，可以帮助我们更好地理解消费者在不同渠道中受影响的心理路径。

本章主要分析消费者在浏览渠道页面、搜集信息的阶段对界面信息的刺激做出的主观反应，并测度最后的选择意愿，探究信息线索是否对选择意愿造成影响。综上所述，基于信息觅食理论与刺激-机体-反应模型，按照“信息线索-购物体验-选择意愿”研究框架，建立信息线索对消费者选择意愿影响的理论模型，图 8-1 为概念图，图 8-2 为模型图。

图 8-1 刺激-机体-反应模型与信息觅食理论结合概念图

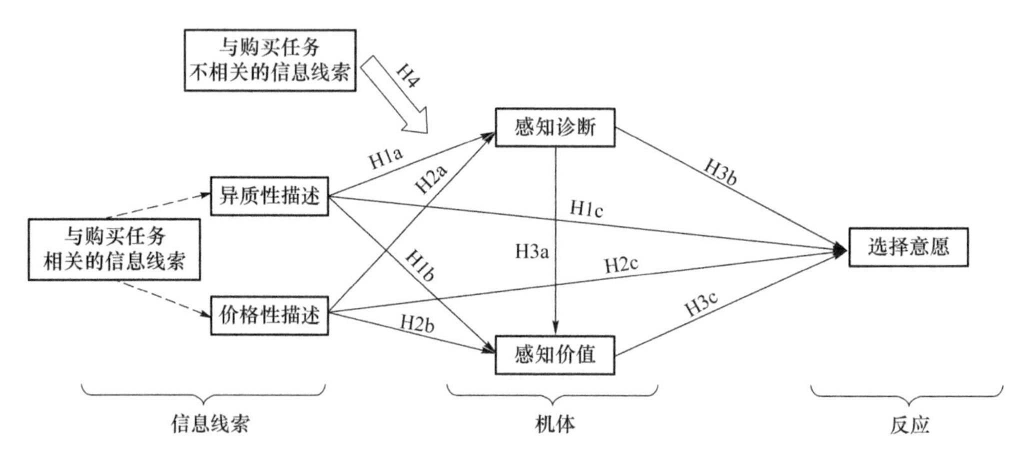

图 8-2 研究模型图

8.3.2 研究假设

1. 与购买任务相关的信息线索对购物体验的影响

(1) 异质性描述对购物体验的影响

尽管质量是保证商品销售量的前提，但适当的宣传同样能够增加商品的销售量。在信息爆炸的今天，线上购物环境中的商品信息只增不减，而消费者的大脑只能处理一定量的数据，面对复杂的商品信息往往无力区分。在信息觅食理论中，消费者往往会根据信息线索进行选择，将信息进行快速的简化筛选。每一类商品的信息将被分类存储，面对新信息时只有符合既有分类时才能被接受，这就是“选择性记忆机制”(易正伟,2006)。异质性描述就是能够在页面众多信息中快速描述商品信息、提供信息分类的信息资源，能够在消费者浏览和筛选特定目标产品及其替代品时传递出强烈的信息线索。异质性描述传递出两类重要的信息：商品定位以及商品差异性，在面对众多相似商品时，明确的描述能够为消费者节省大量的时间和精力。在搜索过程中，异质性描述作为查询关键字之一，能够大大降低消费者的信息觅食成本，从而帮助消费者进行商品诊断。若缺少对商品的描述，消费者选择商品的难度将会大大增加，影响消费者对商品的快速诊断。基于上述分析，做出如下假设。

H1a　线上购物渠道中的异质性描述对消费者感知诊断有正向影响。

感知价值的内涵丰富，从质量、情感、社会以及价格的维度都能对其进行评估与定义。异质性描述与感知价值的关系主要侧重于质量价值与社会价值两方面。异质性描述传递出的关于商品质量的关键信息，尤其是消费者对其感兴趣的部分，往往能够提高消费者对其的价值感知。此外，渠道传递出的社会价值将在强化的文字宣传中得到进一步的放大。基于上述分析，做出如下假设。

H1b　线上购物渠道中的异质性描述对消费者感知价值有正向影响。

H1c　线上购物渠道中的异质性描述对消费者选择意愿有正向影响。

（2）价格性描述对购物体验的影响

价格是影响消费者渠道选择的重要因素。商家采取降价等促销方式促进消费者购买金额增加，同时消费者的购买频率也会有所提高；从长期视角来看，优惠券促销促进了消费者未来的购买能力（郭国庆 等，2020）。价格性描述传递出来的信息能够帮助对价格敏感的消费者更快地找到符合心理预期的商品。强烈的折扣信息能够刺激消费者更快地做出下一步的选择行为，一方面，消费者可以先关注价格性描述，再在具有相同折扣信息的商品中选择最接近理想性能的商品；另一方面，突出的价格性描述能够起到吸引消费者的作用，降低了消费者的信息觅食成本。基于上述分析，做出如下假设。

H2a　线上购物渠道中的价格性描述对消费者感知诊断有正向影响。

每年“双十一”的巨大成交量证明了消费者对网购的价格敏感程度很高，并且有相当一部分人非常关注商品带来的折扣价值。价格性描述能够提高消费者感知价值中的价格价值，在商品满足个人需求时，购买能带来物有所值的体验是不可忽视的。消费者感知到的价值驱动要素有 3 种：第一种是产品特征（如产品一致性等），第二种是服务特征（如快速反馈、技术支持等），第三种是营销特征（如图像、关系等）（Holbrook，1996）。价格性描述作为促销手段，其与感知价值的正相关关系已经得到了众多研究的证明。基于上述分析，做出如下假设。

H2b　线上购物渠道中的价格性描述对感知价值有正向预测作用。

H2c　线上购物渠道中的价格性描述对消费者选择意愿有正向影响。

（3）购物体验对消费者选择意愿的影响

在线上购物过程中，当消费者能够有效地评估并选择满足需求的产品时，如果能够依据所提供的信息进行自我诊断，最终会对自己的选择更加满意（Yi et al.，2017）。消费者拥有比较高的诊断性也就意味着，首先，其对页面中信息的把控愈加充沛，能够形成更充分的比较方案；其次，其对信息的处理效率更高，能够很好地分析页面中的信息，从而带来良好的使用体验，有了更好的购买记忆。基于以上两点，消费者可能更倾向于此类线上渠道，且对商品的感知价值更高。基于上述分析，做出如下假设。

H3a　线上购物渠道中的感知诊断对感知价值有正向影响。

H3b　线上购物渠道中的感知诊断对消费者的选择意愿有正向影响。

消费者的选择过程是在有限的搜索成本（时间、精力）约束下，实现利益最大化的过程，而价值感知就是其中最重要的影响因素之一。当感知利得大于感知利失时，消费者更容易感到满意，从而做出选择决策。如果网页中的信息线索提供的商品价值大于顾客的期望价值，就可以实现由感知价值向选择意愿的转变。基于上述分析，做出如下假设。

H3c　线上购物渠道中的感知价值对选择意愿有正向影响。

2. 与购买任务不相关的信息线索对购物体验以及选择意愿的影响

在线上购物渠道页面中，在线购物环境包括给定网站的所有功能，这些功能共同营造了一种“网络氛围”，这种氛围是商家有意识地设计的网络环境，以便消费者在浏览使用的过程中创造积极的情感或认知，以发展积极的消费者反应(Dailey，2004)。Eroglu 等(2001)将刺激分为与任务相关的刺激(产品描述、产品价格、服务条件和产品图像)和与任务无关的刺激(颜色、轮廓、字体和动画)两种。而与购买任务不相关的信息线索实际上却可能对因素间的彼此影响起到调节作用，例如，用放大的红色字符标明的价格更能引起消费者的注意，仔细设计过的商品背景图片能够引发消费者的联想等。基于上述分析，做出如下假设。

H4 与购买任务不相关的信息线索对因素间的关系起到调节作用。

8.4 实验研究

本实验借助于线上问卷与情景实验方法，研究线上销售渠道中的不同信息线索对消费者选择意愿的影响。在情景实验中，被试者将被指定购物目标(选取空调作为目标)，通过浏览设计好的页面，选择 1～2 款中意的目标产品。被试者需要根据模拟购物的体验填写每次实验后的问卷。其目的如下。

① 排除个体选择偏好的影响。空调作为实用类产品，性能匹配度是消费者的第一类影响因素，而性能可以很好地加以区别度量，相比于享受类产品，如服饰等，其选择指定性与可控制性更强，收集到的结果预判性更强。

② 排除经验判断的影响。空调作为大件商品，消费者的购买频率相对较低，但是使用的频率却较高，一般具备一定的使用经验，可以对其有合理的心理预期。实验中可以更好地通过控制信息线索来引导被试者的购买过程，使信息线索达到更好的实验效果。

③ 提升问卷调查数据的真实性。实验过程中设计了浏览页面后选择目标产品的环节，提高被试者的实验参与度，并得到消费者感知信息的数据，使结果更具说服力。

综上所述，我们关注线上购物渠道 TOP 与 SOM 的页面信息线索，采用 2×2 的组间实验设计：渠道名称(TOP 或 SOM)×页面信息线索(TOP/SOM 页面风格)。

8.4.1 渠道信息线索特征预调查

本节针对现实生活中存在的 TOP 与 SOM 用户选择差异性进行针对性的探索，在进行后续实验之前进行了两者页面信息线索的预调查。在预调查中，随机抽取了 53 家不同行业、不同发展程度的企业，分别记录 SOM 与 TOP 商城主页与搜索结果页的信息分布情况，根据图片标签、文字标签与价格性描述三大类进行基础数据收集。

收集到的数据表明：①TOP 的图片普遍比较大，图片装饰比较好，异质性描述少，但是价格性描述明显，这与第三方在线平台要实现的主要目标——销售商品是一致的；②在文字部分，两类渠道对商品都有比较明确的分类，基本能够引导消费者选择，TOP 的标题文字描述丰富，价格往往会被更加明显地标出，相比而言，SOM 的卖点描述朴实，缺少吸引人的宣传语。③SOM 的促销方式相对更少，更加倾向于引导消费者加入会员，寻求稳固的供求关系，而 TOP 中优惠券和折扣展现得更加充分，在商品展示部分还有原价与现价的比较，以体现更大的消费者价值。

通过对 SOM 与 TOP 页面的初步调查，得到了具有综合性的外部特征差别信息，根据上述分析制订下一步实验的页面方案。

8.4.2　实验设计

首先根据研究背景和预调查分析结果，确定了实验中要对比的两个渠道的信息线索风格，通过 Photoshop 软件制作了简易的符合 TOP 与 SOM 信息特征的商城主页与搜索结果页。

实验共分为两部分：预实验的主要目的是确认制作的网页符合消费者对 SOM 与 TOP 的事前认知程度。正式实验将控制实验变量，在不改变页面风格的前提下，细化模拟购物体验，得到进一步的量表数据。同时为了排除渠道名称对消费者选择意愿的影响，设计 2×2 的组间实验，将渠道名称与两种页面风格随机组合，详细实验分组如表 8-1 所示。

表 8-1　2×2 实验分组设计

变量	TOP 页面风格	SOM 页面风格
TOP 渠道名称	a 组：TOP 渠道名称＋ TOP 页面风格	b 组：TOP 渠道名称＋ SOM 页面风格
SOM 渠道名称	c 组：SOM 渠道名称＋ TOP 页面风格	d 组：SOM 渠道名称＋ SOM 页面风格

8.4.3　预实验设计

在正式实验之前，为了进一步确定两种页面风格是否符合消费者的心理预期，实验变量设计得是否清晰明确，进行了预实验。预实验采用了线上问卷的形式收集被试者对两种渠道页面风格的认同数据，观察被试者对两者区别的认同程度与认知程度。预实验共收集有效问卷 125 份，调查结果显示，接近 2/3 的被试者可以辨识出具有 SOM 或 TOP 特征的网页，证明两者外在特征区别合理。据被试者反映，两类商城的目的、图片背景、图片标签、卖点描述、卖点显著性以及促销方式都有比较明显的区别，如表 8-2 和表 8-3 所示。

表 8-2　预实验调查数据：渠道风格认同程度

题目	回答正确率
如果你想要买一款空调，来到了某品牌天猫旗舰店，下面哪一幅图片符合您的期待？	65.6%
对于官方商城的主页，您认为下面哪一幅图片符合您的期待？	60.0%
在天猫旗舰店，您输入关键字“空调”，出现的搜索结果页面可能是？	66.4%
在官方商城，同样输入关键字“空调”，出现的搜索结果页面可能是？	73.6%

表 8-3　预实验调查数据：渠道风格差异感知程度

项目	被试者认为 SOM 和 TOP 有差别的比率
目的性区别：宣传性与销售性	64.0%
图片大小：占手机或计算机一屏的比例	35.4%
图片背景：只有产品或者有模特、场景化等	56.8%
图片标签：标记“热卖”“促销”等字样	61.6%
卖点描述：在醒目位置标注商品的特点	58.4%
卖点显著性：卖点特性是否明显	60.0%
促销频率：无、偶尔或经常	48.0%
促销方式：降价、发放优惠券或赠品	71.2%

8.4.4 正式实验设计

1. 实验材料

为了使被试者进入网购环境中，并且增加对页面中信息线索的感知程度，设计了场景任务式实验，在开展具体的实验前，告知被试者购物任务：需要购买卧室空调，要求省电、静音、性价比合适等。实验共有两组，每一组图片中包括商城主页以及搜索“空调”或“卧室空调”关键字的搜索结果页面。被试者浏览过后，在下面的选项中选出想要进一步点击查看详细信息的文字、图片或链接。在每一组实验过后，请被试者根据浏览搜索过程填写问卷量表。

在两组主页中设置了 4 种差异性很大的空调，并根据 SOM 与 TOP 风格的不同，给前者加入了“品牌咨询”和“品牌故事”两大板块，给后者加入了“优惠券”板块，增强渠道信息线索的感知差异。在搜索结果页同样也设置了 4 种不同类型的空调，在页面设计的过程中增强了信息线索的差异，同时控制价格与评价等其他会造成选择差异的变量。每一组的 4 类空调都设置了最符合选择目标的卧室空调，进一步排除了消费者选择的盲目性。空调种类都来自互联网中真实的空调数据，鉴于本实验的研究目的，使用 Photoshop 软件进行了修改。

为了进一步控制信息线索的种类，实验中主要考察异质性描述与价格性描述对消费者选择意愿的影响。在实验开展前对被试者进行相关概念的介绍，后面的页面设计中突出两者信息线索的强度，采用了不同的字体、颜色与图片背景。实验页面设计材料（TOP 页面风格、SOM 页面风格主页及搜索结果页）如图 8-3～图 8-6 所示。

图 8-3　TOP 页面风格主页

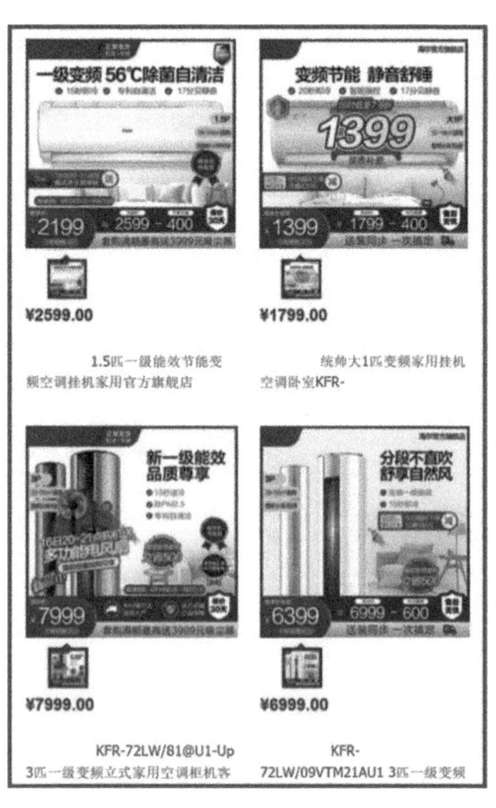

图 8-4　TOP 页面风格搜索结果页

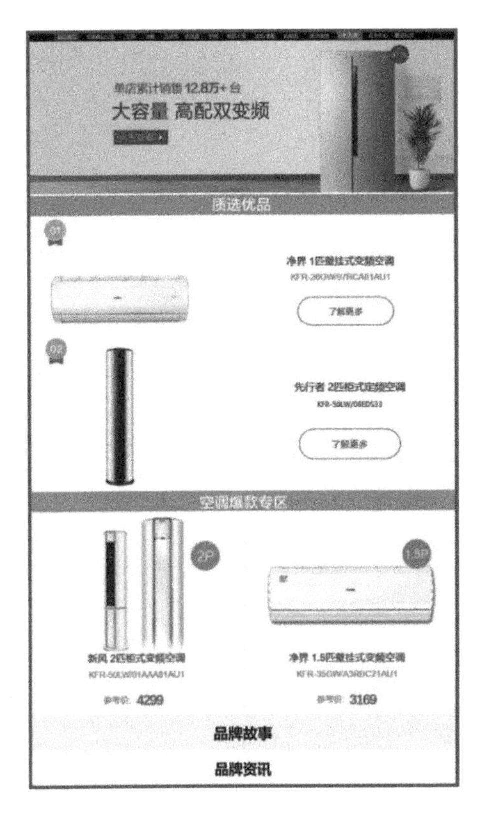

图 8-5　SOM 页面风格主页

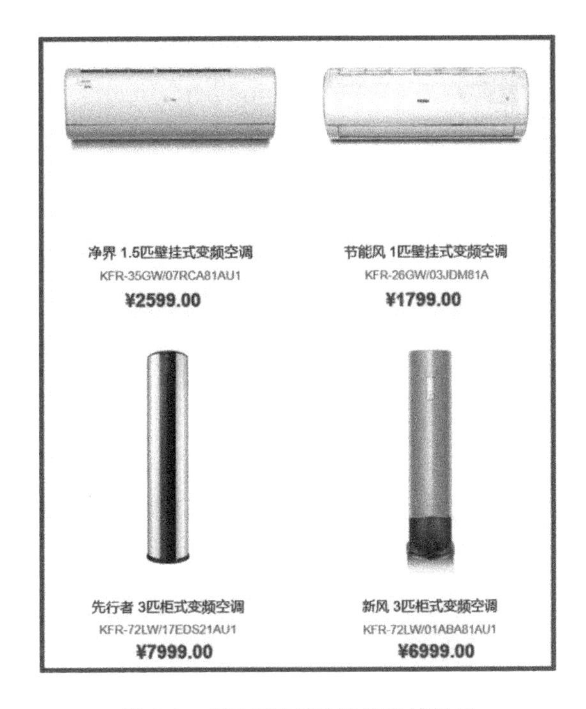

图 8-6　SOM 页面风格搜索结果页

2. 实验流程

使用电子问卷收集被试者数据，通过滚雪球的方式扩展问卷数量，被试者主要是在校的大学生。在实验开始前会对研究背景、实验目的以及相关概念进行解释，确保被试者知晓。在进行每组实验后，被试者将根据模拟购物过程中的体验填写问卷，全部填写完成后实验结束。

3. 问卷设计

问卷设计部分的量表问题借鉴国内外相关文献，参考近似研究目的成熟量表，结合实验目的进行调整，在五点式李克特量表的基础上进行问卷调查，1 代表完全不同意，5 代表完全同意，数值越大表示对描述越赞同，如表 8-4 所示。

表 8-4　渠道特征对消费者选择意愿的影响研究量表

维度及问题	问题来源
异质性描述	自建
浏览的主页有多个异质性描述	
图中异质性描述有利于我区分不同的产品	
图中异质性描述有利于我找到更符合要求的产品	
图中异质性描述很吸引我的眼球	

续 表

维度及问题	问题来源
价格性描述	自建
浏览的商城主页有多个价格性描述 价格性描述有利于我找到更符合要求的产品 价格性描述很吸引我的眼球	
其他信息线索感知	自建
注意到了两类页面产品背景存在不同 注意到了两类页面图片存在不同 注意到了两类页面文字字体存在不同 在评估商品时,上述3类信息线索对我有影响	
感知诊断	Yi、Jiang 和 Benbasat (2017)
这个网页设计能让我快速选择心仪的产品 这个网页可以让我快速比较类似的产品 这个网页能帮我有效地评估类似的产品 这个商城为我寻找产品提供了有效的方式	
感知价值	白长虹和廖伟(2001)
认可销售价格 这款空调确实能够满足我的实际需要 在选择空调的过程中节省了精力,不需要很多专业的知识	
选择意愿	自建
在该商城中选择的产品符合自己的标准 未来还会在该商城中进行购买	

8.5 数据分析

我们设计了4组实验,共收集了123份问卷,每位被试者做两组随机实验,最后作为对比的问卷共有246份。先将收集到的实验数据通过SPSS 24.0进行初步分析,再使用Hayes(2013)编制的SPSS宏对数据进行统计分析。

8.5.1 描述性统计

实验样本主要来源于研究者的好友圈,多为19～25岁的大学生,通过描述性统计,样本中的性别、年龄、网购频率与对两种网购渠道的认知如表8-5和表8-6所示。

被试者的年龄以18～25岁为主,女性参与者占65%以上,与线上购物者的年龄结构以及性别结构相似,总体上具备了线上购物人口的群体特征。被试者对SOM与TOP认知程度的结果显示,被试群体总体上对SOM与TOP有一定能力的区别感知;其中大部分人对TOP的偏爱程度明显高于SOM,这与研究背景较为贴切,整体的研究具有一定的代表性。

表 8-5　人口变量描述性统计

变量		频数	百分比
性别	男	42	34.15%
	女	81	65.85%
年龄	18岁以下	5	4.06%
	18～25岁	105	85.37%
	26～35岁	6	4.88%
	35岁以上	7	5.69%
网购频率	每月0～3件	45	36.58%
	每月4～7件	45	36.58%
	每月8～14件	15	12.20%
	每月15～20件	15	12.20%
	每月20件以上	3	2.44%

表 8-6　对两种网购渠道的描述统计结果

	最小值	最大值	平均值	标准差
差别认知度	0.00	100.00	59.84	32.62
TOP偏爱程度	0.00	100.00	75.76	22.85

8.5.2　信度与效度检测

本实验的数据来源于每次实验阶段后的问卷量表，为了验证调查问卷的结果维度是否与事先设计的维度相同，进行了信度和效度检测，以保证实验研究的客观性。

1. 信度检测

信度检测结果如表8-7所示，Cronbach's Alpha系数均达到了0.85以上，表明本研究量表具有比较高的可信度与稳定性。

表 8-7　信度分析结果表

维度	*N*	Cronbach's Alpha系数
异质性描述	4.00	0.89
价格性描述	3.00	0.87
感知诊断	4.00	0.91
感知价值	3.00	0.86
其他线索	4.00	0.91
选择意愿	2.00	0.87

2. 效度检测

效度与信度有所不同，对于问卷量表而言，是指问卷维度之间的差异性是否明显，是否能够凸显所要研究内容之间的差别。在效度检测中，采用了KMO(Kaiser-Meyer-Olkin)与巴特利特球形度检验进行初步检测。

检测结果如表8-8所示，KMO值为0.813，显著性概率为0.000（小于0.001），具有显著性，具有进一步进行因子分析显著性的条件。

表8-8　信度检测结果

KMO检验		0.813
巴特利特球形度检验	近似卡方	1 102.458
	自由度	45.000
	显著性	0.000

本研究问卷进行了探索型的研究，采用最大方差旋转主成分矩阵的方法，5次迭代后收敛结果如表8-9所示。其中，ZD1、ZD2、ZD3、ZD4表示感知诊断题项，JZ1、JZ2、JZ3表示感知价值题项，XZ1、XZ2表示选择意愿题项。

表8-9　5次迭代后的收敛结果

题项	成分		
	1	2	3
ZD1	0.94		
ZD2	0.94		
ZD3	0.93		
ZD4	0.92		
JZ1		0.94	
JZ2		0.93	
JZ3		0.65	
XZ1			0.83
XZ2			0.70

注：提取方法为主成分分析法，旋转方法为凯撒正态化最大方差法。

8.5.3　相关性检测

各变量的平均数、标准方差与相关矩阵如表8-10所示。首先，异质性描述与价格性描述对被试者的感知诊断有很大的相关性，具体来说，两类标签能够提高被试者对商品的区别和感知能力。其次，价格性描述与感知价值呈显著的正相关关系。最后，可以看到异质性描述、价格性描述、感知诊断、感知价值与选择意愿都有显著的正相关关系，其他线索的感知对选择意愿没有明显的相关关系。

表8-10　量表描述矩阵和相关性分析

变量	均值	标准差	异质性描述	价格性描述	感知诊断	感知价值	其他线索	选择意愿
异质性描述	3.380	1.220	1.000					
价格性描述	3.340	1.240	0.320**	1.000				
感知诊断	3.360	1.230	0.918**	0.308**	1.000			
感知价值	3.270	1.010	−0.100	0.570**	−0.060	1.000		
其他线索	3.690	1.020	0.030	0.010	0.030	0.050	1.000	
选择意愿	3.410	1.070	0.592**	0.577**	0.599**	0.240**	0.201**	1.000

8.5.4 中介效应检测

1. 变量检测

在本实验中，使用了 2×2 的实验方法来研究渠道名称与信息线索对消费者选择的影响，渠道名称对消费者感知的差异性检测结果如表 8-11 所示，其中各类题项结果 p 值均大于 0.01，说明渠道名称在实验中并没有对量表结果造成显著性的影响，因此在后续的实验过程中不再将渠道名称因素代入讨论。

表 8-11 渠道名称对消费者感知的差异性检测结果

题项	t	p
MD1	−0.747	0.456
MD2	−1.344	0.181
MD3	−0.122	0.903
MD4	−0.438	0.662
ZK1	−0.982	0.328
ZK2	−1.180	0.240
ZK3	−0.611	0.542
ZD1	−0.698	0.486
ZD2	−0.658	0.512
ZD3	−0.811	0.419
ZD4	−0.325	0.746
JZ1	−2.353	0.020
JZ2	−1.195	0.234
JZ3	−1.045	0.298

而信息线索与感知诊断、感知价值、选择意愿等的相关性已得到证明，信息线索的强度能够影响实验量表的结果，说明本实验的信息线索值得进一步研究。

2. 异质性描述与选择意愿的关系：感知诊断与感知价值的中介模型检验

本实验采用 Hayes(2013)编制的 SPSS 宏进行数据处理，我们将年龄、性别与网购频率作为控制变量进行中介效应检验，得到表 8-12 所示的结果。

表 8-12 异质性描述下感知诊断与感知价值对消费者选择意愿的中介模型检验

结果变量	预测变量	R	R-sq	F	β	T
选择意愿		0.60	0.36	38.05		
	年龄				0.08	0.96
	性别				−0.11	−0.95
	网购频率				0.07	1.28
	异质性描述				0.52	12.18***

续 表

结果变量	预测变量	R	R-sq	F	β	T
感知诊断		0.92	0.84	371.11		
	年龄				0.02	0.46
	性别				−0.09	−1.44
	网购频率				0.02	0.70
	异质性描述				0.93	38.20***
感知价值		0.24	0.06	3.36		
	年龄				0.30	3.20**
	性别				0.07	0.56
	网购频率				−0.02	−0.37
	异质性描述				−0.26	−2.22*
	感知诊断				0.22	1.92
选择意愿		0.68	0.46	38.62		
	年龄				−0.02	−0.29
	性别				−0.10	−0.98
	网购频率				0.07	1.40
	异质性描述				0.33	3.32**
	感知诊断				0.24	2.44*
	感知价值				0.31	6.52***

注：* 代表 $p<0.05$，** 代表 $p<0.01$，*** 代表 $p<0.001$，下同。

结果显示，在引入了感知诊断与感知价值的中介变量后，异质性描述对感知诊断存在较强的正向预测关系，而其与感知价值存在着比较强的负向预测关系；异质性描述对选择意愿的正向预测结果依然显著，表明了感知价值与感知诊断在异质性描述对选择意愿中起到了中介作用。

对中介效应进行进一步分析判断后，得到显著的影响路径：异质性描述→感知诊断→感知价值→选择意愿，间接效应对总效应的分解如表 8-13 所示。

表 8-13　异质性描述的总效应、间接效应与直接效应的分解表

	效应值	BootSE	BootLLCI	BootULCI	相对效应值
间接效应	0.07	0.03	0.01	0.14	13.37%
直接效应	0.33	0.13	0.09	0.58	63.41%
总效应	0.52	0.06	0.41	0.64	

3. 价格性描述与选择意愿的关系：感知诊断与感知价值的中介模型检验

对于价格性描述，感知诊断与感知价值的中介效应模型检验结果如表 8-14 所示。价格性描述对选择意愿的正向预测在引入感知诊断与感知价值的中介变量后仍然显著，其中价格性描述对感知诊断与感知价值的正向预测作用显著，感知诊断对感知价值的负向预测作用显著，说明两者在其中起到了一定的中介效应。在进一步的效用分析后，得到显著的影响路径：价格性描述→感知诊断→选择意愿，间接效应对总效应的分解如表 8-15 所示。感知价值在其中的中介效应并不显著。

表 8-14　价格性描述下感知诊断与感知价值对消费者选择意愿的中介模型检验

结果变量	预测变量	R	R-sq	F	β	T
选择意愿		0.58	0.33	34.60		
	年龄				0.07	0.88
	性别				−0.04	−0.38
	网购频率				0.00	−0.03
	价格性描述				0.49	11.61***
感知诊断		0.32	0.11	8.09		
	年龄				0.11	0.96
	性别				0.05	0.35
	网购频率				−0.10	−1.39
	价格性描述				0.30	5.29***
感知价值		0.57	0.33	26.54		
	年龄				0.24	3.20**
	性别				0.05	0.53
	网购频率				−0.01	−0.22
	价格性描述				0.43	10.79***
	感知诊断				−0.15	−3.59**
选择意愿		0.73	0.54	52.34		
	年龄				0.01	0.12
	性别				−0.07	−0.72
	网购频率				0.04	0.88
	价格性描述				0.33	7.45***
	感知诊断				0.42	10.81***
	感知价值				0.09	1.57

表 8-15　价格性描述的总效应、间接效应与直接效应的分解表

	效应值	BootSE	BootLLCI	BootULCI	相对效应值
间接效应	0.13	0.04	0.05	0.20	25.53%
直接效应	0.33	0.05	0.24	0.42	67.50%
总效应	0.49	0.05	0.39	0.60	

8.5.5　有调节的中介效应

为了进一步挖掘在已知的中介效应下其他因素的调节作用，本节继续采用 Hayes(2013)编制的 SPSS 宏中的 Model92 进行数据处理，分析在显著的中介效应模型下其他信息线索感知对选择意愿的调节作用，具体分为两部分展开。

1. 异质性描述与选择意愿的关系：有调节(其他信息线索感知)的中介模型检验

在有调节的模型中，异质性描述与其他因素的感知的乘积项对感知诊断以及选择意愿的

预测作用均显著，说明感知诊断与选择意愿都受到了其他感知因素的调节（表 8-16）。为了进一步分析其他因素感知的调节效应趋势，将其他线索感知总分按平均分加减一个标准差分成高、低两组进行简单斜率分析（表 8-17）。

表 8-16 异质性描述与选择意愿：有调节的中介模型检验

结果变量	预测变量	*R*	*R*-sq	*F*	*β*	*T*
感知诊断		0.93	0.86	272.20		
	年龄				0.01	0.27
	性别				−0.07	−1.07
	网购频率				0.01	0.35
	异质性描述				0.85	29.48***
	其他				0.02	0.86
	异质性描述×其他				0.13	4.99***
感知价值		0.36	0.13	5.16		
	年龄				0.30	3.45***
	性别				0.10	0.84
	网购频率				0.00	0.03
	异质性描述				−0.12	−0.91
	感知诊断				0.25	1.90
	其他				0.03	0.55
	感知诊断×其他				−0.16	−1.73
选择意愿		0.72	0.52	29.04		
	年龄				−0.08	−1.14
	性别				−0.06	−0.56
	网购频率				0.05	0.96
	异质性描述				0.35	3.10*
	感知诊断				0.08	0.73
	感知价值				0.36	6.48***
	其他				0.20	4.29***
	异质性描述×其他				0.22	2.78**
	感知价值×其他				0.03	0.62

表 8-17 异质性描述与选择意愿：在不同其他信息因素感知水平上的中介效应

指标	Effect	BootSE	BootLLCI	BootULCI
eff1(M-1SD)	0.10	0.04	0.02	0.18
eff2(M)	0.08	0.04	0.00	0.16
eff3(M + 1SD)	0.03	0.08	−0.13	0.17

首先分析其他因素感知在异质性描述与感知诊断之间的调节作用。结果显示，在低其他因素感知组中，异质性描述显著影响感知诊断，在高其他因素感知组中，异质性描述对感知诊

断的正向预测作用更强，如图 8-7 所示。

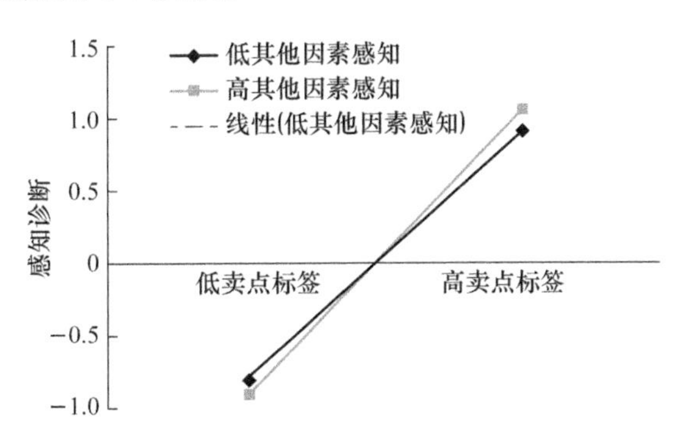

图 8-7　其他因素感知对异质性描述与感知诊断之间关系的调节作用

其次，分析其他因素感知在异质性描述与选择意愿之间的调节作用。结果显示，在低其他因素感知组中，异质性描述对选择意愿的正向作用不显著，但是在高其他因素感知组中，异质性描述对选择意愿的正向作用显著，如图 8-8 所示。分析结果表明，随着对其他因素的感知程度加深，异质性描述对感知诊断与选择意愿的正向预测作用都明显增强，其他因素的感知能够增强异质性描述对消费者选择意愿的影响。

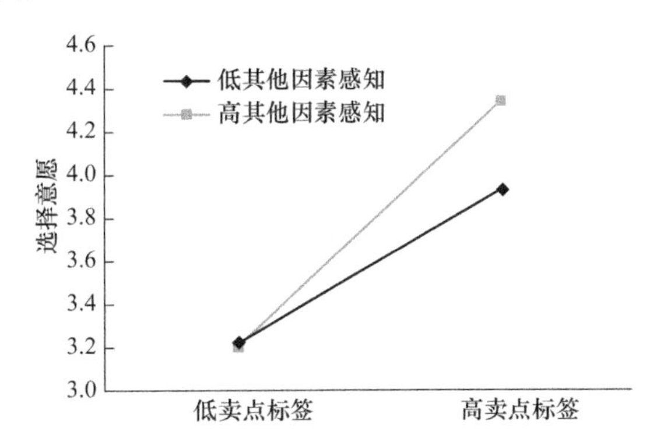

图 8-8　其他因素感知对异质性描述与选择意愿之间关系的调节作用

2. 价格性描述与选择意愿的关系：有调节（其他信息线索感知）的中介模型检验

同上，在控制性别、年龄与网购频率的情况下，对显著合理的中介路径，加入其他信息线索感知的调节因素进行检验，结果如表 8-18 所示。

表 8-18　价格性描述与选择意愿：有调节的中介模型检验

结果变量	预测变量	R	R-sq	F	β	T
感知诊断		0.33	0.11	5.38		
	年龄				0.10	0.91
	性别				0.06	0.36
	网购频率				−0.10	−1.39
	价格性描述				0.30	4.43***
	其他				0.02	0.33
	价格性描述×其他				−0.01	−0.08

续 表

结果变量	预测变量	R	R-sq	F	β	T
选择意愿		0.77	0.59	48.72		
	年龄				−0.03	−0.46
	性别				−0.01	−0.14
	网购频率				0.03	0.69
	价格性描述				0.30	7.09***
	感知诊断				0.36	8.40***
	其他				0.24	5.65***
	价格性描述×其他				0.12	3.21**
	感知诊断×其他				0.07	1.93*

在中介模型的证明中，得到了价格性描述→感知诊断→选择意愿显著路径，加入调节因素之后，价格性描述与其他信息线索感知的乘积项对选择意愿的正向预测作用显著，感知诊断对选择意愿的正向预测作用显著。

同样将对其他因素感知总分按平均分加减一个标准差分为两组（表 8-19），通过简单斜率分析检验其他因素感知在价格性描述与选择意愿之间的调节作用趋势。结果显示，高、低两组中的价格性描述均能正向预测选择意愿（低：$b=0.18$，$t=2.54$，$p<0.05$；高：$b=0.42$，$t=11.02$，$p<0.001$），如图 8-9 所示，但高其他因素感知组的正向预测作用更大。也就是说，随着对其他因素感知的提高，价格性描述对选择意愿的正向影响越大。

表 8-19　价格性描述与选择意愿：在不同其他信息因素感知水平上的直接效应及中介效应

指标	Effect	BootSE	BootLLCI	BootULCI
eff1(M-1SD)	0.09	0.05	0.02	0.21
eff2(M)	0.11	0.04	0.05	0.19
eff3(M+1SD)	0.13	0.05	0.04	0.22

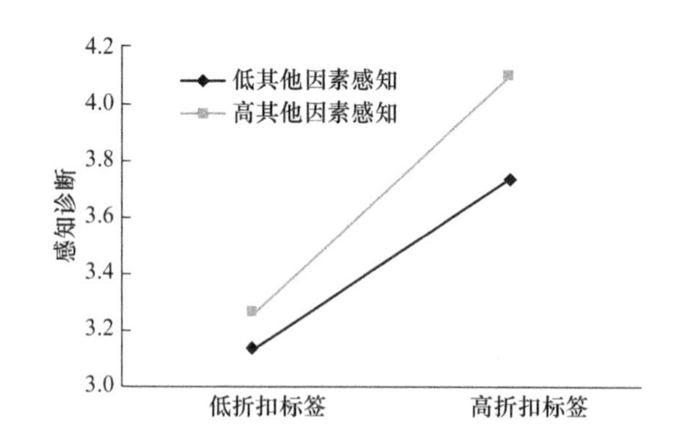

图 8-9　其他因素感知对价格性描述与感知诊断之间关系的调节作用

感知诊断与其他线索的交叉项同样对选择意愿有正向的影响，低分组显示感知诊断对选择意愿有正向的预测作用（$b=0.28$，$t=4.00$，$p<0.001$），高分组中这种正向预测趋势更为显著（$b=0.43$，$t=11.17$，$p<0.001$），如图 8-10 所示。分析结果显示，其他因素的感知水平越

高,感知诊断对选择意愿的正向预测能力越强。

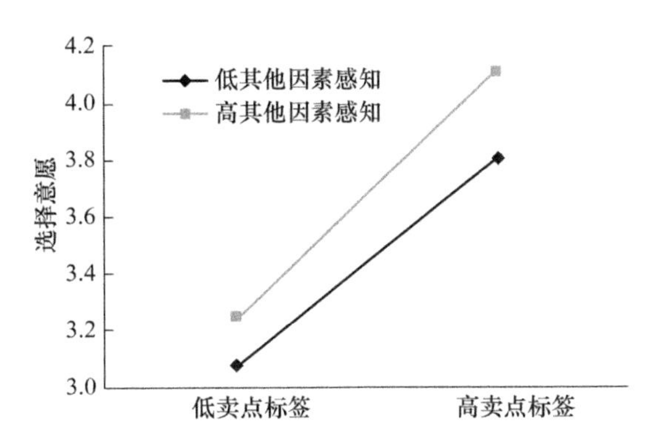

图 8-10　其他因素感知对价格性描述与选择意愿之间关系的调节作用

8.5.6　假设检验的结果

根据上述数据分析结果,异质性描述对感知诊断存在积极影响,假设 H1a 成立;价格性描述对感知诊断同样有正向的预测作用,假设 H2a 成立;当异质性描述作为因变量时,感知诊断与感知价值间存在正向关系,H3a 成立;感知诊断与选择意愿间存在正向关系,H3b 成立;感知价值对选择意愿有正向的预测作用,H3c 成立。异质性描述对消费者选择意愿的正向影响以及价格性描述对消费者选择意愿的正向影响均成立,即假设 H1c 和 H2c 成立,但在异质性描述和价格性描述与选择意愿的关系中,感知诊断和感知价值起到了部分中介作用。在有其他信息线索感知作为调节因子加入中介模型后,上述假设仍成立,其他线索起到了调节作用,H4 成立。验证后的模型如图 8-11 所示。

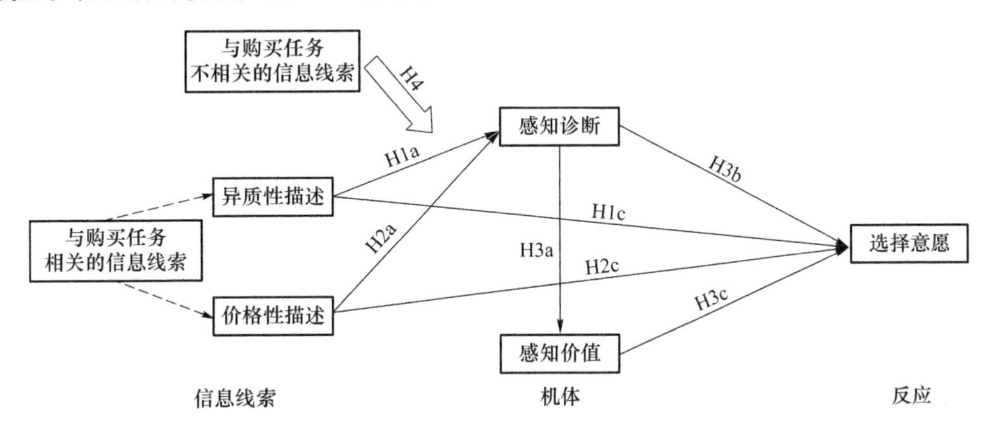

图 8-11　验证后的模型

8.6　结论与讨论

在信息时代,线上销售商品成为一场争夺消费者有限信息处理能力的战役,如何在消费者购买前的浏览和搜索阶段帮助其进行客观的选择判断变得尤为重要。

我们基于针对部分 SOM 与 TOP 页面内容的分析,提出了 SOM 与 TOP 页面信息线索模型，进行了 2×2 组间对比实验，得到如下结论。

第一，异质性描述对感知诊断有正向的预测作用，能够增加消费者对商品的感知判断能力，帮助消费者进行相关商品和替代商品的选择。在 TOP 渠道中，我们往往能够看到与商品最为相关的卖点描述，这些卖点描述能够直观地传递商品的特征信息。

第二，价格性描述对消费者的感知诊断同样具有显著的正向预测能力。对于商品的选择，受到消费者异质性的影响，对价格敏感的消费者会更容易从价格性描述中做出第一步的选择判断。在实验中，SOM 渠道的价格性描述设计较少，被试者没有察觉到明显的价格差别，造成感知诊断能力的下降，反之 TOP 渠道的价格性描述能够帮助消费者做出购买选择。

第三，异质性描述与价格性描述对消费者的感知价值影响不显著。在感知价值的量表题项中，设置了关于情感价值、价格价值以及质量价值的 3 个问题，数据分析结果显示，它们之间的影响并不显著，这说明了消费者对于商品价值的判断要求比较高，仅凭浏览主页和商品介绍并不能对消费者的感知价值施加影响，同时也从侧面说明了商品详情页、物流信息与商品评价等对消费者感知的影响，商城中关于消费者购物过程的设计是一个整体，不能分割。

第四，感知诊断对感知价值有一定的影响，主要体现在异质性描述的影响上，异质性描述通过增加消费者的感知诊断能力增加消费者的情感价值，能够帮助消费者节省购物前的选择成本，从而能够使消费者的感知利得大于感知利失。

第五，其他信息线索感知的调节作用显著。研究中对其他信息线索（图片背景、字体颜色等）感知明显的被试者对因子间的正向预测作用更为显著，例如，在高感知人群中，异质性描述对感知诊断存在更加积极的影响。

本章小结

结合典型企业中 SOM 与 TOP 的现实情况，提炼总结了 SOM 和 TOP 渠道的信息线索特点，采用实验法以及实证分析等方法，研究了 SOM 和 TOP 渠道的信息线索特点对消费者渠道选择的影响机制。研究结论为渠道管理者提高消费者获取有效信息的效率、降低消费者信息觅食的成本提供了参考。

第9章　基于在线评论的消费者线上渠道选择行为研究

本章试图通过文本挖掘的方法分析 SOM 和 TOP 这两类线上渠道中消费者的关注点有哪些，在此基础上，使用方差分析的方法研究消费者对这两类线上渠道的选择机理，从而为企业和第三方在线平台制订合理的渠道发展策略提供理论支撑。

首先，通过对企业自营在线商城和第三方在线平台中的在线评论在内容上可能存在的差异进行探索性研究，试图提炼出可能会影响消费者对两类线上渠道选择的因素。我们尝试从客观的评论数据出发，通过文本挖掘的方法分析两类线上渠道在消费者讨论主题方面的区分度，并基于对主题词的观察分析提炼出要研究的因素。我们还进一步通过对相关文本要素的计算和比较，分析这些因素在两类线上渠道间的差异是否显著。其次，将探索出的差异性因素与消费者使用线上渠道搜索信息意愿和购买产品意愿间的关系理论化，构建概念模型。采用方差分析的方法探究这些差异性因素对消费者渠道使用意愿的影响作用，对提出的概念模型和研究假设进行检验。最后，基于有些因素对消费者渠道使用意愿会产生显著影响，并且这些因素在企业自营在线商城和第三方在线平台间具有显著性差异，我们进一步判断消费者在信息搜索和产品购买两阶段对两类线上渠道的选择意愿。综上，本章通过探索出两类线上渠道间具有显著差异性的因素，继而研究这些因素对消费者渠道使用意愿的影响作用，研究结论为消费者在信息搜索和产品购买两阶段对企业自营在线商城和第三方在线平台的选择提供理论支撑。

9.1　问题提出

在线上购物情境中，当消费者完成线上购物任务后，他们倾向于通过线上渠道分享他们的购物体验。在线评论内容反映了消费者的关注点。如今，在线评论已成为消费者获取产品信息和制订购买决策的重要信息来源。通过查阅相关文献发现，有关在线评论的研究大多针对单个线上渠道，近年来也有学者转向对多个线上渠道的在线评论内容进行比较研究。研究表明，不同线上渠道的用户群体不同，因而在线评论内容存在差异，也就是说，不同线上渠道的消费者所关注的内容存在差异。但既有的对多个线上渠道评论内容的比较研究大多从多个第三方在线平台上收集评论数据(魏奕星 等，2018；Hou et al.，2019)，鲜有研究比较分析企业自营在线商城和第三方在线平台中的在线评论信息。通过比较分析企业自营在线商城和第三方在线平台中评论文本的主题内容，本章试图探索出影响消费者对这两类线上渠道选择的因素及其影响机理。研究结论为消费者购物决策、企业战略调整、线上渠道管理者渠道管理能力提升提供了有价值的参考。

本章致力于研究以下问题：①线上消费者评论讨论的主题是什么？②企业自营在线商城

和第三方在线平台中的评论内容是否存在差异？若存在，有哪些差异？③影响消费者在信息搜索和产品购买两阶段对企业自营在线商城和第三方在线平台选择的因素有哪些？影响机理又是什么？

9.2 相关文献回顾

9.2.1 在线评论对消费者购物决策的影响

Park 等(2007)认为发布评论的消费者扮演着双重角色：信息的提供者和建议者。产品评价不仅是消费者对产品或服务的描述，还能直接服务于其他消费者(Yoo et al.,2011)。电子商务网站中的在线评论信息能满足潜在消费者对信息的需求，使他们从中受益。由于这些在线评论能为潜在消费者做出决策提供参考，所以会吸引消费者浏览电子商务网站并且也会影响他们的产品购买行为。庞璐和李君轶(2014)借助于第三方点评网站研究了消费者的在线评论对餐馆网页浏览量的影响，发现前者对后者有显著的作用。Fan 等(2017)通过整合语义分析和 Bass/Norton 模型证实了以往的销售数据和消费者评论有助于预测产品销售量。Chatterjee(2001)发现在阅读了很多其他消费者的评论后，消费者购买决定的不适感会被减少，因为他们相信已有很多消费者购买了相同的产品。Ye 等(2011)认为酒店评论也会影响消费者的购买决策。Katz 和 Lazarsfeld(1964)发现信息内容会影响信息接收者的态度、意愿以及行为。Luan 等(2016)通过眼动追踪技术发现大部分消费者关注属性级别的评论。Vermeulen 和 Seegers(2009)经实证研究发现在线评论会影响消费者的态度、意愿以及行为。

学者们也对在线评论质量的子维度对消费者决策的影响及作用机理进行了探讨。Jimenez 和 Mendoza(2013)研究了产品评论的详尽程度对评论可信度以及消费者对搜索型产品和体验型产品购买意愿的影响，研究结果表明，对于搜索型产品，在线评论的详尽程度与购买意愿正相关，而体验型产品在线评论的详尽程度对购买意愿无显著影响。在酒店背景下，Sparks 和 Browning(2011)探究了评论的目的、评论的效价、评论的结构、消费者数值打分和文字评论是否一起出现等 4 个因素对消费者感知信任和酒店预订意愿的影响，研究发现消费者更容易受到负面评论的影响，积极结构的信息和数值打分能增强消费者预订酒店的意愿，增加消费者对酒店的信任。研究结果还表明消费者在基于评论对酒店进行评估时，倾向于依赖易于处理的信息。Zhao 等(2015)研究了在线评论内容的 6 个特征，即有用性、评论者专业性、及时性、评论数量、评论效价以及全面性，回归分析结果表明有用性、评论者专业性、及时性、评论数量和全面性与消费者线上预订酒店意愿之间存在正向的因果关系。他们还发现，负面的在线评论会对消费者线上预订酒店意愿产生负面影响，而正面的在线评论对消费者线上预订酒店意愿并不会产生显著的影响。Sa'Ait 等(2016)研究了电子口碑的相关性、正确性、及时性和全面性对消费者购买意愿的影响，发现电子口碑的准确性对消费者购买意愿的影响最大。Hsu 等(2017)和 Maslowska 等(2017)探究了在线评论、商品类型和决策过程中的感知对消费者购买意愿的影响。他们得出的结论是，负面的在线评论对购买意愿的影响大于正面的在线评论，并建议零售管理层对负面的在线评论作出快速反应。

在多渠道购物环境中，消费者的购物决策行为更加复杂。例如，消费者通过某一个渠道获取产品信息，而在其他渠道购买产品；或者，消费者同时采用多个渠道搜索产品，而在某一个渠道购买产品。有研究发现,在线评论对消费者的渠道选择决策也会产生影响。例如,超过一半的 TripAdvisor 用户在旅行计划开始时使用在线评论来获取想法并在计划进行过程中删减备选方案。Liu 和 Zhang(2014)认为不同渠道中酒店评论的可获取性和内容是不同的,因此在线评论会影响消费者对渠道的选择。通过实证研究影响酒店预订者选择酒店官网和 OTA 的前置因素,他们发现在线评论对酒店预订者使用这两种渠道的影响程度是不同的。Chen 和 Chang(2018)认为评论质量正向影响感知价值,感知价值与渠道购买意愿具有显著关系。在由线上渠道和传统渠道组成的双渠道情境中,Choudhury 和 Karahanna(2008)研究发现消费者感知的信息获取效率会对信息搜索阶段和产品购买阶段中消费者的渠道选择行为产生显著的影响。

9.2.2　服务质量对消费者购物决策的影响

信息系统成功模型认为网站质量包括信息质量、系统质量和服务质量 3 个维度(DeLone et al.,2003;DeLone et al.,2004)。本章的研究重点关注服务质量。服务质量指消费者对服务的期待与实际感知之间的差异(Parasuraman et al.,1988)。传统的服务质量通过非网络环境下人与人之间的互动而获得,而网站服务质量则更强调人与技术间的互动效果(Kim et al.,2006)。Santos 早在 2003 年就将电子服务质量定义为消费者对电子商务服务提供者的总体判断和评价。但是这一定义过于宽泛,并未明确指出电子商务服务提供者代表的主体具体是什么。随后,伴随着电子商务的迅猛发展,越来越多的学者对电子商务网站中的服务质量进行了研究。Zeithaml 等(2002)将网站服务质量定义为电子商务网站为消费者在购物过程中提供便利的效率,包括接受顾客的抱怨、为顾客解决问题、协助顾客高效地使用产品等的效率(Bhattacherjee,2001)。Parasuraman 等(1988)以及 Wang 和 Teo(2020)认为评价网站服务质量的指标包括响应性、移情性、保证性以及可靠性等。Petter 和 McLean(2009)从服务提供商的响应性、可靠性以及移情性测度服务质量。

前期研究表明,服务质量会影响消费者的购物决策。在传统线下渠道中消费者会通过聊天、寻求个性化建议以及咨询产品信息等途径与店铺中的销售人员进行面对面的社会互动,而在电子商务网站中消费者会通过咨询、谈判等方式与线上客服发生社会互动。社会互动对消费者搜索信息的质量和数量有很大的影响(郭燕 等,2011)。Hsu 等(2012)研究发现服务质量比信息质量和系统质量更能影响顾客满意度及购买意愿。在一项旨在通过提高越南高档酒店电子服务的顾客满意度以增加在线预订者数量的研究中,Vo 等(2019)发现顾客满意度对酒店网站服务质量和顾客参与行为间的关系具有部分中介作用。施亮等(2017)经实证研究发现消费者对移动渠道服务质量的评价越高,则在移动渠道做出购买行为的意愿越强。Liu 和 Zhang(2014)发现网站服务质量对消费者的信息搜索意愿和购买意愿都会产生显著的正向影响。高服务质量有助于消费者在购物过程中的任何一个环节制订决策(Ahn 等,2004)。

9.3　文本分析

9.3.1　研究设计

在以前的研究中,大多数文献只从单个线上渠道收集线上消费者的评论数据(范炜昊 等,

2018；张艳丰 等，2016；Cheng et al.，2019）或从多个第三方在线平台收集线上消费者的评论数据（魏奕星 等，2018；Hou et al.，2019）。为了探究企业自营在线商城和第三方在线平台中线上消费者评论具有的客观差异性，我们选择这两类线上渠道中的评论数据作为数据来源。图 9-1 总结了本节的研究流程。首先，使用“八爪鱼”网络爬虫软件爬取两类线上渠道中线上消费者的评论数据；其次，对数据进行预处理（包括数据清洗、分词、去停用词），建立评论数据集；再次，进行数据分析操作，包括文本主题提取和在线评论客观性、完整性以及相关性分析；最后，分析并讨论结果。

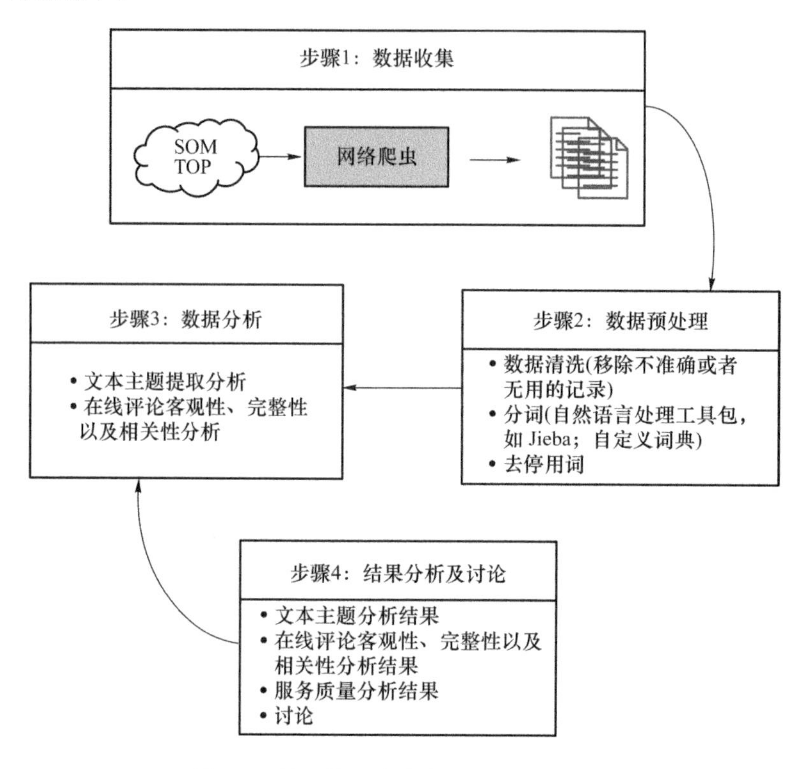

图 9-1 基于线上消费者评论的研究流程

9.3.2 数据收集

本节将对两类线上渠道中的线上消费者评论进行对比分析。Nelson（1970）按产品类型将产品分为搜索型产品和体验型产品。借鉴前期的研究，我们选择手机代表搜索型产品（郭燕 等，2018），选择服装代表体验型产品（郭燕 等，2018；邵兵家 等，2006）。在选取手机产品样本及其线上销售渠道时，考虑到华为是一家通信科技公司及其对手机研发的大力投入，以及华为商城近年来在市场上产生的影响力，我们将华为商城作为企业自营在线商城的代表，同时将京东商城作为第三方在线平台的代表。为了尽可能全面分析两类线上渠道中消费者对搜索型产品讨论主题的区分度，我们按照京东商城对华为手机价格设定的 5 个价格区间，在每个价格区间选择两款不同型号的手机。在选取服装产品样本及其线上销售渠道时，考虑到社会对哥弟品牌服装的高度评价〔例如，哥弟企业在艾媒金榜（iiMedia Ranking）发布的《2019 女性服装新消费品牌榜 TOP10》中位列第一〕，我们将哥弟官方商城作为企业自营在线商城的代表，同时也将京东商城作为第三方在线平台的代表。为了尽可能全面分析两类线上渠道中消费者对体验型产品讨论主题的区分度，我们也按照京东商城对哥弟品牌服装设定的 5 个价格区间，在每个价格区间选择男装和女装各两款。最后的统计结果为搜索型产品手机共 10 种；体验型产品服装共 20 种，其中男装有 10 种，女装有 10 种。而且，这些搜索型产品和体验型产品在企业自营在线商城和第三方在线平台上被同时销售。

我们在 2019 年 9 月到 2020 年 3 月期间进行了数据收集工作。使用网络爬虫软件"八爪鱼"模拟线上消费者访问目标产品网页，爬取华为企业自营在线商城和京东商城上消费者对 10 款目标手机产品的评论数据；爬取哥弟企业自营在线商城和京东商城上消费者对 20 款目标服装产品的评论数据。将所得到的评论数据集文档进行格式转换，将其转换为 UTF8 格式，导入扩展名为.csv 的 Excel 文档中并保存。经统计，此次一共爬取华为企业自营在线商城上的手机评论数据 197 233 条，爬取京东商城上的手机评论数据 19 874 条；爬取哥弟企业自营在线商城上的服装评论数据 12 653 条，爬取京东商城上的服装评论数据 18 948 条。

9.3.3　数据预处理

在进行数据分析之前，需要对收集的评论数据进行预处理操作，包括数据清洗、分词以及去停用词。进行数据预处理操作，使得保留的文本尽可能反映语料库的主题，将预处理后的评论数据作为本节研究的语料库。

数据清洗用于检测和删除文本数据中不准确或者无用的记录，如拼写错误和非目标语言(Xiang et al.，2017；Guo et al.，2017)，只保留有价值的信息。首先，因为一个消费者发布的多个重复评论可能会导致统计偏差，这种评论多因消费者为实现赚取积分等个人目的而产生，所以我们对源自同一个消费者的重复评论进行去重处理，只保留一条评论(Hou et al.，2019)。其次，我们删除了无效评论，以确保数据样本的真实性和准确性。我们将以下几种评论视为无效评论：①"棒棒棒棒棒棒棒棒棒棒棒棒棒棒棒棒"等重复的字或词，这种评论一方面蕴含的有价值的信息很少，另一方面会显著提高某些词在语料库中所占的比重；②无关的评论，如明显的蓄意炒作/广告性的评论，此类评论不仅不能够提供有效的信息，还反而会为语料库引入干扰词汇；③总体的情感倾向为褒义，但评论内容却只有缺点的评论，或总体的情感倾向为贬义，但评论内容却只有优点的评论。通过对爬取的评论数据进行数据清洗操作，最终得到华为企业自营在线商城中搜索型产品手机的有效评论187 121条，京东商城中手机的有效评论 18 682 条；得到哥弟企业自营在线商城中体验型产品服装的有效评论 11 637 条，京东商城中服装的有效评论 17 843 条。

分词的目的是将评论文本分为关键字、词语或其他有意义的要素(Xiang et al.，2017；Guo et al.，2017)。分词是做文本分析的前提。我们使用 Jieba 中文分词工具对评论文本进行中文分词。另外，我们还构建了自定义词典，主要借鉴了吴江和刘弯弯(2017)的研究。自定义词典指由描述手机的相关词构成的集合。

停用词指没有实际意义的词，如"啊""了""的"等语气词、虚词。这些词在评论文本中出现的频次较高，会对分析结果产生影响。为提高数据质量以及实验的准确度和效率，我们使用哈尔滨工业大学建议的、由 1 893 个中文词组成的停用词表去除停用词。此外，为了减少噪声词的影响，除常见的停用词外，我们将与本节研究无关的词加入停用词表，更新了停用词表。我们主要将下列词加入系统的停用词表中：文本中无实际意义的低频词；文本中无明显意义的高频词，主要包括商品指代信息、品牌信息或表示时间的信息等，如手机、京东、华为、哥弟等。

9.3.4 数据分析

1. 文本主题提取分析

从评论文本中提取话题或主题，目的是了解消费者在发布评论时的关注点，如商品功能、性能及商家服务等。我们使用 LDA 主题模型提取评论数据中的主题词。同一主题下的主题词之间应有一定的逻辑关系，通过这种逻辑组合，提示主题内容。LDA 主题模型基于“词-主题-文档”3 层贝叶斯关系，使用概率统计方法对文档进行建模，可挖掘文本内部的语义信息，将其通过主题多项概率分布的形式展现，对处理大量文本信息十分有效。文本信息被看作特定主题的随机混合，而主题则被看作词汇的概率分布。LDA 主题模型通过计算与主题相关词语的概率权重，量化了词与主题间的关系。词的概率权重越大，则越能代表主题的内容，这类词被称为主题词(Xiang et al.，2017)。进而，可以得到每一主题对应的主题词。对不同主题下的主题词进行总结，便得出每个主题代表的内容。

我们使用 Python 常用的机器学习库 Sklearn 进行评论文本主题抽取。其主要包括如下流程。

① 对收集的评论数据进行数据预处理操作，使文本结构符合 LDA 主题模型的要求。

② 设置迭代次数、主题数等参数，将上一步的语料库作为 LDA 主题模型的输入数据。

③ 按主题词出现概率降序的方式输出每一主题下的若干高频词及其对应的生成概率。

2. 在线评论客观性、完整性以及相关性分析

客观型评论指对产品属性的客观评价，而主观型评论更多的是消费者的购物心得和情绪的表达(Holbrook，1978)。我们使用 LingPipe 工具分析评论文本的主客观倾向。LingPipe 是一种优秀的文本挖掘开源工具(Li et al.，2018)。具体分析过程如下。

① 建立训练样本及测试样本语料库。本节需要研究在线评论文本的主客观性，因此我们通过从爬取的在线评论中人工选择主观型评论和客观型评论建立语料库，并将主观型评论文本标记为“1”，将客观型评论文本标记为“0”。

② 设置 N-Gram 语言模型的长度。考虑到中文语言中一个词最少是由两个字组成的，为保留更多的文本信息，我们将 N-Gram 语言模型的长度设定为 2。

③ 构建分类器。基于训练样本以及 N-Gram 语言模型构建动态语言模型分类器。

④ 评估分类器的性能。使用测试样本语料库对分类器的性能进行评估，保证分类器具有较高的准确率。

⑤ 对评论的主客观性进行分类。利用设计好的分类器对评论数据进行分类操作。依据参数 P(Category|Input)值判断评论的主客观性。

完整性也被称为信息的全面性，指产品评论全面、完整地覆盖产品各方面的程度(Chen et al.，2011)。评论越长，包含的信息量越多，评论完整性越高(吴江 等，2017)。读取本地评论数据文件中的每行评论信息，计算评论总长度。

相关性指消费者所需要或想要获取的用于评价产品的信息与线上产品评论中信息之间的相关程度(Lee et al.，2008)。评论信息量越大，则评论含有的有效信息越多，即评论的相关性越强(吴江 等，2017)。利用基于文本相似性思想的 LexRank 算法计算评论信息量(Erkan et al.，2004)。具体做法如下。

① 计算每一条评论文本中词语的 TF-IDF 值，进而对在线评论集进行 VSM 建模。得到

的矩阵的每一行代表一条评论文本，而每一行中的值表示一条评论文本中每个词语的 TF-IDF 值。

② 计算矩阵每一行中的值与其他行中的值之间的余弦夹角，将其作为一条评论文本与其他评论文本的余弦相似性值，得到评论文本余弦相似性矩阵。

③ 使用 LexRank 算法处理余弦相似性矩阵，获得每条评论文本的信息量。

9.3.5　结果分析及讨论

1. 文本主题分析结果

主题词的分类统计可以让我们更好地识别主题和消费者的关注点。我们利用 LDA 主题模型对第三方在线平台和企业自营在线商城上的评论文本数据进行分析，从两类线上渠道中提取消费者对搜索型产品手机以及体验型产品服装的讨论主题。最后的结果为：两类线上渠道中搜索型产品手机评论的 5 类主题如表 9-1 和表 9-2 所示，两类线上渠道中体验型产品服装评论的 5 类主题如表 9-3 和表 9-4 所示。总结每个主题中词语的语义，便可得到相应主题的内容。第三方在线平台中消费者对搜索型产品手机的评论热点聚焦于“价格”“硬件配置”“软件及功能”“商家物流”“客服服务”；企业自营在线商城中消费者对搜索型产品手机的评论热点聚焦于“礼物”“维系关系”“总体评价”“商家物流”“客服服务”。第三方在线平台中消费者对体验型产品服装的评论热点聚焦于“价格”“外观”“质量”“商家物流”“客服服务”；企业自营在线商城中消费者对体验型产品服装的评论热点聚焦于“诚信”“买礼送人”“总体评价”“商家物流”“客服服务”。表 9-1～表 9-4 中的数值表示每个主题词属于某一主题的概率。我们列举了与每一主题相关的 8 个主题词及其概率。

表 9-1　第三方在线平台中手机评论的主题

主题 1：价格		主题 2：硬件配置		主题 3：软件及功能		主题 4：商家物流		主题 5：客服服务	
值得	0.031 451 658 1	拍照	0.028 564 719 2	流畅	0.034 986 186 4	物流	0.026 260 911 3	耐心	0.035 911 399 7
性价比	0.023 260 494 7	屏幕	0.015 048 822 8	运行	0.027 193 299 1	很快	0.024 978 480 5	问题	0.031 068 628 3
降价	0.020 577 891 2	电池	0.012 823 309 7	功能	0.020 909 826 2	第二天	0.017 775 948 3	很快	0.023 313 056 4
划算	0.018 717 713 8	内存	0.009 373 452 2	系统	0.013 680 273 7	速度	0.012 702 998 8	专业	0.017 085 056 6
价格	0.018 282 466 4	摄像头	0.009 370 526 8	性能	0.012 657 926 8	今天	0.010 885 073 8	解决	0.015 397 648 1
便宜	0.017 855 058 7	信号	0.008 546 374 6	速度	0.011 950 388 2	下单	0.009 345 327 3	表扬	0.014 696 480 7
实惠	0.017 184 823 3	处理器	0.008 386 197 2	很快	0.011 764 756 9	快递	0.007 938 690 2	及时	0.014 347 209 8
价钱	0.016 697 573 7	快充	0.007 979 273 8	顺畅	0.010 935 829 5	昨天	0.007 485 162 5	客服	0.013 793 613 0

表 9-2　企业自营在线商城中手机评论的主题

主题 1：礼物		主题 2：维系关系		主题 3：总体评价		主题 4：商家物流		主题 5：客服服务	
赠品	0.031 869 942 0	国产	0.028 478 805 9	不错	0.198 295 125 5	发货	0.048 519 424 8	态度	0.079 088 778 4
耳机	0.028 721 353 2	国货	0.018 547 123 3	喜欢	0.080 248 331 1	速度	0.047 632 283 5	客服	0.067 048 722 0
手机壳	0.022 656 674 1	支持	0.017 457 059 3	好看	0.014 793 767 2	快递	0.037 826 405 5	差评	0.037 184 277 2
自拍杆	0.016 839 757 9	加油	0.017 222 286 3	漂亮	0.013 926 302 6	拿到	0.037 790 465 4	问题	0.013 569 803 5
蓝牙	0.014 691 252 8	老婆	0.010 440 037 1	满意	0.013 910 275 7	收到	0.024 049 758 5	垃圾	0.012 389 779 0

续 表

主题1:礼物		主题2:维系关系		主题3:总体评价		主题4:商家物流		主题5:客服服务	
音箱	0.014 611 554 1	老妈	0.009 328 482 6	外观	0.012 518 309 9	时间	0.022 657 418 5	答复	0.012 266 933 2
礼物	0.014 180 005 7	同事	0.009 104 192 1	手感	0.012 006 485 3	下单	0.021 807 376 5	忙碌	0.011 841 820 1
音响	0.013 091 579 9	品牌	0.007 699 398 1	强大	0.011 967 545 4	很快	0.018 782 939 9	帮助	0.009 602 703 0

表 9-3　第三方在线平台中服装评论的主题

主题1:价格		主题2:外观		主题3:质量		主题4:商家物流		主题5:客服服务	
便宜	0.046 996 483 5	好看	0.034 964 338 8	质量	0.039 002 412 5	物流	0.167 136 404 0	客服	0.031 618 808 8
性价比	0.046 843 663 9	款式	0.027 260 016 4	面料	0.019 678 518 0	快递	0.092 029 315 7	卖家	0.026 402 218 7
价格	0.041 288 416 9	帅气	0.016 152 622 4	做工	0.013 884 035 1	发货	0.025 956 876 3	服务态度	0.023 680 935 8
实惠	0.034 261 261 9	颜色	0.012 289 396 9	舒服	0.011 739 051 1	到货	0.021 949 098 0	耐心	0.022 123 082 1
物美价廉	0.027 442 021 8	版型	0.012 117 456 4	手感	0.007 108 664 2	速度	0.017 821 850 6	热情	0.020 297 822 4
价位	0.022 777 004 1	时尚	0.011 392 425 0	柔软	0.006 649 009 1	很好	0.017 416 211 4	有问必答	0.018 941 366 9
划算	0.021 143 150 6	样式	0.010 926 087 8	起球	0.005 576 750 9	下午	0.016 451 214 6	服务周到	0.017 114 192 1
不贵	0.020 864 361 7	上档次	0.010 790 018 5	不缩水	0.005 537 799 9	送货快	0.014 090 005 1	细心	0.016 941 263 7

表 9-4　企业自营在线商城中服装评论的主题

主题1:诚信		主题2:买礼送人		主题3:总体评价		主题4:商家物流		主题5:客服服务	
诚信	0.045 387 678 5	同事	0.009 187 857 2	喜欢	0.034 416 114 2	快递	0.032 188 888 6	服务	0.031 183 007 5
正规	0.028 414 244 4	别人	0.008 775 728 5	满意	0.025 953 485 3	迅速	0.024 275 458 9	客服	0.027 629 537 0
信赖	0.026 940 790 7	礼物	0.007 262 829 1	舒服	0.023 262 995 4	快	0.014 379 283 7	态度	0.019 124 486 9
可靠	0.026 566 462 6	妈妈	0.007 047 877 0	好穿	0.020 390 481 0	物流	0.012 634 784 2	好	0.017 334 604 7
正品	0.026 086 966 5	朋友	0.006 899 590 2	很好	0.016 023 912 5	发货	0.012 599 693 6	不回复	0.015 122 617 5
尺寸	0.023 868 819 6	老人	0.006 627 185 9	质量	0.014 926 247 9	给力	0.011 984 851 1	长时间	0.013 910 678 6
保证	0.019 368 973 5	孩子	0.005 760 427 5	不错	0.014 768 495 3	速度	0.011 899 083 9	贴心	0.012 576 789 4
一如既往	0.017 064 434 2	姐姐	0.005 530 615 2	漂亮	0.014 758 130 4	提前	0.010 171 809 3	提升	0.012 543 403 7

为探究两类线上渠道中评论文本主题的客观差异，我们进一步分析第三方在线平台和企业自营在线商城中主题评论的占比情况。搜索型产品手机评论文本主题评论的占比情况如图9-2所示，体验型产品服装评论文本主题评论的占比情况如图9-3所示。图中横轴分别表示第三方在线平台和企业自营在线商城中评论文本的主题类型，纵轴表示每一主题评论的占比情况。

通过对第三方在线平台和企业自营在线商城上消费者评论文本的主题类型及主题评论占比情况进行分析，我们可以得到以下结论。

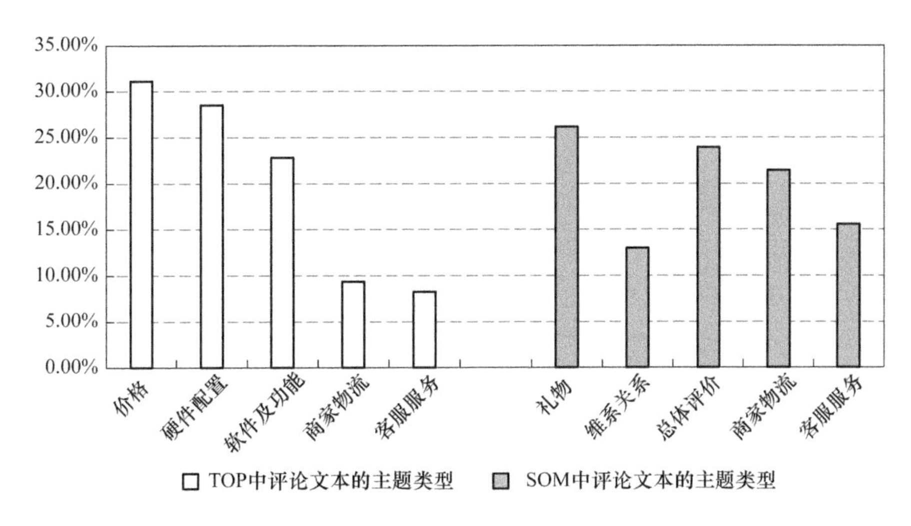

图 9-2 两类线上渠道中搜索型产品手机评论文本主题评论占比

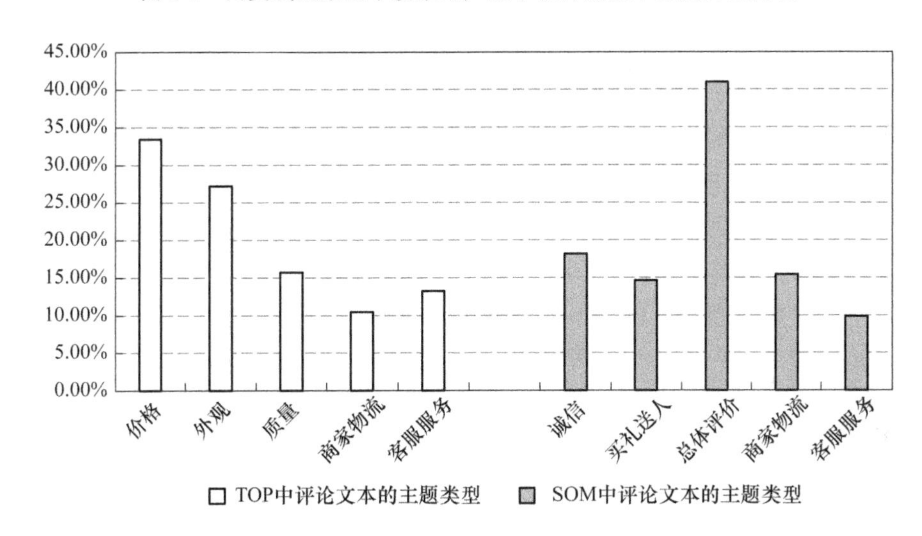

图 9-3 两类线上渠道中体验型产品服装评论文本主题评论占比

(1) 对于搜索型产品手机的评论文本

第一，通过观察TOP中主题的分布情况，可以发现TOP中手机消费者最在意价格，说明价格是消费者使用TOP的首要影响因素。该结果与大部分研究结论相一致（Liu et al.，2014）；同时，也与《2019年亚马逊消费者购物行为分析报告》的内容相符，该报告指出对41.1%的亚马逊消费者来说，价格仍然是购物决策的首要因素。TOP上的手机消费者也很关注硬件配置、软件及功能两方面，如"硬件配置"主题下的8个高频主题词为"拍照""屏幕""电池""内存""摄像头""信号""处理器""快充"，消费者描述"软件及功能"的主题词有"流畅""运行""功能""系统""性能""速度""很快""顺畅"等。这两个主题以及对应的主题词体现了消费者对手机产品信息的关注。另外，TOP上的手机消费者还比较关注商家物流和客服服务，通过总结这两个主题下主题词的语义，我们不难发现第三方在线平台为消费者提供了优质的物流和客服服务。

第二，通过观察企业SOM中主题的分布情况，可以发现SOM中的手机消费者最关注企业赠送的礼物，如耳机、手机壳，这意味着企业通过赠予计划会对消费者使用企业SOM产生积极的作用。SOM 中的消费者也会对手机产品的使用体验做出总体评价,但评价内容较为抽象、充满积极的感情,如“不错”“喜欢”“好看”“漂亮”“满意”等。同样,“商家物流”主题体现了SOM 中消费者对企业提供的物流服务也很满意。此外,“客服服务”主题体现了消费者也很重视 SOM 提供的客服服务,但 SOM 提供的客服质量却没有达到消费者的预期,这引起了消费者对客服服务的不满甚至抱怨,如“差评”“垃圾”等。最后,SOM 中“维系关系”主题体现了手机消费者的“家国意识”以及“品牌意识”,如“国产”“国货”“支持”“老妈”“品牌”等。这表明企业要注重通过 SOM 加强品牌建设,如宣传企业文化、公示企业社会责任、塑造和发展企业的形象,这有利于增加消费者对 SOM 的黏性。

(2) 对于体验型产品服装的评论文本

第一,通过观察 TOP 中主题的分布情况,可以发现 TOP 中的服装消费者也最在意价格。TOP 中的服装消费者也很关注服装的外观、质量方面,体现了消费者对服装产品信息的关注。例如,“外观”主题下的 8 个高频主题词为“好看”“款式”“帅气”“颜色”“版型”“时尚”“样式”“上档次”,消费者描述“质量”的主题词有“质量”“面料”“做工”“舒服”“手感”“柔软”“起球”“不缩水”等。另外,TOP 中的服装消费者还比较关注商家物流和客服服务,通过总结这两个主题下主题词的语义,我们不难发现第三方在线平台为消费者提供了优质的物流和客服服务。

第二,通过观察企业 SOM 中主题的分布情况,可以发现企业自营在线商城 SOM 中的消费者最热衷于对服装产品的使用体验做出“总体评价”,评价内容较为抽象、充满积极的感情,如“喜欢”“满意”“舒服”“好穿”“很好”“质量”“不错”“漂亮”等。SOM 中的服装消费者也很关注企业的诚信,体现了消费者对 SOM 的信任,表明企业要注重通过 SOM 加强品牌建设,树立良好的企业声誉。“商家物流”主题反映了服装消费者对 SOM 提供的物流服务也很满意。“买礼送人”主题体现了 SOM 上的服装消费者对产品的认可,因此将产品作为“礼物”买给“同事”“别人”“妈妈”“朋友”“老人”“孩子”等。另外,“客服服务”主题说明服装消费者也比较重视 SOM 提供的客服服务。但 SOM 提供的客服服务并未得到广泛的认可,有的消费者评价客服人员提供了“好”“贴心”的服务,而有的消费者“长时间”未收到客服人员的回复,建议“提升”服务。

2. 在线评论客观性、完整性以及相关性分析结果

对搜索型产品手机的评论进行分析,我们构建的分类器将客观型评论文本准确分类的概率为 82.7%。可见,该分类器的效果较好。使用该分类器对第三方在线平台和企业自营在线商城上的手机评论文本数据进行分析,结果表明第三方在线平台中在线评论的客观性倾向平均得分为 0.885,标准差为 0.310 3;企业自营在线商城中在线评论的客观性倾向平均得分为 0.238,标准差为 0.108 3。Kolmogorov-Smirnov 检验结果表明,两类线上渠道评论客观性得分的分布有显著性差异($p<0.001$)。对体验型产品服装的评论进行分析,我们构建的分类器将客观型评论文本准确分类的概率为 81.3%。可见,该分类器的效果也较好。使用该分类器对第三方在线平台和企业自营在线商城上的服装评论文本数据进行分析,结果表明第三方在线平台中在线评论的客观性倾向平均得分为 0.832,标准差为 0.283 7;企业自营在线商城中在线评论的客观性倾向平均得分为 0.163,标准差为 0.073 8。Kolmogorov-Smirnov 检验结果表明,两类线上渠道评论客观性得分的分布有显著性差异($p<0.001$)。由此可见,相比于企业自营在线商城,第三方在线平台中在线评论的客观性更高。

我们通过计算评论长度分析评论的完整性。对搜索型产品手机评论的统计分析结果表明，第三方在线平台中评论长度的平均值为83.46，标准差为60.823；企业自营在线商城中评论长度的平均值为35.025，标准差为33.028。Kolmogorov-Smirnov检验结果表明，两类线上渠道评论长度的分布有显著性差异（$p<0.001$）。对体验型产品服装评论的统计分析结果表明，第三方在线平台中评论长度的平均值为62.915，标准差为37.488；企业自营在线商城中评论长度的平均值为11.323，标准差为9.518。Kolmogorov-Smirnov检验结果表明，两类线上渠道评论长度的分布有显著性差异（$p<0.001$）。由此可见，相比于企业自营在线商城，第三方在线平台中在线评论的完整性更高。

我们通过计算评论信息量分析评论的相关性。对搜索型产品手机评论的统计分析结果表明，第三方在线平台中评论信息量的平均得分为0.35，标准差为0.21；企业自营在线商城中评论信息量的平均得分为0.17，标准差为0.09。Kolmogorov-Smirnov检验结果表明，两类线上渠道评论信息量的分布有显著性差异（$p<0.001$）。对体验型产品服装评论的统计分析结果表明，第三方在线平台中评论信息量的平均得分为0.29，标准差为0.18；企业自营在线商城中评论信息量的平均得分为0.12，标准差为0.07。Kolmogorov-Smirnov检验结果表明，两类线上渠道评论信息量的分布有显著性差异（$p<0.001$）。由此可见，相比于企业自营在线商城，第三方在线平台中在线评论的相关性更高。

3. 服务质量分析结果

通过分析搜索型产品手机评论的“客服服务”主题，我们发现第三方在线平台在线评论中排名前8位的服务要素为“耐心”“问题”“很快”“专业”“解决”“表扬”“及时”“客服”。例如，占总评论数7.21%的评论提及“耐心”，4.81%的评论提及“很快”，3.64%的评论提及“专业”，3.17%的评论提及“解决”，2.98%的评论提及“表扬”，2.94%的评论提及“及时”。而企业自营在线商城在线评论中排名前8位的服务要素为“态度”“客服”“差评”“问题”“垃圾”“答复”“忙碌”“帮助”。例如，占总评论数7.56%的评论提及“差评”，3.1%的评论提及“问题”，2.51%的评论提及“垃圾”，2.38%的评论提及“忙碌”。

通过分析体验型产品服装评论的“客服服务”主题，我们发现第三方在线平台在线评论中排名前8位的服务要素为“客服”“卖家”“服务态度”“耐心”“热情”“有问必答”“服务周到”“细心”。例如，占总评论数7.34%的评论提及“耐心”，7.03%的评论提及“热情”，6.36%的评论提及“有问必答”，5.98%的评论提及“服务周到”，5.76%的评论提及“细心”。而企业自营在线商城在线评论中排名前8位的服务要素为“服务”“客服”“态度”“好”“不回复”“长时间”“贴心”“提升”。例如，占总评论数5.21%的评论提及“好”，4.62%的评论提及“不回复”，4.19%的评论提及“长时间”，3.56%的评论提及“贴心”，3.32%的评论提及“提升”。

4. 讨论

首先，通过比较两类线上渠道中的主题，可以发现第三方在线平台和企业自营在线商城中评论内容既存在一定的共性，又存在一定的不同。对搜索型产品手机的评论内容进行分析，我们发现两类线上渠道中评论内容的共同之处表现为两类线上渠道中的消费者都会对产品做出评价，关注“商家物流”和“客服服务”，且两类线上渠道都能为消费者提供很好的物流体验；不同之处表现为第三方在线平台中的手机消费者很注重“价格”，而企业自营在线商城中的手机消费者则很关注“礼物”“维系关系”。然而，虽然两类线上渠道中的消费者都会对手机产品做出评价，但是在TOP评论中主要提取出对“硬件配置”“软件及功能”的描述，如“拍照”“屏幕”“电池”“内存”“摄像头”“信号”“处理器”“快充”“流畅”“运行”“功能”“系统”“性能”“速度”“很快”“顺畅”等；在SOM评论中主要提取出消费者对手机产品的“总体评价”，如“不错”“喜欢”“好看”“漂亮”“满意”“强大”等。另外，从文本分析结果来看，第三方在线平台为手机消费者提供了“及时”“专业”的“客服服务”，而消费者对企业自营在线商城提供的服务给予“差评”。

通过对体验型产品服装的评论内容进行分析，我们发现两类线上渠道中评论内容的共同之处表现为两类线上渠道中的消费者都会对产品做出评价，关注“商家物流”和“客服服务”，且两类线上渠道都能为消费者提供很好的物流体验；不同之处表现为TOP中的服装消费者很注重“价格”，而SOM中的服装消费者则很关注“诚信”“买礼送人”。然而，虽然两类线上渠道中的消费者都会对服装产品做出评价，但是，在TOP评论中主要提取出消费者对服装“外观”“质量”的描述，如“好看”“款式”“帅气”“颜色”“版型”“时尚”“样式”“上档次”“质量”“面料”“做工”“舒服”“手感”“柔软”“起球”“不缩水”等；在SOM评论中主要提取出消费者对服装产品的“总体评价”，如“喜欢”“满意”“舒服”“好穿”“很好”“质量”“不错”“漂亮”等。另外，第三方在线平台为服装消费者提供了“耐心”“热情”的“客服服务”；但企业自营在线商城提供的“客服服务”并未得到广泛的认可，例如，有的服装消费者评价客服人员提供了“好”和“贴心”的服务，而有的服装消费者“长时间”未收到客服人员的回复，并建议“提升”服务。

综上，通过观察比较两类线上渠道中搜索型产品手机以及体验型产品服装评论文本的主题及对应的主题词，我们可以发现，相较于企业自营在线商城，第三方在线平台为消费者提供的在线评论更客观、更完整、更相关，而且第三方在线平台提供的服务质量也更高。

其次，我们分别使用评论的客观性倾向得分、评论长度以及评论信息量等文本要素来测量评论的客观性、完整性以及相关性。通过分析比较TOP和SOM中搜索型产品手机以及体验型产品服装评论的客观性倾向得分、评论长度以及评论信息量，我们发现手机评论的分布以及服装评论的分布在两类线上渠道间具有显著的差异性。而且，通过对两类渠道中手机评论以及服装评论的客观性倾向得分、评论长度以及评论信息量的均值进行比较，我们发现它们在第三方在线平台中的均值都大于对应企业自营在线商城中的均值，从而进一步验证了第三方在线平台的在线评论在客观性、完整性以及相关性方面要高于企业自营在线商城。

最后，透过消费者所关注的服务要素比较分析TOP和SOM的服务水平。对搜索型产品手机的评论文本数据进行分析，结果表明，第三方在线平台中大多数与服务相关的评论包含了对服务的积极评价，说明手机消费者对第三方在线平台提供的服务感知较好；而企业自营在线商城中大多数与服务相关的评论包含了对服务的消极评价，说明消费者对企业自营在线商城提供的服务感知较差。对体验型产品服装的评论文本数据进行分析，结果表明，第三方在线平台中大多数与服务相关的评论包含了对服务的积极评价，说明服装消费者对第三方在线平台提供的服务感知较好。但是企业自营在线商城中部分与服务相关的评论包含了对服务的积极评价，也有部分与服务相关的评论则包含了对服务的消极评价。这表明企业自营在线商城提供的服务并未得到服装消费者的广泛认可，服务水平有待进一步提高。上述统计分析结果进一步验证了第三方在线平台提供的服务水平要高于企业自营在线商城。

9.4　变量解释

9.3节的研究表明TOP和SOM中评论文本的主题既存在一定的共性，又存在一定的不同，反映出两类线上渠道中消费者关注点的相似性以及差异性。本节将基于9.3节的结论，进一步研究消费者购物过程中对两类线上渠道的选择问题。为了使本节的研究结论适用于更广泛的消费群体，我们将基于两类线上渠道中消费者共同关注的主题提炼出本节所要研究的控制变量。通过对9.3节得到的主题进行总结，可以发现TOP和SOM中的消费者都会对产品和服务做出评价，但两类线上渠道中描述产品和服务的主题词却存在差异。通过对相关文本要素的计算和比较分析，我们进一步验证了第三方在线平台中的评论对产品信息的描述更完整、更相关、更客观，同时，消费者对其提供的服务质量评价也更高。那么在线评论质量和服务质量的不同是否会影响消费者对两类线上渠道的选择呢？如果会影响，影响机理又是什么？为了解决这些问题，接下来，本节将从在线评论质量变量和服务质量变量两方面研究在购物决策过程中消费者线上渠道选择意愿的问题。具体而言，我们将在线评论质量和服务质量与消费者使用线上渠道搜索信息意愿和使用线上渠道购买产品意愿间的关系理论化，得到的研究结论将为消费者在信息搜索和产品购买两阶段对TOP和SOM的选择提供理论支撑。

9.4.1　评论质量

在线评论是一种重要的在线口碑形式（Helsgaun，2000），包括消费者对产品体验的表述以及对产品价格、性能等特征的评价，阅读者可以通过网络评论平台看到真实且值得信赖的消费者意见。Park等（2007）认为发布评论的消费者扮演着双重角色：信息的提供者和建议者。产品评价不仅是消费者对产品或服务的简短描述，还能直接服务于其他消费者（Yoo et al.，2011）。Bickart和Schindler（2001）研究发现消费者通过BBS、博客、社交网站等将其对产品或服务的反馈意见形成“书面”形式的电子口碑，比市场经营者在网上给出的信息来源更具有可信性。Park和Kim（2008）认为其他消费者的建议往往比专家的建议更能有效地影响消费者的主观选择。Zhang等（2010b）比较了普通消费者和行业专家发布的评论，发现消费者更信赖来自普通消费者的评论信息，而行业专家的评论影响则呈现相反的趋势。因此，消费者评论必然会对消费者的决策行为产生重要影响。如今，在线评论已成为消费者获取信息的重要来源，对消费者的购买行为也会产生重要的影响（Cao，2019）。电子口碑日渐成为消费者收集信息和进行决策的主要渠道，形成了口碑效应。

关于消费者在线评论质量维度方面，Park等（2007）的研究从信息特征的角度来衡量评论的质量，如相关性、客观性、充足性以及可信性等。Chen和Tseng（2011）从可信性、客观性、准确性、完整性、时效性、相关性及可理解性等维度描述在线评论的质量。严建援等（2012）从评论深度、完整性以及客观性等维度刻画评论内容的特征。Srivastava和Kalro（2019）认为信息质量包括全面性、可理解性、可读性和相关性等几个主要维度。根据这些研究结果可知，TOP和SOM在评论质量方面的差异主要体现在评论内容的完整性、评论内容的客观性以及评论内容的相关性3个维度。完整性也被称为信息的全面性，指产品评论涵盖产品各方面的程度（Chen et al.，2011）。产品评论包括的信息越全面，消费者通过阅读评论就越可能获得最期望了解的信息（严建援 等，2012）。在线评论信息的完整性表现为两个方面：一是评论内容所包含产品属性的多样性;二是产品属性被详细描述的程度(包敦安 等,2011)。客观性评论指对产品特征进行客观、有逻辑、可检验的描述,与之相对应,主观性评论指对产品特征进行基于主观印象的情绪性表达描述(江晓东,2015)。Holbrook(1978)将口碑信息分为客观事实型和主观评价型。客观事实型的口碑信息指对产品属性的客观评价,该评价多以客观事实为基础,有利于消费者形成对产品的整体认知;而主观评价型的口碑信息更多的是消费者的购物心得和情绪表达。邓卫华等(2018)根据评论信息的语言表达方式和功能将评论信息分为客观再现类和主观推荐类两类。其中:客观再现类指对产品属性的客观评价信息,具有再现产品的作用;主观推荐类指消费者基于主观标准做出的评价,如其对产品或服务的主观体验及满意程度,具有推荐作用。相关性指消费者所需要或想获取的用于评价产品的信息与线上产品评论中信息之间的相关程度(Lee et al.,2008)。相关性维度体现了产品评论信息有助于消费者做出决策的程度,相关性高的产品评论应包含大量的产品信息(Chen et al.,2011)。从在线评论为消费者提供决策参考信息的角度来看,Filieri 等(2018)认为评论相关性指评论信息适合并有助于消费者理解产品质量和性能的程度。评论信息包含的与产品相关的内容越多,其相关性越高(龚思兰 等,2013)。

第三方在线平台中的消费群体通常会发布大量的产品相关信息。例如,张洋和凌婉阳(2015)利用内容分析法分析了中关村在线、京东商城、豆瓣网、新浪微博 4 个在线平台中的 Surface 产品评论信息。通过对比,他们发现京东商城的在线评论具有相关性高、内容客观有用等特征。Hou 等(2019)基于语义关联分析比较了我国 3 个 OTA 网站的旅游者评论内容,发现携程网上的评论内容主要以描述导游信息和酒店信息为主,如早餐、环境、房间、舒适、清洁、位置、自助餐、导游、解释、方案、安排、行程等;途牛网上的消费者与携程网上的消费者的关注点十分相似;而同城网上的消费者的关注点与前两者不同,他们主要在意酒店相关信息,如房间、位置、接待、环境、早餐以及房间的清洁等。吴双(2019)通过深度访谈的方法发现餐馆消费者认为美团网上的评论信息比社交网站上的评论有更高的相关性和完整性。9.3 节的研究结果也表明第三方在线平台中的评论内容涉及很多对产品信息的客观描述,冗余信息相对较少,与产品具有较高的相关性;而企业自营在线商城中的评论内容包含很多消费者抒发情感的词语,对产品的描述较少,因而第三方在线平台中的评论在完整性、相关性以及客观性方面均高于企业自营在线商城中的评论。也就是说,企业自营在线商城中的评论质量较低。

9.4.2 服务质量

DeLone 和 McLean 的信息系统成功模型认为网站质量包括系统质量、信息质量和服务质量 3 个方面(DeLone et al.,2003;DeLone et al.,2004)。该网站质量评价体系在后续研究中被广泛应用。系统质量体现了网站的系统平台特征,信息质量体现了网站的内容特征,服务质量体现了网站的服务特征(周涛 等,2011)。具体而言,系统质量指网站页面布局、网站可靠性及导航有效性等系统平台特征;信息质量指网站所提供信息的更新及时性、相关性以及准确性等;服务质量指网站提供服务的响应性、移情性、保证性以及可靠性等特征。根据前文 LDA 主题模型提取到的主题可知,TOP 和 SOM 中的消费者都比较关注网站质量的服务质量维度。因此,我们的研究将不考虑网站质量的系统质量维度和信息质量维度,只考虑网站质量的服务质量维度。通过观察 9.3 节客服服务主题下的主题词,我们不难发现消费者对两类线上渠道服务质量的评价存在差异。另外,经统计分析,我们也进一步验证了第三方在线平台作为专业的电子商务交易平台,其提供的服务要比企业自营在线商城更专业。

9.5　研究模型与假设

基于现实因素并结合前期的理论研究成果，我们构建了图 9-4 所示的概念模型，探讨在线评论质量和服务质量对信息搜索和产品购买两阶段消费者线上渠道使用意愿的影响。前期研究着眼于在线评论质量或服务质量对某一购物决策阶段消费者渠道使用意愿的影响，缺乏同时考虑两阶段的研究；另外，前期研究也没有深入挖掘在线评论质量和服务质量可能存在的交互作用的形式。本节不仅探究了在线评论质量和服务质量对消费者两阶段渠道使用意愿的直接影响，还进一步扩展了现有研究，关注两者对消费者决策的交互作用。

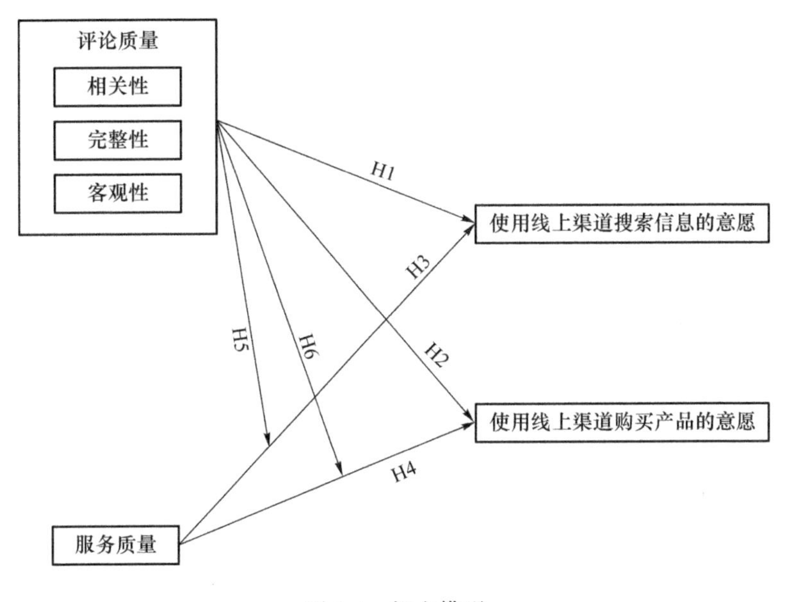

图 9-4　概念模型

9.5.1　评论质量对消费者两阶段渠道使用意愿的影响

当消费者的购买活动结束后，消费者会通过线上渠道对产品或服务做出评价。线上渠道中的在线评论信息能满足潜在消费者对信息的需求，使他们从中受益。由于这些评论能为潜在消费者做出决策提供参考，所以会吸引他们浏览线上渠道，并且也会影响他们的产品购买行为。若消费者搜索的在线评论信息能为其决策带来很大的参考价值，也就意味着其获得的搜索收益会很高。消费者的信息搜索成本和信息搜索收益是其做出信息搜索行为的经济上的动力，该动力直接影响消费者线上评论搜索行为的强度（胡媛 等，2016）。庞璐和李君轶（2014）借助于第三方点评网站研究了消费者评论对餐馆网页浏览量的影响，发现前者对后者有显著的作用。Ye 等（2011）认为酒店评论会影响消费者的购买决策。Katz 和 Lazarsfeld 在 1964 年就发现信息内容会影响信息接收者的态度、意愿以及行为。Vermeulen 和 Seegers（2009）构建了在线评论对产品产生影响的机制模型，经实证研究发现在线评论会正向影响消费者的态度、意愿以及行为。

评论质量的相关性指评论信息与消费者所需要信息之间的匹配程度。有研究发现，高相关性的在线评论因包含丰富的产品相关信息，能够让消费者在较短时间、花费较少的精力获得大量的信息(Chen et al.，2011)。这意味着消费者可以以较低的成本从高相关性在线评论中找到需要的信息，而要以较高的成本从低相关性在线评论找到所需的信息。研究表明，消费者的搜索努力(时间、精力成本)与其搜索意愿负相关(郭燕 等，2018)。Jepsen(2010)使用结构方程模型的方法研究了影响消费者使用互联网进行信息搜索的因素，发现低搜索成本和高信息可用性会正向影响消费者使用互联网搜索信息的意愿。因此，我们认为高相关性在线评论降低了消费者搜索信息的成本，会对消费者使用线上渠道搜索信息意愿产生显著的正向影响。

评论质量的完整性指评论信息全面、完整地涵盖产品各方面的程度(Chen et al.，2011)。评论质量的完整性越高，评论内容涵盖的产品属性越齐全，产品属性被描述得也越具体。王阿妹等(2018)认为信息越完整消费者找到决策参考信息所需要的时间就越短。因此，信息的完整性越高，消费者感知的信息搜索时间成本就越低。而消费者感知的搜索时间成本负向影响消费者的信息搜索意愿(郭燕 等，2018)。另外，朱侯等(2018)的研究发现信息内容的完整性会正向影响用户阅读信息的意愿。综上，我们认为完整性越高的评论对消费者使用线上渠道搜索信息意愿的正向影响越显著。

评论质量的客观性指的是评论信息的公平、公正以及无偏见的程度(Zheng et al.，2013)。Chen 和 Tseng(2011)研究发现客观性是衡量评论质量的一个非常重要的指标。客观的信息能够让信息接收者感受到信息发布者的诚意，进而提高受众采纳信息的正面态度(常亚平 等，2014)。评论信息的客观性越强，消费者便会对信息内容产生越浓的兴趣，越愿意搜寻和阅读。客观型的口碑信息多以客观事实为基础，包含了对产品属性的客观评价(Holbrook，1978)。因此，评论信息的客观性越强，则消费者越不需要花费过多的信息搜索成本。我们认为客观性强的在线评论降低了消费者搜索信息的成本，所以会对消费者使用线上渠道搜索信息的意愿产生显著的正向影响。因此，提出如下假设。

H1 评论质量对消费者使用线上渠道搜索信息的意愿有正向影响。

Engel、Blackwell 与 Miniard(1995)3 位学者提出的 EBM 模型认为当消费者明确自己的需求之后，便会搜索相关的产品或服务信息，以减少购买决策中由不确定性带来的风险。因为评论的质量会影响消费者对产品信息的了解，所以评论质量会对购买意愿产生影响(Engel et al.，1995)。Jimenez 和 Mendoza(2013)指出评论信息的质量对消费者的购买意愿有显著的正向影响。朱丽叶等(2017)研究证实高质量的评论信息能提高消费者的购买意愿。高质量的评论与产品信息的相关性强，并且消费者会根据亲身经历客观地描述产品、服务以及物流等多方面的具体情况，这些评论具有很强的说服力(龚艳萍 等，2014)。Feindt 等(2002)认为电子商务网站中相关、易理解和及时的信息会对消费者的购买意愿产生影响。从评论质量的完整性、相关性和客观性维度来看，Lin 等(2007)分析了书评与消费者购书意愿之间的关系，发现书评的完整性和全面性都与消费者的购书意愿正相关。Chen 和 Tseng(2011)认为完整性、时效性是决定网络购物平台评论质量的核心因素，会对消费者的购买意向产生影响。Park 等(2007)将相关性、客观性、可信性、充足性以及可理解性视为评论信息质量的主要维度，经实证研究发现，高质量的评论信息会对消费者的购买意愿产生更大的影响。杜学美等(2016)从可理解性、充分性、相关性以及客观性等维度对在线评论质量进行度量，研究发现评论内容质量越高，消费者网络购买意愿就越强。Park 和 Lee(2007)也发现逻辑性更好、质量更高的评论更能提高消费者的购买意愿。因此，相关性、完整性、客观性更高的在线评论会对消费者的购买意愿产生更多的促进作用。据此，提出如下假设。

H2　评论质量对消费者使用线上渠道购买产品的意愿有正向影响。

9.5.2　服务质量对消费者两阶段渠道使用意愿的影响

高服务质量有助于消费者在购物过程中的任何一个环节制订决策（Ahn et al.，2004）。大部分学者都认为服务质量和满意度会对消费者的行为意愿产生直接的影响（Cronin et al.，1992；Cronin et al.，2000；Udo et al.，2010）。先前的电子零售研究发现服务质量和多种行为意愿间存在着直接的关系。例如，研究发现服务质量与购买意愿以及重新访问网站的意愿正相关（Cristobal et al.，2007；Collier et al.，2006），高服务质量会增加消费者向其他人推荐网站的可能性（Collier et al.，2006；Bansal et al.，2004；Wolfinbarger et al.，2003），以及减少消费者的抱怨行为（Janda et al.，2002）。在传统线下渠道中消费者会通过聊天、寻求个性化建议以及咨询产品信息等途径与店铺中的销售人员进行面对面的社会互动，而在线上环境中消费者会通过线上咨询、谈判等方式与线上客服发生社会互动。社会互动对消费者搜索信息的质量和数量有很大的影响（郭燕 等，2011）。郭燕等（2018）认为社会互动对消费者而言是一种重要的搜索收益，对消费者的信息搜索意愿有正向的影响。高质量的服务有利于实现高效的社会互动。因而，线上渠道提供的服务质量越高，消费者使用该线上渠道进行信息搜索的意愿就越强。另外，施亮等（2017）经实证研究发现消费者对服务质量的评价越高，则在移动渠道做出购买行为的意愿就越强。Liu 和 Zhang（2014）发现服务质量对消费者的信息搜索意愿和购买意愿都会产生显著的正向影响。因此，提出如下假设。

H3　服务质量对消费者使用线上渠道搜索信息的意愿有正向影响。

H4　服务质量对消费者使用线上渠道购买产品的意愿有正向影响。

9.5.3　评论质量和服务质量对消费者两阶段渠道使用意愿的交互作用

在上文中，我们探讨了评论质量和服务质量可能会对消费者使用线上渠道搜索信息的意愿和使用线上渠道购买产品的意愿产生影响。针对本节所要研究的问题，我们同样关心评论质量和服务质量的交互作用。线上消费者可以通过在线评论获取所需要的信息，也可以通过向线上客服寻求帮助解决对应的问题。因而，在线评论和人工客服各自所起的作用可能会受到对方的影响。消费者的购物行为是一个复杂的过程，通常被划分为需求认知、信息搜集、方案评估、购买决定以及购后感受5个阶段（Engel et al.，1968）。信息搜索阶段和产品购买阶段通常被认为是消费者购物决策过程中的两个关键阶段（Van et al.，2005），因此，我们也主要关注消费者在这两个阶段对信息的搜集和处理。如果某个需求被消费者认识，同时满足该需求对消费者而言很重要，那么消费者便会搜索与满足该需求相关的信息（O'Leary，2019）。井淼等（2013）认为消费者会通过以下来源获取信息：个人经验、过去的积累；个人来源，如家人、朋友、其他一些人；公众信息来源，如消费者组织、杂志、政府机构等；营销来源，如广告、销售人员；体验来源，如试用或检查产品。线上消费者可通过咨询线上客服解决对应的问题，同时，线上购物环境中直接体验的缺失使得消费者面临更多的风险，也更多地依赖"他人的体验"，如在线评论。但搜索信息也是需要成本的，例如，线下环境中消费者所需支付的交通费用、停车费用以及时间成本等（井淼 等，2013；郭燕 等，2017）；线上环境中海量的在线评论会增加用户的决策负担(Lee et al.,2014),约60%的消费者发现,他们在搜索信息时会有挫折感、困惑感,感觉被信息淹没了(李亮,2014)。消费者搜索信息的意愿是其对搜索成本和搜索收益的权衡(郭燕 等,2018)。理性的消费者会在考虑搜索成本的前提下,希望穷尽所有的备选方案(井淼 等,2013)。线上消费者同时面临信息过载和信息不对称两种状态,他们希望尽可能搜索与处理更多的信息来消除决策的不确定性(Gursoy,2019)。Lenz(1984)认为信息搜索行为是按照“方法”和“信息”两个维度变化的信息行为,“方法”维度指用户搜索信息的渠道或途径。在信息搜索阶段,消费者会通过各种不同的方法广泛地获取信息(李东进,2002)。当多种来源的信息刺激大脑时,交互式信息产生的记忆效果要好于单独信息产生的记忆效果。交互式信息服务能为消费者带来更有价值的信息,进而满足消费者的信息需求并使其获得更积极的用户体验(邓胜利,2008)。消费者获得积极的用户体验后,他们的信息搜索意愿也会更强。因此,我们认为线上渠道中的在线评论和人工客服作为消费者获取信息的两个不同信息来源,对消费者使用线上渠道搜索信息意愿产生的影响存在积极显著的交互作用。当在线评论质量高时,服务质量对消费者使用线上渠道搜索信息意愿的影响更显著。据此,提出如下假设。

H5 服务质量对消费者使用线上渠道搜索信息意愿的影响因评论质量而定,随着评论质量的提高,服务质量对消费者使用线上渠道搜索信息意愿的正向影响会被增强。

消费者关注的信息可能会因购物决策阶段的不同而发生变化(李宝库 等,2019)。Chakravarti 等(2006)发现在实际决策阶段的消费者忽视了他们在初始阶段所关注的信息。据此我们判断消费者在产品购买阶段处理的信息量会少于信息搜索阶段。另外,消费者自身也希望减少信息处理量(Xu et al.,2011;Eppler et al.,2004),如果消费者感知到通过其中任意一种方法都能帮助其做出预期决策,或者取得的效果差异较小(或相同),那么他们可能并不会十分在意采取哪种方法(刘百灵 等,2018)。如果消费者觉得通过在线评论可以较好地做出购买决策,那么消费者对人工客服的需求就不会那么高,此时,人工客服对消费者购买决策的促进作用也会变得不那么明显。但当线上渠道中评论质量较低时,消费者会通过人工客服获得购买决策支持。基于此,提出如下假设。

H6 服务质量对消费者使用线上渠道购买产品意愿的影响因评论质量而定,随着评论质量的提高,服务质量对消费者使用线上渠道购买产品意愿的正向影响会被削弱。

9.6 研究方法与过程

9.6.1 实验设计

本节主要探究在线评论质量和服务质量对消费者在信息搜索和产品购买两阶段线上渠道使用意愿的影响作用及其机理,不仅分析了两者对消费者两阶段线上渠道使用意愿的直接影响,还探究了它们对消费者两阶段线上渠道使用意愿的交互作用。我们将利用分场景模拟实验的方法来收集实验数据。依据提出的假设,我们设计了一个评论质量(高或低)×服务质量(高或低)4种情况的组间独立因子实验,分别为:①在具有高评论质量、高服务质量特征的模拟线上渠道中,由消费者决定是否会使用该线上渠道搜索信息和购买产品;②在具有高评论质量、低服务质量特征的模拟线上渠道中,由消费者决定是否会使用该线上渠道搜索信息和购买产品;③在具有低评论质量、高服务质量特征的模拟线上渠道中,由消费者决定是否会使用该线上渠道搜索信息和购买产品；④在具有低评论质量、低服务质量特征的模拟线上渠道中，由消费者决定是否会使用该线上渠道搜索信息和购买产品，如表 9-5 所示。据此，我们参照京东商城中华为京东自营官方旗舰店的手机销售页面，设计了 4 组实验购物页面，与表 9-5 中的 4 个场景相对应。

表 9-5　实验的 4 个场景

评论质量	服务质量	
	高服务质量	低服务质量
高评论质量	场景 A	场景 B
低评论质量	场景 C	场景 D

对于模拟线上渠道中产品评论的选择，我们出于两方面的考虑，最终确定使用手机产品评论作为实验中的评论来源。第一，在 9.3 节中，我们通过文本分析的方法对手机评论数据进行文本挖掘，发现企业自营在线商城和第三方在线平台中的评论存在差异，这为本节的实验研究提供了客观的事实基础。第二，近年来，我国公民的手机普及率大幅增加，手机已成为人们生活中必不可少的一部分，消费者对手机都比较熟悉。因此，有理由相信被试能够对问卷中的评论样本打出符合实际的分，从而保证实验数据的质量。此外，为防止产品的品牌对消费者购物决策的影响，我们对手机的品牌进行了模糊化处理。第三，考虑到本实验的研究目的是探究线上渠道中的在线评论质量和服务质量对消费者两阶段使用该线上渠道意愿的影响，当被试对模拟渠道的手机评论样本做出评价后，我们在问卷中让被试回答他们在未来做出购买数码相机计划时使用该线上渠道进行信息搜索和产品购买的意愿。

我们使用 Credamo 平台实现问卷设计和随机分组实验。Credamo 平台定位为服务科研工作者的专业平台，能很好地帮助科研人员提高工作效率。首先，用户可以在线完成类似 Qualtrics 的问卷设计，通过随机分组等流程控制实现因子实验。其次，收集数据后可以在线完成统计建模分析。针对 4 个实验场景，通过 Credamo 平台中的随机分组等流程控制实现因子实验。每个实验场景的被试人数设定为 30 人，共邀请 120 名被试参与实验，每名被试会随机参与到一个实验场景中。问卷设计的质量对获得可信的研究结论起着重要作用。为获得有效的调查问卷，在设计问卷时我们进行了如下考虑：首先，选取国内外经典文献中的成熟量表对本实验中的变量进行测度。其次，考虑到被试均是来自国内的有网上购物经验的消费者，需要先将英文文献中的量表翻译成中文，并根据本实验的研究情境进行适当的修改。为保证翻译后的中文量表不会出现语义理解偏差，我们邀请精通英语和汉语两种语言的语言专家对量表进行评估，并根据其意见对问卷进行修改。再次，通过与本领域的两位资深学者沟通，确保问卷题项语义通畅，又能体现本实验要研究的内容。最后，邀请具有所要研究的线上渠道相关经验的 10 名本科生和 10 名研究生参加预实验。预实验的流程参照正式实验设计，被试会被随机分配到一个实验场景中，且只能参与一次。当被试填写完问卷后，我们针对问卷的逻辑性、题项的排列顺序、问卷的易读易懂性、题项的情境相关性等征求了被试的意见。被试反馈主要集中在题项措辞的表述上，根据他们的建议，我们进一步完善了问卷。总体来说，设计的问卷结构合理、有逻辑，对研究情境的介绍是清晰的，题项通俗易懂又能准确地测量相关变量。

9.6.2　刺激材料的选取

为选取合适的刺激材料，我们模拟京东商城中华为京东自营官方旗舰店的手机销售页面设计实验购物界面，刺激材料均取材于真实的手机销售界面。考虑到品牌会对被试制订决策产生影响，我们对与品牌相关的内容进行了模糊化处理，具体为对“华为”“荣耀”“赠京豆”“白条分期”等标识进行了过滤处理。我们设计的手机端模拟购物界面如图 9-5 所示。

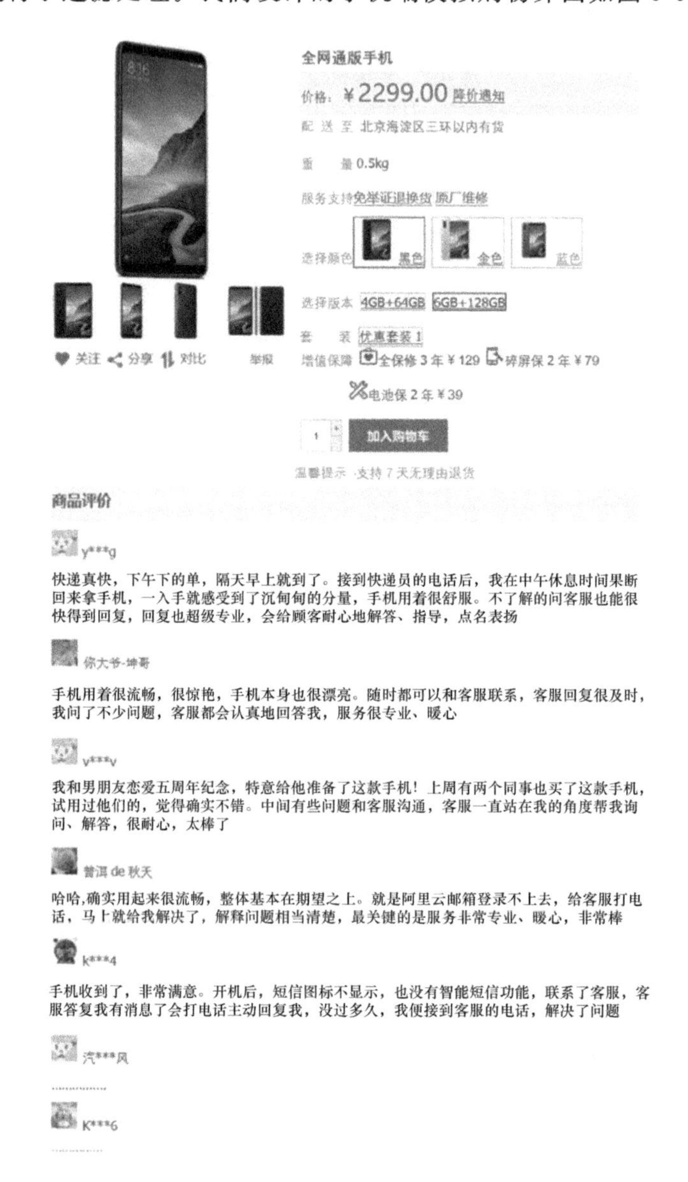

图 9-5　手机端模拟购物界面

随后，我们分别从第三方在线平台（京东商城）和企业自营在线商城（华为商城）中筛选出大量关于华为手机的在线评论信息。结合 9.3 节得出的第三方在线平台中的评论质量和服务质量要高于企业自营在线商城的研究结果，分别对两类线上渠道中的评论进行修改，设计了实验问卷中用到的示例评论，如表 9-6 所示。表 9-6 中的 4 组评论分别对应表 9-5 中的 4 个实验场景。高评论质量×高服务质量分组评论均改编自第三方在线平台中消费者关于手机的评论信息，评论内容体现了高评论质量和高服务质量；低评论质量×低服务质量分组评论均改编自企业自营在线商城中消费者关于手机的评论信息，评论内容体现了低评论质量和低服务质量；

其他两个分组评论则为前两个分组评论的有机整合。

表 9-6　评论质量与服务质量设计

评论质量	高服务质量	低服务质量
高评论质量	评论 1:使用了十几天才来评价,外观设计风格十足,屏幕分辨率高,适合单手操作,超感光摄影、拍照清晰,完美无瑕,芯片运行速度超快,电池续航强劲,超级快充,充电不用长时间等待,我都是白天充电,再也不用晚上花长时间充电了。不了解的问客服也能很快得到回复,回复也超级专业,会给顾客耐心地解答、指导,点名表扬	评论 1:使用了十几天才来评价,外观设计风格十足,屏幕分辨率高,适合单手操作,超感光摄影、拍照清晰,完美无瑕,芯片运行速度超快,电池续航强劲,超级快充,充电不用长时间等待,我都是白天充电,再也不用晚上花长时间充电了。不过,客服啥也不知道,一直在那胡说八道,态度特别差,处理事情太没效率了,真“垃圾”
	评论 2:外形外观——外观时尚,颜色很炫。摄像头拍照效果——喜欢它的微距拍摄,很给力。运行速度——超快。其他特色——看图片和视频时,屏幕会随着面部旋转,不错。屏幕及音效——屏幕画质显示没有想象的那么细腻,但是音效真给力。随时都可以和客服联系,回复及时,我问了不少问题,客服都会认真地回答我,服务很专业、暖心	评论 2:外形外观——外观时尚,颜色很炫。摄像头拍照效果——喜欢它的微距拍摄,很给力。运行速度——超快。其他特色——看图片和视频时,屏幕会随着面部旋转,不错。屏幕音效——屏幕画质显示没有想象的那么细腻,但是音效真给力。拆机后的第二天发现阿里云邮箱登录不上去,联系客服,客服当时也没解决,说需要等待一段时间,这都快一个月了还没解决
	评论 3:发货及时,物流速度快。拍照效果——拍照效果很满意,30 倍放大确实很清晰。显示效果——显示效果很清晰。运行速度——处理器果然强大,最新一代的 AI 编程效果十分好,运行十分流畅,没出现卡顿等情况。通信音质——音质很好,没发现杂音。中间有些问题和客服沟通,客服一直站在我的角度帮我询问、解答,很耐心,太棒了	评论 3:发货及时,物流速度快。拍照效果——拍照效果很满意,30 倍放大确实很清晰。显示效果——显示效果很清晰。运行速度——处理器果然强大,最新一代的 AI 编程效果十分好,运行十分流畅,没出现卡顿等情况。通信音质——音质很好,没发现杂音。原本客服承诺我七天不退货赠送碎屏险,过了七天,又没有了,有截图为证。打电话给客服,客服含糊其词,而且态度很强硬,给人冷冰冰的感觉
	评论 4:手机外观设计风格十足,屏幕分辨率高,应用的安装、卸载速度很快,拍照效果没话说,运行速度也是杠杠的,人脸识别挺好用,电池容量也很大,但耗电有点快。整体基本在期望之上。就是阿里云邮箱登录不上去,给客服打电话后,马上就给我解决了,解释问题相当清楚,最关键的是服务非常专业、暖心,非常棒	评论 4:手机外观设计风格十足,屏幕分辨率高,应用的安装、卸载速度很快,拍照效果没话说,运行速度也是杠杠的,人脸识别挺好用,电池容量也很大,但耗电有点快。整体基本在期望之上。就是下单后联系客服问手机颜色能不能换成椰子灰,没人答复
	评论 5:体验后感觉完美,手机运行速度一流,相机清晰度超级高,手机双卡双待,功能多,带红外遥控,拍摄效果很棒,打游戏也很棒。商家发货很快。开机后,短信图标不显示,也没有智能短信功能,联系了客服,客服答复我有消息了会打电话主动回复我,没过多久,我便接到客服的电话,解决了问题	评论 5:体验后感觉完美,手机运行速度一流,相机清晰度超级高,手机双卡双待,功能多,带红外遥控,拍摄效果很棒,打游戏也很棒。网页人工客服一直忙碌,人工客服也只会背固定回复流程,像机器人一样,动不动就建议你退换货,真是唯恐客户不够麻烦,没有给到丝毫的实际帮助……

续表

评论质量	高服务质量	低服务质量
低评论质量	评论1:快递真快,下午下的单,隔天早上就到了。接到快递员的电话后,我在中午休息时间果断回来拿手机,一入手就感受到了沉甸甸的分量,手机用着很舒服。不了解的问客服也能很快得到回复,回复也超级专业,会给顾客耐心地解答、指导,点名表扬	评论1:快递真快,下午下的单,隔天早上就到了。接到快递员的电话后,我在中午休息时间果断回来拿手机,一入手就感受到了沉甸甸的分量,手机用着很舒服。不过,客服啥也不知道,一直在那胡说八道,态度特别差,处理事情太没效率了,真"垃圾"
	评论2:手机用着很流畅,很惊艳,手机本身也很漂亮。随时都可以和客服联系,客服回复很及时,我问了不少问题,客服都会认真地回答我,服务很专业、暖心	评论2:手机用着很流畅,很惊艳,手机本身也很漂亮。拆机后的第二天发现阿里云邮箱登录不上去,联系客服,客服当时也没解决,说需要等待一段时间,这都快一个月了还没解决
	评论3:我和男朋友恋爱五周年纪念,特意给他准备了这款手机!上周有两个同事也买了这款手机,试用过他们的,觉得确实不错。中间有些问题和客服沟通,客服一直站在我的角度帮我询问、解答,很耐心,太棒了	评论3:我和男朋友恋爱五周年纪念,特意给他准备了这款手机!上周有两个同事也买了这款手机,试用过他们的,觉得确实不错。原本客服承诺给我七天不退货赠送碎屏险,过了七天,又没有了,有截图为证。打电话给客服,客服含糊其词,而且态度很强硬,给人冷冰冰的感觉
	评论4:哈哈,确实用起来很流畅,整体基本在期望之上。就是阿里云邮箱登录不上去,给客服打电话,马上就给我解决了,解释问题相当清楚,最关键的是服务非常专业、暖心,非常棒	评论4:哈哈,确实用起来很流畅,整体基本在期望之上。就是下单后联系客服问手机颜色能不能换成椰子灰,没人答复
	评论5:手机收到了,非常满意。开机后,短信图标不显示,也没有智能短信功能,联系了客服,客服答复我有消息了会打电话主动回复我,没过多久,我便接到客服的电话,解决了问题	评论5:手机收到了,非常满意。网页人工客服一直忙碌,人工客服也只会背固定回复流程,像机器人一样,动不动就建议你退换货,真是唯恐客户不够麻烦,没有给到丝毫的实际帮助……

9.6.3 问卷设计

本节的研究共设计了4套问卷,与表9-5中的4个实验场景相对应。每套问卷的逻辑结构是相同的,问卷包括3个部分:第一部分以对应实验场景为前提测量自变量;第二部分描述消费者未来的购物需求并测量因变量;第三部分收集被试的人口统计信息。

第一部分根据实验场景设计实验购物界面,并以该界面为前提测量自变量。具体参照京东商城中华为京东自营官方旗舰店的手机销售页面,设计实验购物界面。实验购物界面的相关素材均来自真实网页,除需要研究的评论信息外,购物网页的其他元素保持中性,从而减少无关信息对被试购物决策的干扰。实验购物网页能够尽可能地让被试沉浸在真实的购物环境中，使得被试能够对评论样本做出更客观的评价。4 个实验场景中的购物页面除评论内容不同外，其他要素完全一样，从而实现了对本实验中的自变量进行操控的目的。例如，在表 9-5 所示的 4 个场景中，首先会让被试进入实验刺激材料界面，使其可以不受时间限制地自由浏览，尽可能地进入真实的购物情境中。之后在测量自变量“服务质量”“评论质量”时，题项以“上述评论”为前提，对被试进行询问。

服务质量的 4 个题项主要参考了 Zhou(2013)的研究以及 Motiwalla 等(2019)的研究。服务质量的测量题项及其参考来源如表 9-7 所示。

表 9-7　变量服务质量的测量题项及其参考来源

变量	测量题项	参考来源
服务质量	上述评论表明了该线上渠道提供了及时的服务	Zhou(2013)、Motiwalla 等(2019)
	上述评论表明了该线上渠道提供了专业的服务	
	上述评论表明了该线上渠道提供了个性化的服务	
	上述评论表明了该线上渠道能按照承诺的时间为客户提供服务	

评论质量变量包括 3 个维度，即评论质量相关性、评论质量完整性及评论质量客观性。评论质量相关性的 3 个题项主要参考了 Wixom 和 Todd(2005)的研究、Cheung 等(2008)的研究以及 Filieri 等(2018)的研究；评论质量完整性的 4 个题项主要参考了 Wixom 和 Todd(2005)的研究、Cheung 等(2008)的研究以及 Chang 等(2020)的研究；评论质量客观性的 4 个题项主要参考了 Filieri 等(2018)的研究以及 Lee 等(2002)的研究。评论质量相关性、完整性、客观性的测量题项及其参考来源如表 9-8 所示。

表 9-8　变量评论质量的测量题项及其参考来源

变量	测量题项	参考来源
相关性	该线上渠道中的评论对产品的描述是中肯的	Wixom 和 Todd(2005)、Cheung 等(2008)、Filieri 等(2018)
	该线上渠道中的评论对产品的描述是恰当的	
	该线上渠道中的评论对产品的描述具有适用性	
完整性	该线上渠道中的评论能够提供你所需要的所有产品信息	Wixom 和 Todd(2005)、Cheung 等(2008)、Chang 等(2020)
	该线上渠道中的评论包含了所有必要的产品信息	
	该线上渠道中的评论对产品的描述有充分的深度和广度	
	该线上渠道中的评论能够充分地满足你对产品信息的需求	
客观性	该线上渠道中的评论客观地描述了产品	Filieri 等(2018)、Lee 等(2002)
	该线上渠道中的评论提供了真实的产品信息	
	该线上渠道中的评论对产品的描述是以事实为基础的	
	该线上渠道中的评论提供的产品信息是客观的	

问卷第二部分描述消费者未来的购物需求并对因变量进行测量。考虑到本实验的目的是探究模拟线上渠道中的评论对消费者购物决策过程中线上渠道使用意愿的影响，而非探究模拟线上渠道中的评论对消费者购物决策的影响，因此，我们在本部分假设了一个购物需求，该购物需求也是基于对应实验场景的需求。同时，为了避免被试对问卷第一部分中手机评论信息的留存记忆对其使用该线上渠道意愿的影响，我们将数码相机作为被试未来计划购买的产

品。例如，在表 9-5 中的 4 个场景中，我们设置的购物情境为："就该线上渠道中的其他产品而言，商品评论的评论质量和渠道提供的服务质量也具有类似的特征，假设你将来需要购买一台数码相机，请您做出购买决策。总体来说，……"同时，在该情境中我们插入了对"使用线上渠道搜索信息的意愿"和"使用线上渠道购买产品的意愿"两个因变量的测量题项。两个因变量的测量题项均以"该线上渠道"为前提，对被试进行询问。使用线上渠道搜索信息的意愿的 3 个题项主要参考了 Lin(2007)的研究、Maduku 等(2016)的研究以及 Alam 等(2020)的研究。使用线上渠道购买产品意愿的两个题项主要参考了 Zeithaml 等(1996)的研究、Darke 等(2016)的研究以及 Prentice 等(2019)的研究。消费者使用线上渠道搜索信息的意愿和使用线上渠道购买产品的意愿的测量题项及其参考来源如表 9-9 所示。

表 9-9　因变量的测量题项及其参考来源

变量	测量题项	参考来源
使用线上渠道搜索信息的意愿	我会使用该线上渠道进行信息搜索	Lin(2007)、Maduku 等(2016)、Alam 等(2020)
	我打算使用该线上渠道搜索更多的信息	
	我会建议他人使用该线上渠道搜索相关信息	
使用线上渠道购买产品的意愿	如果我购买产品，我会从该线上渠道购买	Zeithaml 等(1996)、Darke 等(2016)、Prentice 等(2019)
	如果有人问我，我会说我很可能会从该线上渠道购买产品	

实验问卷的第三部分收集被试的人口统计信息，包括性别、年龄、受教育水平、月收入、网购经验、每天上网时间以及职业。

9.6.4　正式实验过程

我们使用 Credamo 平台进行正式的问卷调查，计划通过平台提供的数据集市发布路径招募 120 名对本实验感兴趣的被试。Credamo 平台会智能统计有效问卷的数量，当收集到的有效问卷数量达到预设的问卷发布数量时，平台会自动终止问卷项目。我们借助于平台提供的"数据清理"页面对获得的 120 份问卷进行数据审核，主要包括如下过程：第一，通过平台特别设计的"答卷可信度"功能拒绝不可信答卷；第二，通过数据展示区提供的问卷作答的开始时间和结束时间，拒绝作答时间较短的答卷；第三，通过人工观察问卷数据，拒绝打分明显异常的问卷，例如，所有题项都被打 7 分或 1 分。通过审核的问卷共计 98 份。随后，我们再次通过数据集市将实验问卷推送给被试。为防止作答过的用户重复填写问卷，我们在发布问卷时进行了安全设置，具体为勾选"多次发布作答用户不重复"以及"IP 地址限制"，从而保证发布后所有样本不重复。最终，共获得 120 份有效问卷。

9.7　数据分析及其结果

9.7.1　样本的人口统计特征分析

对获取的 120 份有效问卷进行样本的人口特征统计分析，样本概况如表 9-10 所示。从统计结果可以看出，男性被试为 56 人(46.7%)，女性被试为 64 人(53.3%)。绝大多数被试(94.2%)的年龄在 40 岁及以下。被试拥有不同的教育背景，73.3%的被试拥有本科及以上学位。25.0%的被试收入较低，月收入在 3 000 元及以下；66.6%的被试月收入在 3 001 元到 9 000 元之间；少数被试(8.4%)月收入较高，在 9001 元及以上。大多数被试都有很丰富的网购经验，其中，93.3%的被试有 3 年以上的网购经验。几乎全部被试(98.3%)每天上网时间都会在 1 小时以上。另外，被试从事不同的职业。

表 9-10 样本统计描述

变量	项目	频数	百分比
性别	男性	56	46.7%
	女性	64	53.3%
年龄	0～20 岁	8	6.7%
	21～30 岁	62	51.7%
	31～40 岁	43	35.8%
	41～50 岁	6	5.0%
	51～60 岁	0	0.0%
	61 岁及以上	1	0.8%
受教育水平	大专及以下	32	26.7%
	本科	69	57.5%
	硕士	17	14.1%
	博士及以上	2	1.7%
月收入	0～3 000 元	30	25.0%
	3 001～6 000 元	40	33.3%
	6 001～9 000 元	40	33.3%
	9 001 元及以上	10	8.4%
网购经验	小于 3 年	8	6.7%
	3～5 年	56	46.6%
	6～7 年	29	24.2%
	7 年以上	27	22.5%
每天上网时间	1 小时以下	2	1.7%
	1～3 小时	36	30.0%
	4～5 小时	48	40.0%
	5 小时以上	34	28.3%
职业	学生	27	22.5%
	国有企业工作人员	19	15.8%
	事业单位工作人员	32	26.7%
	公务员	6	5.0%
	民营企业工作人员	31	25.8%
	外资企业工作人员	5	4.2%

9.7.2 对操纵变量的检验

本节的研究使用 SPSS 23.0 对操纵变量评论质量和服务质量进行独立样本 t 检验，结果如表 9-11 所示。从表 9-11 可以看出，对评论质量(RQ)变量来说，F 值为 24.758，相伴概率为 0.000，小于显著性水平 0.05，拒绝方差假设相等的假设；根据方差不等时的 t 检验结果，t 统计量的相伴概率为 0.000，小于显著性水平 0.05，拒绝 t 检验的零假设，所以评论质量变量在高、低评论质量两个分组中的样本均值具有显著差异性。另外，从表 9-11 可以看出，对服务质量(SQ)变量来说，F 值为 7.341，相伴概率为 0.008，小于显著性水平 0.05，拒绝方差假设相等的假设；根据方差不等时的 t 检验结果，t 统计量的相伴概率为 0.000，小于显著性水平 0.05，拒绝 t 检验的零假设，所以服务质量变量在高、低服务质量两个分组中的样本均值具有显著差异性。

表 9-11　独立样本 t 检验的结果

变量	分组类型	Levene 方差齐性检验		平均值等同性 t 检验		
		F	显著性	t	自由度	显著性
RQ	假设等方差	24.758	0.000	−55.181	118.000	0.000
	不假设等方差			−55.181	92.324	0.000
SQ	假设等方差	7.341	0.008	−41.349	118.000	0.000
	不假设等方差			−41.349	106.798	0.000

本节的研究计算了评论质量和服务质量在高、低两个分组中的统计量，结果如表 9-12 所示。通过对均值进行比较发现，评论质量和服务质量两个变量在高分组中的均值都大于对应低分组中的均值，即 $M_{\text{High-RQ}}=5.9500>M_{\text{Low-RQ}}=2.1212$，$M_{\text{High-SQ}}=6.0500>M_{\text{Low-SQ}}=1.8708$。

表 9-12　不同分组统计量

变量	分组类型	个案数	平均值	标准差	标准误差平均值
RQ	高评论质量	60	5.950 0	0.469 68	0.060 64
	低评论质量	60	2.121 2	0.261 27	0.033 73
SQ	高服务质量	60	6.050 0	0.455 20	0.058 77
	低服务质量	60	1.870 8	0.636 95	0.082 23

9.7.3 信度检验

本节使用 SPSS 23.0 直接计算出各变量的 Cronbach's Alpha 系数，结果如表 9-13 所示。所有变量的 Cronbach's Alpha 系数都大于 0.7，说明本实验设计的量表的信度是可以接受的。

表 9-13　Cronbach's Alpha 系数

变量	题项	删除该题项后的 Cronbach's Alpha 系数	Cronbach's Alpha 系数
SQ	SQ1	0.975	0.985
	SQ2	0.976	
	SQ3	0.987	
	SQ4	0.980	

续 表

变量	题项	删除该题项后的 Cronbach's Alpha 系数	Cronbach's Alpha 系数
RQ	RR1	0.991	0.992
	RR2	0.991	
	RR3	0.991	
	RC1	0.991	
	RC2	0.991	
	RC3	0.991	
	RC4	0.991	
	RO1	0.991	
	RO2	0.990	
	RO3	0.991	
	RO4	0.991	
使用线上渠道搜索信息的意愿(IS)	IS1	0.364	0.736
	IS2	0.549	
	IS3	0.913	
使用线上渠道购买产品的意愿(PP)	PP1		0.831
	PP2		

9.7.4 假设检验

1. 评论质量和服务质量对消费者使用线上渠道搜索信息意愿产生影响的多因素方差分析

我们的研究使用多因素方差分析来验证评论质量和服务质量对消费者使用线上渠道搜索信息意愿的影响。多因素方差分析假定方差齐性，也就是需要各样本总体方差相等。如果方差不齐，则表示不同样本组间原本就存在较大差异，以致不能获得准确的方差分析结论，比较均值时存在混淆因素（吴双，2019），不能确定样本组间的差异是由实验操作导致的还是由个体差异导致的，所以方差齐性检验是方差分析的重要前提。Levene 方差齐性检验常被用于考察方差是否齐性。Levene 方差齐性检验结果为〔$F(1,118)=0.591$，$p=0.443>0.05$〕，因此接受原假设，也就是说因变量消费者使用线上渠道搜索信息意愿的组间方差是齐性的，我们的研究数据采用方差分析是合适的。多因素方差分析的结果如表 9-14 所示。从多因素方差分析的结果来看，评论质量对消费者使用线上渠道搜索信息意愿影响的主效应是显著的〔$F(1,116)=566.659$，$p=0.000<0.05$〕，服务质量对消费者使用线上渠道搜索信息意愿影响的主效应是显著的〔$F(1,116)=1\,224.078$，$p=0.000<0.05$〕，评论质量与服务质量的交互作用不能对消费者使用线上渠道搜索信息意愿产生显著影响〔$F(1,116)=0.581$，$p=0.447>0.05$〕。上述结果表明，消费者使用线上渠道搜索信息的意愿在不同评论质量条件下存在显著性差异（$M_{high\text{-}RQ}=4.766\,7$，$M_{low\text{-}RQ}=3.205\,6$），如表 9-15 所示；消费者使用线上渠道搜索信息的意愿在不同服务质量条件下存在显著性差异（$M_{high\text{-}SQ}=5.133\,3$，$M_{low\text{-}SQ}=2.838\,9$），如表 9-16 所示；另外，评论质量和服务质量的交互作用不显著，即对不同的评论质量，服务质量对消费者使用线上渠道搜索信息意愿的影响没有显著性差异。评论质量对服务质量与消费者使用线上渠道搜索信息意愿的关系没有调节作用。

表 9-14 评论质量和服务质量对消费者使用线上渠道搜索信息意愿影响的多因素方差分析

方差来源	平方和	自由度	均方	*F* 值	显著性
评论质量	73.112	1	73.112	566.659	0.000
服务质量	157.934	1	157.934	1 224.078	0.000
评论质量×服务质量	0.075	1	0.075	0.581	0.447
误差	14.967	116	0.129		
总计	2 152.778	120			

表 9-15 不同评论质量下消费者使用线上渠道搜索信息意愿的统计量

评论质量	个案数	平均值	标准差	标准误差
低评论质量	60	3.205 6	1.226 04	0.158 28
高评论质量	60	4.766 7	1.195 25	0.154 31

表 9-16 不同服务质量下消费者使用线上渠道搜索信息意愿的统计量

评论质量	个案数	平均值	标准差	标准误差
低服务质量	60	2.838 9	0.888 28	0.114 68
高服务质量	60	5.133 3	0.839 69	0.108 40

2. 评论质量和服务质量对消费者使用线上渠道购买产品意愿产生影响的多因素方差分析

我们的研究同样采用多因素方差分析来验证评论质量和服务质量对消费者使用线上渠道购买产品意愿的影响。Levene 方差齐性检验结果为〔$F(3,116)=1.613$，$p=0.190>0.05$〕，因此接受原假设，也就是说因变量消费者使用线上渠道购买产品意愿的组间方差是齐性的，我们的研究数据采用方差分析是合适的。多因素方差分析的结果如表 9-17 所示。从多因素方差分析的结果来看，评论质量对消费者使用线上渠道购买产品意愿影响的主效应是显著的〔$F(1,116)=265.232$，$p=0.000<0.05$〕，服务质量对消费者使用线上渠道购买产品意愿影响的主效应是显著的〔$F(1,116)=284.003$，$p=0.000<0.05$〕，评论质量与服务质量的交互作用是显著的〔$F(1,116)=196.562$，$p=0.000<0.05$〕。上述结果表明，消费者使用线上渠道购买产品的意愿在不同评论质量条件下存在显著性差异($M_{high\text{-}RQ}=5.766\ 7$，$M_{low\text{-}RQ}=3.850\ 0$)，如表 9-18 所示；消费者使用线上渠道购买产品的意愿在不同服务质量条件下存在显著性差异($M_{high\text{-}WSQ}=5.800\ 0$，$M_{low\text{-}WSQ}=3.816\ 7$)，如表 9-19 所示；另外，评论质量和服务质量对消费者使用线上渠道购买产品意愿的交互作用是显著的，即对不同的评论质量，服务质量对消费者使用线上渠道购买产品意愿的影响存在显著性差异。评论质量对服务质量与消费者使用线上渠道购买产品意愿的关系具有调节作用。评论质量与服务质量的交互作用检验结果如表 9-20 和图 9-6 所示。

表 9-17 评论质量和服务质量对消费者使用线上渠道购买产品意愿影响的多因素方差分析

方差来源	平方和	自由度	均方	*F* 值	显著性
评论质量	110.208	1	110.208	265.232	0.000
服务质量	118.008	1	118.008	284.003	0.000
评论质量×服务质量	81.675	1	81.675	196.562	0.000
误差	48.200	116	0.416		
总计	3 132.500	120			

表 9-18　不同评论质量下消费者使用线上渠道购买产品意愿的统计量

评论质量	个案数	平均值	标准差	标准误差
低评论质量	60	3.850 0	1.940 43	0.250 51
高评论质量	60	5.766 7	0.660 42	0.085 26

表 9-19　不同服务质量下消费者使用线上渠道购买产品意愿的统计量

评论质量	个案数	平均值	标准差	标准误差
低服务质量	60	3.816 7	1.902 20	0.245 57
高服务质量	60	5.800 0	0.671 45	0.086 68

表 9-20　不同组别中消费者使用线上渠道购买产品意愿的描述统计

评论质量	服务质量	平均值	标准差	个案数
低评论质量	低服务质量	2.033 3	0.706 29	30
	高服务质量	5.666 7	0.577 35	30
	总计	3.850 0	1.940 43	60
高评论质量	低服务质量	5.600 0	0.531 75	30
	高服务质量	5.933 3	0.739 68	30
	总计	5.766 7	0.660 42	60
总计	低服务质量	3.816 7	1.902 20	60
	高服务质量	5.800 0	0.671 45	60
	总计	4.808 3	1.734 70	120

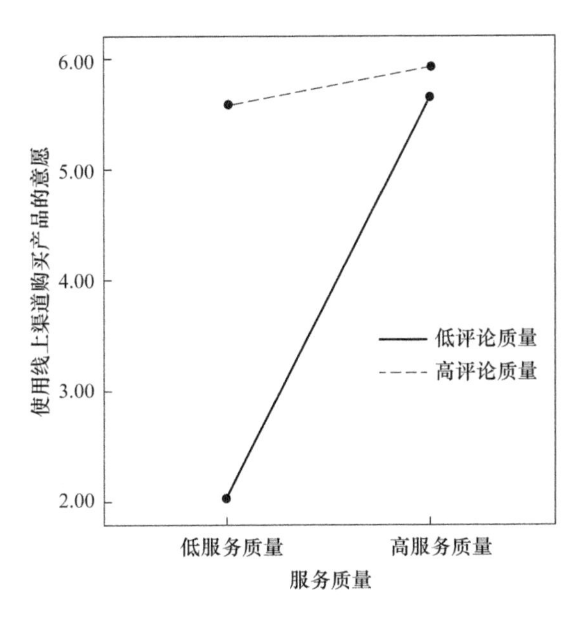

图 9-6　评论质量和服务质量对消费者使用线上渠道购买产品意愿的交互作用

9.7.5 结果分析

我们将评论质量和服务质量与消费者使用线上渠道进行信息搜索意愿和使用线上渠道进行产品购买意愿间的关系理论化。对于因变量的选择，我们没有将线上渠道明确地界定为企业自营在线商城或者第三方在线平台，是为了使得到的研究结论具有普适性。在研究方法上，使用实验研究方法探索了评论质量和服务质量对消费者信息搜索和产品购买两阶段线上渠道使用意愿的影响和作用机理，我们不仅分析了评论质量和服务质量对消费者使用线上渠道搜索信息意愿和使用线上渠道购买产品意愿的直接影响，还探究了两者对消费者使用线上渠道搜索信息意愿和使用线上渠道购买产品意愿的交互作用。总体来看，实验数据和结论基本上支持了我们提出的研究模型和假设，结论如下。

服务质量和在线评论质量均能直接显著影响消费者使用线上渠道搜索信息的意愿以及使用线上渠道购买产品的意愿。这与此前的研究结果相吻合。线上渠道的客服和在线评论作为线上消费者获取产品信息的两种重要来源，体现了线上消费者在直接体验缺失情况下对获取产品相关信息、降低购买风险的诉求。当消费者获取产品相关信息的诉求可以通过咨询客服或者阅读在线评论实现时，消费者使用线上渠道搜索信息的意愿和使用线上渠道购买产品的意愿自然得到提高。

此外，假设 H6 获得验证，即针对消费者使用线上渠道购买产品的意愿，评论质量和服务质量之间存在显著的交互作用。在线评论和客服都可用于为消费者制订产品购买决策提供支撑。当线上渠道中的在线评论质量高时，提高服务质量对消费者使用线上渠道购买产品意愿的作用不是太明显；当线上渠道中的在线评论质量不高时，线上渠道管理者可选择通过提高服务质量来提高消费者使用线上渠道购买产品的意愿。然而，假设 H5 并未获得支持。可能的原因在于，虽然在线评论和客服属于两种不同的信息源，但两者为消费者提供的信息类型均为文本型信息。而信息的双重编码理论认为视觉信息和语言信息的同时呈现会强化人们的大脑对信息刺激的记忆和存储。也就是说，不同类型的信息对人们的记忆效果存在显著的交互作用，有助于人们真正地理解信息刺激，从而提高人们搜索信息的意愿。在线评论和客服提供的信息本质上都属于文本型信息，所以在线评论质量和服务质量并不会对消费者使用线上渠道搜索信息的意愿产生显著的交互作用。

我们提出的假设检验结果如表 9-21 所示。

表 9-21 假设检验结果

假设	检验结果
H1 评论质量对消费者使用线上渠道搜索信息的意愿有正向影响	支持
H2 评论质量对消费者使用线上渠道购买产品的意愿有正向影响	支持
H3 服务质量对消费者使用线上渠道搜索信息的意愿有正向影响	支持
H4 服务质量对消费者使用线上渠道购买产品的意愿有正向影响	支持
H5 服务质量对消费者使用线上渠道搜索信息意愿的影响因评论质量而定，随着评论质量的提高，服务质量对消费者使用线上渠道搜索信息意愿的正向影响会被增强	拒绝
H6 服务质量对消费者使用线上渠道购买产品意愿的影响因评论质量而定，随着评论质量的提高，服务质量对消费者使用线上渠道购买产品意愿的正向影响会被削弱	支持

9.8　结论与讨论

本章采集了以华为商城为代表的企业自营在线商城和以京东商城为代表的第三方在线平台中消费者对搜索型产品手机的评论信息，以及以哥弟官方商城为代表的企业自营在线商城和以京东商城为代表的第三方在线平台中消费者对体验型产品服装的评论信息，采用文本挖掘的方法比较分析了两类线上渠道中评论信息的文本主题。研究结果表明，企业自营在线商城和第三方在线平台中评论的内容既存在一定的共性，又存在一定的不同。具体而言，对搜索型产品手机的评论信息进行分析，我们发现两类线上渠道评论内容的共同之处表现为两类线上渠道中的消费者都会对手机产品做出评价，关注“商家物流”和“客服服务”；不同之处表现为TOP 中的消费者很注重“价格”，而 SOM 中的消费者则很关注“礼物”“维系关系”。对体验型产品服装的评论信息进行分析，我们发现两类线上渠道评论内容的共同之处表现为两类线上渠道中的消费者都会对服装产品做出评价，关注“商家物流”和“客服服务”；不同之处表现为TOP 中的消费者很注重“价格”，而 SOM 中的消费者则很关注“诚信”“买礼送人”。通过对两类线上渠道评论文本主题对应的主题词进行观察，我们还发现两类线上渠道中评论信息在完整性、相关性以及客观性上存在差异，并且两类线上渠道的服务质量也存在差异；我们还通过对相关文本要素的计算和比较分析，进一步验证了第三方在线平台中的评论对产品信息的描述更完整、更相关、更客观，同时，消费者对其提供的服务质量评价也更高（贾行行，2020）。

在此基础上，我们进一步研究了消费者在购物过程中对线上渠道的使用意愿，重点关注信息搜索阶段和产品购买两阶段。为了使研究结论适用于更广泛的消费群体，我们基于两类线上渠道中消费者共同关注的主题提炼出评论质量变量和服务质量变量两个控制变量。其中，评论质量变量通过完整性、相关性以及客观性 3 个维度进行刻画。虽然两类线上渠道中的消费者都关注“商家物流”，但考虑到两类线上渠道都能为消费者提供优质的物流，消费者对物流的体验在两类线上渠道间并无明显差异，因此我们并未将其视为控制变量。在此基础上，使用实验研究方法探究了评论质量和服务质量对消费者渠道使用意愿的影响机理，重点关注信息搜索和产品购买两个阶段。研究结果表明，评论质量和服务质量均会对消费者使用线上渠道搜索信息的意愿和购买产品的意愿产生显著的正向影响。评论质量和服务质量对消费者使用线上渠道搜索信息的意愿没有显著的交互作用，但是两者对消费者使用线上渠道购买产品的意愿存在显著的交互作用。以上述研究结论为基础，我们进一步探究了消费者在购物过程中对 SOM 和 TOP 的选择问题。如今，越来越多的企业同时通过自营在线商城和第三方在线平台向消费者营销产品和服务。然而，在实践中企业却面临无力推动企业自营在线商城发展的窘境。从 9.3 节对 SOM 和 TOP 中在线评论文本分析的结果来看，两类线上渠道的消费者都会关注产品本身相关信息和渠道提供的人工服务。统计分析的结果也表明，第三方在线平台中的在线评论质量（信息完整性、信息相关性以及信息客观性）要高于企业自营在线商城中的在线评论质量；并且，第三方在线平台提供的服务质量也要好于企业自营在线商城。理论分析发现，线上渠道中在线评论质量和服务质量均会对消费者使用线上渠道搜索信息的意愿和使用线上渠道购买产品的意愿产生正向影响。因此，我们认为相较于企业自营在线商城，第三方在线平台在消费者购物过程中对消费者的吸引力更大。理论分析还发现，服务质量和在线评论质量对消费者使用线上渠道购买产品的意愿有显著的交互作用。具体来说，当线上渠道中的评论质量高时，提高服务质量对消费者使用线上渠道购买产品意愿的促进作用不是太明显；当线上渠道中评论质量不高时，线上渠道管理者可选择通过提高服务质量来提高消费者购买产品的意愿。因此，面对 SOM 中的低评论质量问题，企业可通过提高 SOM 的服务质量来提高消费者使用 SOM 购买产品的意愿。

本章小结

本章利用文本分析的方法比较分析了企业自营在线商城和第三方在线平台中搜索型产品手机以及体验型产品服装的评论信息，探索出了在两类线上渠道间具有显著性差异的因素。以搜索型产品手机为研究背景，采用方差分析的方法探究了这些差异性因素对消费者渠道使用意愿的影响，重点关注信息搜索和产品购买两阶段。基于对消费者渠道使用意愿会产生显著性影响的因素，并且考虑到这些因素在 SOM 和 TOP 间具有显著性差异，我们进一步判断了消费者在信息搜索和产品购买两阶段对两类线上渠道的选择意愿。本章的研究结论为消费者在信息搜索和产品购买两阶段对 SOM 和 TOP 的选择提供了理论支撑。

第10章　基于平台声誉和情境涉入度的消费者线上渠道选择行为研究

本章以消费者对第三方在线平台和第三方合作在线商城的感知为参照点，测量消费者对企业自有平台和企业自营在线商城的相对感知，研究消费者线上渠道选择的影响因素及其作用机理。研究结论将更加深入地揭示消费者在线购物时的心理活动，为企业线上渠道策略的制订提供参考。

10.1　问题提出

前文主要对比研究了企业自营在线商城和第三方在线平台。此处我们将企业在第三方在线平台上建立的旗舰店简称为TOM(Third-party Online Mall)。也就是说，SOM是企业在自有平台上建立的商城，具有销售产品、提供产品信息、保障营销渠道安全和宣传企业形象等功能(Yan et al.,2018)，这类企业多为实力雄厚的大中型企业，有着良好的声誉。TOM是企业在第三方在线平台上建立的旗舰店，其名称一般为"××企业官方旗舰店"。同时，在第三方在线平台上还存在着大量的专营店、杂货店等，由于店铺数量众多，监管难度较大，出现了产品质量和售后服务参差不齐的现象(Hong,2015;汪旭晖 等,2017)。2015年国家工商行政管理总局(现更名为国家市场监督管理总局)公布的检查报告显示，第三方在线平台上存在着不同程度的虚假宣传和售假的现象(成慧,2015)。这些现象严重损害了第三方在线平台的整体声誉，也在一定程度上影响了人们对TOM的认识。通过百度指数搜索关键词可以发现，关于"天猫旗舰店是正品吗"的搜索一直处于活跃状态，而关于SOM的类似搜索却几乎没有，这在一定程度上反映了消费者对TOM的产品质量存在着更多的顾虑。

但是TOM在购物便利性上有一定的优势。第三方在线平台有着广泛的用户群体，绝大部分消费者是第三方在线平台的既有用户，在TOM上购物无须重新注册账号或安装App。相较之下，SOM的用户群体较小，在大多数情况下，消费者并不是特定SOM的既有用户，从SOM上购物需要重新注册账号或安装App。

研究发现，人脑并不擅长对事物的直接测量，人们往往通过比较的方法做出决策(宗计川，2018)。消费者在线购物时，往往会从多个方面对不同的购物渠道进行比较，对此本章借鉴了Hong(2015)和Yang等(2015)的研究方法，以消费者对第三方在线平台和TOM的感知为参照点，测量消费者对企业自有平台和SOM的相对感知，在区分平台声誉和SOM/TOM声誉的基础上，研究了平台声誉、SOM/TOM声誉和情境涉入度对消费者SOM/TOM选择的影响，更加深入地揭示了消费者在线购物时的心理活动，为企业在线渠道策略的制订提供了参考。

10.2 研究模型与研究假设

10.2.1 平台声誉、SOM/TOM 声誉与信任倾向

Doney 和 Cannon(1997)将声誉定义为消费者感知到的商家的真诚度及对其利益的关注度。平台声誉是平台所有者的声誉和平台上店铺声誉的耦合体,它受平台所有者声誉和平台上店铺声誉的双重影响(汪旭晖 等,2017)。企业自有平台声誉是企业声誉和 SOM 声誉的耦合体,第三方在线平台声誉是平台管理者声誉和平台上店铺声誉的耦合体。受社会媒体、大众口碑和自身网购经历的影响,消费者逐渐形成了对企业自有平台和第三方在线平台的整体印象。由于第三方在线平台上商家的产品质量和售后服务参差不齐(Hong,2015;汪旭晖 等,2017),消费者对第三方在线平台与企业自有平台在整体声誉上的认识存在一定的差异。根据刻板印象理论,这种差异也会影响消费者对 SOM 和 TOM 声誉的认识。消费者越认为企业自有平台的声誉高于第三方在线平台,则越倾向于认为 SOM 的声誉高于 TOM。基于此,提出以下假设。

H1 平台声誉对 SOM/TOM 声誉具有显著的影响。

声誉是企业的一项重要资产,良好的声誉是企业长期资源投入的结果(Smith et al.,1997)。对声誉良好的商家来说,实施机会主义行为会严重损害其长期积累的声誉资产,为了维护良好的形象,商家会克制自己的机会主义行为(Jarvenpaa et al.,2000)。Mayer 等(1995)将信任定义为当事人基于信任而愿意受另一方行为的影响,相信另一方会做出当事人所看重的行为,而不管自己是否有能力监控另一方的行为。因此,良好的声誉会向消费者传达商家过去对自己机会主义行为的克制,这会减少消费者对商家产品质量和服务的顾虑,进而提高消费者对商家的信任水平(Shiu et al.,2014)。消费者对企业自有平台和第三方在线平台、SOM 和 TOM 之间声誉差异的认识也会影响消费者对 SOM 和 TOM 的信任倾向。消费者越倾向于认为企业自有平台的声誉高于第三方在线平台、SOM 的声誉高于 TOM,则越倾向于信任 SOM。在此基础上,提出以下假设。

H2 平台声誉对信任倾向具有显著的影响。

H3 SOM/TOM 声誉对信任倾向具有显著的影响。

10.2.2 信任倾向与 SOM/TOM 选择

信任会对消费者的在线购买意愿产生积极的影响(Oliveira et al.,2017),由于在线上环境下消费者无法接触到商品,消费者与商家之间的信息不对称性会远大于线下环境,消费者的"漏洞"更有可能被商家利用(Verhagen et al.,2006)。因此,消费者在线购物时会倾向于选择更加值得信赖的商家(Hong,2015)。相对于 TOM,消费者越信任 SOM,在线购物时就越倾向于选择 SOM。基于此,提出以下假设。

H4 信任倾向对 SOM/TOM 选择具有显著的影响。

10.2.3　情境涉入度与 SOM/TOM 选择

情境涉入度是指在特定的购物场景下，消费者基于需求、价值观和兴趣，暂时感知到的某一产品的重要性水平(Hong et al.,2013)。当消费者有意避免错误购买某种产品的负面后果时，就会进入情境涉入状态(Hong,2015)，情境涉入度越高，消费者感知到的产品的重要性也越高(Bloch,1981)。受平台刻板印象的影响，许多消费者对 TOM 的产品质量存在更多的顾虑。高情境涉入度的消费者会更倾向于选择自己顾虑少的 SOM。而对低情境涉入度的消费者而言，产品的重要性水平相对较低，此时消费者会更倾向于选择更加便利的 TOM。因此，消费者情境涉入度越高越倾向于选择 SOM；反之，消费者情境涉入度越低越倾向于选择 TOM。基于此，提出以下假设。

H5　情境涉入度对 SOM/TOM 选择具有显著的影响。

10.2.4　情境涉入度的调节作用

情境涉入度越高，产品对消费者越重要(Bloch,1981)。因而，高情境涉入度的消费者会更加倾向于选择可信度高的商家来保证购物目标的实现，此时信任倾向对消费者 SOM/TOM 选择的影响较大。然而，对情境涉入度较低的消费者来讲，产品对消费者的重要性水平较低，甚至是无关紧要的(Hong,2015)，此时信任倾向对消费者 SOM/TOM 选择的影响较小。这类似于在线下环境中，沃尔玛超市比杂货店更值得信赖，当购买一个比较重要的产品时，我们会更加倾向于选择沃尔玛超市，但是当购买一个无关紧要的产品时，如一支铅笔，哪一个店铺更值得信赖并不重要。基于以上推理，提出以下假设。

H6　情境涉入度对信任倾向和 SOM/TOM 选择之间的关系具有调节作用。

在以上假设的基础上，构建了消费者 SOM/TOM 选择的理论模型，如图 10-1 所示。

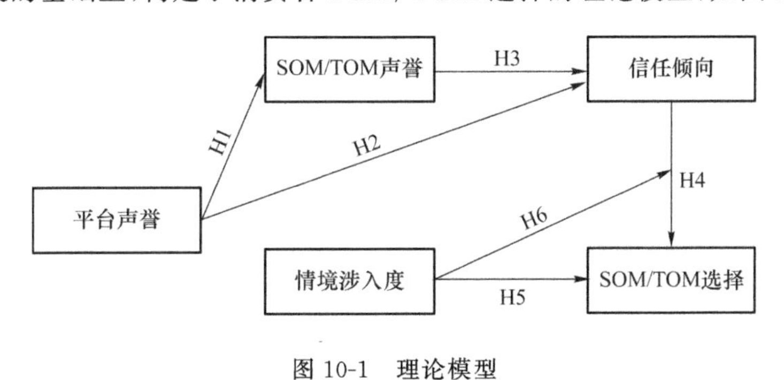

图 10-1　理论模型

10.3　研究设计与数据收集

10.3.1　问卷设计与构念测量

我们采用问卷调查法收集相关数据。由于同时拥有 SOM 和 TOM 的企业多为电子、服装和家用电器等行业内的企业，考虑到在校大学生是网购的主体，而在校大学生却很少购买家用电器，因此我们以在校和非在校人员都会购买的服装和电子产品为例进行了调查。我们对购物场景进行了描述："假设您计划在线购买某一品牌的T恤/手机，有两种店铺可供选择——该品牌的官方商城和该品牌在第三方在线平台上的官方旗舰店，两类店铺中的产品价格是相同的，请您根据以上情景回答下列问题。"

问卷采用了七点式李克特量表对比较性构念进行量化，分值从1"非常不同意"到4"两者差不多"再到7"非常同意"。为了保证问卷的有效性，所有的量表都借鉴了前人的研究，并做了相应的调整。具体而言，平台声誉和SOM/TOM声誉参考了Doney和Cannon(1997)的定义以及Jarvenpaa等(2000)的量表，信任倾向借鉴了Oliveira等(2017)的量表，情境涉入度和SOM/TOM选择借鉴了Hong(2015)的量表。由于人们往往通过比较的方法做出决策(宗计川，2018)，所以量表以第三方在线平台和TOM为基准，测量消费者对企业自有平台和SOM的相对感知。同时鉴于量表是对比性的，为了降低被调查者的反应偏差，我们设置了部分反向题项。在正式调查前，我们选取了30名对SOM和TOM有充分了解的在校大学生进行了预调查，根据调查结果，我们对量表题项的措辞和购物情境的描述进行了修正。

10.3.2 数据收集

2017年12月25日至2018年1月15日，我们通过线上和线下相结合的方式进行了正式调查，被调查者会被询问是否了解SOM和TOM，不了解SOM或TOM的被调查者将被排除在调查范围之外。为了提高参与热情，保证问卷的有效性，我们对每位被调查者发放了5元钱作为奖励。最终我们共收集了356份问卷，其中有效问卷为322份，问卷有效率为90%，有效问卷中针对手机的为153份，针对T恤的为169份。被调查者的性别、职业、每月网购次数、每月网购花费等关键人口统计变量如表10-1所示。

表10-1 描述性统计

人口统计变量	类别	频数	百分比
性别	男	165	51.24%
	女	157	48.76%
职业	学生	185	57.45%
	在职人员	102	31.68%
	其他	35	10.87%
每月网购次数	1次及以下	53	16.46%
	2～3次	183	56.83%
	4次及以上	86	26.71%
每月网购花费	200元以下	99	30.74%
	200～600元	175	54.35%
	600元以上	48	14.91%

10.4　数据分析和假设检验

10.4.1　各构念的均值

我们以第三方在线平台和 TOM 为基准，测量消费者对企业自有平台和 SOM 的相对感知，并采用七点式李克特量表对各个构念进行量化，分值大于或小于 4 意味着消费者对两类平台或商城的感知存在差异。如表 10-2 所示，平台声誉、SOM/TOM 声誉、信任倾向的均值分别为 5.11、5.05 和 5.07，均大于中间值 4，说明多数消费者感知到的企业自有平台的声誉高于第三方在线平台，SOM 的声誉高于 TOM，并且更加倾向于信任 SOM。但是 SOM/TOM 选择的均值为 3.85，小于中间值 4，说明从整体来看消费者对 TOM 的使用意愿更高一些。

表 10-2　问卷量表的分析

构念	题项	标准化负荷	CR	AVE	Cronbach's Alpha 系数	均值
平台声誉	PT1	0.78	0.87	0.63	0.85	5.11
	PT2	0.81				
	PT3	0.76				
	PT4	0.81				
SOM/TOM 声誉	ST1	0.75	0.83	0.56	0.80	5.05
	ST2	0.75				
	ST3	0.73				
	ST4	0.75				
情境涉入度	SR1	0.84	0.86	0.68	0.80	3.99
	SR2	0.80				
	SR3	0.83				
信任倾向	XR1	0.80	0.85	0.59	0.83	5.07
	XR2	0.76				
	XR3	0.75				
	XR4	0.76				
SOM/TOM 选择	XZ1	0.86	0.86	0.76	0.84	3.85
	XZ2	0.88				

10.4.2　量表信度和效度分析

我们采用 Cronbach's Alpha 系数来检验量表的信度。从表 10-2 可以看出，所有构念的 Cronbach's Alpha 系数都超过了 0.7 的阈值，表明量表具有良好的内部一致性信度。

我们通过标准化负荷、CR 和 AVE 来检验量表的收敛效度。如表 10-3 所示，每个题项的标准化负荷都大于 0.7，每个构念的 AVE 都大于 0.5 且组合信度大于 0.7，表明量表具有良好的收敛效度。

如果每一个构念的 AVE 的平方根都大于该构念与其他构念相关系数的绝对值，则说明量表存在判别效度。如表 10-3 所示，对角线上每个构念的 AVE 的平方根都大于该构念与其他构念相关系数的绝对值，表明量表具有良好的判别效度。

表 10-3　构念间的相关系数和 AVE 的平方根

构念	平台声誉	SOM/TOM 声誉	情境涉入度	信任倾向	SOM/TOM 选择
平台声誉	0.79				
SOM/TOM 声誉	0.62	0.75			
情境涉入度	0.00	0.00	0.82		
信任倾向	0.51	0.56	0.00	0.77	
SOM/TOM 选择	0.14	0.15	0.55	0.27	0.87

通过 Harman 单因素检验来检验共同方法偏差。我们使用 SPSS 21.0 对问卷数据进行了因子分析，因子分析结果显示第一个因子的贡献率为 31.5%，低于 50%，说明问卷数据不存在严重的共同方法偏差(Podsakoff et al.，2003)。

10.4.3　结构模型分析

使用 AMOS 21.0 对模型的适配度及路径系数进行了分析。模型的拟合结果显示，卡方值和自由度之比 χ^2/df 为 1.3，小于 3，说明模型与样本数据契合度符合要求；GFI 值为 0.95，AGFI 值为 0.94，均大于 0.9，RMSEA 的值为 0.03，小于 0.05，表明模型适配良好；其中 SRMR 为 0.06，虽大于 0.05 的阈值，但小于 0.08，从 SRMR 指标来看模型的拟合效果是可以接受的(Arpaci et al.，2016)。R^2 越高代表着预测变量对因变量的解释力度越大，如图 10-2 所示，SOM/TOM 声誉、信任倾向和 SOM/TOM 选择的 R^2 值分别为 0.39、0.36、0.37，说明模型具有较大的解释力度。综上所述，从整体来看模型的拟合效果是良好的。

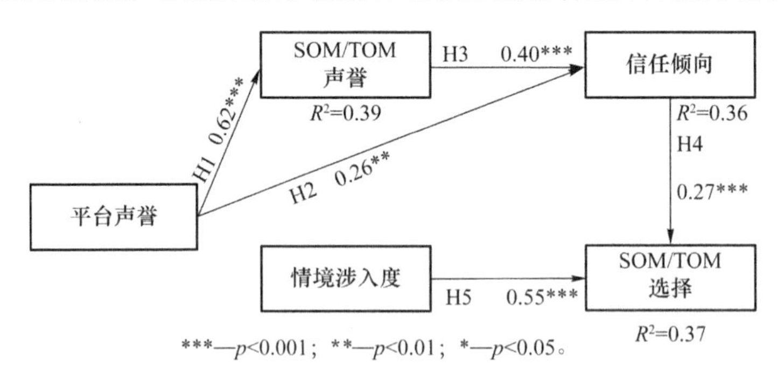

图 10-2　结构模型检验结果

路径系数的检验结果如图 10-2 所示，我们用 β 来表示各构念间的路径系数。检验结果表明，平台声誉分别与 SOM/TOM 声誉(β=0.62，p<0.001)、信任倾向(β=0.26，p<0.01)有显著的正相关关系，支持了假设 H1 和 H2；SOM/TOM 声誉与信任倾向(β=0.40，p< 0.001)有显著的正相关关系，支持了假设 H3；信任倾向与 SOM/TOM 选择(β=0.27，p<0.001)有显著的正相关关系，支持了假设 H4；情境涉入度与 SOM/TOM 选择(β=0.55，p< 0.001)有显著的正相关关系，支持了假设 H5。

10.4.4　调节效应分析

通过层次回归分析对情境涉入度的调节作用进行了检验。如表 10-4 所示，检验结果表明情境涉入度、信任倾向和交互项情境涉入度×信任倾向的标准化系数都为正且是显著的，这说明情境涉入度正向调节信任倾向和 SOM/TOM 选择之间的关系，支持了假设 H6。为了更清楚地展示情境涉入度对信任倾向和 SOM/TOM 选择之间关系的调节作用，我们分别以情境涉入度的均值加减一个标准差绘制了调节效应图。如图 10-3 所示，当消费者的情境涉入度较低时，信任倾向对 SOM/TOM 选择的影响较小；当消费者的情境涉入度较高时，信任倾向对 SOM/TOM 选择的影响较大。

表 10-4　调节效应回归分析

变量	标准化系数	t 值	p 值
情境涉入度	0.42	8.64	0.00
信任倾向	0.24	5.00	0.00
情境涉入度×信任倾向	0.17	3.64	0.00

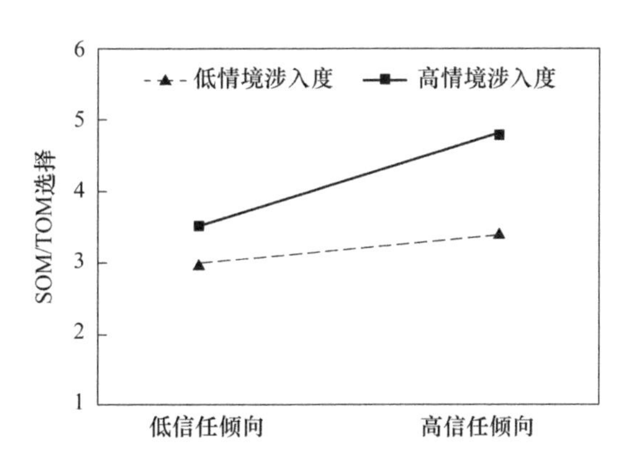

图 10-3　情境涉入度的调节作用

10.4.5　SOM/TOM 选择行为分析

路径分析结果表明信任倾向、情境涉入度和 SOM/TOM 选择之间存在着显著的正相关关系，但却无法说明信任倾向、情境涉入度和 SOM/TOM 选择之间的具体关系。为了更深入地分析消费者的 SOM/TOM 选择行为，对 322 个样本中信任倾向和情境涉入度的均值从小到大分别进行了排序。

按照常规做法（吴明隆，2010），根据信任倾向均值的排序，选取了前 27%的样本（87 个样本）作为低信任倾向消费者，选取后 27%的样本（87 个样本）作为高信任倾向消费者，独立样本 t 检验表明两组数据的信任倾向得分具有显著的差异（$t=30.01$）。在此基础上，分别计算了低信任倾向和高信任倾向消费者“SOM/TOM 选择”的平均得分。经计算，低信任倾向消费者“SOM/TOM 选择”的平均得分为 3.40，而高信任倾向消费者“SOM/TOM 选择”的平均得分为 4.41。这表明低信任倾向消费者更倾向于选择 TOM，而高信任倾向消费者则更倾向于选择 SOM。

采用同样的方法，根据情境涉入度均值的大小将消费者划分为低情境涉入度消费者和高情境涉入度消费者，独立样本 t 检验表明两组数据的情境涉入度得分具有显著的差异($t=26.41$)。经计算，低情境涉入度消费者“SOM/TOM 选择”的平均得分为 3.28，而高情境涉入度消费者“SOM/TOM 选择”的平均得分为 4.63。这表明低情境涉入度的消费者更倾向于选择 TOM，而高情境涉入度的消费者则更倾向于选择 SOM。具体结果如表 10-5 和表 10-6 所示。

表 10-5 信任倾向和 SOM/TOM 选择

信任倾向	t 检验	SOM/TOM 选择
低信任倾向	30.01	3.40
高信任倾向		4.41

表 10-6 情境涉入度和 SOM/TOM 选择

情境涉入度	t 检验	SOM/TOM 选择
低情境涉入度	26.41	3.28
高情境涉入度		4.63

10.5 结论与讨论

本章研究了平台声誉和情境涉入度对消费者 SOM/TOM 选择的影响。研究结果表明，多数消费者感知到的企业自有平台的声誉高于第三方在线平台，SOM 的声誉高于 TOM，并且更加倾向于信任 SOM，但是在涉及 SOM/TOM 选择时，消费者对 TOM 的使用意愿整体上更高一些，这在一定程度上是由情境涉入度的影响导致的。

平台声誉会显著影响 SOM/TOM 声誉，消费者越认为企业自有平台的声誉高于第三方在线平台，则越倾向于认为 SOM 的声誉高于 TOM。同时，消费者对企业自有平台和第三方在线平台、SOM 和 TOM 声誉差异的认识又会进一步影响消费者对 SOM 和 TOM 的信任倾向，消费者越认为企业自有平台的声誉高于第三方在线平台、SOM 的店铺声誉高于 TOM，则越倾向于信任 SOM。

信任倾向和情境涉入度会影响消费者的 SOM/TOM 选择行为，消费者对 SOM 的相对信任程度越高、情境涉入度越高，则越倾向于选择 SOM。同时情境涉入度对信任倾向和 SOM/TOM 选择之间的关系具有正向调节作用。对高情境涉入度的消费者来讲，产品较为重要，此时消费者会更加看重商城的可信度，因而信任倾向对 SOM/TOM 选择的影响较大。然而对低情境涉入度的消费者来讲，产品的重要性较低，哪个商城更值得信赖对消费者来讲不重要，相反，产品价格以及购物的便利性等因素会成为消费者首要考虑的因素，此时信任倾向对 SOM/TOM 选择的影响较小。

本章小结

以消费者对第三方在线平台和 TOM 的感知为参照点，测量了消费者对企业自有平台和 SOM 的相对感知，使用问卷调查法收集数据，研究了消费者的在线商城选择行为。研究结论具有一定的理论贡献并为企业渠道策略的制订提供了借鉴。

第11章　基于机器学习的消费者酒店预订渠道选择行为研究

本章将基于客观数据，利用机器学习的方法探究影响消费者酒店预订渠道选择的因素。另外，基于对消费者酒店预订渠道选择影响因素的探究，本章还将对度假酒店和商务酒店的消费者进行细分，并探究不同消费者类型对酒店预订渠道的偏好。

11.1　问题提出

在酒店预订渠道中，SOM渠道指酒店不通过中间商，直接把酒店产品销售给消费者的营销渠道，TOP渠道指酒店通过中间商〔主要是旅行社（Travel Agency，TA）〕把酒店产品销售给消费者的渠道（王兴琼 等，2008）。旅行社营运项目通常包括各种交通运输票券（如机票、火车票、车票、船票等）、住宿、旅行保险、旅行书籍等的销售与国际旅行所需证照（如护照、签证）的咨询代办。随着互联网技术的发展与渗透，传统的酒店渠道逐渐转化为酒店的SOM渠道，而TA逐渐转化为OTA，OTA汇集了诸多信息，包括旅游评论和旅游费用等，在在线旅游市场中有着重要地位。根据Phocuswright的在线旅游综述报告可知，2018年全球在线旅游市场的市场规模以两位数的水平增长，且亚太地区OTA的在线预订量超过总体的1/3，欧洲OTA的总体预订量较上一年有所增加，拉美OTA Despegar的总预订量呈现增长态势，美国两大OTA Expedia和Booking Holdings仍优先考虑住宿业务，其战略重点在酒店行业。另外，66%的预订是通过SOM或自有移动应用程序（App）进行的，而通过OTA进行的预订量占总体的34%（环球旅讯，2020）。因此，TOP渠道（OTA）和SOM渠道成为酒店预订的两个主要渠道。根据D-Edge的调查统计，2014—2018年，全球酒店线上分销中大约71%的预订量来自OTA平台，OTA成为全球酒店行业市场的第一大渠道，而SOM在线预订量的占比为20.9%（Graft，2020）。从OTA的商业模式看，OTA平台是一个双边市场，即酒店和消费者是主要的参与双方，OTA平台主要以收取一定佣金的方式为双方提供便利条件，从中获取利益。研究表明，除了在线下门店进行销售以外，酒店在线上纷纷与OTA展开合作，有效降低了客房空置率（嵇凯，2017）。因此，在讨论OTA的商业模式时，OTA与酒店之间表现出紧密合作的关系（Sharma et al.，2019）。但在这种方式中，酒店自身的话语权较低。为了提高酒店自身的话语权，许多酒店在近几年中大力发展SOM渠道。例如，希尔顿酒店为了增加SOM渠道的在线预订量，在拒绝OTA的情况下将直接预订优惠延伸到了其他TA项目中，保证消费者通过TA在SOM预订时也能享受同等优惠，同时通过忠诚度计划、营销活动、独家折扣和最优价格等多种手段鼓励消费者直接预订（环球旅讯，2020）。因此，在现有市场中TOP（OTA）与SOM渠道之间的竞争很激烈。在管理酒店时，如何妥善处理OTA与酒店的关系就成为需要重点关注的问题。

一方面，OTA 与酒店之间存在着合作竞争的复杂关系；另一方面，不同类型消费者对于不同类型酒店的感知偏好也有着显著差异。酒店可根据经营性质划分为度假酒店、商务酒店、主体性酒店、长住型酒店、观光型酒店、经济型酒店、连锁酒店和公寓式酒店（百度百科，2020）。度假酒店和商务酒店的服务内容有着显著差别。在商务酒店中，顾客来源主要是商务差旅，且该部分消费者对于价格的敏感性较低（Wang et al.，2020）。相应地，该类酒店通常表现为价格较高。为了迎合消费者关于商务办公用品和商务会议的要求，酒店通常会配备专用商务会议室、会客区和洽谈区等。对于会议中途茶歇及餐品，酒店也会有相应的服务。另外，消费者对于酒店的交通条件也要求较高，一般该类酒店都设置于地铁、火车站、公交站附近（黄雪珂，2017）。度假酒店则主要是为消费者旅游度假提供住宿服务，具有价格适中，集娱乐、餐饮、住宿等多功能为一体的特点。酒店多散落于景区周围，其装饰通常带有地域或历史文化特色，辐射范围较大，并且客流量的波动性受季节的影响较大（黄雪珂，2017）。当酒店的服务内容有显著差异时，不同类型消费者对于酒店的感知价值也不同，表现出的意愿、感知风险等也有很大差异（Nasution et al.，2008）。现有研究表明，商务旅行者受客房、服务、办公桌、大厅、餐厅和食物的影响更大，是因为他们在酒店大堂与客户见面和工作，在此种情形下，可能会经常要求酒店工作人员提供服务，且商务旅行者比其他类型的旅行者更经常提及餐厅和美食。而对于度假旅行者，则更倾向于考虑酒吧、床、地板、步行、咖啡、早餐和套房等因素，且度假旅行者很少愿意去查看其他类型旅行者的评论（Wang et al.，2020）。然而不同类型消费者对于不同类型酒店的渠道偏好是否有差异还有待探究。

现有研究表明，消费者对 TOP（OTA）与 SOM 渠道在不同类型酒店中表现出显著差异；另外，OTA 平台影响着消费者的酒店预订意愿（黄雪珂，2017；Nasution et al.，2008；Hu et al.，2019；Hou et al.，2019）。Hu 和 Yang（2019）基于两阶段决策模型，结合 OTA 的信息展示情况，确认了价格、促销折扣、跨预订平台间的价格差异、酒店总体评价、评论数量、酒店人气等因素在信息搜索、子集筛查阶段和酒店预订阶段的表现存在差异，且分析结论显示消费者在信息搜索阶段采用了非补偿性策略，在酒店预订阶段采用了补偿性策略。Hou 等（2019）通过 OTA 的在线评论功能，比较了在线评论在主题词、主题分布、结构属性和社区关系方面的差异，并指出了消费者满意度的来源，发现 OTA 的在线评论会显著影响消费者的酒店预订意图（Chan et al.，2017）。基于资源匹配理论，通过进行 OTA 网站的情景模拟实验，Song 等（2019）探究了预订提前期对消费者感知售尽风险的影响，进一步地，售尽消息的提示对消费者的预订意图也有显著的影响。现有的酒店渠道研究大都基于消费者决策理论、任务技术匹配理论等，从产品因素、消费者特征因素和社会因素 3 个维度出发，通过运用问卷调查、访谈等定性分析的方法，重点研究消费者预订渠道选择的影响因素（Chan et al.，2017；Liu et al.，2014）。而传统的消费者渠道选择研究指出，情境因素指消费者所处环境的所有信息中可以对消费者心理活动产生影响的因素（张潇璐 等，2020），通常包括物理因素、社会因素、时间因素、消费者的购买原因和消费者的情绪等，对消费者的购买意愿有着显著的影响（Engel et al.，1968）。鲜有研究考虑情境因素，基于客观数据，运用机器学习的方法，对消费者酒店预订渠道选择时的行为规律进行探究。

鉴于通常在购买任务中，情境因素对消费者的购买意愿有显著的影响（谢桂，2010；吴晓义，2005），将情境因素扩展至对消费者酒店预订渠道选择的研究中，探究情境因素对于消费者酒店预订渠道选择的影响是十分必要的。因此，基于消费者行为选择模型、消费者两阶段决策模型及任务-渠道匹配(TCF)理论,从产品因素、消费者特征因素、渠道因素和情境因素的角度出发,通过对客观数据的分析,研究消费者酒店预订渠道选择的影响因素,这是本章要探究的第一个问题。在明确了消费者酒店预订渠道选择的影响因素后,消费者可以如何细分?每种类型的渠道偏好如何表现?对应的特征有哪些差异?这是本章要探究的第二个问题。

11.2 相关文献回顾

11.2.1 酒店渠道管理

随着互联网的发展,住宿行业服务提供商开始在第三方在线平台和企业自营在线商城上投资以迎合消费者在线预订的偏好(Jobber et al.,2012)。Kracht 和 Wang(2010)强调,互联网的兴起和信息通信技术的发展使酒店的分销渠道结构发生了显著变化,这种变化增加了消费者的选择,一方面增加了渠道之间的竞争,另一方面也增加了产业结构的复杂度。复杂度的增加主要指产业的中间层——旅游代理的增加,它代理着旅游服务提供商与消费者之间的直接沟通,成为酒店预订的一大重要渠道。因此,酒店的渠道管理就成为一大重要课题,酒店采取了多种渠道策略,包括全渠道策略、OTA 渠道策略和官方网站渠道策略等。其中,全渠道策略可以给小型酒店(指客容量规模、资本规模、市场风险和知名度较低的酒店)带来许多益处,因为其需要多种渠道来提高知名度和收入(Kracht et al.,2010)。相比于酒店官方网站渠道,OTA 渠道虽然可能盈利较少,可持续性较差,但由于其信息量较大、佣金低,仍然可以满足大量酒店的需求,创造可观的收益(Kracht et al.,2010)。在考虑酒店渠道策略时,OTA 渠道与酒店官方网站渠道之间的关系如何处理,就成为酒店管理者首要解决的问题。除了竞争之外,学者指出,酒店管理者应该注重建立 OTA 与酒店官方网站之间的合作关系,加强酒店的渠道管理,进而提高酒店的效益(Venkatesan et al.,2007)。Ye 等(2018)对于酒店供应链的销售渠道和商业模式进行了探究,发现 OTA 在供应链中主要采取两种商业模式——商家模式和代理模式。在商家模式中,OTA 以折扣价格预订酒店房间,并以较高的价格出售,此种方式虽然可以盈利,但存在酒店房间库存积压的风险。在代理模式中,OTA 将客户预订的房间转交给酒店,并以收取中间佣金的方式盈利。此外,他们指出,规模较大的酒店主要借助于 OTA 平台提供的市场规模盈利,在佣金较低的情况下,倾向于选择 TA 模式。两种模式中 OTA 分别扮演着不同的角色,与酒店之间的关系也略有差别。张莉(2018)从酒店供应链的角度出发,通过构建酒店在批发模式和代理模式下与 OTA 合作的决策模型,对比了酒店在不同模式下的收益,并根据收益最大化原则,明确指出酒店在不同服务能力水平和市场条件下应当采取不同的合作策略。综上所述,OTA 渠道与酒店官网渠道之间的关系如何处理、酒店采取怎样的渠道策略,是酒店管理的一大重要课题。

11.2.2 消费者酒店预订渠道选择的影响因素研究

目前关于消费者酒店预订渠道选择的研究主要集中于消费者酒店预订渠道选择的影响因素。例如,Liu 和 Zhang(2014)将消费者的酒店预订渠道选择比作消费者对于零售商的选择,指出酒店预订渠道选择与消费者的购买意愿有关,酒店预订渠道选择直接取决于消费者决策过程的备选方案评估阶段,间接受到信息搜索阶段的影响。但由于消费者渠道选择过程中的心理活动难以被捕捉,因此他们从产品因素和渠道因素入手,对消费者的酒店预订渠道选择决策进行了研究。在研究中,产品因素主要包括产品价格、产品评论和产品多样性,渠道因素则主要包括网站质量(信息质量、服务质量、消费者的信任和隐私)、支付方式及消费者关系(消费者的历史预订经验、消费者留存策略、市场营销和知名度)。结果发现,产品因素对于SOM渠道中消费者的在线信息搜索意愿有显著影响,对于OTA渠道则无此结论。但产品因素对消费者的购买意愿影响不显著。在两种渠道中,渠道因素对消费者的在线信息搜索意愿和购买意愿都有着显著的正向影响,且在一个渠道上的信息搜索意愿对该渠道上的购买意愿有显著的促进作用。Masiero和Law(2016)对消费者的酒店预订渠道选择行为进行了研究,并将酒店预订渠道选择分为酒店直接渠道和间接渠道,间接渠道包括OTA平台、目的地营销组织(Destination Marketing Organization,DMO)网站和DMO呼叫中心。在他们的研究中,影响消费者酒店预订渠道选择的因素主要为消费者特征因素、酒店因素和季节性因素。消费者特征因素主要包括消费者的停留时长、群体规模、提前计划时长和国籍,酒店相关因素主要包括总价、每晚平均消费金额和酒店星级,这两大方面的因素对于各个渠道的消费行为均有显著影响,而季节性因素则主要影响酒店官网渠道。何秋亚和万绪才(2016)运用问卷调查法和统计分析法,探究了消费者特征因素、产品因素和网站因素对消费者酒店在线预订渠道选择意向的影响。消费者特征因素主要包括人口统计学特征和历史经验,产品因素主要包括酒店多样性、价格优惠力度、酒店评论和信息,网站因素主要包括网站服务、网站设计、交易安全性、网站便捷性、网站知名度和网站美誉度。结果表明,产品因素和网站因素对不同消费者群体的在线酒店预订渠道选择意愿有显著影响。Kim和Kim(2004)探究了人口统计学特征和消费者行为特征对线上线下消费者酒店预订意愿的影响,发现便利性、信息搜索的便捷性、交易量、信息可靠性、价格和安全性占据总体消费者线上消费意愿的65.33%,且对于有线上预订历史经验和无线上预订历史经验的消费者,便利性、价格和安全性均为显著的影响因素。何秋亚(2016)基于旅游决策模型、期望效用理论和旅游电子商务理论,从产品因素、个人因素和网站因素3个方面对消费者的酒店预订渠道选择意愿做了探究,其中产品因素包括酒店多样性、酒店价格、酒店评论和酒店信息,个人因素包括消费者的人口统计学特征、酒店在线预订的使用经验,网站因素包括网站服务、网站设计、交易安全、网站便捷性、网站知名度及网站美誉度。结论表明,消费者的人口学统计特征、消费者的酒店在线预订经验对消费者的酒店预订渠道选择产生了显著影响。

综上所述,目前关于酒店消费者渠道选择影响因素的研究总体较少,且渠道范围划分不一。因为OTA近年来在产业中的地位逐渐提升,所以关于OTA平台和酒店SOM渠道之间消费者如何选择是一个亟待解决的问题。另外,由于目前研究主要考察了产品因素、消费者特征因素和渠道因素对消费者酒店预订渠道选择的影响,对于传统消费者渠道选择研究中的情境因素并未加以考量,因此本章将对上述因素进行综合考虑,探究其对消费者酒店预订渠道选择的影响。

11.2.3 消费者市场细分研究

根据Wills(1985)的研究可知,细分被视为分割和征服市场的经典营销策略,通过将消费者进行群体细分,满足他们共同的需求,市场管理者可以高效地服务目标客户,实行最合适的市场策略。McDonald(2012)定义市场细分为“将市场中的客户或潜在客户分成不同的组合，且组合中的客户具有相同或相似的需求，可以通过不同的营销组合来满足他们”。现有研究的大多数基本认为，“公司或企业应当将一定数量的消费者进行细分，随即根据这些消费者细分群体的具体需求分别进行定制化的市场营销活动”(Wedel et al.，2012)。

Jobber 和 Ellis-Chadwick(2012)指出，根据细分变量的不同，市场细分大致可以分为行为细分、心理细分和个人资料细分。Haley(1968)提出，地理位置细分、人口特征细分和产品比例细分都是用描述性因素进行事后分析，且这些描述性因素一般都具有固定属性。因此，用这些因素进行未来购买行为的预测，结果可能存在偏差。另外，由于人们在消费产品或服务时寻求不同的利益，因此会有不同的细分市场，可以用因果性因素对客户进行市场细分。另外，Wu(2001)指出，利益细分强调人们在消费特定产品时所追求的利益是细分市场存在的真正原因，是市场细分最有效的一种方法，且经常与人口特征细分、地理位置细分和心理学特征细分等结合使用。由于了解消费者的需求或寻求的利益对于设计和开发满足消费者期望的产品具有重要意义，因此在进行消费者细分时需要更多地考虑不同消费者群体的需求因素。

现有研究进行消费者细分主要通过运用无监督聚类的方法进行(环球旅讯，2020)。例如，Wu(2001)通过调查问卷调查了消费者寻求的利益，并基于调查问卷的数据应用 *K*-Means 聚类算法，对在线营销市场进行了细分。类似地，Olsen 等(2009)通过对 1 154 个调查对象的数据进行层次聚类，实现对消费者的细分，发现消费者对便利食品的品质、价值、矛盾心理和感知主要分为“方便”、“矛盾”和“不满意” 3 种类型。另外，除 *K*-Means 以外，多种聚类算法也被应用于市场细分的研究中(Kuo et al.，2012；Arunachalam et al.，2018)。例如，Kuo 等(2012)通过对调查问卷的数据应用自组织映射和粒子群优化算法将台湾旅游消费者分成被动旅行者、学习中放松旅行者、高变异旅行者和高感知旅行者 4 种类型。其中，为了明确旅游动机变量的重要程度，他们使用了主成分分析进行了降维。Arunachalam 和 Kumar(2018)基于利益细分的观点，对英国酒店业的 513 个消费者样本数据运用了自组织映射、模糊聚类、*K*-Medoids 和层次聚类 4 种算法，对英国酒店中的消费者类型进行了细分。

综上，在对不同类型酒店的消费者进行细分时，本章采用了利益细分的观点，以消费者的预订行为因素为主要特征变量，利用基于 MCA 的 *K*-Means 聚类方法对消费者进行细分，从而探究其酒店预订渠道选择行为的规律。

11.3 研究假设与数据预处理

11.3.1 研究假设

本章从消费者特征因素、产品因素、渠道因素和情境因素 4 个维度提出可能影响消费者酒店预订渠道选择的因素。参考 Masiero 和 Law(2016)的划分方法，认为消费者特征因素主要包括提前计划时长、出行团队(成人、儿童、婴儿)、消费者的历史经验(是否为有历史预订记录客户、历史取消次数、历史预订未取消次数)、消费者类型及停留时长(停留周末天数、停留工作日天数)。参考 Liu 和 Zhang(2014)的划分方法，认为产品因素主要包括价格(日均费率)，渠道因素指酒店不同渠道的押金政策。根据情境因素的定义及 Gehrt 和 Yan(2004)的划分方法，认为情境因素包括消费者的额外需求(需求的停车位数量、特殊要求数量)、预订变更次数、消费者购物时长、消费者选择的套餐内容、房型是否变更、是否有TA、是否有公司以及预订季节。其中，渠道因素和情境因素因为任务和渠道之间的匹配作用影响着消费者的酒店预订渠道选择。根据TCF理论，消费者由于情境需求和意图综合考虑不同渠道的相关特征，从而做出对渠道的选择(Hoehle et al.,2009)。

1. 消费者特征因素

关于提前计划时长(LeadTime)，时间建构理论认为，高级解释被认为是更抽象的，而低级解释则是更具体和详细的(Hou et al.,2019;Song et al.,2019;Goodhue,1995)。就酒店预订而言，提前预订对应未来，而最后一刻预订适用于近期。根据时间建构理论，超前预订由于预测难度较大而被解释为较高的级别，由于近期发生的事件相对更容易预测，则最后一刻预订被解释为较低的级别，即提前时间越长，预订行为越抽象(Nasution et al.,2008;Masiero et al.,2016)。此外，提前进行酒店预订的人可能会专注于酒店的质量。相比之下，在当下预订时，人们花费的时间更少，面临的售尽风险更高。根据Silayoi和Speece(2004)的研究，客户的购买决定会受到时间压力的影响。因此，假设提前计划时长会对消费者的渠道选择产生影响。

旅行者在酒店选择中的偏好和行为受旅行者类型或目的的影响很大(Francesco et al.,2019)。因此，明确不同类型旅行者对酒店选择的差异至关重要。商务、情侣、家庭、朋友和单人是酒店业的5种主要旅行者类型(Wang et al.,2020)。现有研究已经从旅行者类型的角度研究了酒店选择的差异，且有研究证明旅行者类型会影响其对酒店的选择，商务、情侣、家庭、朋友和单身旅行者的选择结果各不相同。原因是这些群体的需求以及游客的动机和目的各不相同，导致对同一家酒店的评价不一(Francesco et al.,2019)。儿童在出行中可以扮演不同的角色，导致消费者的酒店预订决策不同(Liu et al.,2019)。因此，假设消费者出行时群体结构也会影响酒店预订渠道选择。

历史经验在消费者渠道选择研究中被认为是一个影响消费者决策的主要因素(Ye et al.,2018;Hahn et al.,2009;Pavlou et al.,2006;Hoehle et al.,2009;Balasubramanian et al.,2005)。由于历史经验的作用，消费者可能会在再次购买时遵循以前的购买步骤或者选择以前的购买渠道。只有当特定条件使消费者的购买效用计算结果发生变化时，消费者才会进行渠道迁移(Ansari et al.,2008)。且在Masiero和Law(2016)的研究中，历史经验被证明是一个显著影响消费者酒店预订渠道选择的因素。基于以上相关研究的结论，假设历史经验对消费者的酒店预订渠道选择会产生显著影响。

另外，由于临时预订价格会受停留时长的影响(Masiero et al.,2016)，因此若停留时长不同，价格也会随之波动。且停留时长在已有研究中被认为是直接影响消费者酒店预订渠道选择的一个因素(Graft,2020)。因此，假设消费者的酒店预订渠道选择会受到停留时长的影响。

2. 产品因素

价格一直都是影响消费者购买意愿的关键因素(Liu et al.,2014)，它可以延伸到另一个概念——感知价格。Völckner(2008)指出，价格是消费者消费需求的线索，感知价格是消费者评估产品质量和状态的标志，消费者通常通过感知价格表达他们对产品的期望(Jacoby et al.,1971)。此外，实际价格和感知价格之间的差额——价格效益被证明对在线购买意愿具有显著影响(Liu et al.,2015)。根据Liu和Zhang(2014)的研究可知，价格在消费者做出在线渠道选择时是一个重要的考虑因素，且高中档酒店在OTA渠道中提供了最低费率(Liu et al.,

2015)。根据以上研究,假设价格会对消费者的酒店预订渠道选择产生影响。

3. 渠道因素

根据 Liu 和 Zhang(2014)的研究可知,“条件”是指取消政策,通常与核心产品的使用有关。当消费者在线预订酒店时,他们承担了未来价格可能低于他们现阶段购买价格的风险(Liu et al.,2015)。因此,取消政策会驱使消费者做出搜索更优惠价格的行为(Chen et al.,2011)。研究人员已经确定了减少累积损失和增加收入的策略(Ng,2007)。根据美国航空公司的成功实践可知,如今酒店业有 3 种主要的取消政策:①在截止日期前取消则不收费的政策,这类取消政策相对宽松;②适当比例的费用(Hanks et al.,2002);③严格要求取消期限的政策(Hanks et al.,2002)。因此,假设押金类型对消费者酒店预订渠道选择产生显著影响。

4. 情境因素

Khoo-Lattimore 和 Ekiz(2014)通过对马来西亚酒店的质性研究,发现通过提供客房升级、雨伞、室内按摩、管家服务和免费班车服务等附加服务可以提升客户满意度,且提供满意周到的服务对于提升客户满意度和在线口碑至关重要。因此,酒店对消费者的特殊要求也应当给予满足,此时酒店与消费者之间的沟通就扮演着不可或缺的角色。研究发现,酒店的 SOM 渠道与 OTA 渠道相比,SOM 渠道与消费者之间的沟通更加直接和畅通(Martin,1999)。因此,假设消费者的特殊要求数量和要求内容(如停车位数量)会对其酒店预订渠道选择造成影响。

关于预订变更,Kim 等(2007)指出,OTA 的一个问题就是预订不灵活。消费者在浏览网站时是进行人机交互的,可能会出现多次预订更改的情况。因此,Martin(1999)将预订灵活性看作 OTA 网站优劣的标准,且该标准被用于与其他预订网站相比较。若 OTA 网站预订变更程序比较烦琐,则消费者可能在最终酒店预订时选择其他渠道。因此,假设预订变更会对消费者酒店预订渠道选择产生影响。

根据 Newman 和 Staelin(1971)的研究可知,决策过程的时长被定义为最初考虑购买决策和最终购买行为之间的时间间隔。消费者在将酒店预订加入购物车后且未完成支付行为时,随时可以取消或者更改预订的内容。时间越接近酒店的最终消费日期,消费者的酒店预订支付意愿越强。基于资源松弛理论(Resource Slack Theory,RST),Zauberman 和 Lynch(2005)解释了为什么提前预订客户的决策时长与最后一刻预订客户的决策时长不同。他们强调,人们通常认为未来的空闲时间比现在多,且当未来有更多的空闲时间时,人们会倾向于选择在将来承担费用。提前预订的顾客有拖延完成预订行为的倾向,因为他们希望将来可以有更多的时间做决定。决策时长不同,带给人的时间压力也不同。进一步地,在上述情况下,消费者基于有限时间和足够时间做出的渠道选择是否不同有待探究。基于上述理论基础,假设决策时长会对消费者的酒店预订渠道选择产生显著影响。

通过对 118 000 条在线评论的挖掘,发现套餐和食物被认为是近 5 年来消费者关注的一个新属性(Li et al.,2015),消费者会通过套餐或者食物的主观感受来修正对酒店服务的满意度。因此,假设消费者的酒店预订渠道选择受套餐内容的影响。

关于房型变更,学者指出影响酒店跨渠道价格差异的一个产品特征是预订时房间类型的不确定性(Teubner et al.,2020;Saito et al.,2016;Anderson et al.,2012)。有些渠道不提供透明的房型信息,在消费者的购买过程中隐藏了产品或服务的某些特征(Anderson et al.,2012)。在面对此类不确定性时,消费者更愿意规避风险而支付更少的钱。另外,也可能存在因为酒店房间存货不足而使消费者房型临时发生调整的情况(Teubner et al.,2020;Saito et al.,2016),当房型发生变更时,消费者对于预订渠道的满意度可能会下降,导致其最终在进行酒店预订时转换渠道。因此,假设房型变更会对消费者酒店预订渠道选择产生影响。

OTA因为收集了大量的酒店信息,包括酒店大致情况、价格、折扣和评论等(Sharma et al.,2019),成为酒店消费的一大渠道。根据Parasuraman等(1988)的服务质量(SERVQUAL)模型,OTA网站的可靠性(Reliability)指OTA可以提供可靠及时的服务来实现对消费者的承诺,响应性(Responsiveness)指OTA的服务可以给消费者响应和反馈,同情心(Empathy)指OTA网站给予消费者个性化的关注,目标是最大化消费者的利益。研究发现,OTA网站往往通过较高的网站服务质量来吸引新顾客,通过感知价值吸引老顾客二次消费(Shi et al.,2019)。因此,假设消费者在酒店预订时可能会选择通过OTA进行酒店预订活动,且选择OTA进行预订会对消费者的酒店预订渠道选择产生显著影响。

季节性是一个影响酒店收入的重要因素,且季节性在酒店预订中扮演着非常重要的作用(Ng,2007)。旺季时旅游项目往往会产生大量的过剩需求,使酒店可以向消费者收取远高于其他时间段内最后一刻预订的价格,酒店的收入会呈现爆发式增长(Scott,2004),且价格随季节波动明显(Wang et al.,2019)。因此,假设季节性也是一个影响消费者酒店预订渠道选择的影响因素。

选择TA也是旅游业常见的一种旅游出行方式。事实上,由于资源的限制,TA和OTA很难单独实现O2O模式。OTA积累了大量的游客、电子商务运营经验、专业知识等资源,而TA拥有众多的门店,拥有经验丰富的销售人员,可以为游客提供专业的信息和建议。考虑到二者的资源优势,通过合作实现O2O模式,可以提升整体竞争优势,削弱竞争(Long et al.,2017)。若游客选择了TA的服务,则游客最终的预订渠道可能是与TA合作的OTA平台。因此,是否选择TA也是影响消费者酒店预订渠道选择的一个因素。

11.3.2 机器学习算法与数据预处理

1. 机器学习算法框架

我们采用一个机器学习算法框架来对酒店数据重要特征进行筛选。该框架包括特征提取、数据预处理、数据重采样和模型分类等内容,如图11-1所示。

在建模之前,针对数据集中的类别不平衡问题,采用SMOTE算法对数据进行了重采样处理。SMOTE算法的思想是从近邻样本中随机挑选一部分进行随机线性插值,以对少数类别样例数据进行样本合成,对不同类别样例数据进行平衡处理(Chawla et al.,2002)。

框架中主要用到的算法为基于XGBoost的递归特征消除算法,以对消费者酒店预订渠道选择的影响因素进行排序和筛选。XGBoost为一种树集成学习模型,基分类器为CART回归树。建立K个回归树模型,使所有树的总体预测值尽可能接近真实值而且使模型的泛化能力尽可能大。基于回归树模型的XGBoost的整体输出为所有基学习器输出的总和(Chen et al.,2016)。在本章中,首先基于XGBoost树模型可以对特征进行排序的特点,对相关特征的重要性进行排序,然后用RFE算法循环迭代出适合建模的特征数量和特征,完成特征筛选。该方法集XGBoost算法和RFE算法的优点于一身,主要有:①利用树模型对特征排序的特点优先对特征完成排序;②RFE通过多次循环迭代建模,每次迭代过滤掉使准确率下降最小的特征(Mean Decrease in Accuracy, MDA),最终找出建模的最优特征组合。

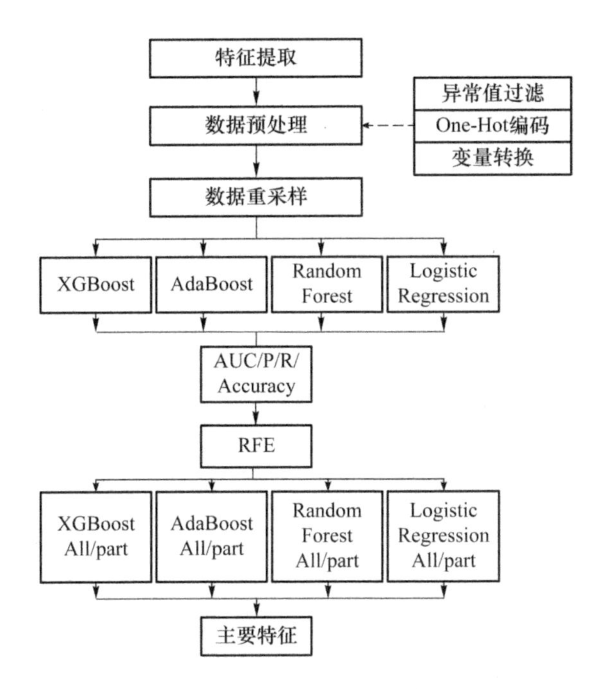

图 11-1　特征筛选机器学习算法框架

XGBoost 衡量特征重要性的标准有 3 种，包括 Weight、Gain 及 Cover。其中，Weight 表示在所有树中特征被用于进行节点分裂的总次数，Gain 表示特征被用于节点分裂带来的平均信息增益，Cover 表示特征在所有树中被使用时的平均样例覆盖率(Chen et al.，2016)。本章采用 Gain 作为计算特征变量重要性的标准。

借鉴 Shi 等(2019)基于 XGBoost 算法的特征筛选算法，对度假数据集中影响消费者酒店预订渠道选择的重要特征进行了挖掘。基于 XGBoost 的交叉验证 RFE 算法具体如下。

---

1. 在所有特征(feature)S 上建立 XGBoost 模型并调参；
2. 基于特征重要性的特征排序：
   (1) 计算所有相关特征的重要性得分(Gain)；
   (2) 定义特征筛选阈值(threshold=0.01)；
   (3) 筛选掉小于阈值的特征并保留其余特征，得到特征子集 S'；
3. RFE：
   (1) N 是特征集合 S 的大小，即所有特征的总数
   (2) 对于 $i=N,\cdots,2$，循环以下过程：
      ① 对于 $j=1,\cdots,n$，循环迭代 n 次；
         a. 移除特征 $f_j^{(n)}$，得到特征子集 $S_j^{(n-1)}$；
         b. 基于 $S_j^{(n-1)}$ 再次训练；
         c. 建模并交叉验证评估模型表现A_j；
      ② 对于最优模型$\{A_j\}$，移除特征 $f_j^{(n)}$；
      ③ 保留剩余 $n-1$ 个重要特征，得到特征子集 $S'^{(n-1)}$及最优模型 $A^{(n)}$。
   (3) 选择特征子集 S''及最优模型$\{A^{(n)}\}$。

分类模型的评估指标采用 AUC、准确度(Accuracy)、精确率(Precision,P)和召回率(Recall,R),这些指标的值越大,说明分类模型的效果越好。其中,AUC 对于类别不平衡不敏感(周志华,2016)。因此,本章将 AUC 作为主要评估指标。

本章在分类建模时运用了逻辑回归模型作为算法效果对比的参照,并利用该算法对各影响因素的作用进行了测度。

另外,在后续进行消费者细分与渠道偏好研究时,运用了 *K*-Means 聚类算法。*K*-Means 聚类是一种无监督学习方法,即在建模之前不清楚数据的分类情况(数据没有标签),因此一般可用于发现数据规律。其算法思想是假定数据有 *K* 个类别,每个类别是一个簇,则需要将数据集中的所有数据归至每个类别中,从而手动给数据"打标签",此过程中需要计算每个数据中心与簇中心之间的距离,将数据划分至与之距离最小的簇中心对应的簇中(周志华,2016)。在评价聚类结果好坏时,常用的指标是误差平方和(Sum of Squared Error,SSE)。本章在利用 *K*-Means 算法对数据进行聚类时,采用 SSE 作为聚类算法效果评价的指标。

2. 数据预处理

本节主要基于来源于两种类型酒店的真实预订数据记录,结合相关算法对相关因素的影响进行测度和探究,以明确各因素的影响。数据来源真实可靠,且样本量充足,为验证相关理论奠定了基础。

所采用的数据集是在 ScienceDirect 网站上发布的公开数据集(Antonio et al.,2019),该数据集是基于葡萄牙两家酒店资产管理系统(Property Management System, PMS)的真实数据记录,包括两个数据集 H1、H2,分别来自一家四星级度假酒店和一家四星级商务酒店。

H1 数据集共包含 40 060 条数据记录,H2 数据集共包括 79 330 条数据记录,两个数据集结构相同,即均包括 31 个数据变量,且两个数据集中相同名称的变量含义相同。该数据变量均为从 PMS 系统不同表格中抽取计算得到的,包含的数据类型有分类变量、整数变量、连续变量和日期型变量。关于各变量的含义及取值说明(Antonio et al.,2019)如表 11-1 所示。

表 11-1 数据集各变量的含义及对应类型

变量	含义	类型	取值
IsCanceled	预订是否取消	二值型	0—未取消;1—取消
LeadTime	提前计划时长	整数型	
ArrivalDateYear	到达酒店年份	整数型	
ArrivalDateMonth	到达酒店月份	分类型	
ArrivalDateWeekNumber	到达酒店日期所在年份周数	整数型	
ArrivalDateDayOfMonth	到达酒店日期所属月份的天数	整数型	
ADR	日均费率	连续型	
TotalOfSpecialRequests	特殊要求总数	整数型	
StaysInWeekNights	停留工作日天数	整数型	
StaysInWeekendNights	停留周末天数	整数型	
RequiredCarParkingSpaces	要求的停车位数量	整数型	
Adults	出行成人数量	整数型	
Children	出行儿童数量	整数型	

续表

变量	含义	类型	取值
Babies	出行婴儿数量	整数型	
Meal	预订餐饮套餐	分类型	Undefined/SC——无套餐；BB——住宿加早餐；HB——半膳（早餐和另一餐，另一餐通常是晚餐）；FB——全餐
IsRepeatedGuest	是否重复消费顾客	二值型	0——新顾客；1——有历史记录的顾客
DistributionChannel	渠道分布	分类型	TA/TO——TA；Direct——酒店官方渠道；Corporate——公司差旅
PreviousCancellations	历史取消消费记录次数	整数型	
PreviousBookingsNotCanceled	历史未取消消费记录次数	整数型	
ReservedRoomType	预订房型	分类型	A～G分别代表酒店不同房型（经过脱敏处理）
AssignedRoomType	（酒店）分配房型	分类型	A～G分别代表酒店不同房型（经过脱敏处理）
MarketSegment	市场细分类型	分类型	Online TA/Offline TA/TO——TA；Direct——酒店官方渠道；Corporate——公司差旅；Groups——团购；Complementary——互补渠道
BookingChanges	本次预订变更次数	整数型	
DepositType	押金类型	分类型	No Deposit——无押金；Non Refund——基于总住宿费用按比例的押金，不退回；Refundable——基于总住宿费用按比例的押金，可退回
Agent	完成预订行为旅游TAID	分类型	
Company	预订消费支付结算公司ID	分类型	
DaysInWaitingList	加入购物车时长（天）	整数型	
CustomerType	酒店预订类型，共有4种类型	分类型	Contract——本次预订与合约有关；Group——预订是团购行为；Transient——预订不属于任何一个合约，且与其他临时预订无关；Transient-Party——临时预订，但本次预订与其他临时预订有关
ReservationStatus	预订状态	分类型	Canceled——预订被客户取消；Check-Out——客户已入住且已离开；No-Show——客人未办理入住手续，并已告知酒店原因
ReservationStatusDate	预订状态最终变更日期	日期型	

为了更好地对比消费者在OTA平台与酒店SOM渠道之间的选择行为，对两种类型酒店

数据集进行了预处理，进行的操作主要包括数据筛选、分类变量的独热编码（One-Hot Encode）以及删除无关特征变量。

由于本数据集中缺失值具有实际含义，如 Agent、Company 变量中的“NULL”值表示消费者预订行为无 TA 参与，是消费者自己做出的行为。且其余变量不含缺失值，因此在预处理中对缺失值并未做特殊处理。

（1）数据筛选

为了更好地对比消费者在 OTA 平台与酒店 SOM 渠道之间的选择行为，将因变量 DistributionChannel 中除 TA/TO 和 Direct 以外的渠道数据予以删除。

另外，对于 MarketSegment 和 DistributionChannel 变量中不一致的数据予以删除，如删除 MarketSegment 取值为“Direct”而 DistributionChannel 取值为“TA/TO”，或者 MarketSegment 取值为“Online TA/TO”或“Offline TA/TO”而 DistributionChannel 取值为“Direct”的数据。

（2）分类变量的独热编码

由于后续研究中建立的分类模型和聚类算法均对数据输入有严格的形式要求，因此对数据集中的分类变量进行独热编码以更好地计算数据样本之间的距离和对数据进行建模。进行编码处理的变量包括 Meal、DepositType 和 CustomerType。

特别地，对因变量 DistributionChannel 进行了数字编码，以便后续进行建模分类。

（3）删除无关变量

由于本章重点关注消费者对于酒店预订渠道的选择，因此对于该预订最后是否被取消不予关注，因此删除了 IsCanceled 变量。

将预订状态（ReservationStatus）和预订状态最终变更日期（ReservationStatusDate）删除。

由于 MarketSegment 与 DistributionChannel 有很强的相关性（H1 中 Pearson 相关系数为 0.806 4，H2 中 Pearson 相关系数为 0.650 7），且在实际情况中对于有历史记录的消费者，MarketSegment 可以很好地对其进行细分，而对于新消费者，MarketSegment 取值可能未知，因此为了更好地探究消费者的酒店预订渠道选择规律，对 MarketSegment 变量也予以删除。

另外，根据 Antonio 等（2017）的研究可知，时间变量对消费者行为影响不大，且时间变量无很大相关实际意义，因此删去了表示消费者酒店预订日期的相关变量，包括 ArrivalDateYear、ArrivalDateMonth、ArrivalDateDayOfMonth（此步骤放在衍生变量转换之后）。

为了更好地对比 OTA 渠道和 SOM 渠道，将数据集中除以上两种渠道之外的交易记录删除，将细分市场与渠道细分不对应的数据删除，且将数据集中会对模型造成干扰的变量删除，包括时间变量、市场细分、交易状态等。

最终关于两个数据集中各变量处理后的描述性统计分别如表 11-2～表 11-5 所示。

表 11-2　度假酒店整数型和连续型变量描述统计

变量	均值(Mean)	标准差(std)	最小值(Min)	最大值(Max)
LeadTime	95.79	95.95	0	737
ADR	95.60	62.14	0	450
TotalOfSpecialRequests	0.66	0.82	0	5
StaysInWeekNights	3.22	2.48	0	50
StaysInWeekendNights	1.24	1.15	0	19

续 表

变量	均值(Mean)	标准差(std)	最小值(Min)	最大值(Max)
Adults	1.9	0.70	0	55
Children	0.14	0.46	0	10
Babies	0.01	0.12	0	2
IsRepeatedGuest	0.03	0.17	0	1
RequiredCarParkingSpaces	0.14	0.35	0	3
PreviousCancellations	0.08	1.20	0	26
PreviousBookingsNotCanceled	0.06	0.50	0	29
BookingChanges	0.27	0.71	0	17
DaysInWaitingList	0.56	7.61	0	154

表 11-3　度假酒店分类型变量描述统计

变量	变量取值	频数统计
Meal	BB	26 814
	HB	7 875
	Undefined	1 120
	FB	700
	SC	70
DistributionChannel	TA/TO	28 725
	Direct	7 854
ReservedRoomType	A	20 411
	D	7 221
	E	4 782
	G	1 586
	F	1 084
	C	890
	H	594
	L	6
	B	3
	P	2
AssignedRoomType	A	15 300
	D	9 400
	E	5 288
	C	2 035
	G	1 785
	F	1 633
	H	677
	I	320
	B	138
	P	2
	L	1

续 表

变量	变量取值	频数统计
DepositType	NoDeposit	34 973
	NonRefund	1 467
	Refundable	139
CustomerType	Transient	28 157
	Transient-Party	6 426
	Contract	1 748
	Group	248

表 11-4 商务酒店整数型和连续型变量描述统计

变量	均值(Mean)	标准差(std)	最小值(Min)	最大值(Max)
LeadTime	113.62	111.64	0	629
ADR	106.19	43.92	0	5 400.00
TotalOfSpecialRequests	0.56	0.79	0	5
StaysInWeekNights	2.22	1.45	0	41
StaysInWeekendNights	0.81	0.89	0	16
Adults	1.88	0.49	0	4
Children	0.10	0.38	0	3
Babies	0.01	0.08	0	10
IsRepeatedGuest	0.01	0.11	0	1
RequiredCarParkingSpaces	0.02	0.15	0	3
PreviousCancellations	0.07	0.40	0	21
PreviousBookingsNotCanceled	0.03	0.62	0	32
BookingChanges	0.18	0.61	0	21
DaysInWaitingList	3.37	21.35	0	391

表 11-5 商务酒店分类型变量描述统计

变量	变量取值	频数统计
Meal	BB	58 785
	HB	6 401
	FB	44
	SC	10 452
DistributionChannel	TA/TO	68 908
	Direct	6 774
ReservedRoomType	A	59 421
	D	11 479
	E	1 398
	G	476
	F	784
	C	13
	B	1 108
	P	3

续 表

变量	变量取值	频数统计
AssignedRoomType	A	54 261
	D	14 442
	E	1 960
	C	152
	G	678
	F	1 982
	I	320
	B	1 939
	P	3
DepositType	NoDeposit	63 084
	NonRefund	12 582
	Refundable	16
CustomerType	Transient	56 902
	Transient-Party	16 212
	Contract	2 300
	Group	268

对数据的特征处理过程为：对两个数据集的分类变量(除 Agent、Company 以外)先进行独热编码，以符合后续分类模型所需的输入形式。编码后，得到除渠道分布之外的特征变量 33 个。

特别地，对于少数特殊变量的处理如下。

① 对于 Agent、Company，因其主要为 ID，无实际意义，因此参照 Antonio 等(2017)在先前研究中的做法，将其转换为 0-1 变量，其中 1 指 Agent/Company 不为空，即有 OTA 参与消费者的预订行为，0 的含义与之相反。

② 对于 RoomType，因为消费者预订之后可能因为实际剩余房间不足而发生房型变更，所以在处理房型变量时，将 ResevedRoomType 与 AssignedRoomType 进行对比，并衍生出 RoomType_IsChanged 变量。该变量为 0-1 变量，1 指 ResevedRoomType 与 AssignedRoomType 不等，即消费者在实际消费时房型发生变更，0 表示房型未发生变更。

③ 对于到达周(ArrivedDateWeekNumber)，将其衍生为季节以探究消费者渠道选择是否与到达季节有关，该变量为分类型变量，取值分别为 Spring、Summer、Autumn、Winter。

④ 价格(ADR)均会随季节和时间发生波动，且房型不同消费者日均消费金额也会发生变化。为了排除以上因素的干扰，以更好地突出渠道之间的差异，参照 Antonio 等(2017)的处理方法，即根据到达周、到达年份和预订房型将训练集中的 ADR 细分，取各细分分布的 75%分位数作为基准值，用每条记录的 ADR 除以对应基准值作为标准化后的价格，记为 ADRThirdQuartileDeviation。对训练集中该变量的处理方法类似，只是基准值为对应训练集中的基准值，以进行统一。

11.4　消费者酒店预订的影响因素研究

在建立分类模型之前，将数据集按照 7∶3 的比例划分为训练集与测试集，划分后度假酒店数据集训练集包含数据 25 605 条，测试集包含数据 10 974 条，商务酒店数据集训练集包含数据 52 977 条，测试集包含数据 22 705 条。

在度假酒店数据集中，OTA 渠道与 SOM 渠道的数据记录比约为 3.67∶1，商务酒店数据集中 OTA 渠道与 SOM 渠道的数据记录比为 10.04∶1，均存在着类别不平衡的问题。因此，在建模之前采用 SMOTE 算法对数据集的训练集进行了过采样处理。在处理之后，度假酒店数据集中训练集样本量变为 40 242 条，其中 OTA 渠道和 SOM 渠道数据量均为 20 121 条，商务酒店数据集中训练集样本量变为 96 354 条，其中 OTA 渠道和 SOM 渠道数据量均为 48 177 条。

11.4.1 度假酒店数据集

1. 多重共线性分析

在建立后续的分类模型之前，对度假酒店数据集进行了相关系数检验和方差膨胀因子（VIF）检验，以确定解释变量因子之间是否存在严重的多重共线性问题。在相关系数检验中，对于连续型变量之间的相关性，本章采用 Pearson 系数进行分析，并对变量之间 Pearson 系数的显著性进行了 t 检验，检验结果如表 11-6 所示。由表 11-6 可知，停留周末天数与停留工作日天数之间线性相关关系很强（Pearson＝0.721，$p<0.01$），由经验可知，消费者停留天数等于消费者停留周末天数加停留工作日天数，因此这是符合常理的。另外，提前计划时长与停留周末天数、停留工作日天数之间也有较强的相关关系（Pearson＝0.357，$p<0.01$；Pearson＝0.429，$p<0.01$）。

表 11-6 度假酒店连续型变量相关系数分析

Pearson 相关系数	LeadTime	StaysIn-Weekend-Nights	StaysIn-Week-Nights	Adults	Children	Booking-Changes	Required-CarParking-Spaces	TotalOf-Special-Requests	ADRThird-Quartile-Deviation
LeadTime	1.000								
StaysInWeekendNights	0.357**	1.000							
StaysInWeekNights	0.429**	0.721**	1.000						
Adults	0.119**	0.082**	0.088**	1.000					
Children	0.024**	0.055**	0.053**	0.065**	1.000				
BookingChanges	0.079**	0.072**	0.090**	−0.011*	0.056**	1.000			
RequiredCarParkingSpaces	−0.158**	−0.084**	−0.100**	0.020**	0.044**	0.069**	1.000		
TotalOfSpecialRequests	0.021**	0.010**	0.103**	0	0.047**	0.057**	0.065**	1.000	
ADRThirdQuartileDeviation	−0.199**	−0.063**	−0.058**	0.072**	0.082**	0.024**	0.156**	0.075**	1.000

对于房型是否变更、是否有 TA、是否有公司 3 个变量与渠道选择之间的相关性，我们采用 Kendall 相关系数进行分析，原因是 Kendall 相关系数适用于两个变量都是定序数据的情形。如表 11-7 所示，Kendall 相关性分析的检验结果显示，是否有 TA 与渠道之间有着较强的相关性（Kendall＝0.622，$p<0.01$）。

表 11-7　度假酒店分类型变量相关系数分析

Kendall 相关系数	RoomType_IsChanged	Is_Agent	Is_Company	DistributionChannel
RoomType_IsChanged	1.000	0.128**	−0.098**	0.090**
Is_Agent	0.128**	1.000	−0.275**	0.622**
Is_Company	−0.098**	−0.275**	1.000	−0.150**
DistributionChannel	0.090**	0.622**	−0.150**	1.000

上述相关系数的结果表明，个别变量之间存在较强的线性相关性，为了进一步检验解释变量之间是否存在多重共线性的问题，进行了膨胀方差因子检验。结果发现，只有少数哑变量如 Meal_BB、DepositType_NoDeposit、CustomerType_Transient 和 Season_Autumn 被认为 VIF 大于 10，其他变量的容差最小为 0.701，VIF 最大为 1.426，符合"容差远远大于 0.1，VIF 远远小于 10"的原则。根据"逻辑回归模型中哑变量同进同出"的原则，我们认为解释变量之间不存在严重的多重共线性问题，可以对解释变量建立逻辑回归模型。

2. 分类模型构建

在多重共线性检验后，我们在度假酒店数据集上分别建立了 XGBoost 模型、随机森林(RF)模型、AdaBoost 模型和逻辑回归模型。XGBoost 模型经过调参，形成了一个最大数深度(max_depth)为 10、树个数(n_estimators)为 117 的模型，惩罚项系数为 5.0，L2 正则化系数(reg_lambda)为 0.2，subsample 和 colsample_bytree 均取 0.9。经过调参，RF 模型中决策树的数量为 110，树的最大深度为 13，叶子节点最少样本数(min_samples_leaf)为 10，最小样本划分数目(min_samples_split)为 30。AdaBoost 模型的基分类器数量(n_estimators)为 100，学习率(learning_rate)取 0.9，逻辑回归模型取 L2 正则化项。表 11-8 所示为各模型的多种评估指标情况。

表 11-8　4 种分类模型的评估指标(两类均值)

模型	AUC(总体)	Accuracy	*P*	*R*	F1
XGBoost 模型	0.922	0.91	0.91	0.82	0.86
逻辑回归模型	0.860	0.74	0.69	0.76	0.69
AdaBoost 模型	0.867	0.88	0.84	0.78	0.81
RF 模型	0.906	0.90	0.90	0.80	0.84

从图 11-1 和表 11-8 可以看出，XGBoost 模型的分类表现均优于其他模型，且优势较明显。具体地，XGBoost 模型的各类指标平均比随机森林模型高 0.015 2，比 AdaBoost 模型平均高 0.049，比逻辑回归模型平均高 0.136 4。另外，采用 Gain 标准分别计算了 XGBoost 模型中各特征变量的重要性，并进行排序，排序结果如图 11-2 所示。

由图 11-2 可知：

① 情境因素中的是否有 TA 参与是度假酒店消费者预订渠道选择考虑的主要因素，且优先级远远高于其他因素。

② 从整体来看，情境因素如消费者的额外需求、要求的总停车位数量、预订变更等是影响消费者预订渠道选择的重要因素，渠道因素的押金是否可退也是影响度假酒店消费者预订渠道选择的一项重要因素。消费者特征因素(如成人、儿童和婴儿的数量等)以及消费者的预订历史或预订经验则是影响度假酒店消费者预订渠道选择的次要因素。另外，是习惯性消费还

是临时一次性消费，是团体消费还是个体消费，消费者也会考虑，但优先级较低。

③ 产品因素中酒店的价格则不是消费者考虑的主要因素。

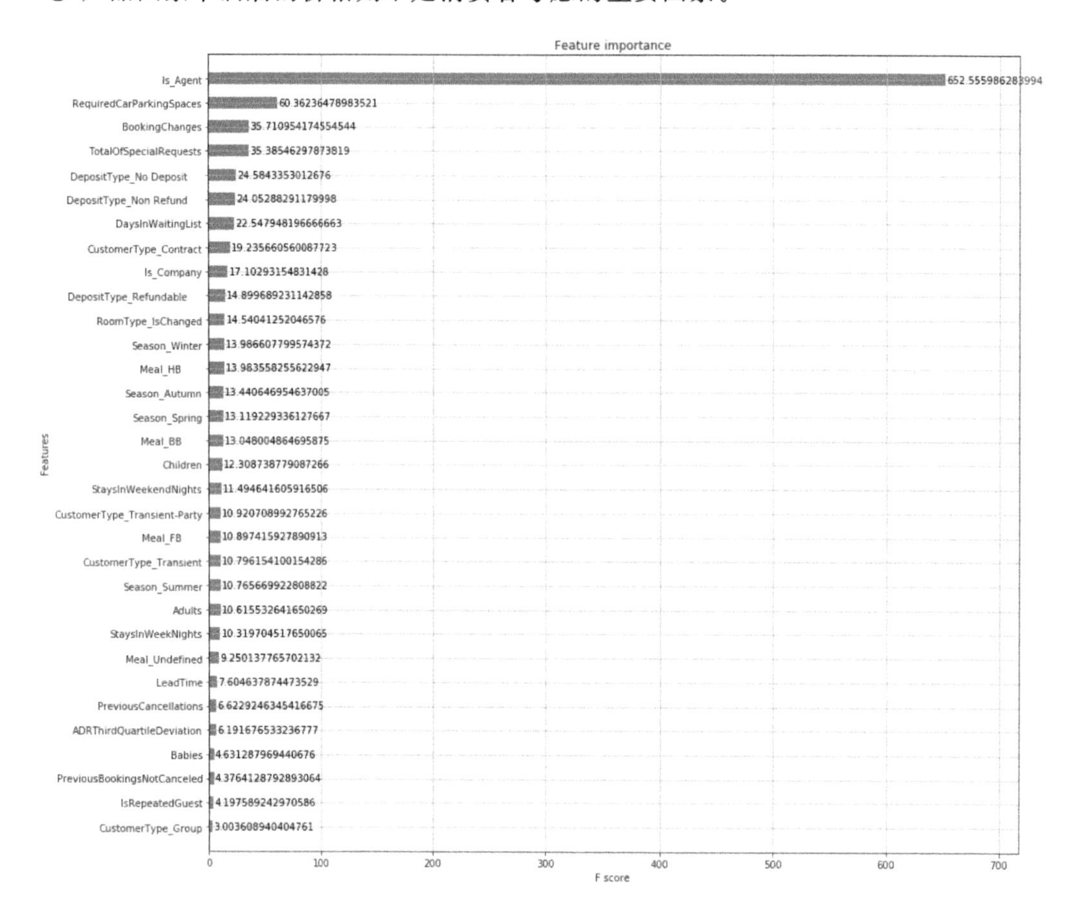

图 11-2 度假酒店数据集特征变量重要性排序

3. 特征筛选

由于 XGBoost 确实在数据集上表现最好，因此用它作为主要分类模型。应用 RFE 算法的思想，以 XGBoost 为基模型，采用 5 折交叉验证的方式、以平均准确率降低最少为筛选标准进行递归特征消除，剔除少量影响最小的特征，保留较为重要的特征。递归迭代特征选择和交叉验证分数的曲线如图 11-3 所示。最终得到最优模型选择特征 24 个，且最终筛选出的特征变量为 Is_Agent、LeadTime、ADRThirdQuartileDeviation、TotalOfSpecialRequests、StaysInWeekNights、RequiredCarParkingSpaces、BookingChanges、StaysInWeekendNights、Season_Winter、Season_Summer、Adults、RoomType_IsChanged、Season_Spring、Season_Autumn、Children、Meal_HB、CustomerType_Transient、Meal_BB、CustomerType_Transient-Party、Meal_FB、Is_Company、DepositType_NonRefund、Meal_

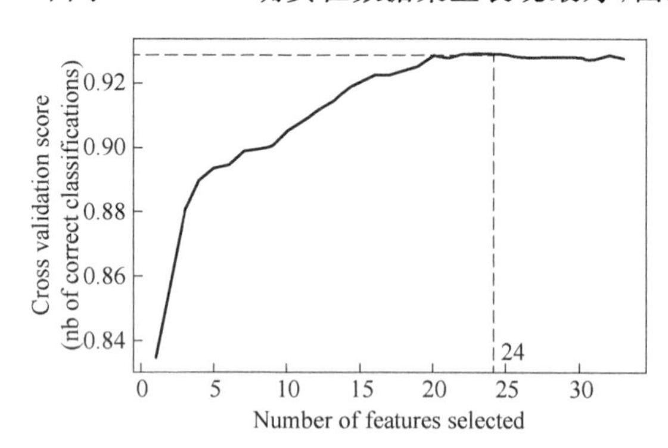

图 11-3 递归迭代特征选择和交叉验证分数的曲线

Undefined、DepositType_NoDeposit。

为了验证筛选出的特征变量是否可信，我们针对筛选后的特征进行再次建模，分别运用上述 4 种算法，对筛选特征后建立模型的表现和筛选特征前建立模型的表现分别进行对比，评估指标表现分别如表 11-9～表 11-12 所示。经过对比可以发现，筛选特征后的逻辑回归模型比筛选特征前表现略好，筛选特征使得模型的 AUC 值从 0.851 提高至 0.860，且使 Accuracy 和 F1 均提高 0.01。筛选特征后的 XGBoost 模型与筛选特征前表现基本持平，AUC 值下降了 0.002，其他表现一致。AdaBoost 模型筛选特征前后表现基本一致，RF 模型筛选特征后 AUC 值下降 0.004，Accuracy 提高 0.001，*R*（召回率）和 F1 值均提升 0.01。综合以上 4 种分类模型的表现对比可知，基于 XGBoost-RFE 算法筛选的 24 个特征值有效。

表 11-9　逻辑回归模型筛选特征前后指标对比

指标	全部特征(all)	筛选后部分特征(part)
AUC	0.851	0.860
Accuracy	0.74	0.75
P	0.69	0.69
R	0.76	0.76
F1	0.69	0.70

表 11-10　XGBoost 模型筛选特征前后指标对比

指标	全部特征(all)	筛选后部分特征(part)
AUC	0.921	0.919
Accuracy	0.91	0.91
P	0.91	0.91
R	0.82	0.82
F1	0.86	0.86

表 11-11　AdaBoost 模型筛选特征前后指标对比

指标	全部特征(all)	筛选后部分特征(part)
AUC	0.859	0.859
Accuracy	0.87	0.87
P	0.82	0.82
R	0.78	0.78
F1	0.80	0.80

表 11-12　RF 模型筛选特征前后指标对比

指标	全部特征(all)	筛选后部分特征(part)
AUC	0.899	0.895
Accuracy	0.900	0.901
P	0.87	0.87
R	0.82	0.83
F1	0.84	0.85

4. 逻辑回归分析

另外,用逻辑回归模型对各个特征变量的作用影响进行了测度,具体特征系数和对应显著性水平如表 11-13 所示。

表 11-13 逻辑回归(筛选特征后)模型中的各特征变量系数

变量	系数(coef)	显著性水平
LeadTime	0.157	0.000
StaysInWeekendNights	0.057	0.003
StaysInWeekNights	−0.096	0.000
Adults	−0.014	0.363
Children	0.025	0.044
BookingChanges	−0.289	0.000
RequiredCarParkingSpaces	−0.185	0.000
TotalOfSpecialRequests	0.398	0.000
RoomType_IsChanged	−0.051	0.001
Is_Agent	2.084	0.000
Is_Company	0.344	0.000
ADRThirdQuartileDeviation	−0.372	0.000
Meal_BB	−0.544	0.000
Meal_FB	−0.219	0.000
Meal_HB	−0.277	0.000
Meal_SC	−0.012	0.485
DepositType_NoDeposit	0.228	0.000
DepositType_NonRefund	0.208	0.000
CustomerType_Contract	0.654	0.000
CustomerType_Group	0.049	0.002
CustomerType_Transient	−0.059	0.001
Season_Autumn	−0.299	0.000
Season_Spring	−0.130	0.000
Season_Summer	−0.010	0.597
自由度	40 242	
Cox & Snell R^2	0.424	
Nagelkerke R^2	0.565	
p 值	0.000***	

注:* 代表 $p<0.1$,** 代表 $p<0.05$,*** 代表 $p<0.01$。

在情境因素中,度假酒店预订中有 TA 参与是影响消费者度假酒店预订渠道选择的首要因素,且消费者的渠道选择在很大程度上受该因素的影响(coef=2.084,$p<0.001$)。特殊要求数量(coef=0.398,$p<0.01$)较多的消费者更倾向于选择 OTA 渠道进行预订,而停车位需求(coef=−0.185,$p<0.01$)越多的消费者更倾向于选择 SOM 渠道进行预订。预订变更

(coef = −0.289, $p<0.01$)对度假酒店消费者的渠道选择也有着显著的影响,且预订变更的次数越多,消费者越倾向于选择 SOM 渠道。房型变更虽然也有显著的影响,但其影响作用有限(coef = −0.051, $p<0.01$)。季节性因素是一个会产生显著影响的因素,这可能与酒店的淡旺季分布有关。

在消费者特征因素中,消费者出行的结构分布(成人数量的回归系数显著性水平 $p>0.05$,儿童数量的回归系数显著性水平 $p<0.05$,但 coef = 0.025)、消费者的历史预订经验(在特征选择中被过滤掉)对消费者的酒店预订渠道选择不会产生显著的严重影响。成人、儿童和婴儿的数量对于酒店预订渠道选择不会产生显著影响,这与 Masiero 和 Law(2016)的研究建议不一致,Masiero 和 Law(2016)建议,可以考虑旅游团队的规模作为有效的变量来划分不同酒店预订渠道。提前计划时长越久,消费者更倾向于选择 OTA 渠道(coef = 0.157, $p<0.01$),这与先前研究的结论是一致的(Graft,2020)。消费者的预订类型也会对消费者的预订渠道选择产生一定的影响,可能是受到了 TA 的影响。虽然停留时长会对渠道选择有显著的影响,但其作用是有限的($|coef|<0.1$, $p<0.01$)。且停留时长越长,消费者往往越倾向于选择 SOM 渠道,这与 Masiero 和 Law(2016)及 Wu 等(2013)的研究结论一致,即消费者的停留时间越长,消费者越倾向于选择 SOM 渠道进行预订。

对于产品因素,结果显示酒店的价格越高,则消费者越倾向于 SOM 渠道(coef = −0.372, $p<0.01$)。这是因为酒店的价格越高,消费者就会越倾向于规避风险,此时对于 OTA 渠道的感知信任就低于对 SOM 渠道的感知信任(Liu et al.,2014)。因此,高价格会驱使消费者选择 SOM 渠道进行预订。

在渠道因素中,押金类型会对消费者的渠道选择造成显著影响($p<0.01$),且押金类型会驱使消费者选择 OTA 渠道。

11.4.2　商务酒店数据集

1. 多重共线性检验

同度假酒店数据集类似,在建立分类模型之前,对于商务酒店数据集中解释变量之间是否存在多重共线性的问题也进行了相关系数检验和 VIF 检验。相关系数检验结果如表 11-14 和表 11-15 所示。由相关系数分析,我们可以得到先前取消次数与历史未取消次数之间有较强的相关性(Pearson = 0.403, $p<0.01$),停留周末天数与停留工作日天数之间有较强的相关性(Pearson = 0.342, $p<0.01$),是否有 TA 与因变量渠道分布之间有较强的相关性(Kendall = 0.509, $p<0.01$),而其他变量之间均呈现较弱的相关性。但为了进一步确定解释变量之间是否有多重共线性的问题,我们通过 VIF 检验和容差来进行考量。由 VIF 检验和容差的结果可知,除少数哑变量(CustomerType_Transient、Meal_BB、DepositType_NoDeposit 与 Season_Autumn)的容差和 VIF 不符合"容差大于 0.1,VIF 小于 10"的检验标准以外,其他变量的容差均大于 0.1,且其 VIF 最大为 1.658,符合检验标准,因此我们认为解释变量之间不存在多重共线性问题,可以在数据集上建立逻辑回归模型。结合"哑变量需要在模型中同进同出"的原则,我们将所有哑变量均放入后续的逻辑回归模型。

表 11-14 商务酒店连续型变量相关系数分析

Pearson 相关系数	V1	V2	V3	V4	V5	V6	V7	V8	V9	V10	V11	V12
LeadTime(V1)	1.000											
StaysInWeekendNights(V2)	0.050**	1.000										
StaysInWeekNights(V3)	0.124**	0.342**	1.000									
Adults(V4)	0.143**	0.075**	0.071**	1.000								
Children(V5)	−0.035**	0.034**	0.026**	0.015**	1.000							
Babies(V6)	−0.039**	−0.012**	−0.007*	0.024**	0.041**	1.000						
PreviousCancellations(V7)	0.109**	−0.030**	−0.027**	−0.039**	−0.039**	−0.008*	1.000					
PreviousBookingsNotCanceled(V8)	−0.065**	−0.060**	−0.055**	−0.082**	−0.016**	0.003	0.403**	1.000				
BookingChanges(V9)	−0.055**	0.076**	0.087**	−0.093**	0.030**	0.072**	−0.038**	0.017**	1.000			
RequiredCarParkingSpaces(V10)	−0.078**	−0.029**	−0.039**	0.051**	0.110**	0.034**	−0.028**	0.005	0.060**	1.000		
TotalOfSpecialRequests(V11)	−0.068**	0.053**	0.049**	0.154**	0.111**	0.118**	−0.015**	0.136**	0.041**	0.090**	1.000	
ADRThirdQuartileDeviation(V12)	−0.083**	0.011**	0.014**	0.092**	0.041**	−0.003	−0.060**	−0.118**	0.012**	0.037**	0.034**	1.000

表 11-15　商务酒店分类型变量相关系数分析

Kendall 系数	RoomType_IsChanged	Is_Agent	Is_Company	DistributionChannel
RoomType_IsChanged	1.000			
Is_Agent	0.133**	1.000		
Is_Company	−0.123**	−0.295**	1.000	
DistributionChannel	0.104**	0.509**	−0.127**	1.000

2. 分类模型构建

类似于度假酒店数据集的处理，在商务酒店数据集上也分别建立了 4 种分类模型。其中，建立的 XGBoost 模型经过调参，重要的参数分别为：max_depth 为 10，n_estimators 为 152，gamma 为 5.0，reg_lambda 为 0.3，subsample 和 colsample_bytree 均为 0.9。经过调参的 RF 模型中包含了 100 棵决策树，且 min_samples_split 为 10，max_depth 为 13，min_samples_leaf 为 10。AdaBoost 的基分类器数量为 100，学习率取 1.0，逻辑回归模型中取 L2 正则化项。表 11-16 给出了各分类模型的多种评估指标对比情况。可以看出，XGBoost 模型的表现明显优于其他 3 种分类模型，XGBoost 模型的各类指标平均比 RF 模型高 0.059，比 AdaBoost 模型高 0.093，比逻辑回归模型高 0.245。

表 11-16　4 种分类模型的评估指标（两类均值）

模型	AUC（总体）	Accuracy	P	R	F1
XGBoost 模型	0.937	0.953	0.90	0.77	0.82
逻辑回归模型	0.868	0.536	0.57	0.72	0.46
AdaBoost 模型	0.870	0.893	0.69	0.75	0.71
RF 模型	0.908	0.909	0.72	0.77	0.74

另外，同度假酒店数据集的处理类似，在商务酒店数据集上也由 Gain 标准计算了 XGBoost 模型中各个特征变量的重要性，排序如图 11-4 所示。

从对特征重要性的排序中，我们可以得到以下结论。

① 影响商务酒店消费者最重要的因素是该消费者的预订行为中是否有 TA 的参与，即该消费者是否与 TA 签订了协议。

② 从整体来看，渠道因素、消费者特征因素和情境因素是影响商务酒店消费者酒店预订渠道选择的主要因素，且情境因素的重要性更为突出。渠道因素中的押金类型仅次于是否有 TA 的影响。在消费者特征因素中，消费者类型即消费者是不是个体临时预订较为重要，而其他类型的预订，如消费者团购行为，则对其渠道选择的重要性不显著。另外，消费者出行群体中成人的数量分布对于其整体的预订渠道选择比较重要。情境因素如消费者的需求、预订变更次数、季节性、停车位数量、房型是否变更、停留时长、套餐类型均为商务酒店消费者考虑的重要因素。

③ 在消费者特征因素中，对于商务酒店消费者的预订渠道选择，其有无历史预订记录或经验可能优先级较低。婴儿数量对商务酒店消费者的预订渠道选择不会产生影响。另外，我们可以看出，产品因素——价格对于商务酒店消费者的预订渠道选择来说不是首要考虑的因素。

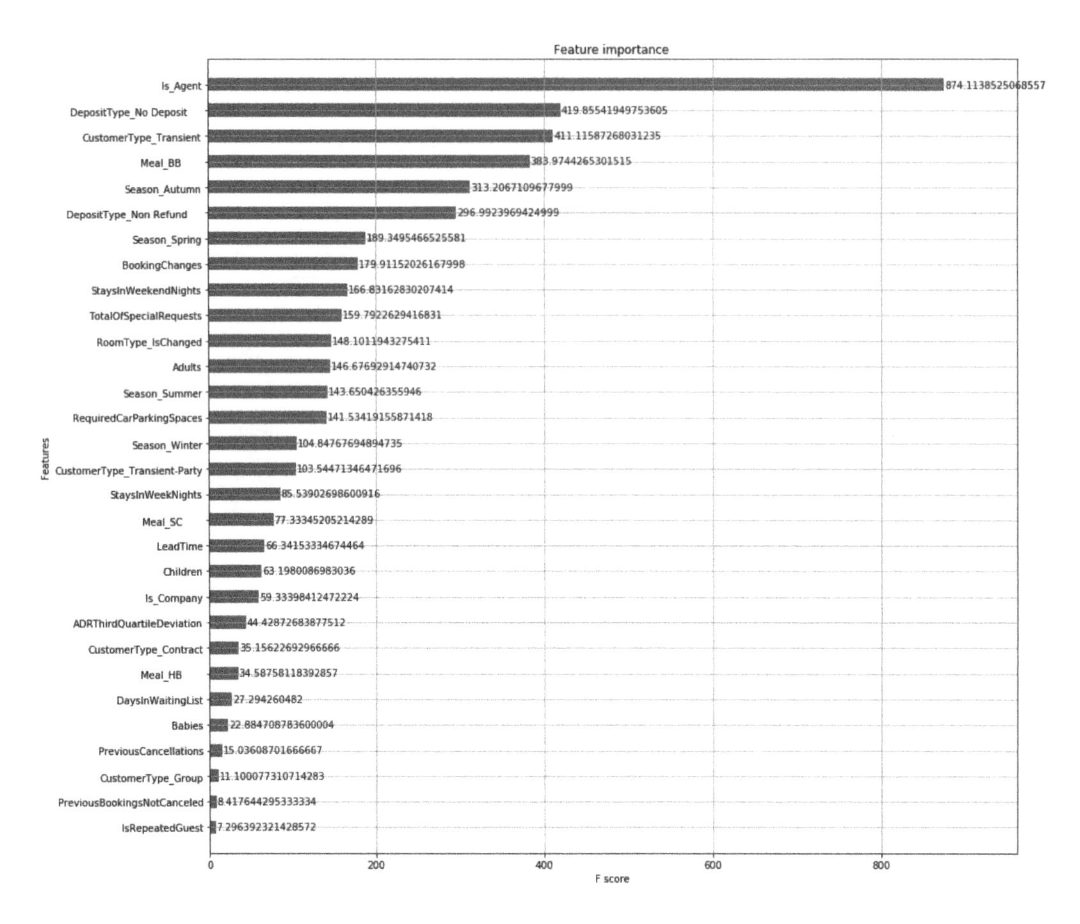

图 11-4　XGBoost 模型中的各特征重要性排序

3. 特征筛选

鉴于 XGBoost 在数据集上的出色分类能力和模型表现，我们采用 XGBoost 作为主分类模型。为了进行少量特征剔除，采用了基于 XGBoost、以 MDA 为筛选标准的 5 折交叉验证 RFE 算法，特征数量与交叉验证评分关系如图 11-5 所示。结果表明，在保留的特征数量为 27 时，XGBoost 的交叉验证评分最高。最终筛选出的特征为 Is_Agent、LeadTime、ADRThirdQuartileDeviation、TotalOfSpecialRequests、StaysInWeekNights、CustomerType_Transient、Meal_BB、DepositType_NonRefund、BookingChanges、StaysInWeekendNights、Adults、CustomerType_Transient-Party、Season_Summer、Season_Autumn、Children、Meal_SC、Season_Spring、Season_Winter、RequiredCarParkingSpaces、RoomType_IsChanged、DepositType_NoDeposit、Meal_HB、Is_Company、PreviousCancellations、CustomerType_Contract、Babies、PreviousBookingsNotCanceled。经过对比，特征筛选过程删除的是消费者是否为二次购买顾客、消费者的平均预订时长(加入购物车时长)、出行群体中婴儿的数量、消费者的历史预订未取消次数、消费者预订是否为团购或拼单。

为了验证筛选出的特征对分类模型表现的影响，分别在筛选特征前后对上述 4 种模型的表现进行评估，具体各模型的指标对比如表 11-17～表 11-20 所示。其中，逻辑回归模型筛选特征后 AUC、P、R 与筛选特征前基本一致，Accuracy 提高了 0.009，F1 值提高了 0.01。

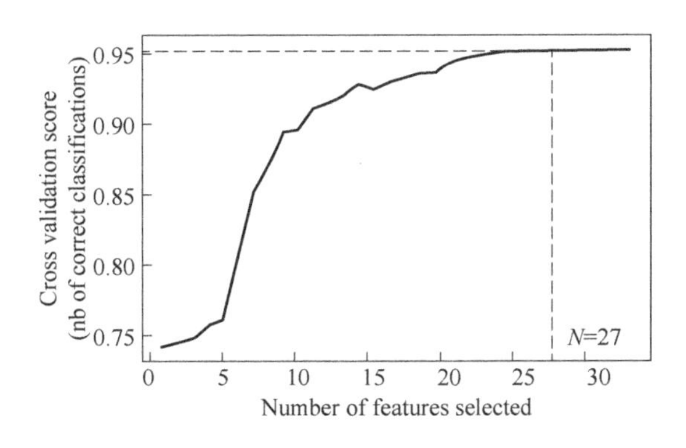

图 11-5　递归迭代特征选择和交叉验证分数关系图

XGBoost 模型筛选特征后只有 AUC 比筛选特征前下降了 0.002，其余 4 个指标均与筛选特征前基本一致。AdaBoost 模型筛选特征后 Accuracy 提高了 0.008，*P* 与 F1 分别提高了 0.01，而 *R* 与 AUC 均与筛选特征前相当。随机森林模型筛选特征后 AUC 提高了 0.002，而 Accuracy、*P*、*R* 与 F1 值均与筛选特征前基本一致。综合 4 种模型筛选特征前后的表现对比，可以说明筛选出的 27 个特征变量是有效的。

表 11-17　逻辑回归模型筛选特征前后指标对比

指标	全部特征(all)	筛选后部分特征(part)
AUC	0.868	0.867
Accuracy	0.536	0.545
P	0.57	0.57
R	0.72	0.72
F1	0.46	0.47

表 11-18　XGBoost 模型筛选特征前后指标对比

指标	全部特征(all)	筛选后部分特征(part)
AUC	0.921	0.919
Accuracy	0.91	0.91
P	0.91	0.91
R	0.82	0.82
F1	0.86	0.86

表 11-19　AdaBoost 模型筛选特征前后指标对比

指标	全部特征(all)	筛选后部分特征(part)
AUC	0.870	0.870
Accuracy	0.893	0.901
P	0.69	0.70
R	0.75	0.75
F1	0.71	0.72

表 11-20　随机森林模型筛选特征前后指标对比

指标	全部特征(all)	筛选后部分特征(part)
AUC	0.908	0.910
Accuracy	0.917	0.916
P	0.74	0.74
R	0.77	0.77
F1	0.75	0.75

4. 逻辑回归分析

另外,为了具体测度各个特征对商务酒店消费者预订渠道选择的影响作用,与度假酒店数据集的处理方法相同,表 11-21 也列出了逻辑回归模型中各个特征变量的系数及其显著性水平。我们建立的逻辑回归模型输出了两个伪 R^2 系数,其中 Cox & Snell R^2 为 0.438,Nagelkerke R^2 为 0.584,且模型的 p 值<0.001,说明模型的解释度较好,且模型显著。

表 11-21　逻辑回归(筛选特征后)模型中的各特征变量系数

变量	系数	显著性水平(p_value)
Is_Agent	2.195	0.000***
LeadTime	0.392	0.000***
ADRThirdQuartileDeviation	0.058	0.012**
TotalOfSpecialRequests	0.31	0.000***
StaysInWeekNights	0.005	0.6
Adults	0.082	0.000***
CustomerType_Transient	−0.003	0.946
Meal_BB	−0.445	0.118
StaysInWeekendNights	0.036	0.000***
DepositType_NoDeposit	−6.075	0.998
BookingChanges	−0.19	0.000***
Season_Summer	−0.154	0.000***
CustomerType_Transient-Party	0.638	0.000***
Children	−0.042	0.000***
DepositType_NonRefund	−4.51	0.999
Season_Autumn	−0.234	0.000***
Season_Winter	−0.012	0.289
Meal_SC	0.266	0.256
RequiredCarParkingSpaces	−0.213	0.000***
RoomType_IsChanged	−0.101	0.000***
Meal_HB	−0.116	0.523
CustomerType_Contract	0.637	0.000***
Is_Company	0.533	0.000***

续 表

变量	系数	显著性水平(p_value)
PreviousCancellations	0.141	0.000***
Babies	−0.111	0.000***
PreviousBookingsNotCanceled	−0.238	0.000***
自由度	96 354	
Cox & Snell R^2	0.438	
Nagelkerke R^2	0.584	
p 值	0.000***	

注：* 代表 $p<0.1$，** 代表 $p<0.05$，*** 代表 $p<0.01$。

由表 11-21 中的系数及其对应的显著性水平，我们可以看出，在消费者、产品、渠道和情境因素同时存在的情况下，消费者的酒店预订渠道选择受情境因素的影响最大。

在情境因素中，有 TA 参与的消费者倾向于选择 OTA 渠道，且有 TA 参与的消费者渠道选择主要受 TA 影响(coef=2.195，$p<0.01$)。消费者的特殊要求与要求停车位数量的作用方向相反，特殊要求较多的消费者表现出更喜欢通过 OTA 渠道进行预订的倾向，而要求停车位数量较多的消费者更喜欢酒店的 SOM 渠道。预订变更对消费者的酒店预订渠道选择有着显著的影响(coef=−0.19，$p<0.01$)，且消费者在预订过程中由于各种原因预订变更的次数越多，则其最终选择的预订渠道越可能是酒店的 SOM 渠道。套餐的选择对于消费者的渠道选择并无显著影响($p>0.1$)。房型变更对于消费者的酒店预订渠道选择有着显著的影响(coef=−0.101，$p<0.001$)。部分季节性因素对消费者的预订渠道选择表现出显著的影响，这可能与酒店的淡旺季分布有关。

在消费者特征因素中，出行结构分布(成人数量、儿童数量)、提前计划时长和消费者预订类型均有着显著的影响。但消费者出行结构分布的影响较小，说明消费者的出行团体组成不是影响其渠道选择的主要因素，这与 Masiero 和 Law(2016)的研究建议不一致。提前计划时长越长，消费者距离消费日期的时间越长，则其通过 OTA 渠道进行预订的可能性越大。这是可以理解的，因为 OTA 平台上的大量信息需要消费者有充足的精力和理性去评估和选择，因此距离消费日期的时间越长，消费者感受到的时间压力越小，则越可能倾向于选择 OTA 渠道。当客户面临缺货(或售尽)的情况时，他们会有一种做决定的紧迫感(Sloot et al.，2005)。因此，当消费者的提前计划时间较长时，他们有更多的时间浏览网站上的信息并进行评估综合，更倾向于选择 OTA 渠道。消费者的历史经验，包括消费者的历史预订取消次数(coef=0.141，$p<0.01$)和历史预订未取消次数(coef=−0.238，$p<0.01$)，对渠道选择均有着显著的影响。且消费者的历史预订取消次数越多，则下次消费者在预订商务酒店时，越倾向于选择 OTA 渠道；而消费者的历史预订取消次数越少，则在未来的消费中越倾向于选择酒店的 SOM 渠道。消费者的停留时间越长，越倾向于选择 OTA 渠道进行预订(coef>0，$p<0.01$)，这与先前的研究不一致(Liu et al.，2014)。

在产品因素中，酒店的价格对消费者的渠道选择影响不大(coef=0.058，$p<0.012$)，这与先前的研究不一致(Liu et al.，2014)。

在渠道因素中，酒店的押金政策对于消费者的渠道选择无显著影响($p>0.05$)，这与先前的研究不一致(Liu et al.，2014)。

11.4.3 讨论分析

在综合分析各影响因素在两种预订场景下的不同作用后，我们将通过 Hawkin 和 Mothersbaugh(2010)提出的态度变更理论对影响因素与消费者酒店预订渠道选择之间的影响作用进行阐释。

态度是人们关于环境某些方面的持久性组织，包括动机、情感、知觉与认知过程(Wang et al.,2020)。Hawkin 和 Mothersbaugh 认为，态度由 3 种因素组成：认知(信念)、情感(感觉)和行为(反馈趋势)。其中，认知指关于特定属性或整体对象的信念，情感指人们关于特定属性或整体对象的感觉反应，行为指一个人倾向于以某种方式对一个物体或一种行为活动做出反应。态度改变模型指出，消费者在受到一定刺激(如产品、情境、零售点、销售人员和广告等)后，会形成认知、情感和行为 3 个不同方面的主观判断和感受，进而会影响对事物整体的感觉定位。其中，认知是消费者对产品多属性的综合评判，即消费者在对产品进行评估时，会从产品的多个维度去综合衡量，而总体评价是每个维度评价的加权总和。关于情感方面，Hawkin 和 Mothersbaugh 用享乐价值和实用价值的结合作为消费者对产品的评价标准，即通常消费者会从产品的享乐价值和实用价值两大维度出发，对产品进行综合评价。行为则更多地存在于人们在形成认知和情感后，对于一个事物会表现出某种倾向，这种倾向可以以直接或间接的方式表达出来。在态度变更理论中，消费者个人、情境及沟通(主要指消息传递途径)因素的改变会表现为其整体态度的改变。Hawkin 和 Mothersbaugh 指出，个人因素主要包括性别、认知需求、已有知识和道德，情境因素包括任务内容、消费者的注意力分散程度和购买情形，沟通因素包括渠道可靠性、知名度和赞助商。个人因素、情境因素和沟通因素相互作用，最终会对消费者的态度造成影响。

而结合本章的结论，消费者的酒店预订渠道选择主要受到情境因素的影响，是由于其在预订酒店时，个人预订任务的主要参与方式不同(如是否有 TA 参与)、难易程度不同(如消费者对于酒店的特殊要求数量、停车位数量)导致消费者对酒店预订渠道的预期和感知满意度不同。当消费者使用酒店预订渠道时，会形成对于酒店预订渠道的认知和信念。当在一个渠道中查找不到需要的信息时，可能发生消费者渠道转移行为(Hawkins et al.,2010)。这也是为何消费者可能由于与酒店的沟通难易程度更倾向于选择酒店的 SOM 渠道。且根据 Penz 和 Hogg(2011)的研究可知，情境因素是导致消费者行为的主要原因。因此，消费者的酒店预订渠道选择主要受到情境因素的影响。对于消费者的特征因素，消费者的个人特征(年龄、经验、背景等)会造成其认知能力的差异，且经验会在一定程度上帮助他形成对于一个渠道的感知信念。但是由于任务本身的复杂程度和可重复性，以及具体场景的不同，消费者的历史经验会对其渠道选择有不同的作用。关于产品因素，我们的结论表明，产品的价格对于商务酒店消费者的渠道选择影响不大，主要原因是在企业中出差会有一定的费用标准，且一般情况下，商务出行的人们相比于价格，更看重出行的舒适度，因此商务酒店消费者对价格的敏感性可能不高(Chu et al.,2000)，价格不是其进行渠道选择的主要影响因素。而度假酒店的消费者在制订旅行计划时，为达到预算标准，可能表现出对价格的敏感性(Chu et al.,2000)，因此在 OTA 平台收取一定佣金而导致其价格偏高的情况下，价格可能促使该部分消费者选择酒店的 SOM 渠道。关于渠道因素，押金是防止消费者进行酒店预订状态取消的手段(Liu et al.,2014)，对于出行旅游的消费者，一般预订完成后，没有特殊情况的话会按期实施旅游计划，因此其预订取消次数较少。而差旅出行往往会由于工作上的临时变更，取消或更改原有的出差计划，因此预订更改或取消的频率较高。在此情形下，押金类型对于商务酒店消费者预订渠道选择的影响就不显著，而对于度假酒店消费者预订渠道选择的影响就相对显著一些。因此，预订任务本身的复杂程度、消费者的要求、任务完成的主要方式等情境因素是决定消费者渠道选择的主要原因，而消费者特征虽然会影响其认知，但在任务驱动的导向下，表现会相对弱一些。产品和渠道因素的作用会更弱一些。

因此，情境因素会形成消费者的目标导向，目标导向主要形成消费者的态度，情境因素的变化会改变消费者的认知、情感和行为意图的变化，从而导致消费者的态度变化。而消费者、产品和渠道因素的影响作用较弱。

综上，得出如下结论。

① 情境因素是决定消费者酒店预订渠道选择的主要因素。在情境因素中，是否有 TA 的影响作用最大。较多的特殊要求数量会驱使两类酒店的消费者选择 OTA 渠道进行预订。当要求的停车位数量越多时，消费者越倾向于选择 SOM 渠道进行预订。预订变更次数越多，则消费者表现出的选择 SOM 渠道的倾向越明显。

② 消费者特征因素相比于情境因素要弱一些。在消费者特征因素中，较长的提前计划时长促使消费者选择 OTA 渠道，停留时间越长，则越可能选择 OTA 渠道。特别地，历史经验多的商务酒店消费者倾向于选择 SOM 渠道。

③ 产品因素(价格)和渠道因素(押金类型)对于两种类型酒店消费者的影响不同。价格对度假酒店消费者有显著影响，且高价格促使消费者选择 SOM 渠道，而对商务酒店消费者无显著影响。押金类型对度假酒店消费者有显著影响，但对商务酒店消费者无显著影响。

11.5　消费者细分与酒店预订渠道偏好研究

对于高维数据的聚类，相关研究中最流行的是两步聚类算法。在两步聚类算法中，在第一步中应用降维技术，降低数据集的维度，常见的方法有主成分分析(PCA)(Zhu et al.，2019)；第二步则基于第一步中降维得到的变量进行聚类，实现细分。该方法又被称为“串联方法”(Vichi et al.，2001)。其缺点是降维可能引起偏差，从而使聚类结果发生改变，与实际的簇结构存在偏差。为了克服该问题，Hwang 等(2006)提出了一种方法框架，即可以先进行 MCA，使原有数据空间缩小。随后基于缩小后的空间，进行同质性群体识别。他们强调，基于 MCA 的 K-Means 方法的目标是使 MCA 目标函数与 K-Means 算法目标函数的加权和最小，并通过在 1997 年对韩国一家内衣制造厂中的调查问卷数据应用基于 MCA 的 K-Means 算法和其他几种算法，证明了基于 MCA 的 K-Means 聚类算法的有效性。

MCA 是一种探究多个分类变量之间关系的描述性方法。它相当于一种非线性的主成分分析方法，可以对被调查者和编码后多分类变量的类别水平分配权重，进而得到变量之间的关系依赖图(Hwang et al.，2006)。我们将利用 MCA 方法对筛选特征后的两个数据集进行降维，随后根据降维后的特征变量进行 K-Means 聚类分析，以在较小空间维度对消费者酒店预订渠道选择模式进行探究。

本节将基于前文中特征筛选的结果，运用基于 MCA 的 K-Means 算法，分别对两种酒店类型的消费者进行细分，分别探究每类细分类型消费者的特征及渠道偏好。

本节所用的数据集是基于前文特征筛选后的数据集，包括度假酒店数据集 H1 和商务酒店数据集 H2。经过特征筛选后，度假酒店数据集剩余 24 个特征，包含数据 36 579 条，商务酒店数据集剩余 27 个特征，包含数据 75 682 条。为了更好地对分类变量进行表示，将筛选特征中剔除的部分分类变量放入筛选后的特征变量集合中，且将分类变量进行合成，即将原来由一个变量衍生出的多个哑变量合成为一个多水平分类变量，最终 H1 剩余 16 个特征变量，包括 LeadTime、CustomerType、Meal、DistributionChannel、DepositType、RoomType_IsChanged、Season、Is _ Agent、Is _ Company、StaysInWeekendNights、StaysInWeekNights、Adults、BookingChanges、RequiredCarParkingSpaces、TotalOfSpecialRequests、ADRThirdQuartileDeviation。H2 剩余 19 个特征变量，除了上述变量以外，还包括 Babies、PreviousCancellations 和 PreviousBookingsNotCanceled。另外，为了更好地对真实数据进行细分，本节的数据集未进行数据重采样，即保持数据集原有的整体分布。为了避免由于异常值的存在而使平面聚类的结果下降，我们依据“3δ”原则对异常数据进行了剔除，剔除后 H1 数据集剩余 36 563 条数据，H2 数据集剩余 75 661 条数据。

我们在运行基于 MCA 的 *K*-Means 聚类算法时选取的是与本次预订有关的变量，即渠道分布、预订提前时长、价格、停留时长、套餐内容、客户特殊要求数量、要求停车位数量为聚类变量，在聚类之前对多水平分类变量进行了哑变量编码处理。离散化的操作步骤中部分变量参照 Masiero 和 Law(2016)的处理方法，具体操作步骤如下。

① 对于原有的多水平或二水平分类变量 Meal、DistributionChannel、DepositType、RoomType_IsChanged、Season、Is_Agent 和 Is_Company 进行了哑变量编码处理。

② 对于特殊要求数量(TotalOfSpecialRequests)，设置其为 3 种水平，分别为“no special requests”、“special requests＜＝3”和“special requests＞3”。

③ 对于其余连续变量，基本按照等宽法进行划分。各变量的离散化结果如表 11-22 所示。特别地，离散化后，我们对原始的连续变量进行了删除。

表 11-22 连续变量离散化的结果

变量	取值范围	水平
LeadTime	≤157	LeadTime≤157
	158～314	LeadTime158～314
	315～471	LeadTime315～471
	472～628	LeadTime472～628
StaysInWeekendNights	1～3	StaysInWeekendNights1～3
	4～6	StaysInWeekendNights4～6
	7～9	StaysInWeekendNights7～9
	10～12	StaysInWeekendNights10～12
StaysInWeekNights	1～7	StaysInWeekNights1～7
	8～15	StaysInWeekendNights8～15
	16～23	StaysInWeekendNights16～23
	24～30	StaysInWeekendNights24～30
BookingChanges	0～2	BookingChanges0～2
	3～5	BookingChanges3～5
	6～7	BookingChanges6～7
	8～10	BookingChanges8～10

续 表

变量	取值范围	水平
RequiredCarParkingSpaces	0	no parking spaces
	1	one parking spaces
	2	two parking spaces
	3	three parking spaces
TotalOfSpecialRequests	0	no special requests
	1～3	special requests≤3
	>3	special requests>3

11.5.1　度假酒店数据集

1. MCA 分析

我们将基于 MCA 的 K-Means 算法应用于度假酒店数据集 H1。图 11-6 给出了解释方差百分比最大的 10 个特征及其对应的解释方差百分比。较少的维度有利于可视化呈现(Van Dam et al.,2015)。因此,在 MCA 算法中保留了前 3 个变量作为后续聚类分析的变量,前 3 个变量的解释方差百分比总和为 32.25%。

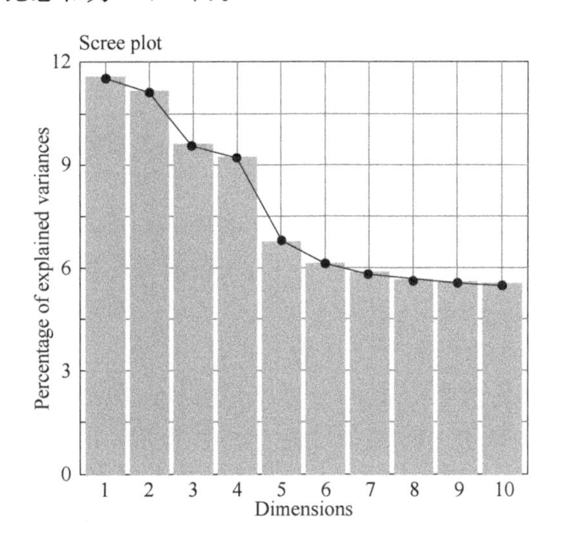

图 11-6　度假酒店 MCA 降维后的变量解释方差(前 10 个)

2. *K*-Means 聚类分析

我们对基于 MCA 算法降维后的 3 个变量运行了 K-Means 算法。为了确定聚类中心数量 K 的取值,我们按照肘部法(这里使用的评价标准为 K-Means 成本函数值——类 SSE 值),将初始随机聚类中心数量设置为 1,设置聚类簇的数量依次为 2～15 进行迭代,并输出每次聚类的类 SSE 值,画出折线图,如图 11-7 所示。

由图 11-7 得,$k=3$ 为第一个拐点,即从 $k=3$ 开始 SSE 降速开始减小。因此,在 2～10 的聚类范围内,我们取聚类簇的数量 k 为 3,并进行聚类。聚类结果显示,在前两个维度中,簇中原点附近聚集了大量的点,说明在大量的分类变量中,取值为零的较多,这是由于在转换为哑

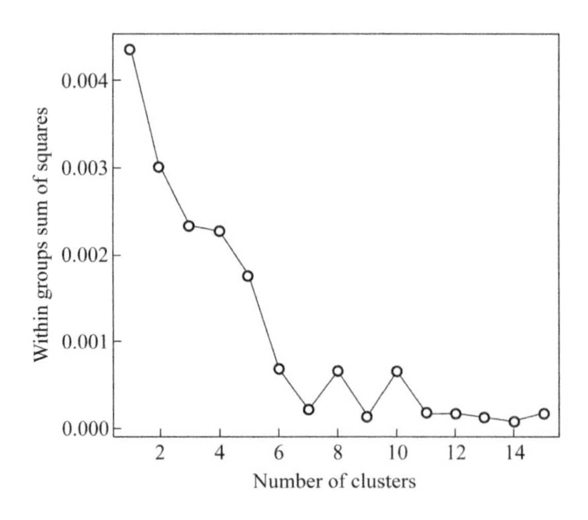

图 11-7　基于度假酒店数据 MCA 降维后的 SSE 聚类迭代($k=2,\cdots,15$)

变量后,某一个消费者的选择只能使一个哑变量取 1,而使其他变量取值为 0,进而使整个矩阵很稀疏。这说明大多数样本在前两个维度中比较相似。另外,在前两个维度中,3 个簇中的点存在部分重叠,而在最后一个维度中相互分离,几乎无重叠部分,这说明第三个维度是造成簇相互分离的主要原因。

表 11-23 给出了度假酒店数据集的聚类结果。根据对数据变量的观察,整体来看,我们可以得出以下结论。

① 度假酒店的消费者喜欢两个成人一块出行(均值为 1.909),带儿童或婴儿一块住宿的样本整体较少,只占整体的一小部分。由于缺乏消费者的人口特征统计数据,我们无法进一步判断两个成人的关系是情侣还是朋友。

② 度假酒店的大多数消费者会提前 159 天进行预订(LeadTime 的 75%分位数为 159),停留时长基本稳定在一周内,且大部分人的预订行为都有 TA 参与(Is_Agent 均值为 0.853),支付无公司代理完成(Is_Company 均值为 0.021)。

③ 在消费者关于酒店的要求方面,大多数消费者对于酒店会有要求(均值为 0.660),对于停车位数量则不是很关心(均值为 0.138)。另外,我们可以看到,77.0%的消费者是临时预订,且是个人行为,而有 17.6%的消费者是通过与其他组织或个人签订合约进行临时预订。

④ 关于酒店的押金类型,消费者更倾向于无押金类型(均值为 0.956),约有 4%的消费者会选择不可退款。对于餐饮,大多数(73.3%)的消费者希望酒店有早餐,而 21.5%的消费者希望可以享受酒店的半餐服务。在我们的样本中,有 78.5%的消费者选择了 OTA 渠道进行酒店预订,而通过酒店 SOM 渠道进行预订的消费者则占 21.5%。我们还发现,82.5%的消费者预订的房型与最终房型不一致,且预订变更的平均次数为 0.27 次,即整体来看,消费者一旦完成预订行为,基本不会发生变更。

表 11-23　度假酒店数据聚类结果(均值)

变量	整体	Cluster_1	Cluster_2	Cluster_3
LeadTime	95.79	63.32	90.12	136.8
StaysInWeekendNights	1.241	0.854	1.129	1.823

续 表

变量	整体	Cluster_1	Cluster_2	Cluster_3
StaysInWeekNights	3.224	2.494	2.918	4.527
Adults	1.909	1.889	1.945	1.942
Children	0.139	0.141	0.102	0.140
BookingChanges	0.274	0.430	0.201	0.297
TotalOfSpecialRequests	0.660	0.488	0.777	0.546
RequiredCarParkingSpaces	0.138	0.100	0.052	0.155
RoomType_IsChanged	0.825	0.804	0.948	0.863
Is_Agent	0.853	0.840	0.953	0.873
Is_Company	0.021	0.028	0.001	0.005
ADRThirdQuartileDeviation	0.848	0.804	0.736	0.988
Meal_BB	0.733	1.000	0.696	0.000
Meal_FB	0.019	0.000	0.006	0.074
Meal_HB	0.215	0.000	0.277	0.801
Meal_SC	0.002	0.000	0.003	0.007
Meal_Undefined	0.031	0.000	0.017	0.118
DepositType_NoDeposit	0.956	0.972	0.970	0.909
DepositType_NonRefund	0.040	0.023	0.030	0.091
DepositType_Refundable	0.004	0.005	0.001	0.000
CustomerType_Contract	0.048	0.032	0.28	0.055
CustomerType_Group	0.007	0.008	0.005	0.003
CustomerType_Transient	0.770	0.828	0.633	0.630
CustomerType_Transient-Party	0.176	0.132	0.082	0.312
Season_Autumn	0.321	0.309	0.458	0.334
Season_Spring	0.201	0.209	0.159	0.186
Season_Summer	0.266	0.264	0.263	0.271
Season_Winter	0.212	0.219	0.119	0.209
DistributionChannel_Direct	0.215	0.228	0.083	0.198
DistributionChannel_TA/TO	0.785	0.772	0.917	0.802

若根据划分出的簇来看，则可以发现有 3 种不同类型的度假酒店消费者。

我们将第一类消费者称为“精心计划＋旅游享受”型，原因是虽然该类消费者出行分布、有 TA 参与比例、第三方公司支付比例、押金类型、预订类型等与整体分布较为相似，但关于价格方面，该类消费者的平均消费金额更高(均值为 0.80)。约有 20%的消费者是自驾游，需要一个停车位。在渠道选择分布方面，77%的消费者通过 OTA 渠道进行预订，而 23%的消费者通过 SOM 渠道进行预订，是 3 种类型消费者中分布相对最均匀的，说明该类消费者对于渠道选择的态度不是很明确，因此存在酒店引导消费者进行渠道转换的可能性。在提前计划时长方面，约有 20%的消费者会在很长(>157 天)的时间范围内提前完成预订，说明与整体相比，该类消费者计划要更久，对未来计划更为认真。在停留时长方面，该类消费者在酒店平均停留 3 天，出行时间最短。在关于对酒店的特殊要求方面，对酒店提出要求的人数要多于没有特殊要求的人数，说明该群体的整体要求更高。另外，该群体的餐饮类型全部为只含早餐。因此，该类消费者提前计划时长较长，对于未来的行动期望和要求较高，对于价格的敏感度较低，可能平时出行旅游的频次较高。

第二类消费者称为"提前计划＋短时间出游"型，追求定制化服务和省心。从渠道选择的分布，即 91.7%的消费者选择 OTA 渠道，而 8.3%的消费者选择度假酒店 SOM 渠道，可以看出该类消费者更喜欢 OTA 渠道。在该类消费者中，平均出行同行的儿童数量为 0.1，高于整体水平和第一类消费者，说明该类消费者更看重家庭。从消费金额来看，该类消费者的平均消费金额少于第一类消费者，对价格更敏感。提前计划时长平均为 90.12 天，说明该类消费者倾向于提早做准备。相比于第一类消费者，该类消费者与第三方达成合约的可能性更高(平均概率为 0.28)，对于餐饮则更喜欢酒店的半餐服务。该类消费者对于定制化服务的需求很高。特别地，消费者的停留时长平均为 4 天，可能是由于平时工作生活较忙，很难长时间旅行。这说明该类消费者倾向于提前形成出行计划，但出行时倾向于与 TA 合作，不太喜欢自己制订计划出游，出行时间相对较短，对金钱较敏感。

在第三类消费者的渠道选择中，选择 OTA 渠道进行的预订占比为 80.2%，选择酒店 SOM 渠道的预订占比为 19.8%，说明消费者表现出一定的 OTA 渠道倾向。从消费水平上看，该类消费者的平均消费金额是 3 类消费者中最高的(均值为 0.99)，说明该类消费者对价格敏感度较低，且根据对酒店的特殊要求数量和停车位数量来看，该类消费者的定制化要求相对较多，说明该类消费者更追求生活品质。从餐饮类型分布上来看，该类消费者与前两种消费者相比，喜欢全餐的比例更高(0.074)，说明该类消费者更喜欢高档酒店的饮食，这可以印证其"追求生活品质"的特点。其他变量的分布与整体基本持平。因此，我们称这类消费者为"追求生活品质"型，对价格不敏感。

综上所述，度假酒店消费者可以大致分为 3 种类型，分别为"精心计划＋旅游享受"型、"提前计划＋短时间出游"型和"追求生活品质"型，3 种类型消费者有着不同的突出特征、出行模式和渠道偏好。若明确一个消费者所属的类型，则可以根据其特点，向他提供定制化服务，以刺激消费者的消费需求，进而提高酒店的效益。

11.5.2 商务酒店数据集

1. MCA 分析

类似于度假酒店数据集，我们在商务酒店数据集上运行了基于 MCA 的 *K*-Means 算法，对消费者进行了细分。图 11-8 所示为解释方差百分比最大的 10 个特征及其对应的解释方差百分比。为了有利于可视化，我们选择前两个变量作为后续聚类分析的基础变量。其中，前两个变量的累积解释方差百分比为 22.61%。

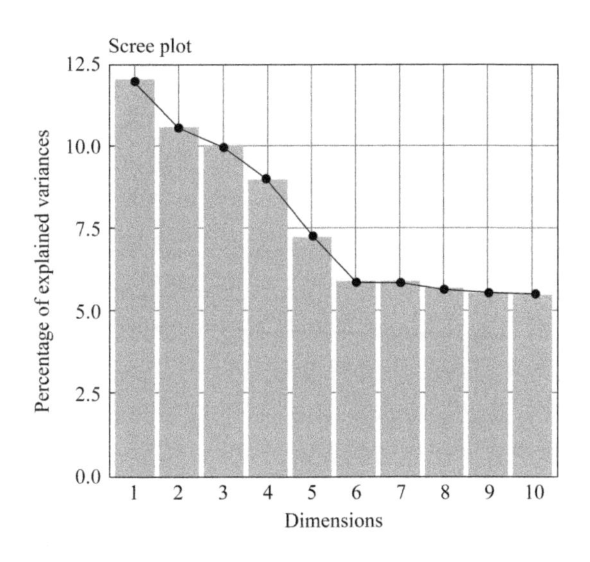

图 11-8 商务酒店数据 MCA 降维后的变量解释方差(前 10 个)

2. *K*-Means 聚类分析

与度假酒店数据集相同,为了确定最佳聚类簇的数量 k,我们在商务酒店数据集上也运用肘部法,即分别设置聚类簇数量为 2～15,依次进行迭代,并在每次迭代时计算 SSE,画出折线图,如图 11-9 所示。

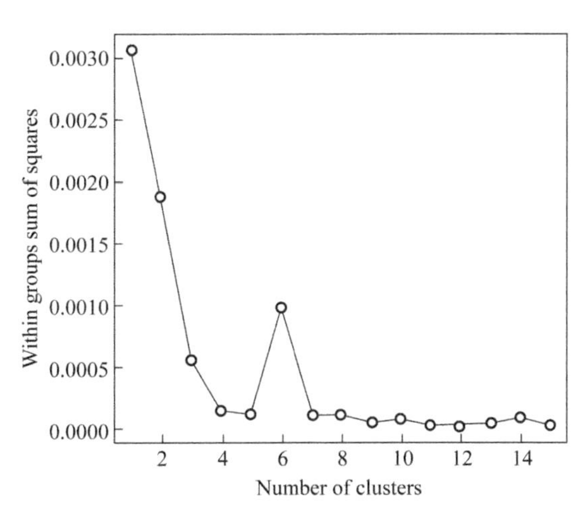

图 11-9 基于商务酒店数据 MCA 降维后的 SSE 聚类迭代($k=2,\cdots,15$)

根据图 11-9,我们可以看出,$k=4$ 为整条曲线的第一个拐点,后续 SSE 下降速度放缓,甚至有回升的变化趋势,因此我们设置最佳聚类数量 $k=4$,实现后续的 K-Means 聚类算法。聚类结果中 4 个簇内的数据分别有 37 972 条、16 244 条、6 761 条和 14 684 条,说明我们划分得到的簇的大小存在差异。4 个簇基本相互分离,只有少数重叠,说明前两个维度可以较好地将属于不同簇的样本点区分出来。且不同的簇位于坐标原点两侧,进一步说明簇之间的差别较大,我们将在下文中对每个簇的样本特征进行分析。

表 11-24 给出了商务酒店数据集的聚类结果。通过对商务酒店数据集整体数据样本的观察,我们可以得出以下结论。

① 从整体来看，与度假酒店数据集一样，商务酒店的消费者也喜欢两人一起出行(均值为1.88)。对于儿童(均值为0.095)和婴儿(均值为0.005)，我们可以看出商务酒店的消费者群体还是以成人为主，婴儿和儿童不是酒店的主要服务对象。由于消费者个人统计特征相关数据的缺失，对于同行消费者之间的关系我们无法进一步确定。

② 商务酒店消费者的消费水平较高(均值为0.875)，且每次出行的提前计划时长基本在168天(75%分位数为168)，平均住宿时长在3天左右(周末停留天数均值为0.8，工作日停留天数为2.2)。可以推断出，城市消费者住宿的主要特点是住宿时长较短，可能是出差旅行或者其他短暂停留的活动。消费者大部分的活动都有TA参与(Is_Agent均值为0.931)，由支付公司替代完成支付活动的预订所占比例平均为1%。

③ 在消费者对商务酒店提出的特殊要求方面，平均每次预订消费者会向酒店提出0.56次需求，说明商务酒店的消费者对于酒店的要求较高，要想进一步了解消费者的期望和需求，可以采用问卷调查或访谈的方式抽取部分消费者样本，详细了解消费者的要求。或者采用文本分析的技术对消费者提出的要求内容进行挖掘，以便对酒店的硬件设施进行改进。而对于停车位数量，提出需求的消费者较少(均值为0.02)。关于预订类型，可以看到75%的消费者是通过一次性个人临时预订完成的，而与其他组织有约定完成临时一次性预订的消费者占21%。

④ 关于酒店的押金类型，83.4%预订的押金类型为不需要押金，16.6%预订的押金类型为不可退款。对于餐饮，77.7%的消费者倾向于享受酒店的早餐服务，较少的消费者喜欢酒店的无套餐服务(13.8%)。另外，在我们的样本中，91.1%的消费者选择了OTA渠道进行预订，8.9%的消费者选择了SOM渠道进行预订。且预订平均变更次数为0.18次，即消费者完成预订后，预订状态一般相对较稳定。

⑤ 关于消费者的经验，平均来说消费者取消预订的次数为0.07次，而历史成功预订的次数为0.03次。可以看出，有历史消费经验的消费者占比较低。

表11-24 商务酒店数据聚类结果(均值)

变量	整体	Cluster_1	Cluster_2	Cluster_3	Cluster_4
LeadTime	113.6	43.48	50.44	63.42	120.1
StaysInWeekendNights	0.809	7.636	0.715	1.859	0.797
StaysInWeekNights	2.217	19.45	2.037	4.671	2.184
Adults	1.88	1.878	1.881	1.806	1.919
Children	0.095	0.117	0.038	0.175	0.068
Babies	0.005	0.005	0.003	0.019	0.001
PreviousCancellations	0.073	0.042	0.043	0.039	0.205
PreviousBookingsNotCanceled	0.032	0.015	0.013	0.204	0.016
BookingChanges	0.183	0.318	0.330	0.517	0.161
RequiredCarParkingSpaces	0.022	0.000	0.075	0.047	0.017
TotalOfSpecialRequests	0.560	0.386	0.584	0.634	0.556
RoomType_IsChanged	0.912	0.881	0.925	0.867	0.998
Is_Agent	0.931	0.959	0.994	0.545	0.964
Is_Company	0.012	0.015	0.001	0.048	0.002

续 表

变量	整体	Cluster_1	Cluster_2	Cluster_3	Cluster_4
ADRThirdQuartileDeviation	0.875	0.900	0.910	0.867	0.775
DistributionChannel_Direct	0.090	0.000	0.000	0.999	0.000
DistributionChannel_TA/TO	0.911	1.000	1.000	0.001	1.000
Meal_BB	0.777	0.999	0.002	0.909	0.998
Meal_FB	0.001	0.000	0.000	0.001	0.002
Meal_HB	0.085	0.000	0.378	0.036	0.000
Meal_SC	0.138	0.000	0.620	0.054	0.000
DepositType_NoDeposit	0.834	0.873	0.925	0.979	0.562
DepositType_NonRefund	0.166	0.126	0.074	0.020	0.438
DepositType_Refundable	0.000	0.000	0.000	0.000	0.000
CustomerType_Contract	0.030	0.034	0.012	0.001	0.054
CustomerType_Group	0.004	0.004	0.002	0.007	0.002
CustomerType_Transient	0.752	0.760	0.739	0.897	0.677
CustomerType_Transient-Party	0.214	0.201	0.247	0.095	0.267
Season_Autumn	0.305	0.241	0.357	0.320	0.408
Season_Spring	0.184	0.242	0.167	0.217	0.205
Season_Summer	0.295	0.288	0.290	0.262	0.333
Season_Winter	0.215	0.228	0.187	0.202	0.220

根据划分簇中的特征变量分布来看，4 个簇中的消费者均有着不同的特点。

第一类消费者称为“长期停留＋被动接受服务”型，提前计划时长短，对价格的敏感度不高，有着较强的 OTA 渠道偏好（OTA 均值为 1）。该类消费者的提前计划时长是 4 类消费者中最短的，平均只有 43.5 天，说明该类消费者提前计划的意愿较弱。从同行儿童的数量比整体水平多来看，该类消费者更倾向于家庭出行。该类消费者的停留时长平均为 27 天左右，且对应的历史预订记录较少，说明此类消费者大多为酒店的新客户。平均预订变更次数为 0.3 次，比整体商务酒店消费者要多，说明该类消费者的预订状态稳定性较差。从平均消费金额比整体高来看，该类消费者的价格敏感度不高，且额外需求较少（均值为 0.318 次）。由于房型变更的概率较小（均值为 0.881），说明此类消费者在预订之后，房型基本不发生变化。对于套餐服务，“长期停留”型更喜欢早餐服务（均值为 0.999）。因此，可以看出，该类消费者为被动接受服务型消费者，尽管对个人化定制服务要求较少，但对服务的标准要求较高。

第二类消费者为“TA＋定制化服务” 型，追求定制化服务，且喜欢提早行动。该类消费者群体中寻找 TA 完成预订的比例为 4 种类型消费者中最高的（Is_Agent 均值为 0.994）。对于渠道偏好，该类消费者更倾向于选择 OTA 渠道完成预订（选择 OTA 预订的占比为 100%）。从消费者的消费水平来看，该类消费者的平均消费金额为 4 类消费者中最高的（均值为 0.910）。另外，该类消费者喜欢提早行动（均值为 50.44），即提前寻找 TA 安排未来的出行计划。对于餐饮类型，62%的人不喜欢酒店的餐饮服务，37.8%的人对酒店的半餐服务有偏好。该类消费者对于停车位和特殊要求的需求较多，说明该类消费者对于定制化服务要求较高。

此外，该类消费者基本无历史预订记录，是酒店的新客户。综上，该类消费者追求定制化服务，对价格不敏感，酒店服务者可以在OTA渠道上为该类消费者制订详细的套餐内容，以刺激他们的消费需求。

第三类消费者为"会员+追求品质"型，追求品质，更倾向于使用商务酒店的SOM渠道。该类消费者虽然喜欢两个成年人一起外出(均值为1.806)，但也相对较喜欢携带儿童出行(均值为0.18)，这与第一类消费者有相似之处。不同的是该类消费者的消费金额较低，说明该类消费者对价格的敏感度较高。另外，从特殊要求数量占比最多(均值为0.634)来看，该类消费者对于定制化服务要求较高。在渠道分布情况方面，OTA渠道上完成的预订占比为0.1%，而SOM渠道商完成预订的数量占比为99.9%，另外群体中20.4%的人有成功预订的历史记录，则可以说明该类消费者倾向于成为酒店的会员。酒店可以为该类消费者开通会员特权，进行多次服务。

第四类消费者为"提前计划+不稳定"型，喜欢提前计划未来出行，也追求低价格，但是预订状态不稳定，取消或变更预订的可能性大，对于OTA则表示出很大程度的倾向(该类数据样本中选择OTA渠道的概率为1)。该类消费者的提前计划时长分布相对于其他类别更倾向于长距离(平均为120.1天)，但历史取消记录较多(均值为0.21)，说明虽然该类消费者喜欢提前计划未来的出行和住宿，但决定经常变化。进一步地，房间类型变更占比为99.8%，则可以猜想该类消费者取消或变更预订的部分原因是房型变更，因此商务酒店在为该类消费者服务时，应该更合理地安排酒店的房间资源，降低该类消费者预订房型变更的可能性，留住该类消费者。

综上，商务酒店的消费者可以分为"长期停留+被动接受服务"型、"TA+定制化服务"型、"会员+追求品质"型和"提前计划+不稳定"型。若商务酒店管理者明确消费者的所属类别，则可以通过定制化的服务内容和侧重点，提高酒店的效益。

11.6 结论与讨论

首先，本章的研究基于消费者行为选择模型、任务-渠道匹配理论，指出可能影响消费者酒店预订渠道选择的因素，从产品因素、消费者特征因素、渠道因素及情境因素4个角度提出一系列可用客观数据测度的特征变量，基于度假酒店和商务酒店两种类型酒店真实预订记录数据，运用多种机器学习算法对两个数据集中的渠道选择进行预测，选择效果最好的XGBoost模型作为后续特征筛选的主要分类模型，并绘制出特征重要性排序图。随后利用基于XGBoost的RFE算法对两个数据集的特征变量进行筛选，同时建立逻辑回归模型对各影响因素的作用进行了测度。研究结果表明，情境因素在消费者的酒店预订渠道选择中起了很重要的作用。关于产品因素，价格不是消费者在做出酒店预订渠道选择时的首要考虑因素。关于渠道因素，押金类型会促使度假酒店消费者选择TOP渠道(OTA渠道)进行预订，而对商务酒店的消费者没有显著影响。在消费者特征因素中消费者的历史经验对于度假酒店的消费者没有显著影响，但是对于商务酒店的消费者有显著影响。停留时长对于度假酒店消费者的预订渠道选择有显著影响，但对于商务酒店的消费者无显著影响。

其次，从探索消费者的细分特征和渠道偏好出发，对两种类型酒店的预订渠道选择数据进行了细分，识别出了两种类型酒店的细分消费者类型；通过对各个细分类型消费者特点的阐释和比较，明确了不同类型消费者的渠道偏好。①综合来看，与度假酒店消费者对酒店预订渠道选择的偏好相比，商务酒店消费者对于酒店预订渠道的偏好更明确，且商务酒店消费者的平均停留时长要比度假酒店消费者短。但两种类型的酒店消费者均倾向于采用“双成人”的模式出行，婴儿和儿童均不是两种酒店的主要服务对象。且两种类型酒店的消费者均倾向于寻找TA完成酒店预订。②度假酒店的消费者有3种细分类型，分别为“精心计划＋旅游享受”型、“提前计划＋短时间出游”型和“追求生活品质”型。“精心计划＋旅游享受”型消费者喜欢提前制订计划，对于未来的行动期望和要求较高，对于价格的敏感性较低，渠道偏好分布相对较均匀，存在渠道转换的可能性。“提前计划＋短时间出游”型消费者更倾向于提前形成出行计划，但出行时更倾向于与TA合作，不太喜欢自己制订计划出游，出行时间较长，对价格较敏感，对OTA渠道有较强的倾向性。“追求生活品质”型消费者的价格敏感度较低，特殊要求数量较多，喜欢酒店的全餐服务，对OTA渠道有一定的偏好。③商务酒店的消费者有4种细分类型，包括“长期停留＋被动接受服务”型、“TA＋定制化服务” 型、“会员＋追求品质”型和“提前计划＋不稳定”型。“长期停留＋被动接受服务”型消费者对价格不太敏感，倾向于家庭出行，特殊要求数量较少，停留时间较长，喜欢酒店的早餐服务，对OTA渠道表现出明显的倾向性。“TA＋定制化服务” 型消费者追求定制化服务，倾向于提早制订行动计划，跟随TA完成出行计划，倾向于选择无套餐服务，表现出较强的OTA渠道选择倾向。“会员＋追求品质”型消费者中具有历史经验的人较多，追求品质，更倾向于使用商务酒店的SOM渠道。“提前计划＋不稳定”型消费者喜欢提前计划，也追求低价格，但预订状态不稳定，对于OTA渠道表现出很强的偏好(张舵，2020)。

本章小结

本章从数据层面、研究变量方面，用客观数据和机器学习方法探究了消费者在不同类型酒店预订场景下的预订渠道选择影响因素及消费者的细分类型与渠道偏好。研究成果为相关研究提供了数据验证和方法参考，丰富了消费者的酒店预订渠道选择相关研究，对酒店的渠道管理提供了实践启示。

第12章　理解消费者对两类线上渠道的电子忠诚

在第6～11章中，本书基于建立顾客关系构建研究模型，综合运用探索性案例研究、问卷调查、文本分析及实验法等多种方法探究了消费者对线上渠道的选择机理及其影响因素。本章则进一步着眼于维系顾客关系，分析比较消费者对企业自营在线商城和第三方在线平台的电子忠诚形成机制，为企业和第三方在线平台增强及维系顾客关系提供启示，并给出相应的理论贡献。理解SOM和TOP两种线上渠道情境中电子忠诚的形成机制，有利于企业和第三方在线平台根据自身情况更好地配置资源，以保持或提升消费者的电子忠诚度。

12.1　问题描述

伴随着市场竞争的持续加剧，顾客忠诚成为影响企业盈利的关键因素。保持并发展与顾客的长期关系有助于获取溢价、降低营销成本以及产生正面的口碑，进而提高销售额、增加企业利润。现有文献表明，与顾客忠诚相关的研究有两个分支：关系视角和交易视角（Fang et al.，2016）。关系视角主要关注情感因素并将信任视为预测顾客忠诚的核心因素（Shin et al.，2013）。交易视角通常关注认知因素并将感知价值作为顾客忠诚的关键决定因素（Hsu et al.，2015）。顾客忠诚代表顾客对特定企业或产品的态度和偏好，而电子忠诚被定义为“重新访问网站的意愿”（Corstjens et al.，2000）。电子忠诚的概念是顾客忠诚在以技术为媒介的线上消费体验中的延伸和扩展（Corstjens et al.，2000；Reichheld et al.，2000）。关系视角和交易视角都为理解电子忠诚的驱动因素提供了有价值的借鉴，将关系视角和交易视角纳入同一研究模型中非常重要（Fang et al.，2016）。Toufaily等（2013）建议在研究模型中合并交易/关系视角以理解电子忠诚的形成，同时他们鼓励在未来的研究中同时考虑购物动机的功利和享乐维度。前期对忠诚度研究的重点是传统渠道或者线上渠道中的忠诚度，也有少量文献关注了传统渠道和线上渠道间忠诚度形成机制的差异。但前期研究对同为线上渠道的SOM和TOP间忠诚度形成机制的差异则鲜有涉及。由于SOM和TOP同为线上渠道，在感知价值和信任方面，消费者对SOM、TOP的感知差异与对线上、线下渠道的感知差异存在明显的不同。

在此背景下，本章从交易/关系视角出发将消费者电子忠诚与多渠道情境联系在一起，通过考虑SOM相对于TOP中影响消费者电子忠诚的认知/情感因素，建立并扩展了基于交易/关系视角的电子忠诚模型。具体而言，我们提出了感知价值、信任和电子忠诚间如何相关的假设，以及线上渠道类型如何调节信任和电子忠诚间关系的假设。

本章的研究目的是回答以下问题：①这些情感因素和认知因素如何共同影响电子忠诚的

形成，以及它们之间的内在关系是什么？②线上渠道类型（SOM与TOP）会调节信任和电子忠诚间的关系吗？如果会，那么对建立电子忠诚策略感兴趣的相关方会有怎样的启示？③消费者对SOM电子忠诚和TOP电子忠诚的形成机制有何不同？

12.2　变量解释

12.2.1　感知购物价值

Schwartz（1994）将价值定义为："价值是合乎需要的超越情境的目标，在一个人的生活中或其他社会存在中起着指导原则的作用。"购物价值指消费者对构成整个购物体验的主客观因素的综合评价（Zeithaml，1988）。所有的消费过程都涉及对认知和感官的刺激，所以购物过程被看作为个体提供认知（功利）和感官（享乐）收益的过程（Hirschman，1984；Liu et al.，2000）。因此，购物价值可分为功利价值和享乐价值（Bilgihan et al.，2015；Babin et al.，1994；Childers et al.，2011；Ha et al.，2009）。当消费者完成刺激购物的需求时便获得了功利价值（Babin et al.，1994），例如，发现了要找的产品（Babin et al.，1994），节约了时间、金钱、努力（Rintamäki et al.，2006），访问、搜索、获取、交易等非常便利（Seiders et al.，2000）等。享乐价值则反映了购物体验的娱乐、情感收益（Babin et al.，1994），如乐趣、幻想和唤醒式购物（Childers et al.，2011）。享乐价值通常与消费者从购物中获得的娱乐程度有关（Jarvenpaa et al.，1997）。"娱乐"指体验的愉悦和兴奋程度（Menon et al.，2002）。享乐价值强调使用信息系统的有趣性，鼓励消费者长时间使用而不是生产性使用（Van der Heijden，2004）。功利价值通常被认为是"任务相关的""理性的"（Liu et al.，2000；Babin et al.，1994），关注通过网站获取所需信息的效率（Childers et al.，2011）。享乐价值比功利价值更具主观和个人色彩，关注"有趣""娱乐"而不是完成任务（Liu et al.，2000）。

12.2.2　电子忠诚

电子忠诚被定义为"重新访问网站的意愿"（Corstjens et al.，2000），然而忠诚行为也可能与再次购买有关（Oliver，1999）。因此，本章将电子忠诚定义为消费者对线上渠道的感知忠诚度，指未来再次访问线上渠道或再次从线上渠道购买产品的意愿。电子忠诚指线上环境中的顾客忠诚，然而，电子忠诚又不同于顾客忠诚。顾客忠诚代表顾客对特定企业或产品的态度和偏好，而电子忠诚被定义为与特定线上渠道相关的重访态度或者重访行为（Anderson et al.，2003）。

在电子商务环境中，忠诚的顾客能带来诸多好处，例如，增加交叉销售、顾客更倾向于向他人推荐、顾客会买的更多、增加访问渠道的次数、增加在渠道上购买和再购买产品的意愿以及支付更多的费用、减少顾客寻找替代商的可能性、提高渠道管理者服务顾客的能力、顾客对问题的容忍度更大（Toufaily et al.，2013；Harris et al.，2004）等。建立、保持和提升顾客电子忠诚能帮助渠道管理者确保未来的销售和利润。

12.2.3 信任

不同学者对信任给出了不同的定义。Schurr 和 Oznne(1985)认为信任是对交易伙伴建立交易、遵守关系规范和兑现承诺的能力和意愿的信心。Anderson 和 Narus(1990)认为信任是一种信念,即对方会执行有利于交易伙伴的行为,而不会做出损害交易伙伴的非预期行为。Mayer 等(1995)认为信任是指"一方当事人 A 愿意受到另一方当事人 B 行为的影响,期望 B 会对 A 采取特别重要的行动,无论是否对 B 采取监督或控制"。Ba 和 Pavlou(2002)也认为信任是个人的信念,相信交换会以一种与个人的期望相一致的方式进行。在一些文献中,信任被概念化为一个多维构念,包括诚实、善意和能力(Mayer et al.,1995),仁慈和可靠(Ba et al.,2002)以及认知信任和情感信任(Kim et al.,2013)。线上环境中电子商务网站取代了销售人员的作用,网站被线上消费者视为交易的伙伴(Kim et al.,2009a)。电子商务环境下的信任被界定为线上消费者与特定交易网站或者提供信息的网站间的一种关系,如对网站的主观评价(Sullivan et al.,2018)。在本章中,我们参照 Schurr 和 Oznne(1985)、Anderson 和 Narus(1990)、Mayer 等(1995)以及 Ba 和 Pavlou(2002)等学者关于信任的定义,将信任定义为一个一维构念:线上消费者根据自身认知能力、以往经验或他人推荐等对线上渠道的行为和动作的主观期望和信念。也就是说,信任是消费者在存在风险的线上购物环境中对自己期望的一种态度。

在存在不确定性和风险的交易环境中,信任在维持交易双方之间的关系中发挥着重要作用(Mayer et al.,1995)。缺乏信任往往会导致消费者在线上交易期间放弃购物(Awad et al.,2008)。电子商务环境中消费者更容易受到交易风险的影响(Ba et al.,2002),一方面,消费者不能面对面地与卖家沟通交流,消费者也无法依靠感官直接了解和比较商品;另一方面,有些卖家甚至有意隐瞒或歪曲事实,给出虚假承诺(Riegelsberger et al.,2005)。因此,信任往往被视为电子商务的基础,是对电子商务成功至关重要的影响因素(Fang et al.,2014)。信任允许消费者主观排除被信任方可能的不良行为,从而将感知风险降低到更容易管理的程度(Mayer et al.,1995)。正因为如此,信任被发现是初次在线购买和重复购买的重要预测因素(Kim et al.,2009a)。

12.3 研究模型与假设

12.3.1 研究框架

本章的研究模型以服务产出理论和社会交换理论为基础。采用社会交换理论:①建立消费者感知购物价值与电子忠诚间的关系;②解释信任的中介作用。由于社会交换理论关注个体间如何建立和维持关系,并不涉及渠道类型的概念,因此借助于服务产出理论探究渠道类型在调节信任和电子忠诚间关系中的作用。概念模型如图 12-1 所示。从交易/关系视角出发将消费者电子忠诚与多渠道情境联系在一起,通过考虑 SOM 相对于 TOP 中影响消费者电子忠诚的认知/情感因素,建立并扩展了基于交易/关系视角的电子忠诚模型。

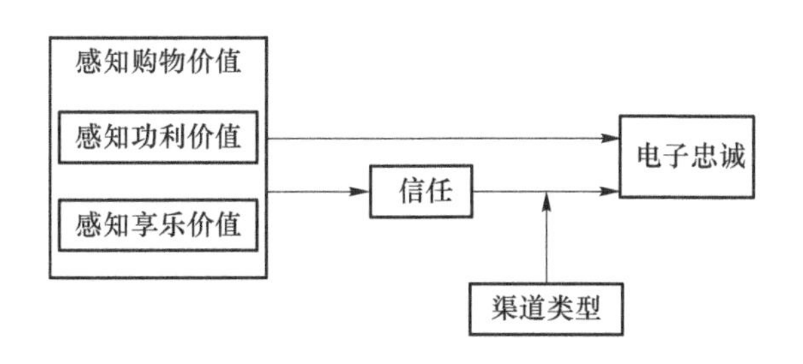

图 12-1　概念模型

12.3.2　感知购物价值与电子忠诚的关系

以往的研究认为感知购物价值是影响顾客忠诚的决定性因素。Sirdeshmukh 等人(2002)认为只要交换提供较高的价值,顾客感知价值便会影响其对服务提供商的忠诚度。很多研究发现感知价值会对忠诚产生正向的作用(黄京华 等,2016;汪旭晖 等,2008;Kim et al.,2019;姚杰 等,2017;王宗水 等,2016),如愿意支付溢价、更高的购买意愿以及正面的口碑(李宗伟 等,2017;Pura,2005)。先前的研究还支持这样的观点,即顾客感知价值的每个子维度都会影响忠诚度。Pura(2005)指出,社会价值、货币价值和情感价值影响忠诚度。在一项关于奢侈时尚品牌的研究中,Kim 等(2010b)发现顾客感知价值的所有维度(功能、社会、情感和感知牺牲)都会影响品牌忠诚度。Kim 等(2019)也认为感知功利价值、感知享乐价值和感知财务价值都会对忠诚度产生显著影响。

在线上购物环境中,功利价值指消费者高效、准确地完成购物任务;享乐价值指消费者在购物过程中体验到的娱乐性和快乐性程度(Babin et al.,1994)。消费者获得的功利价值和享乐价值会显著地影响消费者的忠诚度(Wu et al.,2018)。在线上酒店预订环境中,Bilgihan 和 Bujisic(2015)将功利性和享乐性网站特征、顾客承诺、信任以及电子忠诚间的关系理论化,其研究结果强调了通过网站的享乐和功利特征来建立忠诚的重要性。在移动酒店预订环境下,Ozturk 等(2016)发现功利价值和享乐价值会对消费者持续使用移动酒店预订技术的意愿产生显著的影响。阮燕雅和李琪(2017)以社交商务平台为背景实证研究发现消费者感知功利价值和享乐价值均会对其社交购物意愿产生显著的正向影响。当消费者从购物体验中感知到高水平的功利价值和享乐价值时,他们往往表现出积极的行为意图,如继续使用和重复购买(Chiu et al.,2014;Ozturk et al.,2016;赵文军 等,2017)。因此,我们认为消费者感知功利价值和感知享乐价值会正向影响其电子忠诚。据此,提出了以下假设。

H1　消费者的感知价值正向影响消费者的电子忠诚。

H1a　感知享乐价值正向影响消费者的电子忠诚。

H1b　感知功利价值正向影响消费者的电子忠诚。

12.3.3　信任的中介作用

尽管有研究表明信任会影响感知价值,但 Harris 和 Goode(2004)认为"在考虑已确定的前置因素之后,如感知价值等,信任成为交换过程中的一个关键和核心因素"。当消费者感觉到他们从服务提供商那里获得高价值服务时,消费者开始信任该服务提供商(Karjaluoto et al.,2012)。在电子商务环境中,Sullivan 和 Kim(2018)验证了感知价值对线上信任的正向影响。有研究也表明,功利价值和享乐价值是影响用户信任的重要因素(Bilgihan,2016;Bilgihan et al.,2015)。

信任是多维度的,包括认知维度和情感维度(Kim et al.,2013)。认知信任指消费者对他人的专业能力和可靠性的信念或意愿(Moorman et al.,1993)。值得信赖的网站会降低网站带给消费者的非货币交易成本(Kim et al.,2012)。通过减少非货币交易成本,消费者能获得更多的效用(Kim et al.,2012),进而导致信任的形成(Sullivan et al.,2018)。此外,收益也被视为信任的前置变量(Morgan et al.,1994)。先前的研究指出线上渠道的很多特性对建立线上信任很重要(Kim et al.,2013;Kim et al.,2017;Yahia et al.,2018),如声誉、感知安全、服务质量及有用性(Kim et al.,2017),这些变量反映了与线上渠道相关的功利价值(Wongkitrungrueng et al.,2020)。另外,情感信任指消费者基于情感对交易伙伴特性做出的主观评价(Hansen et al.,2002;Yang et al.,2019),其通过消费者和卖家间的情感纽带而形成(Kim et al.,2013)。线上渠道提供的享乐价值增强了消费者体验,让消费者感到有趣。这种积极的情绪和情感可以作为与交易相关方建立情感关系的基础(Wongkitrungrueng et al.,2020)。Yahia 等(2018)发现卖家对享乐价值的投资与消费者对卖家的信任正相关。据此,提出了以下假设。

H2 感知购物价值对消费者对线上渠道的信任有正向的影响作用。

H2a 感知享乐价值对消费者对线上渠道的信任有正向的影响作用。

H2b 感知功利价值对消费者对线上渠道的信任有正向的影响作用。

许多研究认为信任是电子忠诚的主要决定因素(Reichheld et al.,2000;Toufaily et al.,2013;Harris et al.,2004;邓爱民 等,2014)。例如,Reichheld 和 Schefter(2000)认为"要赢得顾客的忠诚,你必须首先获得他们的信任",建立电子忠诚取决于建立消费者对线上卖家的信任(Harris et al.,2004)。许多学者认为在存在风险和不确定性的环境中,信任对忠诚的影响更大(Anderson et al.,2003;López-Miguens et al.,2017)。由于线上消费者对产品潜在缺陷的担忧,以及消费者不能轻易评估产品特性是否符合他/她的产品偏好(Dimoka et al.,2012),线上交易往往涉及高度的不确定性(Ba et al.,2002)。当消费者信任某线上渠道时,便会对该线上渠道持有积极的态度。这种积极的态度增加了消费者推荐或者重新访问该线上渠道的意愿。也就是说,信任对电子忠诚有正向的影响。据此,提出了以下假设。

H3 线上消费者对线上渠道的信任正向影响消费者的电子忠诚。

12.3.4 渠道类型的调节作用

在本节中,假定 SOM 渠道和 TOP 渠道间的差异影响信任与电子忠诚间的关系,将借助于消费者渠道选择文献和服务产出理论提出关于渠道类型调节作用的假设。

渠道选择文献认为消费者的渠道选择行为源自消费者使用特定渠道获得的收益以及付出的成本。消费者会基于自身效用函数计算特定渠道的混合收益,进而决定对该渠道的使用意愿(Liu et al.,2014;Koistinen et al.,2009;Kollmann et al.,2012)。也可以说,消费者对渠道的选择取决于消费者对渠道服务产出的感知,消费者对渠道服务产出的感知会因渠道而不同。例如,Koistinen 和 Järvinen(2009)发现那些不在意价格且关注个性化服务的消费者更倾向于游览超级市场而不是超大型自助市场；Kollmann 等(2012)认为从顾客视角来看线上、线下渠道各具优缺点，他们发现对风险和服务要求较低而偏好便利的用户倾向于选择线上渠道；Liu 和 Zhang(2014)比较了线上酒店预订者对酒店官网和 OTA 的感知，发现消费者因偏爱网站质量而选择酒店官网，OTA 则在其他方面更具优势。当消费者选择购物渠道时，消费者对渠道信任的感知重要性也会因渠道发生变化。例如，Hong(2015)发现消费者对线上商家的信任期望是消费者在 SOM 和 TOP 间选择的一个重要的决定性因素，需要对商家高度信任的消费者会选择 SOM 而不是 TOP。在两个不同零售渠道背景中研究消费者满意-忠诚间关系时，Kamran-Disfani 等(2017)发现消费者对大型超市的信任显著影响顾客忠诚，而选择小型超市的消费者已不再将信任视为使用小型超市的决定性因素。总之，前期有关渠道选择的文献表明，消费者购物渠道选择是对渠道属性给消费者带来的收益和成本的综合比较结果。在消费者选择渠道过程中，同一个渠道属性发挥的作用并不完全相同。这表明，消费者对同一渠道属性的感知重要性在不同渠道间存在差异。消费者对 SOM 和 TOP 的感知风险和不确定性存在差异。第三方在线平台往往伴随着更大的风险和不确定性(Hong，2015；Hong et al.，2011)。Mayer 等(1995)认为感知风险或不确定性是需要信任的情境因素之一："只有在有风险的情况下才需要信任。"Schlosser 等(2006)的研究表明，在感知风险较低的情境下，信任对购买意愿的影响很小。据此，我们认为信任对电子忠诚的影响程度会在 SOM 和 TOP 间发生变化。

服务产出理论认为用户对购物地点的选择不仅仅是基于产品属性和价格的。用户在选择购物地点时，会在这些要素和服务产出之间进行权衡(Coughlan et al.，2006)。消费者会选择提供更高服务产出组合的渠道。也就是说，从消费者的视角，不同渠道提供的服务产出组合是不同的(Kamran-Disfani et al.，2017)，消费者对渠道服务产出要素的感知重要性会因渠道而异。

综上，根据消费者渠道选择文献和服务产出理论，我们认为从消费者的视角来看，SOM 和 TOP 提供的服务产出组合是不同的。我们认为信任是一个重要的渠道服务产出要素，SOM 上的消费者和 TOP 上的消费者对信任的感知重要性存在差异。因此，假设信任对电子忠诚的影响程度在 SOM 和 TOP 间存在变化。

H4　渠道类型(SOM 与 TOP)对信任和电子忠诚间的关系起到调节作用。

12.4　研究方法与过程

本章的研究探讨了不同渠道类型下感知价值、信任及电子忠诚间的关系，着重关注渠道类型对信任和电子忠诚间关系的调节作用。本节将借助于 AMOS 21.0、SPSS 23.0 工具，使用结构方程模型(Structural Equation Modeling，SEM)方法，对 12.3 节提出的概念模型与研究假设进行检验。

12.4.1　问卷设计

问卷设计的质量对获得可信的研究结论起着重要作用。为获得有效的调查问卷，在设计问卷时我们进行了如下考虑：首先，选取国内外经典文献中的成熟量表对本章研究中的变量进行测度。其次，考虑到被试均是来自国内某院校的本科生及研究生，需要先将英文文献中的量表翻译成中文，并根据研究情境进行适当的修改。为保证翻译后的中文量表不会出现语义理解偏差，我们邀请精通英语和汉语两种语言的语言专家对量表进行评估，并根据其意见对问卷进行了修改。再次，通过与本领域的两位资深学者沟通，确保问卷语义通畅，又能体现要研究的内容。最后，具有所要研究的线上渠道相关经验的 30 名本科生和 30 名研究生被邀请参加预试。当被试填写完问卷后，我们针对问卷的逻辑性、题项的排列顺序、问卷的易读易懂性、题项的情境相关性等征求了被试的意见。被试反馈主要集中在题项措辞的表述上，根据他们的建议，我们进一步完善了问卷。总体来说，设计的问卷结构合理、有逻辑，对研究情境的介绍是清晰的，题项通俗易懂又能准确地测量相关变量。

我们采用问卷调查法收集数据，问卷主要包括 3 个部分：在第一部分中，在问卷开始处我们对 SOM 和 TOP 做了介绍并进行举例说明，以便被试能够对研究的情境有直观和清晰的认识。紧接着，设置了一个甄别题项，要求被试仔细回忆最近的一次线上购物是发生在第三方在线平台渠道还是企业自营在线商城渠道，并依据其相应的购物体验完成调查问卷。第二部分是对感知功利价值、感知享乐价值、信任和电子忠诚等自变量、中介变量以及因变量的测量。要求被试用 1 分(强烈不赞同)到 7 分(强烈赞同)对问卷进行作答。第三部分为人口统计信息相关的问题，包括性别、年龄、月收入、网购经验、每天上网时间、每月使用网站次数、每笔购物消费金额等。此外，考虑到通过调查问卷收集数据，问卷数据的可靠性容易受到被试的信念、态度的影响，因此在设计问卷时还做了如下两点考虑：第一，向被试声称调查结果只做学术研究之用，不会用于其他任何目的，并且会对调查结果和个人信息做到绝对保密，从而消除被试因担忧信息泄露而不愿作答的心理；第二，我们要求被试根据他们最近的一次网购体验来回答问卷，这样能有效避免被试因记忆模糊而导致问卷数据的不准确。

为保证问卷的信度和效度，我们采用了国内外成熟的问卷量表。所有题项均采用七点式李克特量表进行测量，从“1＝强烈不赞同”到“7＝强烈赞同”。大部分学者将消费者感知的购物价值分为感知享乐价值和感知功利价值(Bilgihan et al.，2015；Babin et al.，1994；Childers et al.，2001；Ha et al.，2009)。因此，我们也通过感知享乐价值和感知功利价值这两个维度来衡量消费者网购中的感知价值。其中，感知享乐价值参考了 Babin 等(1994)的研究以及李玉峰等(2008)的研究，共 3 个题项；感知功利价值参考了 Babin 等(1994)的研究以及 Han 等(2018)的研究，共 3 个题项。感知价值的测量题项及其来源如表 12-1 所示。

表 12-1　变量感知价值的测量题项及其来源

变量		测量题项	参考来源
感知价值	感知享乐价值	我使用该线上渠道购物的原因并不是必须购买产品，而是我享受购物的过程	Babin 等(1994)、李玉峰等(2008)
		使用该线上渠道购物时，我会放纵自我，我感到很开心	
		使用该线上渠道购物时，我感觉我好像逃离了现实	
	感知功利价值	该线上渠道有助于我更好地做出购买决策	Babin 等(1994)、Han 等(2018)
		该线上渠道能够让我购买到真正需要的商品	
		在该线上渠道购物时，我发现了要找的商品	

信任主要参考了 Gefen 等(2003)的研究以及 Sullivan 和 Kim(2018)的研究,共 3 个题项。信任的测量题项及其来源如表 12-2 所示。

表 12-2　变量信任的测量题项及其来源

变量	测量题项	参考来源
信任	该线上渠道会向我提供优质的产品和服务	Gefen 等(2003)、Sullivan 和 Kim(2018)
	我相信该线上渠道会诚实地对待顾客	
	该线上渠道值得我信任	

电子忠诚主要参考了 Anderson 和 Srinivasan(2003)的研究以及 Tran 和 Strutton(2020)的研究,共 3 个题项。电子忠诚的测量题项及其来源如表 12-3 所示。

表 12-3　变量电子忠诚的测量题项及其来源

变量	测量题项	参考来源
电子忠诚	每当需要购物时,我都会使用该线上渠道	Anderson 和 Srinivasan(2003)、Tran 和 Strutton(2020)
	只要该线上渠道继续提供目前的服务,我就不会更换目前使用的线上购物渠道	
	该线上渠道很适合购物	

12.4.2　样本选择和数据收集

为收集到足够优质的数据,我们使用如下 3 种方法并行获取问卷数据:第一,利用晚上和周末等学生空闲时间,到学生公寓以宿舍为单位进行实验说明并发放纸质调查问卷。此阶段的被试主要为硕士研究生和博士研究生。第二,走访学校为本科生分配的自习室,利用学生上自习的时间对其进行一对一实验说明并在被试自愿的情况下向其发放纸质调查问卷。该阶段的被试为本科生。上述两阶段的被试与研究人员的关系均较为陌生。第三,利用问卷星平台创建线上调查问卷,然后通过微信、QQ、微博、邮件等方式将问卷链接发送给被试。问卷星会自动记录被试填写问卷的时间、问卷份数,并可直接将问卷结果导入 Excel 文件中,减少了数据录入环节。通过线上和线下相结合的调研方式,我们的研究最终共发放了 500 份问卷,回收了 437 份问卷,剔除问卷信息回答不完整、作答时间较短、打分明显异常以及存在明显逻辑问题的无效问卷后,最终得到有效问卷 371 份(176 份来自 TOP 渠道消费者,195 份来自 SOM 渠道消费者),回收有效率为 74.2%。

12.5　数据分析及结果

12.5.1　样本的人口统计分析

对获取的 371 份有效问卷进行样本的人口特征统计分析,样本概况如表 12-4 所示。可以看出,男性被试为 183 人(49.3%),女性被试为 188 人(50.7%),男女比例约为 1∶1。绝大多数被试(91.4%)的年龄在 31 岁以下,这是因为被试大都为在校本科生、硕士研究生和博士研究生。大多数被试(76.0%)有3～7年的网购经验。几乎全部被试(96.7%)每天上网时间都会在1小时以上。

表12-4　样本统计描述

变量	项目	频数	百分比
性别	男性	183	49.3%
	女性	188	50.7%
年龄	20岁及以下	79	21.3%
	21～25	160	43.1%
	26～30	100	27.0%
	31岁及以上	32	8.6%
月收入	1 000元及以下	35	9.4%
	1 001～2 000元	178	48.0%
	2 001～3 000元	113	30.5%
	3 001元及以上	45	12.1%
网购经验	小于3年	57	15.4%
	3～5年	187	50.4%
	6～7年	95	25.6%
	7年以上	32	8.6%
每天上网时间	1小时以下	12	3.3%
	1～3小时	127	34.2%
	4～5小时	144	38.8%
	5小时以上	88	23.7%
每月使用网站次数	0	50	13.5%
	1～2	104	28.0%
	3～4	126	34.0%
	5～6	50	13.5%
	7次及以上	41	11.0%
每笔购物消费金额	50元及以下	45	12.1%
	51～100元	112	30.2%
	101～250元	126	34.0%
	251～500元	53	14.3%
	501元及以上	35	9.4%

12.5.2　信度和效度检验

我们采用问卷调查法进行实证研究，因此在数据分析之前必须对量表的效度和信度进行检验。只有量表通过了信度和效度的检验，才能说明量表准确地测量了所要研究的变量。

1. 信度检验

采用Cronbach's Alpha系数来检验问卷量表的信度，我们使用SPSS 23.0直接计算出各变量的 Cronbach's Alpha 系数，结果如表 12-5 所示。所有变量的 Cronbach's Alpha 系数都大于 0.7，说明量表的信度是可以接受的。

表 12-5　Cronbach's Alpha 系数

变量	题项	删除该题项后的 Cronbach's Alpha 系数	Cronbach's Alpha 系数
感知享乐价值(HED)	HED1	0.785	0.801
	HED2	0.646	
	HED3	0.745	
感知功利价值(UTIL)	UTIL1	0.720	0.734
	UTIL2	0.537	
	UTIL3	0.674	
信任(TRU)	TRU1	0.863	0.871
	TRU2	0.778	
	TRU3	0.809	
电子忠诚(ELOY)	ELOY1	0.679	0.792
	ELOY2	0.762	
	ELOY3	0.709	

2. 效度检验

效度主要分为 3 种类型，即内容效度、准则效度以及结构效度。内容效度指量表对研究内容的适当程度，即测量内容的相符性与适当性。准则效度指同一概念可能有多种测量方法，若其中一种成为准则，那么其他方法都可以通过与之比较而判断其效度。考虑到我们的问卷所采用的量表都是借鉴的国内外经典文献中的成熟量表，所以可以认为使用的问卷具有较好的内容效度和准则效度。结构效度指量表实际测到所要测量的理论结构和特质的程度，包括同一变量内各题项间的聚合效度和不同变量间的区分效度。我们将重点验证量表的聚合效度和区分效度。

为了考察我们的问卷是否适合进行因子分析，可以利用 KMO 检验和巴特利特球形度检验进行检验。KMO 检验主要用于检验变量间的偏相关性，取值在 0 和 1 之间。当 KMO 统计量取值大于 0.5，且巴特利特球形度检验显著性概率小于 0.05 时，可以认为适合进行因子分析(Hinton et al.，2014)。根据表 12-6 中的结果，KMO 统计值为 0.771，巴特利特球形度检验显著性概率小于 0.05，说明我们的问卷量表适合进行因子分析。

表 12-6　KMO 和巴特利特球形度检验

KMO 检验		0.771
巴特利特球形度检验	近似卡方	1 748.529
	自由度	66
	显著性	0.000

我们使用 SPSS 23.0 的因子分析功能和基于特征值大于 1 的主成分分析法，采用最大方差正交旋转得到的因子载荷矩阵如表 12-7 所示。由表 12-7 可知，4 个因子的累积方差贡献率为 72.645%，总体上，因子分析效果较理想。每一个变量的测量题项提取出的公因子都隶属

于该变量，并且负荷值都大于0.7，这表明量表的聚合效度很好；另外，公因子的测量题项在其他因子上的载荷值均小于0.4，这说明量表同时具有很好的区分效度(Hair et al.，1998)。

表12-7 旋转后的因子载荷矩阵

变量	题项	因子			
		1	2	3	4
感知享乐价值(HED)	HED1	0.031	**0.803**	0.095	0.054
	HED2	0.078	**0.861**	0.141	0.139
	HED3	0.044	**0.825**	0.147	−0.012
感知功利价值(UTIL)	UTIL1	0.242	0.210	0.043	**0.702**
	UTIL2	0.155	0.020	0.063	**0.858**
	UTIL3	0.146	−0.025	0.179	**0.778**
信任(TRU)	TRU1	**0.801**	0.090	0.094	0.280
	TRU2	**0.890**	0.055	0.073	0.194
	TRU3	**0.898**	0.022	0.050	0.107
电子忠诚(ELOY)	ELOY1	−0.036	0.126	**0.849**	0.134
	ELOY2	0.201	0.106	**0.798**	0.011
	ELOY3	0.046	0.162	**0.818**	0.142
特征值		2.397	2.178	2.131	2.011
方差贡献率		19.976%	18.147%	17.762%	16.761%
累积方差贡献率		19.976%	38.122%	55.884%	72.645%

我们用AMOS 21.0软件得到各测量题项的标准因子载荷，在此基础上，分别计算出CR和AVE，结果如表12-8所示。其中，标准因子载荷、CR与AVE分别大于0.634、0.749、0.501，都达到各自的临界值标准，这说明量表具有良好的聚合效度。

表12-8 验证性因子分析结果

变量	题项	标准因子载荷	CR	AVE
感知享乐价值(HED)	HED1	0.662	0.807	0.587
	HED2	0.898		
	HED3	0.719		
感知功利价值(UTIL)	UTIL1	0.634	0.749	0.501
	UTIL2	0.795		
	UTIL3	0.684		
信任(TRU)	TRU1	0.767	0.873	0.698
	TRU2	0.899		
	TRU3	0.835		
电子忠诚(ELOY)	ELOY1	0.793	0.796	0.567
	ELOY2	0.681		
	ELOY3	0.779		

同时,计算各潜变量间的相关系数以及每个潜变量平均方差提取量的算数平方根,结果如表 12-9 所示,其中,对角上的加粗数字为 AVE 的算术平方根,而非对角线上的数字为各潜变量之间的相关系数。Fornell 和 Larcker(1981)认为如果前者大于后者的绝对值,表示各潜变量间是有区别的,说明量表具有较高的区分效度。显然,对角线上数字都大于非对角线上数字,这表明我们设计的量表具有良好的区分效度。

综上所述,我们的研究所使用的量表具有良好的信度和效度。

表 12-9 变量的 AVE 的算术平方根与相关系数矩阵

变量	HED	UTIL	TRU	ELOY
HED	**0.766**			
UTIL	0.236	**0.708**		
TRU	0.183	0.499	**0.835**	
ELOY	0.373	0.317	0.203	**0.753**

12.5.3 假设检验

本节的假设检验分 3 步进行:首先执行整体样本的路径分析;其次,分别执行两渠道子样本(TOP 渠道子样本和 SOM 渠道子样本)的路径分析,并比较它们在假设检验结果上是否存在显著差异;最后,验证渠道类型的调节作用。

表 12-10 路径模型分析

假设路径	整体样本	TOP 渠道子样本	SOM 渠道子样本
H1a: HED→ELOY	0.314***	0.272**	0.266**
H1b: UTIL→ELOY	0.226**	0.193*	0.230
H2a: HED→TRU	0.069	0.143	0.068
H2b: UTIL→TRU	0.482***	0.388***	0.552***
H3:TRU→ELOY	0.033	0.415***	0.064
模型拟合优度			
χ^2/df	2.033	1.923	1.212
GFI	0.959	0.925	0.953
CFI	0.971	0.949	0.987
RMSEA	0.053	0.073	0.033

注:表中系数为标准化系数,*** 表示 $p<0.001$,** 表示 $p<0.01$,* 表示 $p<0.05$。

1. 整体样本主效应检验

借助于 AMOS 21.0,使用两种线上渠道的总体数据(总体样本)进行路径分析。模型的拟合优度符合结构方程模型的估计要求。路径模型和标准系数如图 12-2 所示。对路径系数进行估计,除感知享乐价值到信任以及信任到电子忠诚的路径系数不显著外,其余路径系数均显著,即 H2a 和 H3 不成立,H1a、H1b、H2b 成立。

2. 子样本主效应检验

分别使用 TOP 渠道和 SOM 渠道的子样本数据进行路径分析,以探究两者主效应间的差

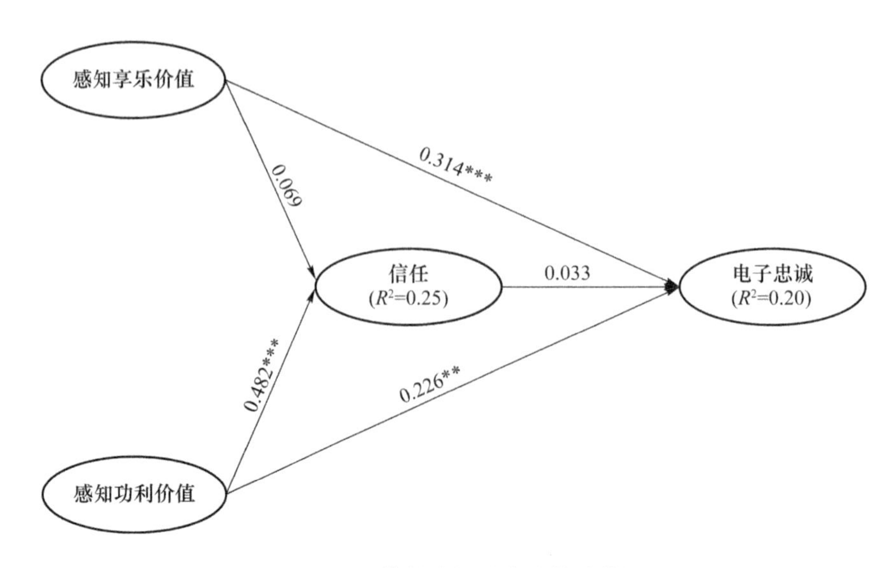

图 12-2 整体样本假设检验估计结果

异。两子样本模型的拟合优度符合结构方程模型的估计要求,结果如图 12-3 和图 12-4 所示。表 12-10 中的标准路径系数表明,在 TOP 渠道子样本和 SOM 渠道子样本间存在一些相似的模式,如感知享乐价值对信任没有影响,感知享乐价值对电子忠诚有正向的影响,而感知功利价值对信任有正向的影响。然而,表 12-10 中的标准路径系数也表明,在 TOP 渠道子样本和 SOM 渠道子样本间也存在一些明显的差异,如感知功利价值在 TOP 情境中对电子忠诚有正向的影响,而在 SOM 情境中对电子忠诚没有显著影响;信任在 TOP 情境中对电子忠诚有正向的影响,而在 SOM 情境中对电子忠诚没有显著影响。在 TOP 渠道子样本中,采用偏差矫正百分位 Bootstrap 法进行中介效应的可信区间估计(Hayes,2013),得到信任 95%置信度下的置信区间为(0.049,0.346),不包含零值,具有统计学意义,说明信任对感知功利价值和电子忠诚之间关系的中介效应显著。而在 SOM 渠道子样本中,信任没有起到中介影响作用。

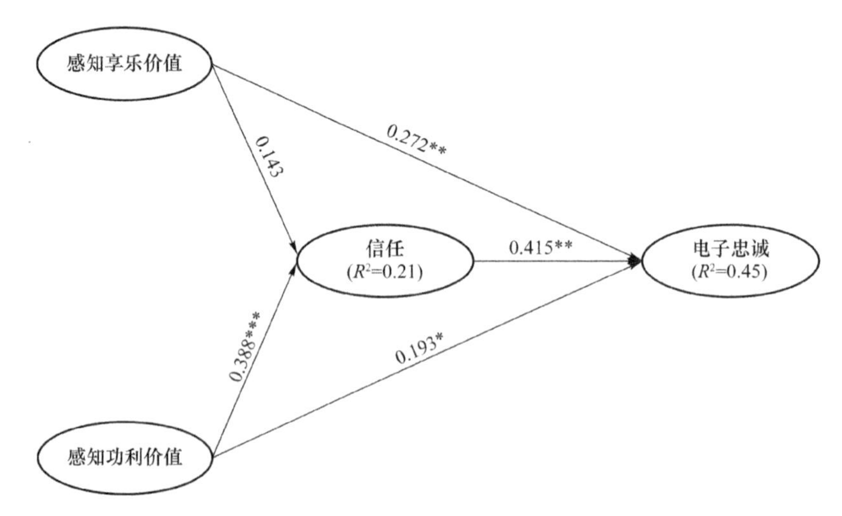

图 12-3 TOP 渠道子样本假设检验估计结果

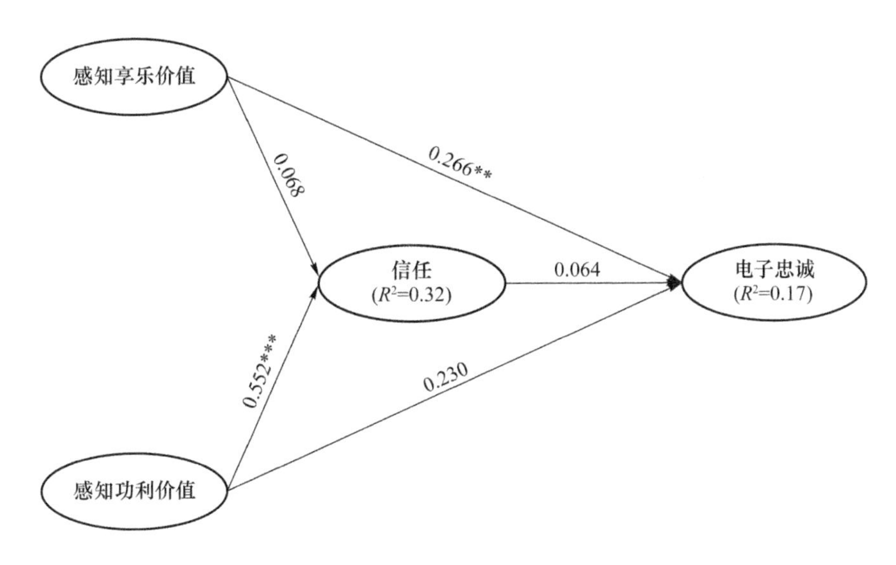

图 12-4　SOM 渠道子样本假设检验估计结果

3. 调节效应检验

TOP 渠道和 SOM 渠道中信任和电子忠诚间统计显著性的不同表明渠道类型可能调节信任与电子忠诚间的关系，如 H4 所示。为正式验证 H4，将统计样本按渠道类型（TOP 渠道和 SOM 渠道）分为两组，调节变量为渠道类型，进行多群组检验，通过检验统计量的绝对值，发现信任与电子忠诚间路径的绝对值为 2.63，大于 1.96。因此，渠道类型会调节信任和电子忠诚间的关系。在 TOP 情境中，信任对电子忠诚有直接显著的影响；而在 SOM 情境中，信任与电子忠诚之间的关系变得不显著。为了更清晰地反映渠道类型在信任和电子忠诚之间的调节效应，绘制了其调节效应图，如图 12-5 所示。

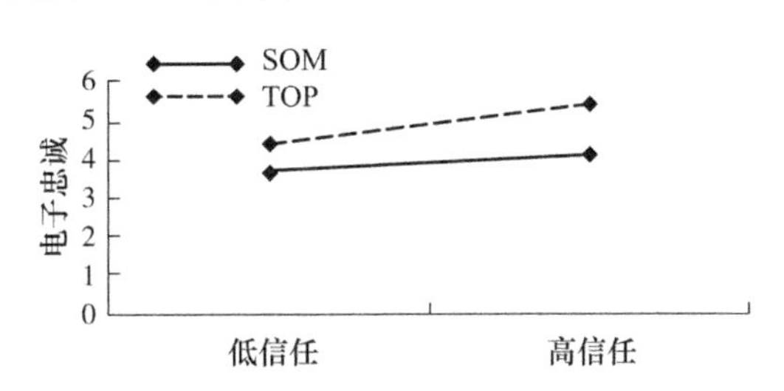

图 12-5　渠道类型在信任和电子忠诚之间的调节效应

12.6　结论与讨论

基于社会交换理论，辅以服务产出理论，本章的研究从交易/关系视角出发将消费者的电子忠诚与多渠道情境联系在一起，通过考虑 SOM 相对于 TOP 中影响消费者电子忠诚的认知/情感因素，建立并扩展了基于交易/关系视角的电子忠诚模型。具体而言，在不同渠道类型（企业自营在线商城与第三方在线平台）下研究了感知价值（感知享乐价值和感知功利价值）、信任及电子忠诚间的关系，着重关注渠道类型对信任和电子忠诚之间关系的调节作用。使用问卷调查法进行数据收集，采用结构方程模型方法对概念模型与研究假设进行检验。通过对该部分的研究，从交易视角和关系视角明晰了 SOM 和 TOP 两种不同线上渠道情境中电子忠诚的形成机理，从而为企业和第三方在线平台建立电子忠诚提供了理论支撑和实践启示(贾行行，2020)。

结果表明，第一，在 SOM 和 TOP 情境中，消费者感知享乐价值均对电子忠诚有正向的影响；第二，在 TOP 情境中，消费者的感知功利价值对电子忠诚有显著的正向影响，而在 SOM 情境中，消费者的感知功利价值对电子忠诚没有显著的影响；第三，在 TOP 情境中，信任对消费者的感知功利价值和电子忠诚间的关系具有部分中介作用，而在 SOM 情境中信任没有起到中介作用；第四，渠道类型对信任和电子忠诚之间的关系具有显著的调节作用。在 TOP 情境中，信任对电子忠诚有显著的正向影响，而在 SOM 情境中，信任与电子忠诚之间的关系变得不显著。该发现表明，信任的角色是依情境而定的。上述发现也表明，SOM 和 TOP 在建立忠诚机制方面存在很大不同。在 TOP 情境中，消费者感知享乐价值对电子忠诚的形成有直接显著的影响，消费者感知功利价值不仅直接影响电子忠诚，还通过信任间接影响电子忠诚。而在 SOM 情境中，消费者能否通过 SOM 获得乐趣，成为影响消费者电子忠诚的主要因素。这也说明，当消费者形成特定的品牌购物导向后，享乐型价值主张的商业模型能更有效地促进电子商务的发展。因此，第三方在线平台和企业自营在线商城应实施不同的策略建立和维持电子忠诚。

本章小结

本章从维系顾客关系的视角出发，研究了线上消费者对企业自营在线商城和第三方在线平台的电子忠诚形成机理。采用结构方程模型方法对收集的数据进行了分析，发现消费者对两类线上渠道的电子忠诚形成机理存在差异。研究结论为企业和第三方在线平台建立电子忠诚提供了理论支撑和实践启示。

第13章 结论与研究展望

13.1 主要结论与贡献

13.1.1 主要研究结论

随着互联网在全球范围内的蓬勃发展，中国政府和企业越来越重视利用互联网推动经济形态不断发生演变。越来越多的企业积极利用信息通信技术以及互联网平台，通过优化生产要素、更新业务体系、重构商业模式等途径来完成经济转型和升级。在此背景下，线上渠道被视为重要的信息、服务及产品销售渠道，如第三方在线平台（TOP）和企业自营在线商城（SOM）。然而，在实践中不同企业 SOM 的发展状况参差不齐。因此，分析 SOM/TOP 的发展现状，了解 SOM/TOP 发挥的实际作用，掌握用户在 SOM/TOP 中的行为规律，对企业和第三方在线平台的策略制定具有重要现实意义。另外，从研究脉络上看，上述问题可借鉴渠道研究的已有研究成果。但前期研究重点是线下与线上渠道之间的关系，而对同为线上渠道的 SOM 及 TOP 之间的关系鲜有涉及。因此，本书的研究也同样具有重要的理论意义。

本书结合案例研究、文献研究、运筹学、计算机科学、行为学、心理学以及管理学等多个学科的研究方法和理论，以电子商务为研究背景，对 SOM/TOP 的发展现状、定位以及消费者在 SOM/TOP 中的行为规律进行研究。主要研究内容以及研究结论如下。

第一，分析企业的 SOM/TOP 选择现状，并使用案例研究方法分析 SOM/TOP 的发展情况，基于 SOM/TOP 发展中的共性问题，探究企业对 SOM/TOP 的选择及发展策略。研究结论包括：

① SOM/TOP 建设规模在不同行业有所差异，多数企业即使选择了 SOM 营销渠道，其 SOM 发展中也存在较多问题，突出表现为 SOM 的定位与营销策略缺失。

② 从 SOM/TOP 营销渠道库存能力、渠道费用、营销能力、诚信度、服务能力 5 个维度提出了 SOM/TOP 选择评估体系。SOM/TOP 发展策略主要涉及策略制订原则、SOM/TOP 建设策略、SOM/TOP 渠道冲突解决与协调策略、SOM/TOP 内部整合策略、SOM/TOP 渠道内切换以及全渠道建设策略。

第二，构建企业自营在线商城和第三方在线平台的价格服务竞争模型，研究企业占主导地位、第三方在线平台占主导地位以及双方地位平等 3 种权力结构下供应链的价格服务策略。研究结论包括：渠道服务水平和消费者对服务的敏感性对渠道需求有正向影响，渠道参与者利润随其自身服务水平的提高表现为先增大后减小。当产品批发价格较低时，在企业和第三方在线平台地位平等情形下 SOM 和 TOP 渠道价格均小于企业占主导地位的情形以及第三方在线平台占主导地位的情形,有利于保持双在线渠道的竞争优势;而当产品批发价格较高时,在企业占主导地位的情形下 SOM 和 TOP 渠道价格均小于两参与者地位平等情形以及第三方在线平台占主导地位情形。算例分析显示,供应链提供差异化服务能使供应链的服务更高效,能有效地改善供应链成员间的关系,增加供应链系统利润。

第三,研究社会主观规范、个体特质以及技术属性 3 类因素对消费者线上双渠道扩展行为的影响及其作用机理。研究结论包括:从社会主观规范、理性行为态度及知觉行为控制 3 个方面提炼出影响消费者线上双渠道扩展行为的因素。从社会影响角度考虑,主观规范对新技术、新平台的采纳与使用意愿产生显著正向影响。从个体特征角度考虑,个体创新及品牌忠诚的积极影响得到了验证。从技术属性角度考虑,分析了用户对 SOM 渠道的正效用与负效用感知对线上双渠道扩展意愿的影响。

第四,采用探索性案例研究方法,基于深度访谈,提取出消费者在 SOM 和 TOP 之间选择的影响因素,并基于 SOR 模型构建消费者 SOM/TOP 选择模型。在此基础上,基于效价理论区分了 SOM 的相对优势和 TOP 的相对优势。研究结论包括:基于深度访谈,针对消费者 SOM 和 TOP 选择的影响因素,提取出感知风险、感知价值、渠道声誉、渠道服务、渠道便利、口碑丰富度、渠道优惠等 7 个主范畴。针对上述主范畴,基于效价理论区分了 SOM 和 TOP 各自的相对优势因素。将渠道声誉、渠道服务、渠道便利、口碑丰富度、渠道优惠作为外部刺激因素,感知风险、感知价值作为内部机体因素,基于 SOR 模型构建了消费者 SOM/TOP 选择模型。

第五,采用各要素在两类线上渠道之间比较的方法,研究了平台声誉、风险态度、感知风险、产品类型和渠道信任对消费者 SOM 和 TOP 选择行为的影响机理。研究结论包括:在 SOM 和 TOP 线上双渠道情境中,消费者的风险态度影响对财务风险、投递风险、产品功能风险及社会风险的感知,消费者对风险越敏感就越倾向于认为 TOP 比 SOM 的风险高。平台声誉只对产品功能风险和财务风险有显著的影响,且平台声誉比风险态度对产品功能风险的影响更大。感知风险中产品功能风险和社会风险对消费者渠道信任的影响是显著的,其他类型的风险与渠道信任之间的关系不显著。消费者感知到的产品功能风险和社会风险越高,就越倾向于信任 SOM 而不是 TOP。在线上双渠道环境下信任对渠道选择的影响受到产品类型的调节作用。

第六,基于信息觅食理论,通过 2×2 组间实验方法,分析并解释了 SOM 与 TOP 的信息线索特征对消费者信息筛选阶段渠道选择的影响。研究结论包括:构建了“信息线索-购物体验-选择意愿”的理论模型,概括了 SOM 和 TOP 中不同的信息线索特征,分析异质性描述与价格性描述对消费者渠道选择意愿的影响。其中,异质性描述与价格性描述对感知诊断有正向的预测作用,对消费者的感知价值影响不显著,但异质性描述通过增加消费者的感知诊断能力促进了消费者的感知情感价值。在 SOM 和 TOP 研究情境中,其他信息线索(图片背景、字体颜色等)对感知诊断、感知价值等与渠道选择之间的关系具有调节作用。

第七,利用文本挖掘的方法对 SOM 和 TOP 中的在线评论内容进行比较分析,提炼了两类线上渠道中消费者讨论主题的差异,探索该差异性与消费者渠道使用意愿间的理论关系。研究结论包括:抓取手机和服装两类搜索型产品和体验型产品在 SOM 和 TOP 中的在线评论信息,基于 LDA 主题模型进行主题分析,发现 SOM 和 TOP 中的在线评论存在共性的同时,也表现出一定的差异,主要体现在评论信息的完整性、相关性及客观性等方面。在线评论内容还反映出两类线上渠道的服务质量也存在差异。基于这些差异,进一步验证了其对消费者在

SOM 和 TOP 中进行信息搜索和产品购买意愿的影响。

第八，以消费者对第三方在线平台和第三方合作旗舰店的感知为参照点，测量消费者对企业自有平台和 SOM 的相对感知，研究消费者线上渠道选择的影响因素及其作用机理。研究结论包括：区分并研究了平台声誉、SOM 声誉、TOM 声誉以及情境涉入度对消费者渠道选择的影响。尽管多数消费者感知到的企业自有平台的声誉高于第三方在线平台，但由于情境涉入度的影响，消费者对 TOM 的使用意愿整体上更高一些。信任倾向和情境涉入度会影响消费者的 SOM/TOM 选择行为，情境涉入度对信任倾向和 SOM/TOM 选择之间的关系具有正向调节作用。

第九，将情境因素聚焦至消费者酒店预订渠道选择之中，基于客观数据，使用机器学习的方法研究影响消费者酒店预订渠道选择的因素。研究结论包括：基于一个公开的酒店预订数据集，在对多种机器学习算法运行效果进行对比的基础上，基于 XGBoost 的 RFE 算法对数据集的特征变量进行筛选，同时建立逻辑回归模型对各特征变量的作用进行了测度，结果表明，情境因素在消费者的酒店预订渠道选择中具有重要影响。基于该数据集识别出了两种类型酒店的细分消费者类型，明确了不同类型消费者的渠道偏好。

第十，基于社会交换理论与服务产出理论，验证了 SOM 和 TOP 中消费者感知价值、信任及电子忠诚间的关系。研究结论包括：首先，在 TOP 和 SOM 情境中，消费者的感知享乐价值均对电子忠诚有显著的正向影响；其次，在 TOP 情境中，消费者的感知功利价值对电子忠诚有显著的正向影响，信任对消费者的感知功利价值和电子忠诚间的关系具有部分中介作用，而在 SOM 情境中，消费者的感知功利价值对电子忠诚没有显著的影响；最后，渠道类型对信任和电子忠诚间的关系具有显著的调节作用。

13.1.2 理论贡献

本研究主要具有以下创新点。

第一，从企业和第三方在线平台独立提供服务和制订价格出发研究供应链均衡问题，提出了双渠道供应链的价格服务竞争模型，回应了 Ali 等(2018)认为鲜有文献同时考虑价格服务竞争的问题，弥补了现有研究的不足，对双渠道供应链的决策研究具有一定的理论贡献。

第二，通过探索性案例研究更为全面地探究了消费者 SOM/TOP 选择的影响因素；通过对各个影响要素在两线上渠道之间直接对比的方法，更加深入地揭示了消费者 SOM/TOP 选择的心理过程。

第三，发现感知风险的 5 个维度中只有产品功能风险和社会风险对消费者的渠道信任产生了显著影响；提出平台声誉的概念，发现平台声誉只对感知风险中的产品功能风险和财务风险有显著影响；信任对渠道选择的影响会受到产品类型的影响。

第四，从消费者信息觅食角度研究线上渠道的信息线索特征对消费者渠道选择意愿的影响，构建了"信息线索-购物体验-选择意愿"的理论模型，概括了 SOM 和 TOP 中不同的信息线索特征，验证了异质性描述与价格性描述对消费者渠道选择意愿的影响以及其他信息线索(图片背景、字体颜色等)的调节作用。

第五，基于文本挖掘方法，指出了 SOM 和 TOP 中的在线评论在信息的完整性、相关性及客观性等方面的差异，在线评论内容还反映出两类线上渠道的服务质量也存在差异，验证了上述差异性与消费者渠道使用意愿间的理论关系，拓展了在线评论相关研究的应用领域。

第六，基于刻板印象理论验证了平台声誉、SOM 声誉、第三方合作旗舰店声誉以及情境涉入度对消费者渠道选择的影响,提出情境涉入度对信任倾向和 SOM/TOM 选择之间的关系具有调节作用。

第七,基于客观数据,利用机器学习算法,验证了情境因素在消费者酒店预订渠道选择中的重要影响。

第八,建立并扩展了基于交易/关系视角的电子忠诚模型,验证了 SOM 和 TOP 中消费者感知价值、信任及电子忠诚间的关系,明确了渠道类型对信任和电子忠诚间关系的调节作用。

13.1.3 实践意义

本书的研究成果对 SOM 和 TOP 的管理人员具有以下应用启示。

第一,针对当前 SOM 营销定位与策略的缺失以及对 TOP 营销渠道过于依赖的现状,企业应从 SOM/TOP 营销渠道的库存能力、渠道费用、营销能力、诚信度、服务能力等 5 个维度加强综合评估与研判,明确 SOM/TOP 的建设策略、SOM/TOP 渠道冲突解决与协调策略以及 SOM/TOP 内部整合策略。

第二,在制订产品价格和服务水平策略方面,渠道参与者需要综合衡量线上消费者心中对价格和服务质量的评估,根据自身定位针对具有不同偏好的消费者、针对线上渠道建设的不同阶段,量身定制价格和服务策略,因人、因时制宜。线上渠道参与者应基于各自的相对优势,提供差异化服务,从而改善供应链成员间的关系,增加供应链系统的整体利润。

第三,线上渠道应进一步优化信息线索的呈现,在突出异质性描述与价格性描述信息的同时,也关注网站图片背景、字体颜色等其他信息线索的构成。同时加强在线社区的建设,优化在线评论系统功能,提升评论信息的完整性、相关性及客观性,改善用户的购物体验。

第四,SOM 和 TOP 均应注重降低消费者感知风险,提高消费者的信任度和忠诚度。企业自营在线商城应进一步发挥其在宣传企业文化、凸显企业社会责任、塑造企业品牌形象等方面的优势;第三方在线平台应当加强平台声誉与店铺声誉的协同建设,根据销售的产品类型、消费者的情境涉入度等因素制订差异化的营销策略。

13.2 不足与展望

第一,从当前展厅现象来看,SOM 与 TOP 在展厅现象中起着保证企业营收的重要意义。因此,未来研究可基于展厅现象,分析展厅效应对 SOM 与 TOP 的影响,关注展厅消费者选择 SOM 或 TOP 的行为及相关影响因素。

第二,由于研究资源的限制,本书的实证研究主要在高校大学生群体中进行。虽然大学生是网络零售的重要用户群体,但由于网络零售用户规模庞大,样本数据以大学生为主有一定的局限。而且,不同用户群体的人生经历、生活方式以及经济状况等存在很大差异,对网络零售渠道的感知和使用行为也存在比较大的差异。因此,本书的问卷调查对象存在一定的局限性。未来可对研究对象进行一定范围的扩展,验证所得结论的适用性。

第三,本书很多研究借助于问卷调查法测量模型中的变量,进而反映顾客的感知。该类方法存在其固有的局限性,例如,问卷的可靠性会受到被试者的信念和态度、奖励机制等的影响,主观性较强,等等。随着技术的快速发展,大数据分析方法为分析消费者的渠道选择行为提供了新的途径，将大数据分析与概念模型研究相结合可以更有效地预测消费者的行为。在 SOM 和 TOP 的发展过程中，大量消费者的网络浏览、点击、选择等行为痕迹被记录下来，这为更加真实地揭示消费者的行为规律创造了条件。今后可基于消费者购物的客观数据和大数据分析方法对本书进行补充。

第四，本书对线上双渠道的研究仅限于第三方在线平台和企业自营在线商城，但实际上，随着网络零售技术的发展，不断有新的网络零售技术和商业模式涌现出来。由于各网络零售渠道的特殊性和差异化，本书的研究结论可能无法推广到新兴的网络营销渠道。因而，本书在研究场景上存在一定的局限性，未来的研究者可以与时俱进，对新的研究场景进行合理的扩展。

参考文献

Aarts H, Verplanken B, Van Knippenberg A, 1998. Predicting behavior from actions in the past: repeated decision making or a matter of habit? [J]. Journal of Applied Social Psychology, 28(15): 1355-1374.

Agarwal R, Prasad J, 1998. A conceptual and operational definition of personal innovativeness in the domain of information technology [J]. Information Systems Research, 9(2): 204-215.

Ahn T, Ryu S, Han I, 2004. The impact of the online and offline features on the user acceptance of Internet shopping malls [J]. Electronic Commerce Research and Applications, 3(4): 405-420.

Aiken K D, Boush D M, 2006. Trustmarks, objective-source ratings, and implied investments in advertising: investigating online trust and the context-specific nature of internet signals[J]. Journal of the Academy of Marketing Science, 34(3): 308-323.

Ailawadi K L, Farris P, 2017. Managing multi-and omni-channel distribution: metrics and research directions[J]. Journal of Retailing, 93(1): 120-135.

Ajzen I, 1991. The theory of planned behavior[J]. Organizational Behavior and Human Decision Processes, 50(2): 179-211.

Alam M Z, Hoque M R, Hu W, et al, 2020. Factors influencing the adoption of mHealth services in a developing country: a patient-centric study[J]. International Journal of Information Management, 50: 128-143.

Albert L J, Aggarwal N, Hill T R, et al, 2014. Influencing customer's purchase intentions through firm participation in online consumer communities[J]. Electronic Markets, 24 (4): 285-295.

Ali S M, Rahman M H, Tumpa T J, et al, 2018. Examining price and service competition among retailers in a supply chain under potential demand disruption [J]. Journal of Retailing and Consumer Services, 40: 40-47.

Allen, Ferry Fjermestad, 2001. E-Marketing[J]. The Review of Economic Studies, 49(4): 583-594.

Anderson C K, Xie X, 2012. A choice-based dynamic programming approach for setting opaque prices[J]. Production and Operations Management, 21(3): 590-605.

Anderson E J, Bao Y, 2010. Price competition with integrated and decentralized supply chains[J]. European Journal of Operational Research, 200(1): 227-234.

Anderson J C, Narus J A, 1990. A model of distributor firm and manufacturer firm working partnerships[J]. Journal of Marketing, 54(1): 42-58.

Anderson R E, Srinivasan S S, 2003. E-satisfaction and e-loyalty: a contingency framework [J]. Psychology & Marketing, 20(2): 123-138.

Ansari A, Mela C F, Neslin S A, 2008. Customer channel migration[J]. Journal of Marketing Research, 45(1): 60-76.

Antonio N, De Almeida A, Nunes L, 2017. Predicting hotel bookings cancellation with a machine learning classification model[C]//2017 16th IEEE International Conference on Machine Learning and Applications (ICMLA). IEEE: 1049-1054.

Antonio N, De Almeida A, Nunes L, et al, 2019. Hotel booking demand datasets[J]. Data in Brief, 22: 41-49.

Ap J, 1992. Residents' perceptions on tourism impacts[J]. Annals of Tourism Research, 19 (4): 665-690.

Arpaci I, Baloğlu M, 2016. The impact of cultural collectivism on knowledge sharing among information technology majoring undergraduates[J]. Computers in Human Behavior, 56: 65-71.

Arunachalam D, Kumar N, 2018. Benefit-based consumer segmentation and performance evaluation of clustering approaches: an evidence of data-driven decision-making[J]. Expert Systems with Applications, 111: 11-34.

Awad N F, Ragowsky A, 2008. Establishing trust in electronic commerce through online word of mouth: an examination across genders[J]. Journal of Management Information Systems, 24(4): 101-121.

Ba S, Pavlou P A, 2002. Evidence of the effect of trust building technology in electronic markets: price premiums and buyer behavior[J]. MIS Quarterly, 26(3): 243-268.

Babin B J, Darden W R, Griffin M, 1994. Work and/or fun: measuring hedonic and utilitarian shopping value[J]. Journal of Consumer Research, 20(4): 644-656.

Balasubramanian S, Raghunathan R, Mahajan V, 2005. Consumers in a multichannel environment: product utility, process utility, and channel choice [J]. Journal of Interactive Marketing, 19(2): 12-30.

Bansal H, McDougall G, Dikolli S, et al, 2004. Relating e-satisfaction to behavioral outcomes[J]. Journal of Services Marketing, 18(4): 290-302.

Barreda A A, Bilgihan A, Nusair K, et al, 2016. Online branding: development of hotel branding through interactivity theory[J]. Tourism Management, 57: 180-192.

Basak S, Basu P, Avittathur B, et al, 2017. A game theoretic analysis of multichannel retail in the context of "showrooming"[J]. Decision Support Systems, 103: 34-45.

Bauer R A, 1960. Consumer behavior as risk taking[C]//Proceedings of the 43rd National Conference of the American Marketing Association, Chicago: American Marketing Association, 389-398.

Beck N, Rygl D, 2015. Categorization of multiple channel retailing in Multi-, Cross-, and Omni-Channel Retailing for retailers and retailing[J]. Journal of Retailing and Consumer Services, 27: 170-178.

Beldad A，Jong M D，Steehouder M，2010. How shall I trust the faceless and the intangible? A literature review on the antecedents of online trust[J]. Computers in Human Behavior，26(5)：857-869.

Bell D R，Gallino S，Moreno A，2014. How to win in an omnichannel world[J]. MIT Sloan Management Review，56(1)：45.

Bell D R，Gallino S，Moreno A，2018. Offline showrooms in omnichannel retail：demand and operational benefits[J]. Management Science，64(4)：1629-1651.

Bernon M，Cullen J，Gorst J，et al，2016. Online retail returns management：integration within an omni-channel distribution context [J]. International Journal of Physical Distribution & Logistics Management，46(6/7)：584-605.

Bertarelli S，2015. On the efficacy of imperfect public-monitoring of seller reputation in e-commerce[J]. Electronic Commerce Research and Applications，14(2)：75-80.

Bhattacherjee A，2001. An empirical analysis of the antecedents of electronic commerce service continuance[J]. Decision Support Systems，32(2)：201-214.

Bickart B，Schindler R M，2001. Internet forums as influential sources of consumer information[J]. Journal of Interactive Marketing，15(3)：31-40.

Bilgihan A，2016. Gen Y customer loyalty in online shopping：an integrated model of trust，user experience and branding[J]. Computers in Human Behavior，61：103-113.

Bilgihan A，Bujisic M，2015. The effect of website features in online relationship marketing：a case of online hotel booking[J]. Electronic Commerce Research and Applications，14(4)：222-232.

Bilgihan A，Nusair K，Okumus F，et al，2015. Applying flow theory to booking experiences：an integrated model in an online service context [J]. Information & Management，52(6)：668-678.

Biswas D，Biswas A，2004. The diagnostic role of signals in the context of perceived risks in online shopping：do signals matter more on the web? [J]. Journal of Interactive Marketing，18(3)：30-45.

Black N J，Lockett A，Ennew C，et al，2002. Modelling consumer choice of distribution channels：an illustration from financial services [J]. International Journal of Bank Marketing，20(4)：161-173.

Blau P M，1964. Exchange and power in social life[M]. New York：John Wiley & Sons.

Blau P M，Sun F，Zhang L，1988. Exchange and power in social life[M]. Beijing：Huaxia Publishing Company.

Bloch P H，1981. An exploration into the scaling of consumers' involvement with a product class[J]. ACR North American Advances，8(1)：61-65.

Blodgett J，Hill D，1991. An exploratory study comparing amount-of-search measures to consumers' reliance on each source of information[J]. Advertising in Consumer Research，18：773-779.

Bogdan-Martin D，2019. Measuring Digital Development Facts and Figures [R]. Switzerland：International Telecommunication Union.

Bradford M, Florin J, 2003. Examining the role of innovation diffusion factors on the implementation success of enterprise resource planning systems[J]. International Journal of Accounting Information Systems, 4(3): 205-225.

Breugelmans E, Campo K, 2016. Cross-channel effects of price promotions: an empirical analysis of the multi-channel grocery retail sector[J]. Journal of Retailing, 92(3): 333-351.

Bucklin L P, Ramaswamy V, Majumdar S K, 1996. Analyzing channel structures of business markets via the structure-output paradigm[J]. International Journal of Research in Marketing, 13(1): 73-87.

Byrnes J P, Miller D C, Schafer W D, et al, 1999. Gender differences in risk taking: a meta-analysis. [J]. Psychological Bulletin, 125(3): 367-383.

Cao L, Li L, 2015. The impact of cross-channel integration on retailers' sales growth[J]. Journal of Retailing, 91(2): 198-216.

Cao L, Li L, 2018. Determinants of retailers' cross-channel integration: an innovation diffusion perspective on omni-channel retailing[J]. Journal of Interactive Marketing, 44: 1-16.

Cao H, 2019. Online review manipulation by asymmetrical firms: is a firm's manipulation of online reviews always detrimental to its competitor? [J]. Information & Management, 57(6): 103244.

Carlson J, Ocass A, Ahrholdt D, et al, 2015. Assessing customers' perceived value of the online channel of multichannel retailers: a two country examination[J]. Journal of Retailing and Consumer Services, 27: 90-102.

Cartwright P, 2015. Understanding and protecting vulnerable financial consumers[J]. Journal of Consumer Policy, 38(2):119-138.

Cattani K, Gilland W, Heese H S, et al, 2006. Abstract boiling frogs: pricing strategies for a manufacturer adding a direct channel that competes with the traditional channel[J]. Production & Operations Management, 15(1): 40-56.

Chakravarti A, Janiszewski C, Ülkümen G, 2006. The neglect of prescreening information [J]. Journal of Marketing Research, 43(4): 642-653.

Chan I C C, Lam L W, Chow C W, et al, 2017. The effect of online reviews on hotel booking intention: the role of reader-reviewer similarity[J]. International Journal of Hospitality Management,66: 54-65.

Chang H H, Lu Y, Lin S C, 2020. An elaboration likelihood model of consumer respond action to facebook second-hand marketplace: impulsiveness as a moderator [J]. Information & Management, 57(2): 1-23.

Chang Y, Hsu P, Lan Y, 2019. Cooperation and competition between online travel agencies and hotels[J]. Tourism Management, 71: 187-196.

Chatterjee P, 2001. Online reviews: do consumers use them? [J]. Advances in Consumer Research, 28(1): 129-133.

Chawla N V, Bowyer K W, Hall L O, et al, 2002. SMOTE: synthetic minority oversampling technique[J]. Journal of artificial intelligence research，16：321-357.

Che T，Peng Z，Hua Z，et al，2016. Characteristics of online group-buying website and consumers intention to revisit：the moderating effects of visit channels[J]. Electronic Commerce Research，16(2)：171-188.

Chen C，Chang Y，2018. What drives purchase intention on Airbnb? Perspectives of consumer reviews，information quality，and media richness [J]. Telematics and Informatics，35(5)：1512-1523.

Chen C，Schwartz Z，Vargas P，2011. The search for the best deal：how hotel cancellation policies affect the search and booking decisions of deal-seeking customers[J]. International Journal of Hospitality Management，30(1)：129-135.

Chen C C，Tseng Y D，2011. Quality evaluation of product reviews using an information quality framework[J]. Decision Support Systems，50(4)：755-768.

Chen K Y，Kaya M，Özer Ö，2008. Dual sales channel management with service competition [J]. Manufacturing & Service Operations Management，10(4)：654-675.

Chen T，Guestrin C，2016. Xgboost：a scalable tree boosting system[C]//Proceedings of the 22nd acm sigkdd international conference on knowledge discovery and data mining：785-794.

Cheng X，Fu S，Sun J，et al，2019. An investigation on online reviews in sharing economy driven hospitality platforms：a viewpoint of trust[J]. Tourism Management，71：366-377.

Cheung C M K，Lee M K O，Rabjohn N，2008. The impact of electronic word-of-mouth：the adoption of online opinions in online customer communities[J]. Internet Research，18(3)：229-247.

Chiang W K，Chhajed D，Hess J D，2003. Direct marketing，indirect profits：a strategic analysis of dual-channel supply-chain design[J]. Management Science，49(1)：1-20.

Childers T L，Carr C L，Peck J，et al，2001. Hedonic and utilitarian motivations for online retail shopping behavior[J]. Journal of Retailing，77(4)：511-535.

Chiles T H，Mcmackin J F，1996. Integrating variable risk preferences，trust，and transaction cost economics[J]. Academy of Management Review，21(1)：73-99.

Chiu C，Wang E T G，Fang Y，et al，2014. Understanding customers' repeat purchase intentions in B2C e-commerce：the roles of utilitarian value，hedonic value and perceived risk[J]. Information Systems Journal，24(1)：85-114.

Chiu H C，Hsieh Y C，Roan J，et al，2011. The challenge for multichannel services：cross-channel free-riding behavior[J]. Electronic Commerce Research and Applications，10(2)：268-277.

Cho J，Lee J，2006. An integrated model of risk and risk-reducing strategies[J]. Journal of Business Research，59(1)：112-120.

Choi S C，1991. Price competition in a channel structure with a common retailer [J]. Marketing Science，10(4)：271-296.

Choi S C，1996. Price competition in a duopoly common retailer channel[J]. Journal of Retailing，72(2)：117-134.

Chou S, Shen G C, Chiu H, et al, 2016. Multichannel service providers' strategy: understanding customers' switching and free-riding behavior[J]. Journal of Business Research, 69(6): 2226-2232.

Choudhury V, Karahanna E, 2008. The relative advantage of electronic channels: a multidimensional view[J]. Management Information Systems Quarterly, 32(1): 179-200.

Christodoulides G, Michaelidou N, 2010. Shopping motives as antecedents of e-satisfaction and e-loyalty[J]. Journal of Marketing Management, 27(1-2): 181-197.

Chu R K, Choi T, 2000. An importance-performance analysis of hotel selection factors in the Hong Kong hotel industry: a comparison of business and leisure travellers[J]. Tourism management, 21(4): 363-377.

Chu W, Chu W, 1994. Signaling quality by selling through a reputable retailer: an example of renting the reputation of another agent[J]. Marketing Science, 13(2): 177-189.

Cohen J, 2002. Applied multiple regression/correlation analysis for the behavioral sciences [M]. Mahwah: L. Erlbaum Associates.

Collier J E, Bienstock C C, 2006. Measuring service quality in e-retailing[J]. Journal of Service Research, 8(3): 260-275.

Corbin J M, Strauss A L, 1998. Basics of qualitative research: techniques and procedures for developing grounded theory[M]. New York: Sage Publication: 129.

Corstjens M, Lal R, 2000. Building store loyalty through store brands[J]. Journal of Marketing Research, 37(3): 281-291.

Cortinas M, Cabeza R, Chocarro R, et al, 2019. Attention to online channels across the path to purchase: an eye-tracking study [J]. Electronic Commerce Research and Applications, 36: 100864.

Coughlan A T, Anderson E, Stern L W, et al, 2006. Marketing channels [M]. 7th ed. Upper Saddle River, NJ: Prentice Hall.

Cristobal E, Flavián C, Guinalíu M, 2007. Perceived e-service quality (PeSQ): measurement validation and effects on consumer satisfaction and web site loyalty[J]. Managing Service Quality, 17(3): 317-340.

Crompton J L, Ankomah P K, 1993. Choice set propositions in destination decisions[J]. Annals of Tourism Research, 20(3): 461-476.

Cronbach L J, 1951. Coefficient alpha and the internal structure of tests[J]. Psychometrika, 16(3): 297-334.

Cronin J J, Brady M K, Hult G T M, 2000. Assessing the effects of quality, value, and customer satisfaction on consumer behavioral intentions in service environments [J]. Journal of Retailing, 76(2): 193-218.

Cronin J J, Taylor S A, 1992. Measuring service quality: a reexamination and extension[J]. Journal of Marketing, 56(3): 55-68.

Cropanzano R, Mitchell M S, 2005. Social exchange theory: an interdisciplinary review[J]. Journal of Management, 31(6): 874-900.

Cunningham S M, 1967. Perceived Risk and Brand Loyalty, in Risk Taking and Information

Handling in Consumer Behavior [M]. Donald F. Cox, Cambridge, MA: Harvard University Press.

Cummins S, Peltier J W, Dixon A L, et al, 2016. Omni-channel research framework in the context of personal selling and sales management[J]. Journal of Research in Interactive Marketing, 10(1): 2-16.

Dai Y, Chao X, Fang S C, et al, 2005. Pricing in revenue management for multiple firms competing for customers[J]. International Journal of Production Economics, 98(1): 1-16.

Dailey L, 2004. Navigational web atmospherics: explaining the influence of restrictive navigation cues[J]. Journal of Business Research, 57(7): 795-803.

Dan B, Xu G, Liu C, 2012. Pricing policies in a dual-channel supply chain with retail services[J]. International Journal of Production Economics, 139(1): 312-320.

Dan B, Liu C, Xu G, et al, 2014. Pareto improvement strategy for service-based free-riding in a dual-channel supply chain[J]. Asia-Pacific Journal of Operational Research, 31(06): 1-27.

Darke P R, Brady M K, Benedicktus R L, et al, 2016. Feeling close from afar: the role of psychological distance in offsetting distrust in unfamiliar online retailers[J]. Journal of Retailing, 92(3): 287-299.

Dawar N, Parker P M, 1994. Marketing universals: consumers' use of brand name, price, physical appearance, and retailer reputation as signals of product quality[J]. Journal of Marketing, 58(2): 81-95.

De Bruyn A, Lilien G L, 2008. A multi-stage model of word-of-mouth influence through viral marketing[J]. International Journal of Research in Marketing, 25(3): 151-163.

DeLone W H, McLean E R, 2004. Measuring e-commerce success: applying the DeLone & McLean information systems success model [J]. International Journal of Electronic Commerce, 9(1): 31-47.

DeLone W H, McLean E R, 2003. The DeLone and McLean model of information systems success: a ten-year update[J]. Journal of Management Information Systems, 19(4): 9-30.

Deutsch M, 1973. The resolution of conflict[M]. New Haven and London: Yale University Press.

Dholakia U M, Kahn B E, Reeves R, et al, 2010. Consumer behavior in a multichannel, multimedia retailing environment[J]. Journal of Interactive Marketing, 24(2): 86-95.

Dimoka A, Hong Y, Pavlou P A, 2012. On product uncertainty in online markets: theory and evidence[J]. MIS Quarterly, 36(2): 395-426.

Dixit A, 1979. Quality and quantity competition[J]. The Review of Economic Studies, 46(4): 587-599.

Doney P M, Cannon J P, 1997. An examination of the nature of trust in buyer-seller relationships[J]. Journal of Marketing, 61(2): 35-51.

Donovan R J, 1994. Store atmosphere and purchasing behavior[J]. Journal of Retailing, 70(3): 283-294.

Dorner D G, 2009. Public sector readiness for digital preservation in New Zealand: the rate of adoption of an innovation in records management practices[J]. Government Information Quarterly, 26(2): 341-348.

Drias Y, Kechid S, 2019. Dynamic Web information foraging using self-interested agents: application to scientific citations network[J]. Concurrency and Computation: Practice and Experience, 31(22):1-17.

Dumrongsiri A, Fan M, Jain A, et al, 2008. A supply chain model with direct and retail channels[J]. European Journal of Operational Research, 187(3): 691-718.

El-Adly M I, Eid R, 2016. An empirical study of the relationship between shopping environment, customer perceived value, satisfaction, and loyalty in the UAE malls context[J]. Journal of Retailing and Consumer Services, 31: 217-227.

Emerson R M, 1976. Social exchange theory[J]. Annual Review of Sociology, 2(1): 335-362.

Engel J F, Blackwell R D, Miniard P W, 1995. Consumer Behavior[M]. New York: Dryden Press.

Engel J F, Kollat D T, Blackwell R D, 1968. Consumer behavior[M]. New York: Holt, Rinehart and Winston.

Eppler M J, Mengis J, 2004. The concept of information overload: a review of literature from organization science, accounting, marketing, MIS, and related disciplines[J]. The Information Society, 20(5): 325-344.

Erdem T, Swait J, 1998. Brand equity as a signaling phenomenon[J]. Journal of Consumer Psychology, 7(2): 131-157.

Erkan G, Radev D R, 2004. LexRank: graph-based lexical centrality as salience in text summarization[J]. Journal of Artificial Intelligence Research, 22(1): 457-479.

Eroglu S, Machleit K A, Davis L, et al, 2001. Atmospheric qualities of online retailing: a conceptual model and implications[J]. Journal of Business Research, 54(2): 177-184.

Ettis S A, 2017. Examining the relationships between online store atmospheric color, flow experience and consumer behavior[J]. Journal of Retailing & Consumer Services, 37: 43-55.

Fan Z P, Che Y J, Chen Z Y, 2017. Product sales forecasting using online reviews and historical sales data: a method combining the Bass model and sentiment analysis[J]. Journal of Business Research, 74: 90-100.

Fang J, Shao Y, Wen C, 2016. Transactional quality, relational quality, and consumer e-loyalty: Evidence from SEM and fsQCA [J]. International Journal of Information Management, 36(6): 1205-1217.

Fang Y, Qureshi I, Sun H, et al, 2014. Trust, satisfaction, and online repurchase intention: the moderating role of perceived effectiveness of e-commerce institutional mechanisms[J]. Mis Quarterly, 38(2): 407-427.

Fassnacht M, Koese I, 2006. Quality of electronic services: conceptualizing and testing a hierarchical model[J]. Journal of Service Research, 9(1): 19-37.

Featherman M S, Pavlou P A, 2003. Predicting e-services adoption: a perceived risk facets perspective[J]. International Journal of Human-Computer Studies, 59(4): 451-474.

Feindt S, Jeffcoate J, Chappell C, 2002. Identifying success factors for rapid growth in SME e-commerce[J]. Small Business Economics, 19(1): 51-62.

Filieri R, Hofacker C F, Alguezaui S, 2018. What makes information in online consumer reviews diagnostic over time? The role of review relevancy, factuality, currency, source credibility and ranking score[J]. Computers in Human Behavior, 80: 122-131.

Flint D J, Woodruff R B, Gardial S F, 2002. Exploring the phenomenon of customers' desired value change in a business-to-business context[J]. Journal of Marketing, 66(4): 102-117.

Fornari E, Fornari D, Grandi S, et al, 2016. Adding store to web: migration and synergy effects in multi-channel retailing[J]. International Journal of Retail & Distribution Management, 44(6): 658-674.

Fornell C, Larcker D F, 1981. Evaluating structural equation models with unobservable variables and measurement error[J]. Journal of Marketing Research, 18(1): 39-50.

Francesco G, Roberta G, 2019. Cross-country analysis of perception and emphasis of hotel attributes[J]. Tourism Management,74: 24-42.

Frasquet M, Mollá A, Ruiz E, 2015. Identifying patterns in channel usage across the search, purchase and post-sales stages of shopping[J]. Electronic Commerce Research & Applications, 14(6): 654-665.

Frazer M, Stiehler B E, 2014. Omnichannel retailing: the merging of the online and offline environment[J]. Global Conference on Business and Finance Proceedings, 91(1): 655-657.

Frederick S, 2005. On the ball: cognitive reXection and decision making[J]. Journal of Economic Perspectives, 19: 25-42.

Frino A, Lepone G, Wright D, et al, 2015. Investor characteristics and the disposition effect[J]. Pacific-basin Finance Journal, 31: 1-12.

Fulgoni G M, 2014. "Omni-channel" retail insights and the consumer's path-to-purchase: how digital has transformed the way people make purchasing decisions[J]. Journal of Advertising Research,54 (4): 377-380.

Ganesh J, 2004. Managing customer preferences in a multi-channel environment using Web services[J]. International Journal of Retail & Distribution Management, 32(3): 140-146.

Gao L L, Bai X S, 2014. Online consumer behaviour and its relationship to website atmospheric induced flow: insights into online travel agencies in China[J]. Journal of Retailing & Consumer Services, 21(4):653-665.

Gattis L, 2002. Planning and information foraging theories and their value to the novice technical communicator[J]. ACM Journal of Computer Documentation (JCD), 26(4): 168-175.

Gefen D, Karahanna E, Straub D W, et al, 2003. Trust and TAM in online shopping: an integrated model[J]. Management Information Systems Quarterly, 27(1): 51-90.

Gehrt K C, Yan R N, 2004. Situational, consumer, and retailer factors affecting Internet, catalog, and store shopping [J]. International Journal of Retail & Distribution Management, 32(1): 5-18.

Gibbert M, Ruigrok W, Wicki B, 2008. What passes as a rigorous case study? [J]. Strategic management journal, 29(13): 1465-1474.

Godes D, Mayzlin D, 2005. Using online conversations to study word of mouth communication[J]. Social ence Electronic Publishing, 45(2): 215-216.

Goffin K, 1999. Customer support: a cross-industry study of distribution channels and strategies[J]. International Journal of Physical Distribution & Logistics Management, 29(6): 374-398.

Goldberg M E, Hartwick J, 1990. The effects of advertiser reputation and extremity of advertising claim on advertising effectiveness[J]. Journal of Consumer Research, 17(2): 172-179.

Goodhue D L, 1995. Understanding user evaluations of information systems [J]. Management science,41(12): 1827-1844.

Gouldner A W, 1960. The norm of reciprocity: a preliminary statement[J]. American Sociological Review, 25(2): 161-178.

Grabnerkrauter S, Kaluscha E A, 2003. Empirical research in on-line trust: a review and critical assessment [J]. International Journal of Human-Computer Studies, 58 (6): 783-812.

Graft A, 2022. Travel and tourism statistics: the ultimate collection[EB/OL]. (2022-07-22) [2022-08-31]. https://blog. accessdevelopment. com/tourism-and-travel-statistics-the-ultimate-collection#reasons.

Grewal D, Janakiraman R, Kalyanam K, et al, 2010. Strategic online and offline retail pricing: a review and research agenda[J]. Journal of Interactive Marketing, 24(2): 138-154.

Gubrium J, Holstein J, 2001. The handbook of interview research: context and method [M]. New York: Sage Publications: 271-272.

Gumussoy C A, Calisir F, 2009. Understanding factors affecting e-reverse auction use: an integrative approach[J]. Computers in Human Behavior, 25(4): 975-988.

Guo Y, Barnes S J, Jia Q, 2017. Mining meaning from online ratings and reviews: tourist satisfaction analysis using latent dirichlet allocation [J]. Tourism Management, 59: 467-483.

Gupta A, Su B, Walter Z, et al, 2004. An empirical study of consumer switching from traditional to electronic channels: a purchase-decision process perspective [J]. International Journal of Electronic Commerce, 8(3): 131-161.

Gursoy D, 2019. A critical review of determinants of information search behavior and utilization of online reviews in decision making process [J]. International Journal of Hospitality Management, 76(B): 53-60.

Hahn K H, Kim J, 2009. The effect of offline brand trust and perceived internet confidence on online shopping intention in the integrated multi-channel context[J]. International Journal of Retail & Distribution Management, 37(2): 126-141.

Hair J F, Anderson R E, Tatham R L, et al, 1998. Multivariate data analysis[M]. Upper Saddle River: Prentice Hall, NJ.

Haley R I, 1968. Benefit segmentation: a decision-oriented research tool[J]. Journal of marketing, 32(3): 30-35.

Hameed M A, Counsell S, 2014. Establishing relationships between innovation characteristics and it innovation adoption in organisations: a meta-analysis approach[J]. International Journal of Innovation Management, 18(01): 1450007.

Han H, Lee M J, Kim W, 2018. Role of shopping quality, hedonic/utilitarian shopping experiences, trust, satisfaction and perceived barriers in triggering customer post-purchase intentions at airports[J]. International Journal of Contemporary Hospitality Management, 30(10): 3059-3082.

Hanks R D, Cross R G, Noland R P, 2002. Discounting in the hotel industry: a new approach[J]. Cornell hotel and restaurant administration quarterly, 43(4): 94-103.

Hansen M H, Morrow J L, Batista J C, 2002. The impact of trust on cooperative membership retention, performance, and satisfaction: an exploratory study[J]. The International Food and Agribusiness Management Review, 5(1): 41-59.

Harris L C, Goode M M, 2004. The four levels of loyalty and the pivotal role of trust: a study of online service dynamics[J]. Journal of Retailing, 80(2): 139-158.

Hawes J M, Swan M J E, 1989. Trust earning perceptions of sellers and buyers[J]. Journal of Personal Selling & Sales Management, 9(1): 1-8.

Hawkins D I, 2010, Mothersbaugh D L. Consumer behavior: building marketing strategy [M]. Boston: McGraw-Hill Irwin.

Hayes A F, 2013. Introduction to mediation, moderation, and conditional process analysis: a regression-based approach[M]. New York: Guilford Press.

Helsgaun K, 2000. An effective implementation of the Lin-Kernighan traveling salesman heuristic[J]. European Journal of Operational Research, 126(1): 106-130.

Herrando C, Jimenezmartinez J, De Hoyos M J, et al, 2018. Surfing or flowing? How to retain e-customers on the internet[J]. Spanish Journal of Marketing -ESIC, 22(1): 2-21.

Hilton J L, Von H W, 1996. Stereotypes[J]. Annual Review of Psychology, 47(250): 237-271.

Hinton P R, McMurray I, Brownlow C, 2014. SPSS explained[M]. New York: Routledge.

Hirschman E C, 1984. Experience seeking: a subjectivist perspective of consumption[J]. Journal of Business Research, 12(1): 115-136.

Hoehle H, Huff S L, 2009. Electronic Banking Channels and Task-Channel Fit[C]//ICIS 2009 Procedings.

Hoffmann C P, Lutz C, Meckel M, 2014. Digital natives or digital immigrants? The impact of user characteristics on online trust[J]. Journal of Management Information Systems, 31(3): 138-171.

Holbrook M B, 1978. Beyond attitude structure: toward the informational determinants of attitude[J]. Journal of Marketing Research, 15(4): 545-556.

Holbrook M B, 1996. CusTOMer value:a framework for analysis and research[J]. Advance in Consumers Research, 23: 138-142.

Hong I B, 2015. Understanding the consumer's online merchant selection process: the roles of product involvement, perceived risk, and trust expectation[J]. International Journal of Information Management, 35(3): 322-336.

Hong I B, Cha H S, 2013. The mediating role of consumer trust in an online merchant in predicting purchase intention[J]. International Journal of Information Management, 33(6): 927-939.

Hong I B, Cho H, 2011. The impact of consumer trust on attitudinal loyalty and purchase intentions in B2C e-marketplaces: intermediary trust vs. seller trust[J]. International Journal of Information Management, 31(5): 469-479.

Hong W, Thong J Y, Tam K Y, et al, 2004. The effects of information format and shopping task on consumers' online shopping behavior: a cognitive fit perspective[J]. Journal of Management Information Systems, 21(3): 149-184.

Hou Z, Cui F, Meng Y, et al, 2019. Opinion mining from online travel reviews: a comparative analysis of Chinese major OTAs using semantic association analysis[J]. Tourism Management,74: 276-289.

Hsiao C, Yen H J R, Li E Y, 2012. Exploring consumer value of multi-channel shopping: a perspective of means-end theory[J]. Internet Research, 22(3): 318-339.

Hsu C, Lin J C, 2015. What drives purchase intention for paid mobile apps? -an expectation confirmation model with perceived value[J]. Electronic Commerce Research and Applications, 14(1): 46-57.

Hsu C, Lu H, Hsu H, et al, 2007. Adoption of the mobile Internet: an empirical study of multimedia message service (MMS)[J]. Omega-international Journal of Management Science, 35(6): 715-726.

Hsu C L, Chang K C, Chen M C, 2012. The impact of website quality on customer satisfaction and purchase intention: perceived playfulness and perceived flow as mediators [J]. Information Systems and E-business Management, 10(4): 549-570.

Hsu C L, Yu L C, Chang K C, 2017. Exploring the effects of online customer reviews, regulatory focus, and product type on purchase intention: perceived justice as a moderator [J]. Computers in Human Behavior, 69: 335-346.

Hsu H, Tsou H T, 2012. The effect of website quality on consumer emotional states and repurchases intention[J]. African Journal of Business Management, 5 (15): 6195-6200.

Hu X, Yang Y, 2019. Determinants of consumers' choices in hotel online searches: a comparison of consideration and booking stages[J]. International Journal of Hospitality Management, 86: 102370.

Huang S, Yang C, Liu H, 2013. Pricing and production decisions in a dual-channel supply chain when production costs are disrupted[J]. Economic Modelling, 30: 521-538.

Hubner A, Wollenburg J, Holzapfel A, 2016. Retail logistics in the transition from multi-channel to omni-channel[J]. International Journal of Physical Distribution & Logistics Management, 46(6/7): 562-583.

Huizingh E, 2000. The content and design of web sites: an empirical study[J]. Information & Management, 37(3): 123-134.

Hult G T M, Sharma P N, Morgeson F V, et al, 2019. Antecedents and consequences of customer satisfaction: do they differ across online and offline purchases? [J]. Journal of Retailing, 95(1): 10-23.

Hure E, Picotcoupey K, Ackermann C, et al, 2017. Understanding omni-channel shopping value: a mixed-method study[J]. Journal of Retailing and Consumer Services, 39: 314-330.

Hwang H, Montréal H, Dillon W R, et al, 2006. An extension of multiple correspondence analysis for identifying heterogeneous subgroups of respondents[J]. Psychometrika, 71(1): 161-171.

Jacoby J, Olson J C, Haddock R A, 1971. Price, brand name, and product composition characteristics as determinants of perceived quality. [J]. Journal of Applied Psychology, 55(6): 570-579.

Janda S, Trocchia P J, Gwinner K P, 2002. Consumer perceptions of Internet retail service quality[J]. International Journal of Service Industry Management, 13(5): 412-431.

Jarvenpaa S L, Todd P A, 1997. Is there a future for retailing on the Internet[J]. Electronic Marketing and the Consumer, 1(12): 139-154.

Jarvenpaa S L, Tractinsky N, Vitale M, 1999. Consumer trust in an Internet store[J]. Journal of Computer-Mediated Communication, 5(2): 45-71.

Jarvenpaa S L, Tractinsky N, Vitale M R, et al, 2000. Consumer trust in an Internet store [J]. Information Technology & Management, 1(1): 45-71.

Jena S K, Sarmah S P, Sarin S, 2019. Price competition between high and low brand products considering coordination strategy[J]. Computers & Industrial Engineering, 130: 500-511.

Jepsen A L, 2010. Factors affecting consumer use of the Internet for information search[J]. Journal of Interactive Marketing, 21(3): 21-34.

Jeuland A P, Shugan S M, 1983. Managing channel profits[J]. Marketing Science, 2(3): 239-272.

Jimenez F R, Mendoza N A, 2013. Too popular to ignore: the influence of online reviews on purchase intentions of search and experience products[J]. Journal of Interactive Marketing, 27(3): 226-235.

Jin B K, 2012. An empirical study on consumer first purchase intention in online shopping: integrating initial trust and TAM[J]. Electronic Commerce Research, 12(2): 125-150.

Jobber D, Ellis-Chadwick F, 2012. Principles and practice of marketing[M]. New York: McGraw-Hill Higher Education.

Jochemczyk L, Pietrzak J, Buczkowski R, et al, 2017. You Only Live Once: presenthedonistic time perspective predicts risk propensity [J]. Personality and Individual Differences, 115: 148-153.

Jolivet G, Jullien B, Postel-Vinay F, 2016. Reputation and prices on the e-market: evidence from a major French platform [J]. International Journal of Industrial Organization, 45:59-75.

Jones G R, George J M, 1998. The experience and evolution of trust: implications for cooperation and teamwork[J]. Academy of Management Review, 23(3): 531-546.

Juanedaayensa E, Mosquera A, Murillo Y S, et al, 2016. Omnichannel customer behavior: key drivers of technology acceptance and use and their effects on purchase intention[J]. Frontiers in Psychology, 7: 1117.

Kamran-Disfani O, Mantrala M K, Izquierdo-Yusta A, et al, 2017. The impact of retail store format on the satisfaction-loyalty link: an empirical investigation[J]. Journal of Business Research, 77: 14-22.

Kannan P K, Reinartz W, Verhoef P C, 2016. The path to purchase and attribution modeling: introduction to special section [J]. International Journal of Research in Marketing, 33(3): 449-456.

Kaplan L B, Szybillo G J, Jacoby J, 1974. Components of perceived risk in product purchase: a cross-validation. [J]. Journal of Applied Psychology, 59(3): 287-291.

Karahanna E, Straub D W, Chervany N L, et al, 1999. Information technology adoption across time: a cross-sectional comparison of pre-adoption and post-adoption beliefs[J]. Management Information Systems Quarterly, 23(2): 183-213.

Karimi S, Holland C P, Papamichail K N, 2018. The impact of consumer archetypes on online purchase decision-making processes and outcomes: a behavioural process perspective[J]. Journal of Business Research, 91: 71-82.

Karjaluoto H, Jayawardhena C, Leppäniemi M, et al, 2012. How value and trust influence loyalty in wireless telecommunications industry[J]. Telecommunications Policy, 36(8): 636-649.

Katz E, Lazarsfeld P, 1964. Personal influence: the part played by people in the flow of mass communication[M]. New York: The Free Press.

Keller C, Siegrist M, 2006. Investing in stocks: the influence of financial risk attitude and values-related money and stock market attitudes[J]. Journal of Economic Psychology, 27(2): 285-303.

Khoo-Lattimore C, Ekiz E H, 2014. Power in praise: Exploring online compliments on luxury hotels in Malaysia[J]. Tourism and Hospitality Research, 14(3): 152-159.

Kim D J, Ferrin D L, Rao H R, 2009a. Trust and satisfaction, two stepping stones for successful e-commerce relationships: a longitudinal exploration[J]. Information Systems Research, 20(2): 237-257.

Kim D J, Ferrin D L, Rao H R, et al, 2008. A trust-based consumer decision-making model in electronic commerce: the role of trust, perceived risk, and their antecedents [J]. Decision Support Systems, 44(2): 544-564.

Kim D J, Kim W G, Han J S, 2007. A perceptual mapping of online travel agencies and preference attributes[J]. Tourism management, 28(2): 591-603.

Kim G M, Shin B, Lee H G, et al, 2010a. Understanding dynamics between initial trust and usage intentions of mobile banking[J]. Information Systems Journal, 19(3): 283-311.

Kim H, Xu Y, Gupta S, 2012. Which is more important in Internet shopping, perceived price or trust? [J]. Electronic Commerce Research and Applications, 11(3): 241-252.

Kim H J, Reinschmidt K F, 2011. Effects of contractors' risk attitude on competition in construction[J]. Journal of Construction Engineering & Management, 137(4): 275-283.

Kim J, Jin B, Swinney J L, 2009b. The role of etail quality, e-satisfaction and e-trust in online loyalty development process[J]. Journal of Retailing and Consumer Services, 16 (4): 239-247.

Kim K K, Prabhakar B, 2004. Initial trust and the adoption of B2C e-commerce: the case of internet banking[J]. Acm Sigmis Database the Database for Advances in Information Systems, 35(2): 50-64.

Kim M, Kim J H, Lennon S J, 2006. Online service attributes available on apparel retail web sites: an E-S-QUAL approach[J]. Managing Service Quality: An International Journal, 16(1): 51-77.

Kim M, Kim S, Lee Y, 2010b. The effect of distribution channel diversification of foreign luxury fashion brands on consumers' brand value and loyalty in the Korean market[J]. Journal of Retailing and Consumer Services, 17(4): 286-293.

Kim S, Ham S, Moon H, et al, 2019. Experience, brand prestige, perceived value (functional, hedonic, social, and financial), and loyalty among GROCERANT customers [J]. International Journal of Hospitality Management, 77: 169-177.

Kim S, Park H, 2013. Effects of various characteristics of social commerce (s-commerce) on consumers' trust and trust performance[J]. International Journal of Information Management, 33(2): 318-332.

Kim W G, Kim D J, 2004. Factors affecting online hotel reservation intention between online and non-online customers[J]. International Journal of Hospitality Management, 23 (4): 381-395.

Kim Y, Peterson R A, 2017. A meta-analysis of online trust relationships in ecommerce[J]. Journal of Interactive Marketing, 38: 44-54.

Kirmani A, Rao A R, 2000. No pain, no gain: a critical review of the literature on signaling Uno[J]. Journal of Marketing, 64(2): 66-79.

Koistinen K, Järvinen R, 2009. Consumer observations on channel choices-Competitive strategies in Finnish grocery retailing[J]. Journal of Retailing and Consumer Services, 16 (4): 260-270.

Kollmann T, Kuckertz A, Kayser I, 2012. Cannibalization or synergy? Consumers' channel selection in online-offline multichannel systems[J]. Journal of Retailing and Consumer Services, 19(2): 186-194.

Kotler P, 1965. Behavioral models for analyzing buyers[J]. Journal of Marketing, 29(4):

37-45.

Kotler P, 1968. Mathematical models of individual buyer behavior[J]. Systems Research and Behavioral Science, 13(4): 274-287.

Kracht J, Wang Y, 2010. Examining the tourism distribution channel: evolution and transformation[J]. International Journal of Contemporary Hospitality Management, 22(5): 736-757.

Kuo R J, Akbaria K, Subroto B, 2012. Application of particle swarm optimization and perceptual map to tourist market segmentation[J]. Expert Systems with Applications, 39(10): 8726-8735.

Kuruzovich J, Viswanathan S, Agarwal R, et al, 2008. Marketspace or marketplace? Online information search and channel outcomes in auto retailing[J]. Information Systems Research, 19(2): 182-201.

Kushwaha T, Shankar V, 2013. Are multichannel customers really more valuable? The moderating role of product category characteristics[J]. Journal of Marketing, 77(4): 67-85.

Kwon S, Ha S, Kowal C, 2017. How online self-customization creates identification: antecedents and consequences of consumer-customized product identification and the role of product involvement[J]. Computers in Human Behavior, 75: 1-13.

Laaksonnen P, 1994. Consumer involvement: concepts and research[M]. London: Routledge.

Lau A H L, Lau H S, Wang J C, 2008. How a dominant retailer might design a purchase contract for a news vendor-type product with price-sensitive demand[J]. European Journal of Operational Research, 190(2): 443-458.

Lawler E J, 2001. An affect theory of social exchange[J]. American Journal of Sociology, 107(2): 321-352.

Lazaris C, Vrechopoulos A, 2014. From multichannel to "Omnichannel" retailing: review of the literature and calls for research[C]//2nd International Conference on Contemporary Marketing Issues (ICCMI), 6: 1-6.

Lazzarini G A, Visschers V H, Siegrist M, et al, 2017. Our own country is best: factors influencing consumers' sustainability perceptions of plant-based foods[J]. Food Quality and Preference, 60: 165-177.

Lee J, Park D H, Han I, 2008. The effect of negative online consumer reviews on product attitude: an information processing view[J]. Electronic Commerce Research and Applications, 7(3): 341-352.

Lee M, 2009. Factors influencing the adoption of internet banking: an integration of TAM and TPB with perceived risk and perceived benefit[J]. Electronic Commerce Research and Applications, 8(3): 130-141.

Lee S, Choeh J Y, 2014. Predicting the helpfulness of online reviews using multilayer perceptron neural networks[J]. Expert Systems with Applications, 41(6): 3041-3046.

Lee S, Kim K J, 2007. Factors affecting the implementation success of Internet-based information systems[J]. Computers in Human Behavior, 23(4): 1853-1880.

Lee Y W, Strong D M, Kahn B K, et al, 2002. AIMQ: a methodology for information quality assessment[J]. Information & Management, 40(2): 133-146.

Lee Z W, Chan T K, Chong A Y, et al, 2019. Customer engagement through omnichannel retailing: the effects of channel integration quality[J]. Industrial Marketing Management, 77: 90-101.

Lei J, Jia J, Wu T, 2015. Pricing strategies in dual-online channels based on consumers' shopping choice[J]. Procedia Computer Science, 60: 1377-1385.

Lenz E R, 1984. Information seeking: a component of client decision and health behavior [J]. Advances in Nursing Science, 6(3): 59-72.

Leuthold S, Schmutz P, Bargas-Avila J A, et al, 2011. Vertical versus dynamic menus on the world wide web: eye tracking study measuring the influence of menu design and task complexity on user performance and subjective preference[J]. Computers in Human Behavior, 27(1): 459-472.

Li G, Law R, Vu H Q, et al, 2015. Identifying emerging hotel preferences using emerging pattern mining technique[J]. Tourism management, 46: 311-321.

Li J, Xu L, Tang L, et al, 2018. Big data in tourism research: a literature review[J]. Tourism Management, 68: 301-323.

Li Y, Liu H, Lim E T K, et al, 2017. Customer's reaction to cross-channel integration in omnichannel retailing: the mediating roles of retailer uncertainty, identity attractiveness, and switching costs[J]. Decision Support Systems, 109: 50-60.

Lian J, Lin T, 2008. Effects of consumer characteristics on their acceptance of online shopping: comparisons among different product types[J]. Computers in Human Behavior, 24(1): 48-65.

Lim Y J, Osman A, Salahuddin S N, et al, 2016. Factors influencing online shopping behavior: the mediating role of purchase intention[J]. Procedia. Economics and finance, 35(35): 401-410.

Lin H F, 2007. Predicting consumer intentions to shop online: an empirical test of competing theories[J]. Electronic Commerce Research and Applications, 6(4): 433-442.

Lin H H, 2012. The effect of multi-channel service quality on mobile customer loyalty in an online-and-mobile retail context[J]. Service Industries Journal, 32(11-12): 1865-1882.

Lin T M Y, Huang Y K, Yang W I, 2007. An experimental design approach to investigating the relationship between Internet book reviews and purchase intention[J]. Library & Information Science Research, 29(3): 397-415.

Liu F, Lim E T K, Li H, et al, 2020. Disentangling utilitarian and hedonic consumption behavior in online shopping: an expectation disconfirmation perspective[J]. Information & Management, 57(3): 1-34.

Liu H, Chou H, 2015. The effects of promotional frames of sales packages on perceived price increases and repurchase intentions[J]. International Journal of research in Marketing, 32(1): 23-33.

Liu J, Filimonau V, 2020. Exploring the business feasibility of childcare provision in hotels [J]. International Journal of Hospitality Management, 88: 102394.

Liu J N K, Zhang E Y, 2014. An investigation of factors affecting customer selection of online hotel booking channels[J]. International Journal of Hospitality Management, 39: 71-83.

Liu Y, Zhang Z J, 2006. Research note-The benefits of personalized pricing in a channel[J]. Marketing Science, 25(1): 97-105.

Long Y, Shi P, 2017. Pricing strategies of tour operator and online travel agency based on cooperation to achieve O2O model[J]. Tourism Management, 62: 302-311.

López-Miguens M J, Vázquez E G, 2017. An integral model of e-loyalty from the consumer's perspective[J]. Computers in Human Behavior, 72: 397-411.

Lu J, Liu C, Yu C, et al, 2008. Determinants of accepting wireless mobile data services in China[J]. Information & Management, 45(1): 52-64.

Lu J C, Tsao Y C, Charoensiriwath C, 2011a. Competition under manufacturer service and retail price[J]. Economic Modelling, 28(3): 1256-1264.

Lu Y, Cao Y, Wang B, et al, 2011b. A study on factors that affect users' behavioral intention to transfer usage from the offline to the online channel[J]. Computers in Human Behavior, 27(1): 355-364.

Luan J, Yao Z, Zhao F, et al, 2016. Search product and experience product online reviews: an eye-tracking study on consumers' review search behavior[J]. Computers in Human Behavior, 65: 420-430.

Luarn P, Lin H, 2005. Toward an understanding of the behavioral intention to use mobile banking[J]. Computers in Human Behavior, 21(6): 873-891.

Luqman A, Cao X, Ali A, et al, 2017. Empirical investigation of Facebook discontinues usage intentions based on SOR paradigm[J]. Computers in Human Behavior, 70: 544-555.

Macrae C N, Milne A B, Bodenhausen G V, 1994. Stereotypes as energy-saving devices: a peek inside the cognitive toolbox[J]. Journal of Personality and Social Psychology, 66(1): 37-47.

Maduku D K, Mpinganjira M, Duh H, 2016. Understanding mobile marketing adoption intention by South African SMEs: a multi-perspective framework[J]. International Journal of Information Management, 36(5): 711-723.

Markowitz H M, 1952. Portfolio selection[J]. The Journal of Finance, 7(1): 77.

Martin J A, 1999. Booking on the Travel Web with Reservations[J]. PC World, 17(6): 211-217.

Martins C, Oliveira T, Popovic A, et al, 2014. Viewpoint: understanding the Internet banking adoption: a unified theory of acceptance and use of technology and perceived risk application[J]. International Journal of Information Management, 34(1): 1-13.

Masiero L, Law R, 2016. Comparing reservation channels for hotel rooms: a behavioral perspective[J]. Journal of Travel & Tourism Marketing, 33(1): 1-13.

Maslowska E, Malthouse E C, Viswanathan V, 2017. Do customer reviews drive purchase decisions? The moderating roles of review exposure and price[J]. Decision Support Systems, 98: 1-9.

Mayer R C, Davis J H, Schoorman F D, et al, 1995. An integrative model of organizational trust[J]. Academy of Management Review, 20(3): 709-734.

Mccauley C R, 1995. Are stereotypes exaggerated? a sampling of racial, gender, academic, occupational, and political stereotypes[C]// Lee, Yueh Ting et al. Stereotype Accuracy: Toward Appreciating Group Differences. Washington: American Psychological Association: 215-243.

McDonald M, 2012. Market segmentation: how to do it and how to profit from it[M]. New Jersey: John Wiley & Sons.

Mcknight D H, Choudhury V, Kacmar C, 2002. The impact of initial consumer trust on intentions to transact with a web site: a trust building model[J]. Journal of Strategic Information Systems, 11(3-4): 297-323.

Mehrabian A, Russell J A, 1974. An approach to environmental psychology [M]. Massachusetts: MIT.

Melero I, Sese F J, Verhoef P C, et al, 2016. Recasting the customer experience in today's omni-channel environment[J]. Universia Business Review, 50: 18-37.

Menon S, Kahn B, 2002. Cross-category effects of induced arousal and pleasure on the Internet shopping experience[J]. Journal of Retailing, 78(1): 31-40.

Molm L D, 1994. Dependence and risk: transforming the structure of social exchange[J]. Social Psychology Quarterly, 57(3): 163-176.

Montoyaweiss M M, Voss G B, Grewal D, et al, 2003. Determinants of online channel use and overall satisfaction with a relational, multichannel service provider[J]. Journal of the Academy of Marketing Science, 31(4): 448-458.

Moorman C, Deshpande R, Zaltman G, 1993. Factors affecting trust in market research relationships[J]. Journal of Marketing, 57(1): 81-101.

Morgan R M, Hunt S D, 1994. The commitment-trust theory of relationship marketing[J]. Journal of Marketing, 58(3): 20-38.

Motiwalla L F, Albashrawi M, Kartal H B, 2019. Uncovering unobserved heterogeneity bias: measuring mobile banking system success[J]. International Journal of Information Management, 49: 439-451.

Mummalaneni V, 2005. An empirical investigation of web site characteristics, consumer emotional states and on-line shopping behaviors[J]. Journal of Business Research, 58(4): 526-532.

Nasution H N, Mavondo F T, 2008. Customer value in the hotel industry: what managers believe they deliver and what customer experience[J]. International Journal of Hospitality Management, 27(2): 204-213.

Nelson P, 1970. Information and consumer behavior[J]. Journal of Political Economy, 78(2): 311-329.

Neslin S A, Grewal D, Leghorn R, et al, 2006. Challenges and opportunities in multichannel customer management[J]. Journal of Service Research, 9(2): 95-112.

Netessine S, Rudi N, 2006. Supply chain choice on the internet[J]. Management Science, 52(6): 844-864.

Newman J W, Staelin R, 1971. Multivariate analysis of differences in buyer decision time [J]. Journal of Marketing Research, 8(2): 192-198.

Ng I C, 2007. The pricing and revenue management of services: a strategic approach[M]. London: Routledge.

Nicholson M G, Clarke I, Blakemore M, et al, 2002. One brand, three ways to shop: situational variables and multichannel consumer behaviour[J]. The International Review of Retail, Distribution and Consumer Research, 12(2): 131-148.

Nierop J E M V, Leeflang P S H, Teerling M L, et al, 2011. The impact of the introduction and use of an informational website on offline customer buying behavior[J]. International Journal of Research in Marketing, 28(2): 155-165.

Nosić A, Weber M, 2010. How riskily do I invest? The role of risk attitudes, risk perceptions, and overconfidence[J]. Decision Analysis, 7(3): 282-301.

Nunnally J C, Bernstein I H, Berge J M T, 1967. Psychometric theory[M]. New York: McGraw-Hill.

O'Leary D E, 2019. An empirical analysis of information search and information sharing in crowdsourcing data analytic contests[J]. Decision Support Systems, 120: 1-13.

Oliveira T, Alhinho M, Rita P, et al, 2017. Modelling and testing consumer trust dimensions in e-commerce[J]. Computers in Human Behavior, 71:153-164.

Oliver R L, 1999. Whence consumer loyalty? [J]. Journal of Marketing, 34(63): 33-44.

Olivero N, Lunt P, 2004. Privacy versus willingness to disclose in e-commerce exchanges: the effect of risk awareness on the relative role of trust and control[J]. Journal of Economic Psychology, 25(2): 243-262.

Olsen S O, Prebensen N K, Larsen T A, et al, 2009. Including ambivalence as a basis for benefit segmentation[J]. European Journal of Marketing: 762-783.

Olston C, Chi E H, 2003. ScentTrails: integrating browsing and searching on the Web[J]. ACM Transactions on Computer-Human Interaction, 10(3): 177-197.

Ozturk A B, Nusair K, Okumus F, et al, 2016. The role of utilitarian and hedonic values on users' continued usage intention in a mobile hotel booking environment[J]. International Journal of Hospitality Management, 57: 106-115.

Pan M, Kuo C, Pan C, et al, 2013. Antecedent of purchase intention: online seller reputation, product category and surcharge[J]. Internet Research, 23(4): 507-522.

Parasuraman A, Zeithaml V A, Berry L L, et al, 1988. SERVQUAL: a multiple-item scale for measuring consumer perceptions of service quality[J]. Journal of Retailing, 64(1): 12-40.

Parboteeah D V, Valacich J S, Wells J D, et al, 2009. The influence of website characteristics on a consumer's urge to buy impulsively[J]. Information Systems

Research, 20(1): 60-78.

Park C, Lee T M, 2009. Information direction, website reputation and eWOM effect: a moderating role of product type[J]. Journal of Business Research, 62(1): 61-67.

Park D, Kim S, 2008. The effects of consumer knowledge on message processing of electronic word-of-mouth via online consumer reviews[J]. Electronic Commerce Research and Applications, 7(4): 399-410.

Park D H, Lee J, Han I, 2007. The effect of on-line consumer reviews on consumer purchasing intention: the moderating role of involvement[J]. International Journal of Electronic Commerce, 11(4): 125-148.

Park M, Shin J, Ju Y, et al, 2014. The effect of online social network characteristics on consumer purchasing intention of social deals[J]. Global Economic Review, 43(1): 25-41.

Park S, Lee D, 2017. An empirical study on consumer online shopping channel choice behavior in omni-channel environment[J]. Telematics and Informatics, 34(8): 1398-1407.

Park S Y, Keh H T, 2003. Modelling hybrid distribution channels: a game-theoretic analysis[J]. Journal of Retailing and Consumer Services, 10(3): 155-167.

Pauwels K, Neslin S A, 2015. Building with bricks and mortar: the revenue impact of opening physical stores in a multichannel environment[J]. Journal of Retailing, 91(2): 182-197.

Pavlou P A, 2003. Consumer acceptance of electronic commerce: integrating trust and risk with the technology acceptance model[J]. International Journal of Electronic Commerce, 7(3): 101-134.

Pavlou P A, Fygenson M, 2006. Understanding and predicting electronic commerce adoption: an extension of the theory of planned behavior[J]. MIS Quarterly, 30(1): 115-143.

Pavlou P A, Gefen D, 2004. Building effective online marketplaces with institution-based trust[J]. Information Systems Research, 15(1): 37-59.

Penz E, Hogg M K, 2011. The role of mixed emotions in consumer behaviour: investigating ambivalence in consumers' experiences of approach-avoidance conflicts in online and offline settings[J]. European Journal of Marketing, 45(1): 104-132.

Perry M K, Porter R H, 1990. Can resale price maintenance and franchise fees correct sub-optimal levels of retail service? [J]. International Journal of Industrial Organization, 8(1): 115-141.

Pescher C, Reichhart P, Spann M, 2014. Consumer decision-making processes in mobile viral marketing campaigns[J]. Journal of Interactive Marketing, 28(1): 43-54.

Peter J P, Tarpey L X, 1975. A comparative analysis of three consumer decision strategies [J]. Journal of Consumer Research, 2(1): 29-37.

Petter S, McLean E R, 2009. A meta-analytic assessment of the DeLone and McLean IS success model: an examination of IS success at the individual level[J]. Information & Management, 46(3): 159-166.

Podsakoff P M, MacKenzie S B, Lee J Y, et al, 2003. Common method biases in behavioral research: a critical review of the literature and recommended remedies[J]. Journal of applied psychology, 88(5): 879-903.

Polo Y, Sese F J, 2016. Does the nature of the interaction matter? Understanding customer channel choice for purchases and communications[J]. Journal of Service Research, 19(3): 276-290.

Pookulangara S, Koesler K, 2011. Cultural influence on consumers' usage of social networks and its' impact on online purchase intentions[J]. Journal of Retailing & Consumer Services, 18(4): 348-354.

Prentice C, Han X Y, Hua L, et al, 2019. The influence of identity-driven customer engagement on purchase intention[J]. Journal of Retailing and Consumer Services, 47: 339-347.

Priporas C V, Stylos N, Fotiadis A K, 2017. Generation Z consumers' expectations of interactions in smart retailing: a future agenda[J]. Computers in Human Behavior, 77: 374-381.

Pu X, Gong L, Han X, 2017. Consumer free riding: coordinating sales effort in a dual-channel supply chain[J]. Electronic Commerce Research and Applications, 22: 1-12.

Pura M, 2005. Linking perceived value and loyalty in location-based mobile services[J]. Managing Service Quality: An International Journal, 15(6): 509-538.

Rangaswamy A, Van Bruggen G, 2005. Opportunities and challenges in multichannel marketing: an introduction to the special issue[J]. Journal of Interactive Marketing, 19(2): 5-11.

Rapp A, Baker T L, Bachrach D G, et al, 2015. Perceived customer showrooming behavior and the effect on retail salesperson self-efficacy and performance[J]. Journal of Retailing, 91(2): 358-369.

Raykov T, 1997. Estimation of composite reliability for congeneric measures[J]. Applied Psychological Measurement, 21(2): 173-184.

Rayport, John J, Sviokla, 1995. Network marketing space[J]. Harvard Business Review, 25(8): 67-78.

Reichheld F F, Schefter P, 2000. E-loyalty: your secret weapon on the web[J]. Harvard business review, 78(4): 105-113.

Reynolds T J, Gutman J J, 1988. Laddering theory, method, analysis, and interpretation [J]. Journal of Advertising Research, 28(1):11-31.

Rezaei S, 2015. Segmenting consumer decision-making styles (CDMS) toward marketing practice: a partial least squares (PLS) path modeling approach[J]. Journal of Retailing and Consumer Services, 22: 1-15.

Riegelsberger J, Sasse M A, McCarthy J D, 2005. The mechanics of trust: a framework for research and design[J]. International Journal of Human-Computer Studies, 62(3): 381-422.

Rintamäki T, Kanto A, Kuusela H, et al, 2006. Decomposing the value of department store shopping into utilitarian, hedonic and social dimensions: evidence from Finland[J].

International Journal of Retail & Distribution Management, 34(1): 6-24.

Riquelme I P, Román S, Iacobucci D, 2016. Consumers' perceptions of online and offline retailer deception: a moderated mediation analysis[J]. Journal of Interactive Marketing, 35: 16-26.

Rode C, Cosmides L, Hell W, et al, 1999. When and why do people avoid unknown probabilities in decisions under uncertainty? Testing some predictions from optimal foraging theory[J]. Cognition, 72(3): 269-304.

Rodrgueztorrico P, Cabezudo R S, Sanmartn S, et al, 2017. Tell me what they are like and I will tell you where they buy. An analysis of omnichannel consumer behavior[J]. Computers in Human Behavior, 68: 465-471.

Rowley J, 2000. Product search in e-shopping: a review and research propositions[J]. Journal of Consumer Marketing, 17(1): 20-35.

Roy A, Sana S S, Chaudhuri K, 2018. Optimal pricing of competing retailers under uncertain demand-a two layer supply chain model[J]. Annals of Operations Research, 260(1): 481-500.

Ryan J K, Sun D, Zhao X, 2012. Competition and coordination in online marketplaces[J]. Production & Operations Management, 21(6): 997-1014.

Sa'Ait N, Kanyan A, Nazrin M F, 2016. The effect of e-WOM on customer purchase intention[J]. International Academic Research Journal of Social Science, 2(1): 73-80.

Saghiri S, Wilding R D, Mena C, et al, 2017. Toward a three-dimensional framework for omni-channel[J]. Journal of Business Research, 77: 53-67.

Saito T, Takahashi A, Tsuda H, 2016. Optimal room charge and expected sales under discrete choice models with Limited capacity[J]. International Journal of Hospitality Management, 57: 116-131.

Sana S S, 2012. An economic order quantity model for nonconforming quality products[J]. Service Science, 4(4): 331-348.

Sana S S, 2011. Price-sensitive demand for perishable items-an EOQ model[J]. Applied Mathematics and Computation, 217(13): 6248-6259.

Sandstrom P E, 1994. An optimal foraging approach to information seeking and use[J]. The Library Quarterly, 64(4): 414-449.

Santos J, 2003. E-service quality: a model of virtual service quality dimensions[J]. Journal of Service Theory and Practice, 13(3): 233-246.

Savolainen R, 2018. Berrypicking and information foraging[J]. Journal of Information Science, 44(5): 580-593.

Schlosser A E, White T B, Lloyd S M, 2006. Converting web site visitors into buyers: how web site investment increases consumer trusting beliefs and online purchase intentions[J]. Journal of Marketing, 70(2): 133-148.

Schoenbachler D D, Gordon G L, 2002. Multi-channel shopping: understanding what drives channel choice[J]. Journal of consumer marketing, 19(1): 42-53.

Schurr P H, Ozanne J L, 1985. Influences on exchange processes: buyers' preconceptions of a seller's trustworthiness and bargaining toughness[J]. Journal of Consumer Research, 11(4): 939-953.

Scott G D, 2004. Marketing strategies for last-minute travel and tourism[J]. Journal of Travel & Tourism Marketing, 16(4): 7-20.

Seck A M, Philippe J, 2013. Service encounter in multi-channel distribution context: virtual and face-to-face interactions and consumer satisfaction[J]. Service Industries Journal, 33(6): 565-579.

Seiders K, Berry L L, Gresham L G, 2000. Attention, retailers! How convenient is your convenience strategy? [J]. Sloan Management Review, 41(3): 79-89.

Seyedhosseini S M, Hosseini-Motlagh S, Johari M, et al, 2019. Social price-sensitivity of demand for competitive supply chain coordination [J]. Computers & Industrial Engineering, 135: 1103-1126.

Shankar V, Smith A K, Rangaswamy A, et al, 2003. Customer satisfaction and loyalty in online and offline environments[J]. International Journal of Research in Marketing, 20(2): 153-175.

Sharma A, Nicolau J L, 2019. Hotels to OTAs: "Hands off my rates!" The economic consequences of the rate parity legislative actions in Europe and the US[J]. Tourism Management, 75: 427-434.

Sharma D, Alford B L, Bhuian S N, et al, 2009. A higher-order model of risk propensity [J]. Journal of Business Research, 62(7): 741-744.

Shen K N, Cai Y, Guo Z, 2016. When do online consumers shop in an offline store: the moderating effects of product characteristics[J]. Journal of Marketing Channels, 23(3): 129-145.

Shen X, Li Y, Sun Y, et al, 2018. Channel integration quality, perceived fluency and omnichannel service usage: the moderating roles of internal and external usage experience [J]. Decision Support Systems, 109: 61-73.

Shi X, Wong Y D, Li M Z, et al, 2019. A feature learning approach based on XGBoost for driving assessment and risk prediction [J]. Accident Analysis & Prevention, 129: 170-179.

Shin J, 2007. How does free riding on customer service affect competition? [J]. Marketing Science, 26(4): 488-503.

Shin J I, Chung K H, Oh J S, et al, 2013. The effect of site quality on repurchase intention in Internet shopping through mediating variables: the case of university students in South Korea[J]. International Journal of Information Management, 33(3): 453-463.

Shiu J, Sun C, 2014. Modeling and estimating returns to seller reputation with unobserved heterogeneity in online auctions[J]. Economic Modelling, 40(40): 59-67.

Silayoi P, Speece M, 2004. Packaging and purchase decisions: an exploratory study on the impact of involvement level and time pressure[J]. British food journal, 106(8): 607-628.

Simon M, Houghton S M, Aquino K, 2000. Cognitive biases, risk perception, and venture formation: how individuals decide to start companies[J]. Journal of Business Venturing,

15(2): 113-134.

Sinha S, Sarmah S P, 2010. Coordination and price competition in a duopoly common retailer supply chain[J]. Computers & Industrial Engineering, 59(2): 280-295.

Sirdeshmukh D, Singh J, Sabol B, 2002. Consumer trust, value, and loyalty in relational exchanges[J]. Journal of Marketing, 66(1): 15-37.

Sivakumar K, 2004. Manifestations and measurement of asymmetric brand competition[J]. Journal of Business Research, 57(8): 813-820.

Sloot L M, Verhoef P C, Franses P H, 2005. The impact of brand equity and the hedonic level of products on consumer stock-out reactions[J]. Journal of Retailing, 81(1): 15-34.

Smith J B, Barclay D W, 1997. The effects of organizational differences and trust on the effectiveness of selling partner relationships[J]. Journal of Marketing, 61(1): 3-21.

Song M, Noone B M, Han R, et al, 2019. An examination of the role of booking lead time in consumers' reactions to online scarcity messages [J]. International Journal of Hospitality Management, 77: 483-491.

Sparks B A, Browning V, 2011. The impact of online reviews on hotel booking intentions and perception of trust[J]. Tourism Management, 32(6): 1310-1323.

Spence A M, 1975. Monopoly, quality, and regulation[J]. The Bell Journal of Economics, 6(2): 417-429.

Spence M, 1973. Job Market signaling [J]. Quarterly Journal of Economics, 87 (3): 355-374.

Srinivasan S S, Anderson R, Ponnavolu K, 2002. Customer loyalty in e-commerce: an exploration of its antecedents and consequences[J]. Journal of Retailing, 78(1): 41-50.

Srivastava V, Kalro A D, 2019. Enhancing the helpfulness of online consumer reviews: the role of latent (content) factors[J]. Journal of Interactive Marketing, 48: 33-50.

Stigler G J, 1961. The economics of information[J]. Journal of Political Economy, 69(3): 213-225.

Stone R N, Grønhaug K, 1993. Perceived risk: further considerations for the marketing discipline[J]. European Journal of Marketing, 27(3): 39-50.

Sullivan U Y, Thomas J S, 2004. Customer migration: an empirical investigation across multiple channels [R]. Working Papers 04-0112, University of Illinois at Urbana-Champaign, College of Business.

Sullivan Y W, Kim D J, 2018. Assessing the effects of consumers' product evaluations and trust on repurchase intention in e-commerce environments[J]. International Journal of Information Management, 39: 199-219.

Tam K Y, Ho S Y, 2006. Understanding the impact of web personalization on user information processing and decision outcomes[J]. MIS Quarterly, 30(4): 865-890.

Tang D N, Yang Y M, Yan Y, 2016. What determines online consumers to migrate from PCs to mobile devices? —An empirical approach on consumers' internet cross-channel behaviours[J]. Services Technology and Management, 22(1/2): 46-58.

Taylor J W, 1974. The role of risk in consumer behavior[J]. Journal of Marketing, 38(2):

54-60.

Telser L G, 1960. Why should manufacturers want fair trade? [J]. The Journal of Law & Economics, 3: 86-105.

Teubner T, Graul A, 2020. Only one room left! How scarcity cues affect booking intentions on hospitality platforms [J]. Electronic Commerce Research and Applications, 39: 100910.

Toufaily E, Pons F, 2017. Impact of customers' assessment of website attributes on e-relationship in the securities brokerage industry: a multichannel perspective[J]. Journal of Retailing and Consumer Services, 34: 58-69.

Toufaily E, Ricard L, Perrien J, 2013. Customer loyalty to a commercial website: descriptive meta-analysis of the empirical literature and proposal of an integrative model [J]. Journal of Business Research, 66(9): 1436-1447.

Trampe D, Konus U, Verhoef P C, et al, 2013. Customer responses to channel migration strategies toward the e-channel[J]. Journal of Interactive Marketing, 28(4): 257-270.

Tran G A, Strutton D, 2020. Comparing email and SNS users: investigating e-servicescape, customer reviews, trust, loyalty and E-WOM[J]. Journal of Retailing and Consumer Services, 53: 1-17.

Tsay A A, Agrawal N, 2000. Channel dynamics under price and service competition[J]. Manufacturing & Service Operations Management, 2(4): 372-391.

Tuch A N, Presslaber E E, StöCklin M, et al, 2012. The role of visual complexity and prototypicality regarding first impression of websites: working towards understanding aesthetic judgments[J]. International Journal of Human-Computer Studies, 70(11): 794-811.

Tung F, Chang S, Chou C, et al, 2008. An extension of trust and TAM model with IDT in the adoption of the electronic logistics information system in HIS in the medical industry [J]. International Journal of Medical Informatics, 77(5): 324-335.

Udo G J, Bagchi K K, Kirs P J, 2010. An assessment of customers' e-service quality perception, satisfaction and intention [J]. International Journal of Information Management, 30(6): 481-492.

Van B S, Dach C, 2005. Free riding and customer retention across retailers' channels[J]. Journal of Interactive Marketing, 19(2): 75-85.

Van Dam J, Van De Velden M, 2015. Online profiling and clustering of Facebook users[J]. Decision Support Systems, 70: 60-72.

Van der Heijden H, 2004. User acceptance of hedonic information systems[J]. MIS Quarterly, 28(4): 695-704.

Venkatesan R, Kumar V, Ravishanker N, 2007. Multichannel shopping: causes and consequences[J]. Journal of Marketing, 71(2): 114-132.

Venkatesh V, Davis F D, 2000. A theoretical extension of the technology acceptance model: four longitudinal field studies[J]. Management Science, 46(2): 186-204.

Verhagen T, Meents S, Tan Y, et al, 2006. Perceived risk and trust associated with purchasing at Electronic Marketplaces[J]. European Journal of Information Systems, 15 (6): 542-555.

Verhagen T, Van Dolen W, 2009. Online purchase intentions: a multi-channel store image perspective[J]. Information & Management, 46(2): 77-82.

Verhoef P C, Kannan P K, Inman J J, et al, 2015. From multi-channel retailing to omni-channel retailing: introduction to the special issue on multi-channel retailing[J]. Journal of Retailing, 91(2): 174-181.

Verhoef P C, Neslin S A, Vroomen B, et al, 2007. Multichannel customer management: understanding the research-shopper phenomenon[J]. International Journal of Research in Marketing, 24(2): 129-148.

Vermeulen I E, Seegers D, 2009. Tried and tested: the impact of online hotel reviews on consumer consideration[J]. Tourism management, 30(1): 123-127.

Vichi M, Kiers H A, 2001. Factorial k-means analysis for two-way data[J]. Computational Statistics & Data Analysis, 37(1): 49-64.

Völckner F, 2008. The dual role of price: decomposing consumers' reactions to price[J]. Journal of the academy of marketing science, 36(3): 359-377.

Vo N T, Chovancová M, Tri H T, 2020. The impact of e-service quality on the customer satisfaction and consumer engagement behaviors toward luxury hotels[J]. Journal of Quality Assurance in Hospitality & Tourism, 21(5): 499-523.

Wang C, Teo T S H, 2020. Online service quality and perceived value in mobile government success: an empirical study of mobile police in China[J]. International Journal of Information Management, 52: 102076.

Wang L, Wang X, Peng J, et al, 2020. The differences in hotel selection among various types of travellers: a comparative analysis with a useful bounded rationality behavioural decision support model[J]. Tourism Management, 76: 103961.

Wang Q, Cui X, Huang L, et al, 2016a. Seller reputation or product presentation? An empirical investigation from cue utilization perspective[J]. International Journal of Information Management, 36(3): 271-283.

Wang X, Sun J, Wen H, 2019. Tourism seasonality, online user rating and hotel price: a quantitative approach based on the hedonic price model[J]. International Journal of Hospitality Management, 79: 140-147.

Wang Y M, Lin H H, Tai W C, et al, 2016b. Understanding multi-channel research shoppers: an analysis of Internet and physical channels[J]. Information Systems and e-Business Management, 14(2): 389-413.

Wärneryd K E, 1996. Risk attitudes and risky behavior[J]. Journal of Economic Psychology, 17(17): 749-770.

Watson R T, Zinkhan G M, Pitt L, et al, 2000. Integrated Internet marketing[J]. Communications of The ACM, 43(6): 97-102.

Wedel M, Kamakura W A, 2012. Market segmentation: conceptual and methodological foundations[M]. Berlin: Springer Science & Business Media.

Wells J D, Valacich J S, Hess T J, et al, 2011. What signal are you sending? How website quality influences perceptions of product quality and purchase intentions[J]. Management Information Systems Quarterly, 35(2): 373-396.

Willart S P C, 2015. Price competition in retailing: the importance of the price density function[J]. Journal of Retailing and Consumer Services, 26: 125-132.

Williamson O E, 1993. Opportunism and its critics[J]. Managerial and Decision Economics, 14(2): 97-107.

Wills G, 1985. Dividing and conquering: strategies for segmentation[J]. International Journal of Bank Marketing, 3(4): 36-46.

Wixom B H, Todd P A, 2005. A theoretical integration of user satisfaction and technology acceptance[J]. Information Systems Research, 16(1): 85-102.

Wolfinbarger M, Gilly M C, 2003. eTailQ: dimensionalizing, measuring and predicting etail quality[J]. Journal of Retailing, 79(3): 183-198.

Wongkitrungrueng A, Assarut N, 2020. The role of live streaming in building consumer trust and engagement with social commerce sellers[J]. Journal of Business Research, 117: 543-556.

Woodworth R S, 1929. Psychology[M]. New York: Holt.

Wu E H, Law R, Jiang B, 2013. Predicting browsers and purchasers of hotel websites: a weight-of-evidence grouping approach[J]. Cornell Hospitality Quarterly, 54(1): 38-48.

Wu J F, Chang Y P, 2016. Multichannel integration quality, online perceived value and online purchase intention: a perspective of land-based retailers[J]. Internet Research, 26(5): 1228-1248.

Wu S, 2001. Benefit segmentation: an empirical study for online marketing[J]. Asia Pacific Journal of Marketing and Logistics, 13(4): 3-18.

Wu S, Ho L, 2014. The influence of perceived innovation and brand awareness on purchase intention of innovation product—an example of iPhone[J]. International Journal of Innovation and Technology Management, 11(04): 1-22.

Wu Y, Li E Y, 2018. Marketing mix, customer value, and customer loyalty in social commerce: a stimulus-organism-response perspective[J]. Internet Research, 28(1): 74-104.

Xiang Z, Du Q, Ma Y, et al, 2017. A comparative analysis of major online review platforms: implications for social media analytics in hospitality and tourism[J]. Tourism Management, 58: 51-65.

Xiao S, Dong M, 2015. Hidden semi-Markov model-based reputation management system for online to offline (O2O) e-commerce markets[J]. Decision Support Systems, 77(C): 87-99.

Xiao T, Choi T M, Cheng T C E, 2014. Product variety and channel structure strategy for a retailer-Stackelberg supply chain[J]. European Journal of Operational Research, 233(1): 114-124.

Xiao T, Yang D, 2008. Price and service competition of supply chains with risk-averse retailers under demand uncertainty[J]. International Journal of Production Economics, 114(1): 187-200.

Xing D, Liu T, 2012. Sales effort free riding and coordination with price match and channel rebate[J]. European Journal of Operational Research, 219(2): 264-271.

Xu H, Dinev T, Smith J, et al, 2011. Information privacy concerns: linking individual perceptions with institutional privacy assurances[J]. Journal of the Association for Information Systems, 12(12): 798-824.

Xu X, Jackson J E, 2019. Investigating the influential factors of return channel loyalty in omni-channel retailing[J]. International Journal of Production Economics, 216: 118-132.

Xu Z, Wang Y, Fang Y, et al, 2017. Understanding the formation of reciprocal hyperlinks between e-marketplace sellers[J]. decision support systems, 98(6): 89-98.

Yahia I B, Al-Neama N, Kerbache L, 2018. Investigating the drivers for social commerce in social media platforms: importance of trust, social support and the platform perceived usage[J]. Journal of Retailing and Consumer Services, 41: 11-19.

Yan R, Pei Z, 2009. Retail services and firm profit in a dual-channel market[J]. Journal of Retailing and Consumer Services, 16(4): 306-314.

Yan Q, Wang L, Chen W, et al, 2016a. Study on the influencing factors of unplanned consumption in a large online promotion activity[J]. Electronic Commerce Research, 16(4): 453-477.

Yan Q, Wu S, Wang L, et al, 2016b. E-WOM from e-commerce websites and social media: Which will consumers adopt? [J]. Electronic Commerce Research and Applications, 17: 62-73.

Yan Q, Zhou S, Wu S, 2018. The influences of tourists' emotions on the selection of electronic word of mouth platforms[J]. Tourism Management, 66: 348-363.

Yang Q, Pang C, Liu L, et al, 2015. Exploring consumer perceived risk and trust for online payments: an empirical study in China's younger generation[J]. Computers in Human Behavior, 50: 9-24.

Yang S, Lee K, Lee H, et al, 2019. In Airbnb we trust: understanding consumers' trust-attachment building mechanisms in the sharing economy[J]. International Journal of Hospitality Management, 83: 198-209.

Yang S, Lu Y, Chau P Y K, 2013. Why do consumers adopt online channel? An empirical investigation of two channel extension mechanisms[J]. Decision Support Systems, 54(2): 858-869.

Yang S, Shi C V, Zhang Y, et al, 2014. Price competition for retailers with profit and revenue targets[J]. International Journal of Production Economics, 154(4): 233-242.

Yao D Q, Liu J J, 2005. Competitive pricing of mixed retail and e-tail distribution channels [J]. Omega, 33(3): 235-247.

Yao D Q, Yue X, Liu J, 2008. Vertical cost information sharing in a supply chain with value-adding retailers[J]. Omega, 36(5): 838-851.

Ye F, Lu M, Li Y, 2019. Optimal overbooking decision for a "Hotel plus OTA" dual-channel supply chain[J]. International Transaction in Operational Research, 26(3): 999-1024.

Ye F, Zhang L, Li Y, 2018. Strategic choice of sales channel and business model for the hotel supply chain[J]. Journal of Retailing, 94(1): 33-44.

Ye Q, Law R, Gu B, et al, 2011. The influence of user-generated content on traveler behavior: an empirical investigation on the effects of e-word-of-mouth to hotel online bookings[J]. Computers in Human Behavior, 27(2): 634-639.

Yen H R, 2006. Risk-reducing signals for new online retailers: a study of single and multiple signalling effects[J]. international journal of internet marketing & advertising, 3(4): 299-317.

Yi C, Jiang Z J, Benbasat I, et al, 2017. Designing for diagnosticity and serendipity: an investigation of social product-search mechanisms[J]. Information Systems Research, 28(2): 413-429.

Yi M Y, Fiedler K D, Park J S, et al, 2006. Understanding the role of individual innovativeness in the acceptance of IT-based innovations: comparative analyses of models and measures[J]. Decision Sciences, 37(3): 393-426.

Yin R K, 1994. Case study research: design and methods[M]. New York: Sage Publication.

Yoo K H, Gretzel U, 2011. Influence of personality on travel-related consumer-generated media creation[J]. Computers in Human Behavior, 27(2): 609-621.

Yurova Y, Rippe C B, Weisfeld-Spolter S, et al, 2017. Not all adaptive selling to omni-consumers is influential: the moderating effect of product type[J]. Journal of retailing and consumer services, 34: 271-277.

Zaichkowsky J L, 1985. Measuring the involvement construct[J]. Journal of Consumer Research, 12(3): 341-352.

Zauberman G, Lynch J G, 2005. Resource slack and propensity to discount delayed investments of time versus money[J]. Journal of Experimental Psychology: General, 134(1): 23-37.

Zeithaml V A, 1988. Consumer perceptions of price, quality, and value: a means-end model and synthesis of evidence[J]. Journal of Marketing, 52(3): 2-22.

Zeithaml V A, Berry L L, Parasuraman A, 1996. The behavioral consequences of service quality[J]. Journal of Marketing, 60(2): 31-46.

Zeithaml V A, Parasuraman A, Malhotra A, 2002. Service quality delivery through web sites: a critical review of extant knowledge[J]. Journal of the Academy of Marketing Science, 30(4): 362-375.

Zhang H, Lu Y, Gupta S, et al, 2014. What motivates customers to participate in social commerce? The impact of technological environments and virtual customer experiences[J]. Information & Management, 51(8):1017-1030.

Zhang J, Farris P, Irvin J W, et al, 2010a. Crafting integrated multichannel retailing strategies[J]. Journal of Interactive Marketing, 24(2): 168-180.

Zhang K Z K, Benyoucef M, 2016. Consumer behavior in social commerce: a literature review[J]. Decision Support Systems, 86: 95-108.

Zhang M, Ren C, Wang G A, et al, 2018. The impact of channel integration on consumer responses in omni-channel retailing: the mediating effect of consumer empowerment[J]. Electronic Commerce Research and Applications, 28: 181-193.

Zhang R, Liu B, Wang W, 2012. Pricing decisions in a dual channels system with different power structures[J]. Economic Modelling, 29(2): 523-533.

Zhang Z, Ye Q, Rob L, et al, 2010b. The impact of e-word-of-mouth on the online popularity of restaurants: a comparison of consumer reviews and editor reviews[J]. International Journal of Hospitality Management, 29(4): 694-700.

Zhao J, Liu W, Wei J, 2013. Competition under manufacturer service and price in fuzzy environments[J]. Knowledge-Based Systems, 50: 121-133.

Zhao J, Tang W, Zhao R, et al, 2012. Pricing decisions for substitutable products with a common retailer in fuzzy environments[J]. European Journal of Operational Research, 216(2): 409-419.

Zhao J, Liu W, Wei J, 2013. Competition under manufacturer service and price in fuzzy environments[J]. Knowledge-Based Systems, 50: 121-133.

Zhao X, Wang L, Guo X, et al, 2015. The influence of online reviews to online hotel booking intentions[J]. International Journal of Contemporary Hospitality Management, 27(6): 1343-1364.

Zheng X, Cheung C M, Lee M K, et al, 2015. Building brand loyalty through user engagement in online brand communities in social networking sites[J]. Information Technology & People, 28(1): 90-106.

Zheng Y, Zhao K, Stylianou A, 2013. The impacts of information quality and system quality on users' continuance intention in information-exchange virtual communities: an empirical investigation[J]. Decision Support Systems, 56: 513-524.

Zhou T, 2013. An empirical examination of continuance intention of mobile payment services[J]. Decision Support Systems, 54(2): 1085-1091.

Zhou Y W, Guo J, Zhou W, 2018. Pricing/service strategies for a dual-channel supply chain with free riding and service-cost sharing[J]. International Journal of Production Economics, 196: 198-210.

Zhu C, Idemudia C U, Feng W, et al, 2019. Improved logistic regression model for diabetes prediction by integrating PCA and K-means techniques[J]. Informatics in Medicine Unlocked, 17: 100179.

白长虹,廖伟,2001.基于顾客感知价值的顾客满意研究[J].南开学报,6:14-20.

包敦安,董大海,孟祥华,2011. 浏览者感知发帖者类社会互动关系研究[J]. 管理学报,8(07):1010-1020.

蔡立媛,张金海,2016. 负熵:大数据时代 TPWKR 企业营销五阶段模型的建构——以"购买的五阶段模型"为分析对象[J]. 现代传播(中国传媒大学学报),38(05):127-130.

常亚平,董学兵,2014. 虚拟社区消费信息内容特性对信息分享行为的影响研究[J]. 情报杂志，33(01)：201-207.
陈传红，李雪燕，2018. 市民共享单车使用意愿的影响因素研究[J]. 管理学报，15(11)：1601-1610.
陈增祥，杨光玉，2017. 哪种品牌拟人化形象更受偏爱——归属需要的调节效应及边界[J]. 南开管理评论，20(3)：135-143.
成慧，2015. 国家工商总局网络交易商品定向监测结果引发热议[EB/OL]. (2015-01-28)[2022-08-31]. http://cpc.people.com.cn/n/2015/0128/ c83083-26464072.html.
崔睿，马宇驰，2018. 网购平台的信用服务机制对消费者购买意愿的影响研究[J]. 江苏大学学报(社会科学版)，20(03)：74-83.
代琳，2010. 我国服装类产品网络营销渠道研究[D]. 太原：山西财经大学.
邓爱民，陶宝，马莹莹，2014. 网络购物顾客忠诚度影响因素的实证研究[J]. 中国管理科学，22(6)：94-102.
邓朝华，鲁耀斌，汪曼，2008. 基于 IDT/TTF 整合模型的企业移动服务采纳实证研究[J]. 南开管理评论，3：104-110.
邓胜利，2008. 交互式信息服务中的用户体验分析[J]. 图书馆论坛，28(2)：96-99.
邓卫华，张宇，易明，2018. 在线口碑信息内容的结构和类型研究[J]. 情报科学，36(04)：130-137.
中国互联网络信息中心，2018. 第 42 次《中国互联网络发展状况统计报告》[EB/OL]. (2018-08-20) [2022-08-31]. http://www.cac.gov.cn/2018-08/20/c_1123296882.htm.
中国互联网络信息中心，2019. 第 44 次《中国互联网络发展状况统计报告》[EB/OL]. (2019-08-30) [2022-08-31]. http://www.cac.gov.cn/2019-08/30/c_1124938750.htm.
丁伟，2015. 华为手机中国市场营销渠道策略研究[D]. 北京：北京交通大学.
董泉伟，2014. CA 公司电子商务渠道策略研究[D]. 济南：山东大学.
杜学美，丁璟妤，谢志鸿，等，2016. 在线评论对消费者购买意愿的影响研究[J]. 管理评论，28(3)：175-185.
范炜昊，徐健，2018. 基于网络用户评论情感计算的用户痛点分析——以手机评论为例[J]. 情报理论与实践，41(01)：94-99.
菲利普·科特勒，凯文·莱恩·凯勒，2009. 营销管理 [M]. 王永贵，等，译. 13 版. 上海：格致出版社，上海人民出版社.
冯缨，徐占东，2011. 我国中小企业实施电子商务关键影响因素实证研究——基于创新扩散理论[J]. 软科学，25(03)：115-120.
龚艳萍，梁树霖，2014. 在线评论对新技术产品消费者采用意愿的影响研究——基于 ELM 视角[J]. 软科学，28(2)：96-99.
郭国庆，雷羽尚，杨海龙，2020. 电商不同类型促销对购买行为的长期影响——以亚马逊电子书为例[J]. 经济管理，42(04)：106-123.
郭燕，纪延光，朱国军，2017. 渠道属性对消费者两阶段选择意愿的影响研究[J]. 商业经济与管理，12：15-23.
郭燕，吴价宝，王崇，等，2018. 多渠道零售环境下消费者渠道选择意愿形成机理研究——产品类别特征的调节作用[J]. 中国管理科学，26(09)：158-169.
郭燕，周梅华，刘满芝，2011. 基于网络的消费者社会互动及管理研究[J]. 商业研究，7：89-

93.
何秋亚，2016. 酒店在线预订渠道选择的影响因素研究[D]. 南京：南京财经大学.
何秋亚，万绪才，2016. 酒店在线预订渠道选择意向的影响因素研究[J]. 南京财经大学学报，2：86-90.
胡媛，刘婷，刘昌平，2016. 网络消费者在线评论搜寻行为实证研究[J]. 图书馆论坛，5：72-80.
环球旅讯，2019. 希尔顿、凯悦、洲际各扬所长：酒店直订增速赶超 OTA 预订增速[EB/OL]. (2019-02-26) [2020-03-02]. https://m.traveldaily.cn/article/127678.
黄京华，金悦，张晶，2016. 企业微博如何提升消费者忠诚度——基于社会认同理论的实证研究[J]. 南开管理评论，19(04)：159-168.
黄雪珂，2017. 浅述酒店管理中酒店的类型及其特征——以酒店客房标准间为特征比较点[J]. 经营管理者，29：156.
黄彦婷，杨忠，金辉，等，2013. 基于社会影响理论的知识共享意愿产生模型[J]. 情报杂志，32(06)：141-146.
嵇凯，2017. 两阶段销售模式下酒店与旅游网站的合作协调机制研究[D]. 广州：华南理工大学.
贾行行，2020. 企业自营在线商城及第三方在线平台的竞争策略及消费者偏好研究[D]. 北京：北京邮电大学.
贾行行，闫强，2020. 企业自营网络商城的电子忠诚决定因素研究[J]. 现代商贸工业，41(03)：49-51.
姜参，赵宏霞，2013. B2C 网络商店形象、消费者感知与购买行为[J]. 财经问题研究，10：116-122.
江晓东，2015. 什么样的产品评论最有用？——在线评论数量特征和文本特征对其有用性的影响研究[J]. 外国经济与管理，37(4)：42-56.
焦婧，杜建萍，2014. 基于用户体验的网络体验模型的构建与应用研究[J]. 北京联合大学学报，28(1)：22-25.
井淼，张梦远，王方华，2013. 产品伤害危机中信息来源对消费者购买决策的影响[J]. 系统管理学报，22(1)：53-59.
李弘，戚虹，2007. B2C 电子忠诚的影响因素及模型研究[J]. 管理学报，4：56-60.
蒋琦，2018. 企业自营与合作网络商城现状及发展策略研究[D]. 北京：北京邮电大学.
李宝玲，2014. 数字时代出版企业营销渠道的选择[J]. 科技与出版，10：77-80.
李宝库，郭婷婷，2019. 两阶段决策视角下解释类型对在线评论感知有用性的影响[J]. 中央财经大学学报 (2)：119-128.
李春兰，2008. 基于消费者购买行为的多渠道设计研究[D]. 上海：同济大学.
李东进，2002. 消费者搜寻信息努力的影响因素及其成果与满意的实证研究[J]. 管理世界(11)：101-108.
李光明，蔡旺春，黄永春，2015. 基于消费者价值视角的购物网站特性对电子忠诚度的影响[J]. 软科学，29(07)：98-101.
李海英，林柳，2011. 交易经验在平台式网购顾客满意度评价中的调节作用[J]. 软科学，25(12)：137-142.

李建杰,2018. 中端酒店网络预订渠道影响因素研究——以君亭酒店为例[D]. 杭州:浙江工商大学.
李亮, 2014. 网上信息特征对于消费者行为意愿的影响[J]. 经济问题, 6: 41-45.
李琪, 柳杨, 梁妮, 等, 2014. B2C平台回报计划对顾客忠诚的影响分析——以淘宝网为例[J]. 经济问题探索, 1: 85-91.
李琪, 殷猛, 王璇, 2016. 网上信用服务对消费者信任感知的影响研究[J]. 软科学, 30(08): 107-112.
李瑞, 郭娟,2014. 我国经济型酒店网络营销渠道研究[J]. 宁波大学学报(人文科学版), 27(01): 86-91.
李新然, 刘媛媛, 俞明南, 2018. 不同权力结构下考虑搭便车行为的闭环供应链决策研究[J]. 科研管理, 39(3): 45-58.
李雪欣, 郁云宝, 刘真真, 2018. 价格促销与顾客冲动性购买的关系研究[J]. 东北大学学报(社会科学版), 20(2): 140-146.
李玉峰, 吕巍, 柏佳洁, 2008. 不同购物环境下消费者享乐主义/功利主义态度测评[J]. 管理科学, 21(1): 58-64.
李宗伟, 张艳辉, 栾东庆, 2017. 哪些因素影响消费者的在线购买决策? ——顾客感知价值的驱动作用[J]. 管理评论, 29(08): 136-146.
梁喜, 蒋琼, 郭瑾, 2018. 不同双渠道结构下制造商的定价决策与渠道选择[J]. 中国管理科学, 26(07): 97-107.
林炳坤, 吕庆华, 杨敏, 2016. 多渠道零售商线上线下协同营销策略研究[J]. 软科学, 30(12): 135-139.
刘百灵, 杨世龙, 李延晖, 2018. 隐私偏好设置与隐私反馈对移动商务用户行为意愿影响及交互作用的实证研究[J]. 中国管理科学, 26(08): 164-178.
刘辉,2008. 服装企业网络营销渠道建设策略研究[D]. 西安:西华大学.
刘振强, 2010. BTBP公司市场分销渠道管理研究[D]. 北京: 中国地质大学.
罗唯, 2018. 创新扩散理论视角下个人云计算采纳影响因素研究[J]. 时代金融, 35: 385.
马钦海,赵佳,张跃先,等, 2012. C2C环境下顾客初始信任的影响机制研究:网上购物经验的调节作用[J]. 管理评论, 24(7): 70-81.
迈尔斯, 休伯曼, 2008. 质性资料的分析:方法与实践[M]. 重庆: 重庆大学出版社.
庞璐, 李君轶, 2014. 电子口碑对餐厅在线浏览量影响研究[J]. 旅游学刊, 29(01): 111-118.
阮燕雅, 李琪, 2017. 社交商务情景下信任对购买决策的影响变化研究[J]. 软科学, 31(02): 113-116.
邵兵家, 鄢智敏, 鄢勇俊, 2006. B2C电子商务中感知风险降低策略的有效性研究[J]. 软科学, 20(04): 131-135.
施亮, 鲁耀斌, 杨水清, 2017. 感知一致性对消费者移动购物行为的影响:基于Web-移动的跨渠道视角[J]. 中国管理科学, 25(004): 70-77.
孙燕红, 涂燚鑑, 徐晓燕, 2011. 基于顾客渠道偏好的服务竞争模型[J]. 管理科学, 24(04): 62-70.
汤定娜, 廖文虎, 许冬, 2018. 多渠道整合质量对消费者线上购买意愿的影响研究[J]. 价格理论与实践, 1: 154-157.

唐小平，2010. H经济连锁酒店网络营销渠道管理研究[D]. 绵阳：西南科技大学.
王崇，李一军，吴价宝，2012. 基于感知效用的消费者购物渠道决策分析与实证研究[J]. 管理评论，10：85-93.
王崇，刘健，吴价宝，2011. 网络环境下消费者感知效用模型的构建与研究[J]. 中国管理科学，19 (03)：95-102.
王崇，王延青，2016. 基于交易成本的风险规避型消费者购物渠道决策行为研究[J]. 管理评论，28(9)：172-181.
王崇，吴价宝，王延青，2016. 移动电子商务下交易成本影响消费者感知价值的实证研究[J]. 中国管理科学，24(8)：98-106.
王丹丹，2018. 服务企业品牌忠诚的形成路径分析——对如家、浙商银行和小南国的纵向案例研究[J]. 管理评论，30(07)：292-304.
王阿妹，董杰，朱文静，等，2018. 信息完整性与应聘者数量对不同认知闭合需要者招聘决策的影响[J]. 心理科学，41(6)：132-137.
王国才，赵彦辉，2009. 多重渠道冲突管理的渠道区隔与整合策略——基于电子商务的研究框架[J]. 经济管理，31(08)：106-112.
王国顺，何芳菲，2013. 实体零售与网络零售的协同形态及演进[J]. 北京工商大学学报(社会科学版)，28(06)：27-33.
王滔，颜波，2017. 博弈视角下的在线渠道决策研究[J]. 管理科学学报，20(06)：64-77.
王晓艳，胡昌平，2006. 基于用户体验的信息构建[J]. 情报科学，24(8)：1235-1238.
王兴琼，罗晓彬，2008. 试论酒店网络直销：前景，问题及对策[J]. 北京第二外国语学院学报，5：3-7.
汪旭晖，徐健，2008. 基于转换成本调节作用的网上顾客忠诚研究[J]. 中国工业经济，12：113-123.
汪旭晖，张其林，2013. 多渠道零售商线上线下营销协同研究——以苏宁为例[J]. 商业经济与管理，9：37-47.
汪旭晖，张其林，2017. 平台型电商声誉的构建：平台企业和平台卖家价值共创视角[J]. 中国工业经济，11：174-192.
王媛媛，刘丽，2015. 基于信息觅食理论的信息搜寻行为模式构建[J]. 情报理论与实践，38(10)：38-41.
王正方，杜碧升，屈佳英，2016. 基于感知价值的消费者网络购物渠道选择研究——产品涉入度的调节作用[J]. 消费经济，4：91-96.
王宗水，赵红，秦绪中，2016. 我国家用汽车顾客感知价值及提升策略研究[J]. 中国管理科学，24(02)：125-133.
魏奕星，邓朝华，2018. 基于对应分析法的药品在线评论内容差异研究——以“阿里健康大药房”“健客网”“健一网”和“壹药网”为例[J]. 情报理论与实践，41(11)：123-126.
吴江，刘弯弯，2017. 基于信息采纳理论的在线商品评论有用性影响因素研究[J]. 信息资源管理学报，7(01)：47-55.
吴锦峰，常亚平，侯德林，2016. 多渠道整合对零售商权益的影响：基于线上与线下的视角[J]. 南开管理评论，19(8)：37-48.
吴锦峰，常亚平，潘慧明，2014. 多渠道整合质量对线上购买意愿的作用机理研究[J]. 管理科学，1：86-98.
吴明隆，2010. 问卷统计分析实务：SPSS操作与应用[M]. 重庆：重庆大学出版社.
吴双，2019. 电子商务与社交媒体中电子口碑对消费者行为影响的差异性研究[D]. 北京：北京邮电大学.
吴晓义，2005. 影响消费者购买决策的情境因素研究[J]. 商场现代化，12：8-9.
吴毅，吴刚，马颂歌，2016. 扎根理论的起源、流派与应用方法述评——基于工作场所学习的案例分析[J]. 远程教育杂志，35(3)：32-41.
谢桂，2010. 情境因素对网络购买意愿影响的研究[D]. 太原：山西财经大学.
谢毅，2012. 多渠道服务管理研究述评[J]. 外国经济与管理，34(12)：71-78.
徐芳，孙建军，2015. 信息觅食理论与学科导航网站性能优化[J]. 情报资料工作，2：46-51.
严建援，张丽，张蕾，2012. 电子商务中在线评论内容对评论有用性影响的实证研究[J]. 情报科学，30(05)：713-716.
杨浩雄，孙丽君，孙红霞，等，2017. 服务合作双渠道供应链中的价格和服务策略[J]. 管理评论，29(05)：183-191.
杨立钒，2010. 互联网环境下企业网络营销渠道选择研究[D]. 上海：东华大学.
杨水清，2012. 基于消费者视角的渠道扩展与选择行为研究[D]. 武汉：华中科技大学.
杨水清，鲁耀斌，曹玉枝，2012. 移动支付服务初始采纳模型及其实证研究[J]. 管理学报，9(09)：1365-1372.
杨阳，张新民，2009. 信息觅食理论的研究进展[J]. 现代图书情报技术，1：73-79.
姚杰，黄金凤，2017. 品牌关系对消费者行为意向影响研究——基于我国服装品牌的实证分析[J]. 管理世界，2：184-185.
叶乃沂，周蝶，2014. 消费者网络购物感知风险概念及测量模型研究[J]. 管理工程学报，28(04)：88-94.
易正伟，2006. 论产品定位的全过程规划[J]. 市场论坛，2：211-212.
原长弘，田元强，佘健华，2012. 怎样提高产学研合作案例研究的效度与信度？[J]. 科学学与科学技术管理，33(7)：29-36.
袁芳鹏，2019. 企业自营网络商城与第三方合作网络商城的发展现状与分析[D]. 北京：北京邮电大学.
翟锡豹，2019. 消费者线上双渠道扩展行为的影响因素研究[D]. 北京：北京邮电大学.
张舵，2020. 基于机器学习的消费者酒店预订渠道选择行为研究[D]. 北京：北京邮电大学.
张莉，2018. 基于异质顾客选择行为的酒店供应链渠道及商务模式选择研究[D]. 广州：华南理工大学.
张潇璐，赵学敏，刘璇，2020. 基于情境感知的高校移动图书馆知识资源推荐研究[J]. 情报科学，38(01)：48-52+92.
张艳，2010. 我国经济型酒店网络营销渠道建设研究[J]. 现代商贸工业，16：158-159.
张艳丰，李贺，翟倩，等，2016. 基于模糊 TOPSIS 分析的在线评论有用性排序过滤模型研究——以亚马逊手机评论为例[J]. 图书情报工作，60(13)：109-117.
张洋，凌婉阳，2015. 基于多源社会化媒体评论的竞争情报挖掘研究[J]. 情报理论与实践，38(7)：59-66.
赵冬梅，纪淑娴，2010. 信任和感知风险对消费者网络购买意愿的实证研究[J]. 数理统计与管理，29(2)：305-314.
赵礼寿，2011. 区隔与整合：出版社营销网络渠道冲突的管理策略[J]. 出版发行研究，1：48-49.
赵文军，周新民，2017. 感知价值视角的移动SNS用户持续使用意向研究[J]. 科研管理，38(08)：153-160.
赵忠德，2014. D公司渠道管理策略研究[D]. 济南：山东大学.
郑称德，许爱林，赵佳英，2011. 基于跨案例扎根分析的商业模式结构模型研究[J]. 管理科学，24(04)：1-13.
中国出版科研所"全国出版社网站现状调查"课题组，2008. 出版社网站是鸡肋还是蛋糕——出版社网站现状调研报告摘要[J]. 出版参考，10：8-11.
中国互联网信息中心，2016. 2015年中国网络购物市场研究报告[EB/OL].(2016-06-22)[2022-08-31]. http://www.cnnic.net.cn/hlwfzyj/hlwxzbg/dzswbg/201606/t20160622_54248.htm.
中国营销总监职业培训教材编委会，2004. 营销渠道[M]. 北京：朝华出版社.
钟文富，2011. 论经济型酒店网络营销[J]. 商场现代化，635：61-62.
周建存，刘益，2013. 出版社网络营销渠道的评估与选择[J]. 科技与出版，10：68-70.
周磊，2012. 电子商务导航网站评价研究[J]. 情报科学，9：140-145.
周靓玺，2010. 出版社选择图书中介网络分销渠道的关键因素研究[D]. 杭州：浙江大学.
周涛，鲁耀斌，张金隆，2011. 移动商务网站关键成功因素研究[J]. 管理评论，23(06)：61-67.
周志华，2016. 机器学习[M]. 北京：清华大学出版社.
朱侯，张明鑫，路永和，2018. 社交媒体用户隐私政策阅读意愿实证研究[J]. 情报学报，37(04)：362-371.
祝建华，何舟，2002. 互联网在中国的扩散现状与前景：2000年京、穗、港比较研究[J]. 新闻大学，2：23-32.
朱丽叶，袁登华，张静宜，2017. 在线用户评论质量与评论者等级对消费者购买意愿的影响——产品卷入度的调节作用[J]. 管理评论，29(2)：87-96.
庄贵军，2012. 营销渠道管理[M]. 2版. 北京：北京大学出版社.
宗计川，2018. 刻板印象下的比较陷阱：产品捆绑策略实验研究[J]. 南开管理评论，21(02)：210-218.